国家出版基金项目
NATIONAL PUBLICATION FOUNDATION

2021—2035年国家古籍工作规划重点出版项目

『十四五』时期国家重点图书出版物出版专项规划项目

『十四五』安徽省重点出版物规划项目

本书获国家社科基金项目『西夏文《大宝积经》整理研究集成』资助

主持人：孙伯君　批准号：16BMZ026

西夏文《大宝积经》

整理研究集成

第一辑　第四册

孙伯君◎主编

魏淑霞◎著

黄山书社

图书在版编目(CIP)数据

西夏文《大宝积经》整理研究集成.第一辑.第四册/孙伯君主编; 魏淑霞著.—合肥:黄山书社, 2024.3
ISBN 978-7-5737-1201-1

Ⅰ.①西… Ⅱ.①孙… ②魏… Ⅲ.①西夏语-佛经-研究 Ⅳ.①B948

中国国家版本馆 CIP 数据核字(2024)第 031630 号

西夏文《大宝积经》整理研究集成(第一辑)·第四册
XIXIAWEN DABAOJIJING ZHENGLI YANJIU JICHENG

孙伯君 主编
魏淑霞 著

出品人 葛永波
策　划 葛永波 李 旭 张向奎
项目统筹 李玲玲 代立媛
责任编辑 马奔奔 郝 敏
责任印制 李 磊
装帧设计 尹 晨
出版发行 黄山书社(http://www.hspress.cn)
地址邮编 安徽省合肥市蜀山区翡翠路 1118 号出版传媒广场 7 层 230071
印　刷 安徽新华印刷股份有限公司
版　次 2024 年 3 月第 1 版
印　次 2024 年 3 月第 1 次印刷
开　本 890 mm × 1240 mm 1/16
字　数 212 千字
印　张 19
书　号 ISBN 978-7-5737-1201-1
定　价 156.00 元

服务热线 0551-63533706
销售热线 0551-63533761
官方直营书店(https://hsss.tmall.com)

目录

西夏文《大宝积经》

·卷十二·

《密迹金刚力士会》

第三之五整理与研究

内容和版本介绍

《大宝积经·密迹金刚力士会》为西晋竺法护旧译本，总分 7 卷，从卷八到卷十四。据《阅藏知津》介绍，讲述的是佛游灵鹫山，与四万二千比丘，八万四千菩萨，及天龙八部四众人等说大士业……寂意菩萨请密迹敷演如来秘要，佛亦敕之。具体内容为“密迹诫众勿恐勿怖，先说四不思议，寂意入定，散花作供。密迹乃说诸菩萨密，引古帝释善自在，化作仁良虫，以身肉普救国人病，明身秘密。次明言密，引古寂然梵志，答楼夷仙树叶多少之数。楼夷，即舍利弗。寂然，即释尊也。次说心密竟。大众获益，地动雨华。雷音菩萨以神通力，先于天乐，赞叹法门，次来礼佛。传雷音王佛问讯之命。众会乃问密迹夙因。佛具述千佛探筹，楼由最后。及法意法念二弟，一愿作金刚力士，侍卫千佛。一愿作梵天，劝请千佛转法轮，今密迹。即法意也。次说行佛道业三十二事，寂意复问如来三密。密迹先说身密，引应持菩萨不见佛顶事证。又明佛不受食，诸天取去济苦众生等事，大众获益，天乐自鸣。世尊摩顶赞印。次说口密，具明六十种音，引大目连穷佛音声不得边际事证，及说咒二十二首，广明如来言辞不可限量，大众获益。次说心秘要，现瑞获益。又地裂出水，高洒世界，表持经瑞。寂意复请密迹具说如来苦行，庄严道树，降魔受供转法轮事。众复获益，佛赞印之。寂意又问寂然惔怕等义，佛详答之。众又获益。欲知密迹何时成佛，佛为授记。密迹请佛于旷野国七日受供。佛于毗沙门宫应病演法，令各获益。又为护世四王说十法、八法、六事、四事、二事。为密迹说菩萨十事无瞋恚法。八法心无恐惧，四事而得自在。四事入于法门，八力致开士行。密迹宣咒，诸天偈叹。佛还灵鹫，阿阇世王来见。佛为说密迹夙因，密迹以金刚著地，王及帝释目连皆不能举。因为王说有十大法，逮得大力。及说仁和八法，往来周旋四法。又答世王信坐之问，答贤王天子寂然之义。赞其从阿闳国来，入法室总持。密迹请佛建立法典。佛周观四方，说颂建立，并述往事以结成之。”

本卷内容为寂意复请密迹具说如来苦行，庄严道树，降魔受供转法轮事。

据克恰诺夫《西夏佛典目录》[①]，俄罗斯科学院东方文献研究所所藏《大宝积经·密迹金刚力士

① Е.И.Кычанов.*Каталог тангутских буддийских памятников*.Киото: Университет Киото,1999.pp.322—335.

会》第三之一、二、三、四、五、六、七共有 17 个编号，即第一部中 инв.№ 374、553、376、2386、398、401、2742、3071、3097、405 共 10 个编号；第二部中 инв.№ 375、377、399、400、403、404、406 共 7 个编号。《俄藏黑水城文献》中刊布有 инв.№ 374、375、377、2386、399、401、404、406 中 8 个编号的图版①，参照克恰诺夫著录，结合蒋维崧、严克勤两位先生拍摄的图版和《俄藏黑水城文献》第 21 册刊布的图版，现把俄藏西夏本《密迹金刚力士会》的版式简述如下：

инв.№ 374，白棉纸，写本，经折装，乌丝栏，纸幅 34.5 厘米×13.5 厘米，版框高 28.7 厘米，每折 7 行，行 21 字。现存 23 折，存卷首，内容为第八卷。

инв.№ 375，写本，经折装，乌丝栏，纸幅 33 厘米×12 厘米，版框高 26 厘米，每折 6 行，行 19 字。现存 41 折，残卷首，结尾重复标题，内容为第八卷。

инв.№ 377，黑绢封皮，写本，经折装，乌丝栏，纸幅 33 厘米×12 厘米，版框高 25.8 厘米，每折 6 行，行 19 字。现存 82 折，保存完整，结尾重复标题，内容为第九卷。本文研究的西夏文《大宝积经》第九卷使用此编号图版。

инв.№ 2386，白棉纸，写本，经折装，乌丝栏，纸幅 34.5 厘米×13.5 厘米，版框高 27.7 厘米，每折 7 行，行 21 字。现存 8 折，卷首尾皆残，内容为第十卷。

инв.№ 399，写本，经折装，乌丝栏，纸幅 33 厘米×12 厘米，版框高 26 厘米，每折 6 行，行 19 字。现存 72 折，残卷尾，内容为第十一卷。

инв.№ 401，白棉纸，写本，经折装，乌丝栏，纸幅 34.5 厘米×13.5 厘米，版框高 27.7 厘米，每折 7 行，行 21 字。现存 48 折，保存完整，结尾重复标题，内容为第十二卷。

инв.№ 404，写本，经折装，乌丝栏，纸幅 33 厘米×12 厘米，版框高 26.1 厘米，每折 6 行，行 19 字。现存 30 折，结尾重复标题，内容为第十三卷。

инв.№ 406，写本，经折装，乌丝栏，纸幅 33 厘米×12 厘米，版框高 25.9 厘米，每折 6 行，行 19 字。现存 71 折，保存完整。结尾重复经名，内容为第十四卷。

下面的录文主要据《俄藏黑水城文献》刊布的编号 401 加以录文和解读。инв.№ 401，白棉纸，写本，经折装，乌丝栏，纸幅 34.5 厘米×13.5 厘米，版框高 27.7 厘米，每折 7 行，行 21 字。现存 48 折，保存完整，结尾重复标题。

① 俄罗斯科学院东方文献研究所，中国社会科学院民族学与人类学研究所，上海古籍出版社编：《俄藏黑水城文献》（第 21 册），上海：上海古籍出版社，2013 年版，第 92—101 页。

文本释读

12.1.1

[illegible]	[illegible]	[illegible]	[illegible]	[illegible]	[illegible]	[illegible]	[illegible]	[illegible]
ljij^{2}	ljɨ^{1}	tśiow^{1}	lwər^{2}	lhejr^{2}	?	ɣạ^{2}	njɨɨ^{1}	tsew^{2}
大	宝	积	经	契	卷	十	二	第

《大宝积经》卷十二

12.1.2

[illegible]	[illegible]	[illegible]	[illegible]	[illegible]	[illegible]	[illegible]	[illegible]	[illegible]	[illegible]	[illegible]
dwụ^{2}	rjar^{2}	kię^{1}	dźja^{2}	ɣie^{1}	mjijr^{2}	ljwu^{2}	sọ^{1}	tsew^{2}	·jij^{1}	ŋwə^{1}
密	迹	金	刚	力	士	会	三	第	之	五

密迹金刚力士会第三之五

12.1.3

[illegible]	[illegible]	[illegible]	[illegible]	[illegible]	[illegible]	[illegible]	[illegible]	[illegible]	[illegible]	[illegible]
tśhjɨ^{1}	zjọ^{2}	dwụ^{2}	rjar^{2}	ɣie^{1}	mjijr^{2}	phji^{1}	mjij^{1}	dźiã^{2}	tsjij^{2}	·jij^{1}
尔	时	密	迹	力	士	寂	意	菩	萨	之
[illegible]:	“[illegible]	[illegible]	[illegible]	[illegible]	[illegible]	[illegible]	[illegible],	[illegible]	[illegible]	
·jɨ^{1}	dźiã^{2}	tsjij^{2}	po^{1}	tjɨj^{1}	phu^{2}	khju^{1}	njɨ^{2}	mjor^{1}	ljij^{2}	
谓:	“菩	萨	菩	提	树	下	至,	如	来	

尔时,密迹力士谓寂意曰:“菩萨往诣佛树①,以成佛道,如来

12.1.4

[illegible]	[illegible]	[illegible]	[illegible]	[illegible]	[illegible]。	[illegible]	[illegible]	[illegible]	[illegible]	[illegible],
bju^{1}	wo^{2}	tśhja^{2}	ka^{1}	dwewr^{2}	śjɨj^{1}	tsjiir^{1}	dźiej^{2}	kjɨ^{1}	mjij^{2}	deej^{1}
供	应	正	等	觉	成。	法	轮	△	未	转,
[illegible]	[illegible]	[illegible]	[illegible]	[illegible],	[illegible]	[illegible]②	[illegible]	[illegible],	[illegible]	

① 佛树,西夏文译作“菩提树”。

② [illegible],意思为“坦”,音 ljwụ^{1},叠词可译为“巍巍”。

dźiã² tśhju¹ ·jij¹ dzju¹ dzjiij² ljwụ¹ ljwụ¹ thjɨ² sju² mjɨ¹

众 生 之 开 导， 巍 巍 是 如， 无

至真①。未转法轮，开导众生，巍巍如是，

12.1.5

[illegible] [illegible] [illegible] [illegible]， [illegible] [illegible] [illegible] [illegible] [illegible] [illegible] [illegible]，

pjụ¹ rjɨr² dzjiij² tja¹ śji¹ dźiã² tsjij² tśja¹ rjɨr² dźjij¹ zjọ²

量 所 化 者， 初 菩 萨 道 △ 行 时，

[illegible] [illegible] [illegible] [illegible] [illegible] [illegible]。 [illegible] [illegible] [illegible] [illegible]

rjɨr² dzjiij² dźiã² tśhju¹ su¹ rejr² nioow¹ po¹ tjɨj¹ phu²

所 化 众 生 胜 多。 及 菩 提 树

所化无量，多于初发行道时心②。及坐佛树，

12.1.6

[illegible] [illegible]， [illegible] [illegible] [illegible] [illegible] [illegible]， [illegible] [illegible] [illegible] [illegible]！

khju¹ dzuu² rjɨr² dzjiij² dźiã² tśhju¹ tja¹ ·jɨ¹ tjị² ljọ² wjij²

下 坐， 所 化 众 生 者， 谓 可 何 有！

[illegible] [illegible] [illegible] [illegible]， [illegible] [illegible] [illegible] [illegible] [illegible] [illegible]

thjɨ² ·jiw¹ nioow¹ bju¹ tjɨ¹ tjij¹ dźiã² tsjij² tsjiir¹ dźjwi²

此 因 缘 以， 如 若 菩 萨 法 床

所济众生③，岂可皆哉！以故知之，当作是观④：若有菩萨坐在法床，

12.2.1

[illegible] [illegible]， [illegible] [illegible] [illegible] [illegible] [illegible] [illegible] [illegible] [illegible]， [illegible]

tśhjaa¹ dzuu² xja¹ zji² phju² tśhja² ɣiej¹ tśja¹ rjijr² to² rjɨr²

上 坐， 疾 最 上 正 真 道 向 出， 所

[illegible] [illegible] [illegible] [illegible] [illegible] [illegible] [illegible] [illegible] [illegible] [illegible]。

dzjiij² dźiã² tśhju¹ tja¹ śji¹ su¹ gjij¹ njij² rejr² zjịj²

① 至真，西夏文本译作“应供”（[illegible][illegible]）。应供，梵文 Arhant，通行译法为“阿罗汉”。佛陀十号之一，又称“应真”“至真”，简称“应”。佛教认为佛陀是断尽一切烦恼、智德圆满的觉者，应受人天供养、尊敬。西夏文《大宝积经》把“至真”“应供”等译名统一译作“[illegible][illegible]”（bju¹ wo²）。

② 该句西夏文本译作“所化无量，多于初行菩萨道所化众生”。

③ 及坐佛树，所济众生，西夏文本译作“及坐菩提树，所化众生”。

④ 以故知之，当作是观，西夏文本译作“以是因缘”。

化	众	生	者	初	胜	殊	倍	多．	众。

疾近无上正真之道，所度众生益复加倍。

12.2.2

[illegible]	[illegible]	[illegible]	[illegible]	[illegible]，	[illegible]	[illegible]	[illegible]	[illegible]	[illegible]	[illegible]
śji1	tha1	tśja1	śjɨj1	zjọ2	thjoo1	tjɨj2	xiwã1	ŋwər1	njij2	tśhjiw1
初	佛	道	成	时，	妙	式	梵	天	王	六
[illegible]	[illegible]	[illegible]	[illegible]	[illegible]	[illegible]	[illegible]	[illegible]	[illegible]	[illegible]	
ɣạ2	·jar1	khjɨ2	rjir2	mjijr2	·jir2	tụ1	wjɨ1	dźjwɨ1	·wiọ1	
十	八	万	亿	垓	百	千	眷	属	围	

适成佛道，妙式梵天王与六十八万亿垓百千眷属围旋，

12.2.3

[illegible]，	[illegible]	[illegible]	[illegible]	[illegible]，	[illegible]	[illegible]	[illegible]	[illegible]，	[illegible]	[illegible]
tśjɨ1	tha1	do2	rjɨr2	śji2	tha1	rewr2	tśjiw2	tshwew1	śjạ1	dźjow1
绕，	佛	所	△	往，	佛	足	顶	礼，	七	匝
[illegible]	[illegible]，	[illegible]	[illegible]	[illegible]	[illegible]，	[illegible]	[illegible]	[illegible]	[illegible]	
tśier1	ror2	tha1	·ju2	rjir2	dźjiij1	rjur1	pjụ1	·jij1	pjwɨɨr1	
右	绕，	佛	前	面	住，	世	尊	之	劝	

往诣佛所，稽首足下①，右绕七匝，侧住佛前，劝助世尊：

12.2.4

[illegible]：	‘[illegible]	[illegible]	[illegible]	[illegible]	[illegible]	[illegible]	[illegible]	[illegible]，	[illegible]	[illegible]
ɣju1	lew1	tjị1	njij2	wjuu1	tśhja2	tsjiir1	dźiej2	deej1	tśja1	dzjiij2
请：	‘唯	愿	慈	悲	正	法	轮	转，	道	化
[illegible]	[illegible]！	[illegible]	[illegible]	[illegible]	[illegible]	[illegible]	[illegible]	[illegible]	[illegible]	
dźju1	sjwij1	tdźiã2	tśhju1	rjɨr2	mjaa2	tsjiir1	gju2	wji1	lew2	
宣	明！	众	生	△	大	法	器	为	应	

‘唯垂大哀②，转乎法轮，宣布道化！多有众生应在法器，

① 稽首足下，西夏文本译作“[illegible][illegible][illegible][illegible]”，字面意思是“佛足顶礼”。

② 大哀，西夏文本译作“慈悲”。

12.2.5

[illegible]，	[illegible]	[illegible]	[illegible]	[illegible]，	[illegible]	[illegible]	[illegible]	[illegible]	[illegible]	[illegible]
dźioow[2]	tha[1]	tsjiir[1]	tshjiij[1]	mji[1]	zji[2]	tsjij[2]	śjij[1]	dźjịj[1]	njwi[2]	ljɨ[1]
能，	佛	法	说	闻，	皆	解	受	行	能	也
[illegible]。'	[illegible]	[illegible]	[illegible]	[illegible]，	[illegible]	[illegible]	[illegible]	[illegible]	[illegible]	
·jɨ[1]	phji[1]	mjij[1]	dźiã[2]	tsjij[2]	thja[1]	thjoo[1]	tjịj[2]	xiwã[1]	ŋwər[1]	
谓。'	寂	意	菩	萨，	彼	妙	式	梵	天	

闻佛说法能解受行。'如是，寂意，妙式梵天王

12.2.6

[illegible]，	[illegible]	[illegible]	[illegible]	[illegible]	[illegible]	[illegible]	[illegible]	[illegible]	[illegible]，	[illegible]
njij[2]	thjɨ[2]	sju[2]	thjij[2]	kjir[2]	mjor[1]	ljij[2]	·jij[1]	pjwɨɨr[1]	ɣju[1]	tjij[1]
王，	是	如	何	敢	如	来	之	劝	请，	若
[illegible]	[illegible]	[illegible]，	[illegible]	[illegible]	[illegible]	[illegible]，	[illegible]	[illegible]		
dźiej[2]	deej[1]	phji[1]	tha[1]	·ju[2]	rjir[2]	dźjiij[1]	mər[2]	tjị[1]		
轮	转	令，	佛	前	面	住，	本	愿		

劝助如来，使转法轮，殷勤若兹；住在佛前，本宿所愿，

12.2.7

[illegible]	[illegible]，	[illegible]	[illegible]	[illegible]	[illegible]。	[illegible]	[illegible]	[illegible]	[illegible]	[illegible]
ɣie[1]	bju[1]	mə[1]	pjụ[1]	·jij[1]	ljij[2]	thja[1]	ŋwər[1]	njij[2]	gjɨ[2]	mjiij[2]
力	依，	天	尊	之	见。	其	天	王	一	名
[illegible]	[illegible]	[illegible]	[illegible]	（[illegible]	[illegible]	[illegible]	[illegible]），	[illegible]	[illegible]	[illegible]
tja[1]	thji[1]	thew[2]	lo[1]	mji[2]	ŋwụ[1]	kjir[1]	·wejr[2]	·jij[1]	gji[2]	rjir[2]
者	提	头	罗	（番	语	勇	护），	自	子	与
[illegible]	[illegible]①									
śiə[1]	śio[1]									
引	导									

得见天尊。其一天王名提头罗②，与其子俱，

① [illegible][illegible]，字面意思为"引导"，与汉文本"俱"相对。

② 提头罗，西夏文本为音译，后有译注"[illegible][illegible][illegible][illegible]"，可译作"番语勇护"。

12.3.1

[illegible]， [illegible] [illegible] [illegible] [illegible]： ‘[illegible] [illegible] [illegible] [illegible] [illegible] [illegible]

zji^{2} ljịj^{2} tjị^{1} gu^{1} śjwo^{1} ŋa^{2} mee^{2} kja^{2} tụ^{1} tha^{1} mjor^{1}

俱， 大 誓 起 生： ‘我 贤 劫 千 佛 如

[illegible] [illegible] [illegible] [illegible] [illegible] [illegible]， [illegible] [illegible] [illegible] [illegible]

ljịj^{2} ŋowr^{2} ŋowr^{2} ·jij^{1} pjwɨɨr^{1} ɣju^{1} tsjiir^{1} dźiej^{2} deej^{1} phjo^{2}

来 一 切 之 劝 请， 法 轮 转 使

勇出本誓：‘我当普劝贤劫千佛一切如来，使转法轮。’

12.3.2

[illegible] [illegible]。’ [illegible] [illegible] [illegible] [illegible] [illegible] [illegible]， [illegible] [illegible] [illegible]

ŋa^{2} ·jɨ^{1} thja^{1} thjoo^{1} tjịj^{2} xiwã^{1} ŋwər^{1} njij^{2} ·jij^{1} tjịj^{1} tha^{1}

△ 谓。’ 彼 妙 式 梵 天 王， 自 独 佛

[illegible] [illegible] [illegible]， [illegible] [illegible] [illegible] [illegible] [illegible] [illegible] [illegible]

·jij^{1} pjwɨɨr^{1} ɣju^{1} tsjiir^{1} dźiej^{2} deej^{1} phji^{1} ·jij^{1} sji^{2} tjị^{1}

之 劝 请， 法 轮 转 令 将 △ 莫

欲知妙式梵天王，独劝助佛，使转法轮乎？莫作是观也！

12.3.3

[illegible] [illegible]！ [illegible] [illegible] [illegible] [illegible]？ [illegible] [illegible] [illegible] [illegible] [illegible]

·jɨ^{1} nji^{2} thjɨ^{2} tja^{1} thjij^{2} sjo^{2} ɣạ^{2} rjir^{2} xiwã^{1} ·ji^{1} wjị^{1}

谓 △！ 此 者 何 云？ 十 亿 梵 众 眷

[illegible]， [illegible] [illegible] [illegible] [illegible] [illegible] [illegible] [illegible] [illegible] [illegible]

dźjwɨ^{1} ɣạ^{2} rjir^{2} śjɨ^{2} ŋwər^{1} dzjwɨ^{1} ɣạ^{2} rjir^{2} ·jir^{2} tụ^{1}

属， 十 亿 释 天 帝 十 亿 百 千

所以者何？与十亿梵众眷属俱①，十亿天帝及十亿百千

12.3.4

[illegible] [illegible] [illegible] [illegible] [illegible] [illegible]， [illegible] [illegible] [illegible] [illegible] [illegible]，

sej^{1} mjijr^{2} rjur^{1} dźiã^{2} tsjij^{2} ·ji^{1} mjor^{1} ljịj^{2} ·jij^{1} pjwɨɨr^{1} ɣju^{1}

---

① 西夏文本少了“俱”。

数 垓 诸 菩 萨 众，如 来 之 劝 请，

[西夏文]

tsjiir^{1} dźiej^{2} deej^{1} phji^{1} ljɨ^{1} rjur^{1} pjụ^{1} ɣju^{1} lhjịj^{2} tsjiir^{1}

法 轮 转 令 也。世 尊 请 受 法

垓诸菩萨众，劝助如来，使转法轮。世尊适然，当转法轮。

12.3.5

[西夏文]

dźiej^{2} deej^{1} phji^{1} ·jij^{1} zjịj^{1} thjoo^{1} tjɨ̣j^{2} xiwã^{1} ŋwər^{1} njij^{2} śji^{1}

轮 转 令 将 时，妙 式 梵 天 王 先

[西夏文]

śji^{1} po^{1} lo^{1} de̱j^{2} lhjịj^{2} ·u^{2} lha^{1} rejr^{2} bo^{1} kha^{1}

先 波 罗 奈 国 中 鹿 苑 林 中

妙式梵天王，诣波罗奈鹿苑之野①神仙所游，

12.3.6

[西夏文]

śji^{1} nja̱^{1} dźjiij^{1} tjị^{2} twụ^{1} rjɨr^{2} śji^{2} ka^{2} tśjij^{2} lu^{2} thu^{1}

仙 神 处 可 各 所 行，狮 子 座 布，

[西夏文]

bjij^{2} bji^{2} sọ^{1} tụ^{1} njɨɨ^{1} ·jir^{2} ·jar^{1} ɣạ^{2} bju̱^{2} rjar^{1}

高 下 三 千 二 百 八 十 里 远，

布狮子座，高三千二百八十里，

12.3.7

[西夏文]

tśhjɨ^{1} zjij^{1} mə^{2} mə^{2} zjɨr^{2} ·jij^{1} zji^{2} thjoo^{1} ·ji^{1} ljɨ̣^{1} ŋwu^{2}

彼 略 种 种 品 相 微 妙，众 珍 以

[西夏文]

---

① 据丁福保《佛学大辞典》：波罗捺，梵文作 Vārāṇasi，又译作“波罗奈斯”“婆罗痆斯”“婆罗捺写”。国名，译作“江绕”，因在恒河之流域故也，鹿野园在此中，今为 Benares。《法华义疏 · 四》曰：“波罗捺，此云鹿林。又翻为绕河城，城有水绕。今谓波罗捺，是其通处，鹿林是其别处。”《法华科注》曰：“婆罗痆斯国都城东北有河，同名婆罗痆河，河东北十余里，至鹿野伽蓝，其侧大林名施鹿林，亦鹿苑。”

ljuu^2 tshjịj^2 thjoo^1 tjɨ̣j^2 xiwã^1 ŋwər^1 njij^2 mjor^1 ljịj^2 ·jij^1

庄 严。 妙 式 梵 天 王， 如 来 之

若干种品文饰微妙、众珍严校。妙式梵天王，适为如来

12.4.1

[illegible] [illegible] [illegible] [illegible] [illegible] [illegible]， [illegible] [illegible] [illegible] [illegible] [illegible]、

ka^2 tśjij^2 lu^2 thu^1 dja^2 dźjwa^1 thja^1 ɣạ^2 rjir^2 xiwã^1 mə^1

狮 子 座 布 △ 竟， 其 十 亿 梵 天、

[illegible] [illegible] [illegible] [illegible]、 [illegible] [illegible] [illegible] [illegible] [illegible] [illegible]①

ɣạ^2 rjir^2 śjɨ^2 dzjwɨ^1 ɣạ^2 rjir^2 ·jir^2 tụ^1 sej^1 mjijr^2

十 亿 释 帝、 十 亿 百 千 数 无

布狮子座，其十亿梵天、十亿天帝、十亿百千兆垓

12.4.2

[illegible] [illegible] [illegible]， [illegible] [illegible] [illegible] [illegible] [illegible] [illegible] [illegible] [illegible]，

rjur^1 dźiã^2 tsjij^2 tsjɨ^1 rjur^1 pjụ^1 ·jij^1 ka^2 tśjij^2 lu^2 thu^1

诸 菩 萨， 亦 世 尊 之 狮 子 座 布，

[illegible] [illegible] [illegible] [illegible]， [illegible] [illegible] [illegible] [illegible]： ‘[illegible] [illegible]

zjir^2 low^2 tśhja^2 ka^1 ·jij^1 twụ^1 ljɨr^2 wji^1 mjor^1 ljịj^2

长 广 正 等， 各 自 念 △： ‘如 来

诸菩萨，亦为世尊布狮子座，高广俱等，各自心念：‘如来

12.4.3

[illegible] [illegible] [illegible] [illegible] [illegible] [illegible]， [illegible] [illegible] [illegible] [illegible] [illegible] [illegible]。’”

ŋa^2 ·jij^1 ka^2 tśjij^2 lu^2 dzuu^2 tśhja^2 tsjiir^1 dźiej^2 deej^1 lew^2 ·jɨ^1

我 之 狮 子 座 坐， 正 法 轮 转 当 谓。’”

当坐我狮子座，转于法轮。’”

汉文本

《大宝积经》卷第十二

密迹金刚力士会第三之五

① [illegible]（mjijr^2），族姓，用在此处语义不通，当与“[illegible]”（mjij^1）通假，义为“无”。

尔时，密迹力士谓寂意曰："菩萨往诣佛树，以成佛道，如来至真。未转法轮，开导众生，巍巍如是，所化无量，多于初发行道时心。及坐佛树，所济众生，岂可訾哉！以故知之，当作是观：若有菩萨坐在法床，疾近无上正真之道，所度众生益复加倍。适成佛道，妙式梵天王与六十八万亿垓百千眷属围旋，往诣佛所，稽首足下，右绕七匝，侧住佛前，劝助世尊：'唯垂大哀，转乎法轮，宣布道化！多有众生应在法器，闻佛说法能解受行。'如是，寂意，妙式梵天王劝助如来，使转法轮，殷勤若兹；住在佛前，本宿所愿得见天尊。其一天王名提头罗，与其子俱，勇出本誓：'我当普劝贤劫千佛一切如来，使转法轮。'欲知妙式梵天王，独劝助佛，使转法轮乎？莫作是观也！所以者何？与十亿梵众眷属俱，十亿天帝及十亿百千垓诸菩萨众，劝助如来，使转法轮。世尊适然，当转法轮。妙式梵天王，诣波罗奈鹿苑之野神仙所游，布狮子座，高三千二百八十里，若干种品文饰微妙、众珍严校。妙式梵天王，适为如来布狮子座，其十亿梵天、十亿天帝、十亿百千兆垓诸菩萨，亦为世尊布狮子座，高广俱等，各自心念：'如来当坐我狮子座，转于法轮。'"

12.4.3

[illegible]	[illegible]	[illegible]	[illegible]	[illegible]	[illegible]	[illegible]	[illegible]	[illegible]
dwụ^{2}	rjar^{2}	ɣie^{1}	mjijr^{2}	phji^{1}	mjij^{1}	dźiã^{2}	tsjij^{2}	·jij^{1}
密	迹	力	士	意	寂	菩	萨	之

密迹力士谓寂意菩萨言：

12.4.4

[illegible]：	"[illegible]	[illegible]	[illegible]	[illegible]	[illegible]	[illegible]	[illegible]	[illegible]	[illegible]
·jɨ^{1}	tśhjɨ^{1}	zjọ^{2}	mjor^{1}	ljịj^{2}	po^{1}	lo^{1}	dẹj^{2}	lhjịj^{2}	lha^{1}	rejr^{2}
谓：	"尔	时	如	来	波	罗	奈	国	鹿	苑

[illegible]	[illegible]	[illegible]	[illegible]	[illegible]	[illegible]	[illegible]	[illegible]，	[illegible]	[illegible]
bo^{1}	kha^{1}	śji^{1}	njạ^{1}	dźjiij^{1}	tjị^{2}	do^{2}	śjɨ	ka^{2}	tśjij^{2}
林	中	仙	神	处	处	于	往，	狮	子

"尔时如来诣波罗奈鹿苑之野神仙所游，坐狮子床。

12.4.5

[illegible]	[illegible]	[illegible]。	[illegible]	[illegible]	[illegible]	[illegible]	[illegible]	[illegible]	[illegible]	[illegible]
lu^{2}	tśhjaa^{1}	dzuu^{2}	śjɨ^{2}	xiwã^{1}	ljɨɨr^{1}	ŋwər^{1}	njij^{2}	nioow^{1}	rjur^{1}	dźiã^{2}
床	上	坐。	释、	梵、	四	天	王	及	诸	菩

[illegible]，	[illegible]	[illegible]	[illegible]	[illegible]：	'[illegible]	[illegible]	[illegible]	[illegible]	[illegible]
tsjij^{2}	·jij^{1}	twụ^{1}	ljɨr^{2}	wji^{1}	mjor^{1}	ljịj^{2}	ŋa^{2}	·jij^{1}	ka^{2}

萨, 自 各 念 △: ‘如 来 我 之 狮

梵、释、四天王及诸菩萨,各自心念:‘如来独坐我狮子床。’

12.4.6

[illegible]

tśjij^{2} lu^{2} tśhjaa^{1} dzuu^{2} ·jɨ^{1} mjor^{1} ljij^{2} thja^{1} ka^{2} śjij^{2} lu^{2}

子 床 上 坐 谓。’ 如 来 彼 狮 子 床

[illegible]

tśhjaa^{1} dzuu^{2} zjọ^{2} śja^{1} rjijr^{2} bju^{2} mjij^{1} tha^{1} lhjịj^{2} tśhjiw^{1}

上 坐 时, 十 方 边 无 佛 土 六

如来遍坐狮子床已,应时十方无限佛土出现六

12.4.7

[illegible]

mə^{2} saar^{2} mju^{2} tśhjɨ^{1} zjọ^{2} rjur^{1} pjụ^{1} mji^{1} sji^{1} kięj^{2} sã^{1}

种 震 动。 尔 时 世 尊 无 极 界 三

[illegible]

mej^{2} kha^{1} ·o^{2} tśhjɨ^{1} dzjɨj^{1} sọ^{1} tụ^{1} ljij^{2} tụ^{1} rjur^{1}

昧 中 入, 尔 时 三 千 大 千 世

返震动①。尔时世尊以无极界三昧正受,即时三千大千世界

12.5.1

[illegible]

kięj^{2} zji^{2} to^{2} tśhja^{2} djij^{1} pja^{1} wji^{2} wjɨ^{2} sju^{2} thjɨ^{2} sọ^{1}

界 皆 悉 正 平, 掌 底 犹 如。 此 三

[illegible]

tụ^{1} ljij^{2} tụ^{1} rjur^{1} kięj^{2} ·u^{2} dji^{1} ·jɨj^{2} sju^{2} dzju^{2}

千 大 千 世 界 中, 地 狱、 畜 生,

皆悉平正,等如手掌。此三千大千世界,地狱、畜生,

① 六返震动,西夏文本译作“六种震动”。

12.5.2

[illegible] [illegible] [illegible]， [illegible] [illegible] [illegible] [illegible] [illegible] [illegible] [illegible] [illegible]

śjụ^{1} ·ju^{1} kha^{1} dźiã^{2} tśhju^{1} nioow^{1} rjur^{1} mə^{1} rjur^{1} dzjwo^{2} zji^{2}

饿 鬼 中， 众 生 及 诸 天 世 人 普

[illegible] [illegible] [illegible]。 [illegible] [illegible] [illegible] [illegible] [illegible] [illegible] [illegible]

no^{2} nej^{2} rjir^{2} dźiã^{2} tśhju^{1} ŋowr^{2} ŋowr^{2} lẹj^{2} tshjạ^{1} lə^{2}

安 乐 获。 众 生 一 切 贪 瞋 痴

若在饿鬼，天上、世人，普获安隐①。一切众生无淫怒痴②，

12.5.3

[illegible]， [illegible] [illegible] [illegible] [illegible] [illegible] [illegible] [illegible] [illegible]， [illegible] [illegible]

mjij^{1} sọ^{1} do^{1} ŋo^{2} ŋwər^{2} gji^{1} sej^{1} ror^{2} mjij^{1} njij^{2} njiij^{1}

无， 三 毒 病 消 清 净 尘 无， 慈 心

[illegible] [illegible] [illegible] [illegible] [illegible] [illegible] [illegible] [illegible] [illegible]。 [illegible]

ŋwu^{2} dźjwɨ^{1} ·juu^{1} zjɨ̣^{1} wja^{1} zjɨ̣^{1} mja^{1} wjɨ^{2} sju^{2} śja^{1}

以 相 视 子 父 子 母 犹 如。 十

消三毒病清净无尘，慈心相向如父如子、如母如女。

12.5.4

[illegible] [illegible] [illegible] [illegible] [illegible] [illegible] [illegible] [illegible] [illegible] [illegible] [illegible]

rjijr^{2} ŋewr^{2} mjij^{1} rjur^{1} tha^{1} rjur^{1} kiẹj^{2} ·u^{2} pjụ^{1} dza^{2} tjị^{2}

方 数 无 诸 佛 世 界 中 量 计 可

[illegible] [illegible] [illegible] [illegible] [illegible]， [illegible] [illegible] [illegible] [illegible] [illegible]

mjij^{1} rjur^{1} dźiã^{2} tsjij^{2} njɨ^{2} zji^{2} tha^{1} do^{2} lwər^{2} lhejr^{2}

不 诸 菩 萨 等， 皆 佛 处 经 契

十方无限诸佛世界，不可计数诸菩萨，来听佛说经。

12.5.5

[illegible] [illegible]。 [illegible] [illegible] [illegible] [illegible] [illegible] [illegible] [illegible] [illegible] [illegible]

---

① 此句中西夏文本多了“众生”([illegible])二字，汉文本无。

② 淫怒痴，西夏文本译作“贪瞋痴”([illegible])。

nji^{2}	ljij^{2}	sọ^{1}	tụ^{1}	ljij^{2}	tụ^{1}	rjur^{1}	kięj^{2}	·u^{2}	mjɨ^{1}	pjụ^{1}
听	来。	三	千	大	千	世	界	中	无	量
[illegible]	[illegible]，	[illegible]	[illegible]、	[illegible]、	[illegible]、	[illegible]	[illegible]	[illegible]、	[illegible]	
ljij^{2}	nja^{1}	rjur^{1}	mə^{1}	we^{1}	nja^{1}	khjā^{2}	tha^{2}	pho^{1}	·ja^{0}	
大	神，	诸	天、	龙、	神、	乾	闼	婆、	阿	

三千大千世界大神①,无极②诸天、龙神、揵沓和、阿

12.5.6

[illegible]	[illegible]、	[illegible]	[illegible]	[illegible]、	[illegible]	[illegible]	[illegible]、	[illegible]	[illegible]	[illegible]
sew^{2}	lo^{1}	kja^{1}	lew^{1}	lo^{1}	kjĩ	no^{1}	lo^{1}	mo^{2}	xew^{1}	lo^{1}
修	罗、	迦	楼	罗、	紧	那	罗、	摩	睺	罗
[illegible]、	[illegible]	[illegible]	[illegible]	[illegible]，	[illegible]	[illegible]	[illegible]	[illegible]	[illegible]	
khja^{2}	dzjwo^{2}	mji^{1}	dzjwo^{2}	njɨ^{2}	zji^{2}	tha^{1}	do^{2}	lwər^{2}	lhejr^{2}	
伽、	人	非	人	等，	皆	佛	所	经	契	

须轮、迦楼罗、真陀罗、摩休勒③、人若非人④,皆诣佛所欲听经法。

12.5.7

[illegible]	[illegible]。	[illegible]	[illegible]	[illegible]	[illegible]，	[illegible]	[illegible]	[illegible]	[illegible]	[illegible]
nji^{2}	ljij^{2}	rjur^{1}	ljij	·ji^{1}	ljwu^{2}	thjɨ^{2}	sọ^{1}	tụ^{1}	ljij^{2}	tụ^{1}
听	来。	诸	来	众	会，	此	三	千	大	千
[illegible]	[illegible]	[illegible]	[illegible]	[illegible]	[illegible]	[illegible]。	[illegible]	[illegible]	[illegible]	
rjur^{1}	kięj^{2}	·u^{2}	to^{2}	zji^{2}	nja^{1}	swu^{2}	mej^{2}	dźjwa^{1}	tha^{2}	
世	界	中	悉	皆	△	满。	毛	发	恃	

---

① 西夏文本有"无量"([illegible])二字,汉文本未作。

② 西夏文本无"无极"二字。

③ 这里的"揵沓和、阿须轮、迦楼罗、真陀罗、摩休勒"均为旧译,西夏文本统一作唐代新译名,即"乾闼婆、阿修罗、迦楼罗、紧那罗、摩睺罗伽",其中乾闼婆,音译梵文 Gandharva,意译作"食香"。玄应《一切经音义》云:"乾闼婆……此云嗅香,亦云乐神,一云食香,旧云香神,亦近也。经中亦作香音神也"。藏文 Dri za(香食)为意译。西夏文献中既有音译,又有意译。此处音译作"蜀腓诚",《大宝积经》卷一 1.7.3 又音译作"羿腓诚";阿修罗,梵文 Asura,又作"阿须罗""阿须轮"。译曰"无端",容貌丑陋之义。又曰"无酒",其果报无酒之义。新称"阿素洛"。译曰"非天",其果报胜似天而非天之义。为常与帝释战斗之神。六道之一,八部众之一;迦楼罗,梵文 Garuḍa,译作"金翅鸟王",西夏文本有时译作"金翅龙王";紧那罗,梵文 Kiṃnara,又作"紧捺罗""甄陀罗""真陀罗"等。旧译曰"人非人""疑神",新译曰"歌神",即乐神名。八部众之一。《慧琳音义·十一》曰:"真陀罗,古作紧那罗,音乐天也。有微妙音响,能作歌舞。男则马首人身能歌,女则端正能舞。次此天女,多与乾闼婆天为妻室也。"仁宗时期翻译的西夏文佛经往往音译作"[illegible]"。摩睺罗伽,梵文 Mahoraga。华言大腹行。罗什法师云是地龙而腹行,又云是大蟒蛇而腹行也。

④ 人若非人,西夏文本译作"人、非人"。

诸来会者，皆遍充满于此三千大千世界，无如毛发，空不周者①，

12.6.1

[illegible]	[illegible]，	[illegible]	[illegible]	[illegible]	[illegible]	[illegible]，	[illegible]	[illegible]	[illegible]	[illegible]
wji1	tji2	zjij1	ljɨ2	wjɨ2	mji1	bju1	to2	zji2	njiij1	thwuu1
△	可，	许	地	△	不	明，	悉	皆	心	同
[illegible]	[illegible]	[illegible]	[illegible]，	[illegible]	[illegible]	[illegible]	[illegible]	[illegible]	[illegible]	
tśhja2	tsjiir1	sjuu1	pa̩2	to2	zji2	dzjwɨ̩1	lhejr2	ljij2	tśja1	
正	法	仰	渴，	悉	皆	恭	敬	大	道	

皆共同心饥虚于法②，悉欲稽颡咨受大道。

12.6.2

[illegible]	[illegible]	[illegible]。	[illegible]	[illegible]	[illegible]	[illegible]	[illegible]	[illegible]	[illegible]	[illegible]
·jɨr1	lhjij2	kiej2	tśhjɨ1	dzjɨj1	rjur1	pju̩1	rjur1	ljij2	·ji1	ljwu2
问	受	欲。	尔	时	世	尊	诸	大	众	会
[illegible]	[illegible]	[illegible]	[illegible]	[illegible]	[illegible]	[illegible]	[illegible]	[illegible]，	[illegible]	
to2	zji2	kjɨ1	dzjɨ̩2	tsjiir1	dźiej2	deej1	ɣju1	nioow1	rjur1	
悉	皆	△	集	法	轮	转	请	故，	诸	

于时，世尊见大众会皆来云集请转法轮，

12.6.3

[illegible]	[illegible]、	[illegible]	[illegible]	[illegible]	[illegible]、	[illegible]	[illegible]	[illegible]	[illegible]、	[illegible]
śia1	mẽ1	do2	ɣiew1	sej1	tji̩1	rjur1	mə1	ljiij2	njij2	ljij2
沙	门、	异	学	净	志、	诸	天	魔	王、	大
[illegible]	[illegible]	[illegible]	[illegible]	[illegible]	[illegible]	[illegible]	[illegible]	[illegible]	[illegible]	
xiwã1	ŋwər1	njij2	nioow1	rjur1	mur1	dzjwo2	·jij1	tśhja2	tsjiir1	
梵	天	王	及	世	俗	人	之	正	法	

为诸沙门、异学梵志、诸天魔王、上梵天王及其世俗宣布正法。”

12.6.4

[illegible]	[illegible]。”	“[illegible]	[illegible]	[illegible]	[illegible]	[illegible]！	[illegible]	[illegible]	[illegible]	[illegible]

① 无如毛发，空不周者，西夏文本译作“[illegible]”，字面意思是“毛发依处，略地不周”。

② 饥虚于法，西夏文本译作“渴仰正法”（[illegible]）。

nẹ^{1}	tshjiij^{1}	nioow^{1}	phji^{1}	mjij^{1}	dźiã^{2}	tsjij^{2}	tśhjɨ^{1}	dzjɨj^{1}	mjor^{1}	ljij^{2}
宣	说。”	“又	寂	意	菩	萨!	尔	时	如	来
[illegible]	[illegible]	[illegible]	[illegible]，	[illegible]	[illegible]	[illegible]	[illegible]	[illegible]	[illegible]	
tsjiir^{1}	dźiej^{2}	deej^{1}	zjọ^{2}	dzjɨj^{1}	bju^{1}	nẹ^{1}	tshjiij^{1}	dźiã^{2}	tśhju^{1}	
法	轮	转	时，	时	随	宣	说	众	生	

又有寂意①！于时如来适转法轮，

12.6.5

[illegible]	[illegible]	[illegible]	[illegible]	[illegible]	[illegible]	[illegible]。	[illegible]	[illegible]	[illegible]	[illegible]，
·jij^{1}	njiij^{1}	bju^{1}	·jij^{1}	twụ^{1}	tsjij^{2}	phji^{1}	djɨj^{2}	sju^{2}	dzjɨ^{2}	nioow^{1}
之	心	从	各	自	解	令。	云	如	集	因，
[illegible]	[illegible]	[illegible]	[illegible]	[illegible]	[illegible]	[illegible]	[illegible]，	[illegible]	[illegible]	
·jij^{1}	twụ^{1}	njwo^{2}	rjɨr^{2}	dźjịj^{1}	·jiw^{1}	tshjiij^{1}	wji^{1}	njiij^{1}	phji^{1}	
各	自	宿	所	习	为	宣	△，	心	意	

随时之宜，从众生心各令得解。因其云集，各各为宣，宿本所习，

12.6.6

[illegible]	[illegible]	[illegible]	[illegible]	[illegible]	[illegible]	[illegible]	[illegible]。	[illegible]	[illegible]	[illegible]
tśjɨ^{1}	tsjij^{2}	zji^{2}	tsjiir^{1}	dźjɨ^{0}	bjuu^{1}	bjịj^{1}	phji^{1}	mjor^{1}	ljịj^{2}	tśhja^{2}
嘱	达	皆	法	行	尊	敬	令。	如	来	正
[illegible]	[illegible]	[illegible]	[illegible]	[illegible]，	[illegible]	[illegible]	[illegible]	[illegible]	[illegible]	
dwewr^{2}	thjɨ^{2}	tsjiir^{1}	tshjiij^{1}	zjọ^{2}	mej^{1}	zji^{2}	mji^{1}	·ju^{2}	ŋwu^{2}	
觉	此	法	说	时，	眼	悉	无	常	是	

令心开达②，悉遵法行。如来至真适说斯法，为重分别：‘拘邻欲知，眼悉无常，

12.6.7

[illegible]	[illegible]	[illegible]	[illegible]	[illegible]	[illegible]	[illegible]	[illegible]：	‘[illegible]	[illegible]	[illegible]
nwə^{1}	kięj^{2}	nioow^{1}	·jị^{2}	kju^{1}	no^{1}	phjo^{2}	kar^{2}	mej^{1}	mji^{1}	·ju^{2}
知	欲	为	重	拘	那	分	别：	‘眼	无	常

---

① 西夏文本有“菩萨”([illegible])二字，汉文本无。

② 开达，西夏文本译作“[illegible]”。按，这里“[illegible]”tśjɨ^{1}(嘱咐)当与“[illegible]”tśjɨ^{1}(悟、醒)字通假。“[illegible]”二字连用常见，多表“解悟、通达、了达”之义。聂历山《西夏语文学》第I卷264作“了达空法”([illegible])。

[illegible]	[illegible]	[illegible]	[illegible]	[illegible]	[illegible]	[illegible]	[illegible]	[illegible]	[illegible]
tsjij^{2}	ku^{1}	tśhjwo^{1}	tsjiir^{1}	bju^{1}	śjij^{1}	dźjij^{1}	mej^{1}	zow^{2}	·ju^{2}
了	则	故	法	随	顺	行。	眼	执	常

了眼无常则随律业。计眼有常，不喜无常，闻眼无常，眼苦毒痛；

12.7.1

[illegible]	[illegible]	[illegible]	[illegible]	[illegible]	[illegible]	[illegible]，	[illegible]	[illegible]	[illegible]	[illegible]
ŋwu^{2}	·jɨ^{1}	ku^{1}	mji^{1}	·ju^{2}	mji^{1}	dzu^{1}	mej^{1}	mji^{1}	·ju^{2}	mji^{1}
是	谓	则	无	常	不	喜，	眼	无	常	闻
[illegible]	[illegible]	[illegible]	[illegible]	[illegible]；	[illegible]	[illegible]	[illegible]	[illegible]，	[illegible]	
mej^{1}	tśjị^{1}	ŋo^{2}	ɣar^{1}	ŋwu^{2}	nwə^{1}	mej^{1}	ɣa^{2}	ŋa^{2}	ŋa^{2}	
眼	苦	病	甚	是；	知	眼	于	我，	我	

计眼吾我，不好无身，了无吾我，

12.7.2

[illegible]	[illegible]	[illegible]	[illegible]	[illegible]	[illegible]	[illegible]；	[illegible]	[illegible]	[illegible]	[illegible]
ljụ^{2}	mjij^{1}	mji^{1}	dzu^{1}	ŋa^{2}	źjɨr^{1}	mjij^{1}	mej^{1}	ɣa^{2}	ŋa^{2}	mjij^{1}
身	无	不	好	我	实	无；	眼	于	我	无
[illegible]	[illegible]	[illegible]	[illegible]	[illegible]	[illegible]	[illegible]	[illegible]	[illegible]	[illegible]。	
mji^{1}	ku^{1}	tśhjwo^{1}	tsjiir^{1}	dzjɨj^{1}	bju^{1}	tsjiir^{1}	wo^{2}	tśjɨ^{1}	tsjij^{2}	
闻	则	故	法	律	随	法	义	解	悟。	

以闻于眼无有吾我，乃随律教解其音响①。

12.7.3

[illegible]	[illegible]	[illegible]	[illegible]	[illegible]、	[illegible]	[illegible]	[illegible]、	[illegible]	[illegible]	[illegible]
mej^{1}	tja^{1}	wjɨ^{1}	djiij^{1}	sju^{2}	so^{2}	lwew^{1}	sju^{2}	zjiir^{2}	kha^{1}	lhjij^{2}
眼	者	幻	化	如、	气	焰	如、	水	中	月
[illegible]、	[illegible]	[illegible]、	[illegible]	[illegible]	[illegible]	[illegible]，	[illegible]	[illegible]	[illegible]	
sju^{2}	mjiij	sju^{2}	rər^{2}	dzjɨj^{1}	dźiwe^{1}	sju^{2}	thjɨ^{2}	tsjiir^{1}	dzjɨj^{1}	
如、	梦	如、	影	像	响	如，	是	法	律	

① 音响，西夏文本译作“法义”（[illegible]）。

眼如幻化、野马①、水中之月，如梦已觉②，犹若形影、山中之响，

12.7.4

[illegible]	[illegible]	[illegible]	[illegible]	[illegible]	[illegible]	[illegible]	[illegible]，	[illegible]	[illegible]	[illegible]
bju^{1}	ŋa^{1}	·jij^{1}	mjij^{1}	tjị^{1}	mjij^{1}	śjij^{1}	dźjij^{1}	thja^{1}	mej^{1}	dźjɨ^{0}
随	空	相	无	愿	无	奉	行，	其	眼	行
[illegible]	[illegible]	[illegible]	[illegible]	[illegible]。	[illegible]	[illegible]	[illegible]	[illegible]	[illegible]	
mjij^{1}	mjij^{1}	sej^{1}	mji^{1}	mju^{2}	mej^{1}	mjij^{1}	sej^{1}	·jiw^{1}	bju^{1}	
无	寂	静	不	动。	眼	寂	静	缘	由	

随此律教乃奉行法空无相愿，其眼无行，惔怕寂寞③，闻眼静默，眼从缘起；

12.7.5

[illegible]	[illegible]	[illegible]	[illegible]	[illegible]	[illegible]，	[illegible]	[illegible]	[illegible]	[illegible]	[illegible]
śjwo^{1}	mji^{1}	·jiw^{1}	bju^{1}	śjwo^{1}	mji^{1}	ku^{1}	nju^{1}	njii^{2}	lhjwa^{1}	ljụ^{2}
起	闻	缘	以	起	闻，	则	耳	鼻	舌	身
[illegible]	[illegible]	[illegible]	[illegible]	[illegible]，	[illegible]	[illegible]	[illegible]	[illegible]。	[illegible]	
phji^{1}	tsjɨ^{1}	thja^{1}	wjɨ^{2}	sju^{2}	zji^{2}	mji^{1}	·ju^{2}	ŋwu^{2}	mji^{1}	
意	亦	彼	犹	如，	皆	无	常	是。	无	

以闻缘起，耳、鼻、舌、身、心亦复如是，皆归无常。

12.7.6

[illegible]	[illegible]	[illegible]	[illegible]	[illegible]	[illegible]，	[illegible]	[illegible]	[illegible]	[illegible]	[illegible]
·ju^{2}	mji^{1}	nioow^{1}	phji^{1}	tśjị^{1}	ŋwu^{2}	tshjiij^{1}	ŋa^{2}	źjɨr^{1}	mjij^{1}	ljij^{2}
常	闻	由	意	苦	是，	说	我	实	无	见
[illegible]	[illegible]	[illegible]	[illegible]	[illegible]	[illegible]	[illegible]	[illegible]	[illegible]	[illegible]。	
mjij^{1}	sej^{1}	mji^{1}	mju^{2}	ŋa^{1}	·jij^{1}	mjij^{1}	tjị^{1}	mjij^{1}	dźjij^{1}	
寂	然	不	动	空	相	无	愿	无	行。	

以闻无常解意为苦，睹无吾我寂然惔怕，空无相愿。

① 野马，西夏文本译作“阳焰”([illegible])。
② 如梦已觉，西夏文本译作“如梦”([illegible])
③ 惔怕寂寞，西夏文本译作“[illegible]”，字面意思是“寂静不动”。下文亦用于对译汉文本“寂然惔怕”。

12.7.7

[illegible]	[illegible]	[illegible]	[illegible]	[illegible]	[illegible]	[illegible]	[illegible]	[illegible]	[illegible]	[illegible]，
·jiw^{1}	nioow^{1}	bju^{1}	śjwo^{1}	ŋwə^{1}	ŋur^{1}	mji^{1}	·ju^{2}	mji^{1}	tsjij^{2}	nioow^{1}
因	缘	从	起	五	阴	无	常	不	达	故，
[illegible]	[illegible]	[illegible]	[illegible]	[illegible]	[illegible]	[illegible]	[illegible]	[illegible]。	[illegible]	
ku^{1}	ŋur^{1}	dju^{1}	zow^{2}	zjịj^{1}	ŋur^{1}	mjij^{1}	mji^{1}	tsjij^{2}	rjur^{1}	
则	阴	有	执	著	阴	无	不	了。	诸	

用不达故，从因缘起五阴无常。其计有阴，不了无阴，

12.8.1

[illegible]	[illegible]	[illegible]	[illegible]	[illegible]	[illegible]	[illegible]	[illegible]，	[illegible]	[illegible]	[illegible]
sjwɨ^{1}	zji^{2}	mji^{1}	·ju^{2}	ŋwu^{2}	kjɨ^{1}	tshjiij^{1}	mji^{1}	rjur^{1}	sjwɨ^{1}	mji^{1}
种	悉	无	常	是	虽	说	闻，	诸	种	无
[illegible]	[illegible]	[illegible]	[illegible]，	[illegible]	[illegible]	[illegible]	[illegible]	[illegible]。	[illegible]	
·ju^{2}	tshjiij^{1}	mji^{1}	nioow^{1}	ku^{1}	njiij^{1}	zjịj^{1}	lew^{2}	mjij^{1}	ŋwə^{1}	
常	说	闻	故，	则	心	著	所	无。	五	

虽说诸种，悉归无常，以得闻说诸种无常，心无所著。

12.8.2

[illegible]	[illegible]	[illegible]	[illegible]	[illegible]	[illegible]，	[illegible]	[illegible]	[illegible]	[illegible]	[illegible]。
ŋur^{1}	mji^{1}	·ju^{2}	tshjiij^{1}	mji^{1}	nioow^{1}	ku^{1}	zji^{2}	ŋa^{1}	tśjɨ^{1}	tsjij^{2}
阴	无	常	说	闻	故，	则	悉	空	解	悟。
[illegible]	[illegible]	[illegible]	[illegible]，	[illegible]	[illegible]	[illegible]	[illegible]	[illegible]	[illegible]	
rjur^{1}	do^{2}	dju^{1}	zow^{2}	rjur^{1}	do^{2}	mji^{1}	·ju^{2}	wo^{2}	mji^{1}	
诸	入	有	执，	诸	入	无	常	义	不	

心得闻说五阴无常，悉解空耳！计有诸入，不解诸入无常之谊，

12.8.3

[illegible]，	[illegible]	[illegible]	[illegible]	[illegible]	[illegible]	[illegible]	[illegible]。	[illegible]	[illegible]	[illegible]
tsjij^{2}	rjur^{1}	do^{2}	zji^{2}	mji^{1}	·ju^{2}	ŋwu^{2}	mji^{1}	ku^{1}	ŋwə^{1}	ŋur^{1}
解，	诸	入	皆	无	常	是	闻。	则	五	阴

[illegible]	[illegible]、	[illegible]	[illegible]	[illegible]	[illegible]	[illegible]	[illegible]	[illegible]	[illegible]
rjur1	do2	ljɨɨr1	ljịj2	rjur	sjwɨ1	tsjɨ1	zji2	thja1	wjɨ2
诸	入、	四	大	诸	种	亦	皆	是	犹

以闻诸入归于无常。五阴诸入、四大诸种亦复如是。

12.8.4

[illegible]。	[illegible]	[illegible]	[illegible]、	[illegible]	[illegible]	[illegible]、	[illegible]	[illegible]	[illegible]、	[illegible]
sju2	jɨɨr1	ljɨr2	dźjiij1	ljɨɨr1	tśhja2	zjịj1	ljɨɨr1	mee2	rewr2	ŋwə1
如。	四	意	止、	四	正	断、	四	神	足、	五
[illegible]、	[illegible]	[illegible]、	[illegible]	[illegible]	[illegible]	[illegible]、	[illegible]	[illegible]	[illegible]	
tśhji2	ŋwə1	ɣie1	śjạ1	ka1	dwewr2	·jiw1	·jar1	śjɨj2	tśja1	
根、	五	力、	七	等	觉	因、	八	圣	道	

闻四意止、四意断①、四神足念②、五根、五力、七觉③、八品道行④，

12.8.5

[illegible]	[illegible]，	[illegible]	[illegible]	[illegible]	[illegible]	[illegible]	[illegible]	[illegible]，	[illegible]	[illegible]
·jiw1	mji1	thjɨ2	sọ1	ɣạ2	śjạ1	tjij1	mji1	nioow1	mji1	·ju2
因	闻，	是	三	十	七	品	闻	因，	无	常
[illegible]	[illegible]。	[illegible]	[illegible]	[illegible]	[illegible]	[illegible]	[illegible]	[illegible]，	[illegible]	
ŋa1	tsjij2	tjij1	mjij1	sej1	tśja1	tsjiir1	tshjiij1	mji1	tśhjwo1	
空	解。	若	寂	然	道	法	说	闻，	故	

以得闻是三十七品，解无常空。若闻寂然⑤，

12.8.6

[illegible]	[illegible]	[illegible]	[illegible]。	[illegible]	[illegible]	[illegible]	[illegible]	[illegible]，	[illegible]	[illegible]

---

① 四意断，西夏文本译作“四正断”（[illegible]）。丁福保《佛学大辞典》：“四正勤，又名四意断，四正断，四正胜。”《法界次第》中之下谓：“一对已生之恶为除断，而勤精进。二对未生之恶，更为使不生而勤精进。三对未生之善为生而勤精进。四对已生之善为使增长而勤精进。”一心精进，行此四法。故名“四正勤”；能断懈怠，故名“四正断”；于正策励身语意中此为最胜，故名“四正胜”；意中决定，而断行之，故名“四意断”。

② 西夏文本下无“念”字。

③ 七觉，西夏文本译作“七等觉”（[illegible]）。丁福保《佛学大辞典》：“七觉，又曰七菩提分，七觉支。《俱舍论》谓之‘七等觉支’。七科道品中之第六也。觉有觉了觉察之义，此为使定慧均等之法，故名等觉。”

④ 八品道行，西夏文本译作“八圣道”（[illegible]）。《阿弥陀经》曰：“七菩提分，八圣道分。”《俱舍论》二十五曰：“七等觉支，八圣道支。”

⑤ 寂然，西夏文本译作“寂静”（[illegible]）。

tsjiir^{1} dzjɨj^{1} bju^{1} śjɨ^{1} tjij^{1} bio̱^{1} lew^{2} mji^{1} tja^{1} ɣię^{2} mji^{1}

法 律 随 往。 若 观 所 闻 者， 声 闻

[illegible] [illegible]、 [illegible] [illegible] [illegible] [illegible]、 [illegible] [illegible] [illegible] [illegible]、

·ụ^{2} dzjwo^{2} tjịj^{1} dwewr^{2} mji^{1} dzu^{1} tjịj^{1} dwewr^{2} ·ụ^{2} dzjwo^{2}

乘 人、 独 觉 不 乐、 独 觉 乘 人、

颁宣道法，乃随律教。若闻所见，其可声闻①不乐缘觉②，乐闻缘觉③不志声闻；

12.8.7

[illegible] [illegible] [illegible] [illegible]。 [illegible] [illegible] [illegible] [illegible]， [illegible] [illegible] [illegible]

ɣię^{2} mji^{1} mji^{1} dzu^{1} tjij^{1} njɨɨ^{1} ·ụ^{2} dzu^{1} ku^{1} ljịj^{2} ·ụ^{2}

声 闻 不 乐。 若 二 乘 乐， 则 大 乘

[illegible] [illegible]。 [illegible] [illegible] [illegible] [illegible]， [illegible] [illegible] [illegible] [illegible]

mji^{1} tshjiij^{1} tjij^{1} ljịj^{2} ·ụ^{2} tshjiij^{1} ku^{1} thja^{1} wo^{2} tshwew^{1}

不 说。 若 大 乘 宣， 则 其 义 趣

不志声闻；若慕二乘，不说大乘。若宣大乘，闻其义趣，

12.9.1

[illegible]， [illegible] [illegible] [illegible] [illegible] [illegible] [illegible] [illegible] [illegible] [illegible]。' [illegible]

mji^{1} ɣię^{2} mji^{1} tjịj^{1} dwewr^{2} ·jij^{1} dạ^{2} mji^{1} dzu^{1} ljɨ^{1} phji^{1}

闻， 声 闻 独 觉 之 辞 不 好 也。' 寂

[illegible] [illegible] [illegible]！ [illegible] [illegible] [illegible] [illegible] [illegible] [illegible] [illegible]

mjij^{1} dźiã^{2} tsjij^{2} mjor^{1} ljij^{2} thjɨ^{2} sju^{2} ŋwu^{2} rjur^{1} dźiã^{2}

意 菩 萨！ 如 来 是 如 以 诸 众

不好声闻、缘觉④之辞。'如是寂意！

12.9.2

[illegible] [illegible] [illegible] [illegible] [illegible] [illegible]， [illegible] [illegible] [illegible] [illegible]， [illegible]

tśhju^{1} ·jij^{1} njiij^{1} kjɨ^{1} dzu^{1} bju^{1} tśhja^{2} tsjiir^{1} dźiej^{2} deej^{1} ·jij^{1}

---

① 其可声闻，西夏文本译作"声闻乘人"([illegible])。

② 缘觉，西夏文本译作"独觉"([illegible])。

③ 乐闻缘觉，西夏文本译作"独觉乘人"([illegible])。

④ [illegible]，直译为"独觉"，又称缘觉，常乐寂静，独自修行，修行功成，于无佛之世，自己觉悟而离生死者，谓之独觉。梵文作 pratyeka buddha，意译"独觉、缘觉"，音译作"辟支佛"。(丁福保：《佛学大辞典》，1991 年，第 2631 页。)

生	之	心	△	爱	随，	正	法	轮	转，	各
[illegible]	[illegible]	[illegible]。	[illegible]	[illegible]	[illegible]	[illegible]	[illegible]	[illegible]	[illegible]	
twụ^{1}	tsjij^{2}	phji^{1}	mjor^{1}	ljij^{2}	thjɨ^{2}	sju^{2}	ŋwu^{2}	rjur^{1}	dźiã^{2}	
自	解	令。	如	来	是	如	以	诸	众	

如来以斯随众生心所可爱乐而转法轮，各令得所。如来以是为众生（讲），

12.9.3

[illegible]	[illegible]①，	[illegible]	[illegible]	[illegible]	[illegible]	[illegible]。	[illegible]	[illegible]	[illegible]	[illegible]
tśhju^{1}	·jij^{1}	tśhja^{2}	tsjiir^{1}	dźiej^{2}	deej^{1}	ljɨ^{1}	tśhjɨ^{1}	dzjɨj^{1}	pjụ^{1}	nar^{2}
生	之，	正	法	轮	转	也。	尔	时	尊	老
[illegible]	[illegible]	[illegible]，	[illegible]	[illegible]	[illegible]	[illegible]	[illegible]	[illegible]	[illegible]	
śja^{1}	rjir^{2}	gji^{2}	·jir^{2}	tụ^{1}	kjiw^{1}	kha^{1}	mər^{2}	dźjɨ^{0}	tśja^{1}	
舍	利	弗，	百	千	岁	中	本	行	道	

转于法轮。时耆年舍利弗②，于百千岁思惟本行道义

12.9.4

[illegible]	[illegible]	[illegible]	[illegible]	[illegible]	[illegible]	[illegible]	[illegible]	[illegible]	[illegible]，	[illegible]
wo^{2}	nioow^{1}	tsjij^{2}	·o^{2}	tjị^{2}	tsjɨ^{1}	pjụ^{1}	dza^{2}	mjɨ^{1}	njwi^{2}	nioow^{1}
义	复	解	入	处	亦	量	测	不	能，	复
[illegible]	[illegible]	[illegible]	[illegible]	[illegible]	[illegible]	[illegible]	[illegible]？”	[illegible]	[illegible]，	
dzjij^{2}	dźiã^{2}	tśhju^{1}	pjụ^{1}	dza^{2}	tjị^{2}	ljọ^{2}	wjij^{2}	tśhjɨ^{1}	zjọ^{2}	
余	众	生	量	测	可	何	有？”	尔	时，	

所入处不能限知，何况于余众生无底？”

汉文本

密迹力士谓寂意菩萨言：“尔时如来诣波罗奈鹿苑之野神仙所游，坐狮子床。梵、释、四天王及诸菩萨，各自心念：‘如来独坐我狮子床。’如来遍坐狮子床已，应时十方无限佛土出现六返震动。尔时世尊以无极界三昧正受，即时三千大千世界，皆悉平正，等如手掌。此三千大千世界，地狱、畜生，若在饿鬼，天上、世人，普获安隐。一切众生无淫怒痴，消三毒病清净无尘，慈心相向如父如子、如母如女。十方无限诸佛世界，不可计数诸菩萨，来听佛说经。三千大千世界大神，无极诸天、龙神、揵沓和、阿须

① 此下疑有脱文，汉文本作“如来以是为众生讲，转于法轮”，“讲”字西夏文本无。

② 舍利弗，梵文作śāriputra，佛陀十大弟子之一，又作舍利弗多、舍利弗罗、舍利弗怛罗等。意译为鹙鹭子、秋露子、鸲鹆子。梵汉并译，则称舍利子、舍梨子。西夏文本作“舍利子”，下同。

轮、迦楼罗、真陀罗、摩休勒、人若非人，皆诣佛所欲听经法。诸来会者，皆遍充满于此三千大千世界，无如毛发空不周者，皆共同心饥虚于法，悉欲稽颡咨受大道。于时，世尊见大众会皆来云集请转法轮，为诸沙门、异学梵志，诸天魔王、上梵天王及其世俗宣布正法。”

“又有寂意！于时如来适转法轮，随时之宜，从众生心各令得解。因其云集，各各为宣，宿本所习，令心开达，悉遵法行。如来至真适说斯法，为重分别：‘拘邻欲知，眼悉无常，了眼无常则随律业。计眼有常，不喜无常，闻眼无常，眼苦毒痛；计眼吾我，不好无身，了无吾我，以闻于眼无有吾我，乃随律教解其音响。眼如幻化、野马、水中之月，如梦已觉，犹若形影、山中之响，随此律教乃奉行法空无相愿。其眼无行，惔怕寂寞，闻眼静默，眼从缘起；以闻缘起，耳、鼻、舌、身、心亦复如是，皆归无常；以闻无常解意为苦，睹无吾我，寂然惔怕，空无相愿。用不达故，从因缘起五阴无常。其计有阴，不了无阴，虽说诸种，悉归无常。以得闻说诸种无常，心无所著。心得闻说五阴无常，悉解空耳！计有诸入，不解诸入无常之谊，以闻诸入归于无常。五阴诸入、四大诸种亦复如是。闻四意止、四意断、四神足念、五根、五力、七觉、八品道行，以得闻是三十七品，解无常空。若闻寂然，颁宣道法，乃随律教。若闻所观，其可声闻不乐缘觉，乐闻缘觉不志声闻；若慕二乘，不说大乘。若宣大乘，闻其义趣，不好声闻、缘觉之辞。’如是寂意！如来以斯随众生心所可爱乐而转法轮，各令得所。如来以是为众生讲，转于法轮。时耆年舍利弗，于百千岁思惟本行道义所入处不能限知，何况于余众生无底？”

12.9.5

[illegible]	[illegible]	[illegible]	[illegible]、	[illegible]	[illegible]	[illegible]	[illegible]	[illegible]	[illegible]	[illegible]、
tha^{1}	thja^{1}	dźiã^{2}	tsjij^{2}	tjij^{1}	ljuu^{2}	tshjịj^{2}	tśja^{1}	phu^{2}	khju^{1}	śjɨ^{1}
佛	是	菩	萨、	或	庄	严	道	树	下	往、
[illegible]	[illegible]	[illegible]	[illegible]、	[illegible]	[illegible]	[illegible]	[illegible]	[illegible]	[illegible]	
ljiij^{2}	gja^{1}	rjur^{1}	·jar^{2}	tśhja^{2}	tsjiir^{1}	dźiej^{2}	deej^{1}	dạ^{2}	rjɨr^{2}	
魔	官	降	伏、	正	法	轮	转	事	乃	

时佛说是菩萨苦行①、庄严道树、降伏魔官、转法轮时，

12.9.6

[illegible]，	[illegible]	[illegible]	[illegible]	[illegible]	[illegible]	[illegible]	[illegible]	[illegible]	[illegible]	[illegible]
tshjiij^{1}	zjọ^{2}	·jar^{1}	khjɨ^{2}	ljɨɨr^{1}	tụ^{1}	dzjwo^{2}	zji^{2}	zji^{2}	phju^{2}	tśhja^{2}
说，	时	八	万	四	千	人	皆	无	上	正
[illegible]	[illegible]	[illegible]	[illegible]	[illegible]。	[illegible]	[illegible]	[illegible]	[illegible]	[illegible]	
ɣiej^{1}	tśja^{1}	njiij^{1}	·a^{0}	śjwo^{1}	tśhjɨ^{1}	zjọ^{2}	dwu̱^{2}	rjar^{2}	kiẹ^{1}	
真	道	心	△	发。	尔	时	密	迹	金	

八万四千人皆发无上正真道意。尔时密迹金刚

① 西夏文本下无“苦行”二字。

12.9.7

[illegible]	[illegible]	[illegible]	[illegible]	[illegible]	[illegible]	[illegible]:	“[illegible]	[illegible]!	[illegible]	[illegible]
dźja^{2}	ɣie^{1}	mjijr^{2}	tha^{1}	·jij^{1}	dạ^{2}	·jɨ^{1}	ljij^{2}	śjɨj^{2}	ŋa^{2}	śji^{1}
刚	力	士	佛	之	言	谓:	“大	圣!	我	先
[illegible]	[illegible]	[illegible]	[illegible]	[illegible]	[illegible]	[illegible]	[illegible]	[illegible],	[illegible]	
mjor^{1}	ljij^{2}	·jij^{1}	dwụ^{2}	rjar^{2}	rjɨr^{2}	tshjiij^{1}	ŋa^{2}	tja^{1}	mjor^{1}	
如	来	之	秘	要	所	说	我	者,	如	

力士前白佛言:“唯然!大圣①,我向所宣如来秘要,

12.10.1

[illegible]	[illegible]	[illegible]	[illegible]	[illegible]	[illegible]	[illegible]	[illegible]	[illegible]	[illegible]	[illegible]
ljij^{2}	rjɨr^{2}	tshjiij^{1}	tsjiir^{1}	rjir^{2}	dja^{2}	mja^{1}	ljwu^{1}	sji^{2}	mjor^{1}	ljij^{2}
来	所	说	法	与	△	傥	违	△?	如	来
[illegible]	[illegible]	[illegible]	[illegible]	[illegible]	[illegible]	[illegible]	[illegible]	[illegible]	[illegible]	
·jij^{1}	dwụ^{2}	rjar^{2}	tja^{1}	zji^{2}	kha^{1}	thọ^{2}	na^{1}	wạ^{2}	ljịj^{2}	
之	秘	要	者	甚	中	深	玄	广	大	

将无违失毁谤如来,傥不顺法?如来秘要甚为玄妙,广大无际,

12.10.2

[illegible]	[illegible],	[illegible]	[illegible]	[illegible]	[illegible]	[illegible]	[illegible]	[illegible]	[illegible]	[illegible]。
bju^{2}	mjij^{1}	rjur^{1}	kha^{1}	ŋowr^{2}	ŋowr^{2}	zji^{2}	mjɨ^{1}	njwi^{2}	dźiej^{2}	ŋa^{2}
际	无,	世	间	一	切	皆	不	能	信	△。
[illegible]	[illegible]	[illegible]	[illegible]	[illegible]	[illegible]	[illegible],	[illegible]	[illegible]	[illegible]	
mjor^{1}	ljij^{2}	·jij^{1}	dwụ^{2}	rjɨj^{2}	rjɨr^{2}	tshjiij^{1}	ŋa^{2}	tja^{1}	mjor^{1}	
如	来	之	秘	要	虽	说,	我	者	如	

一切世间所不能信。下劣虽说如来秘要,

12.10.3

[illegible]	[illegible]	[illegible]	[illegible]	[illegible]	[illegible]	[illegible]	[illegible]	[illegible]	[illegible],	[illegible]
ljij^{2}	·jij^{1}	zji^{2}	phju^{2}	sjij^{2}	źjɨr^{1}	ŋa^{2}	·jij^{1}	·wụ^{2}	bjij^{2}	ŋa^{2}

① 西夏文本下无“唯然”二字,下文多处与此相同。

来 之 无 上 智 慧 我 之 右 左， 我

[illegible] [illegible] [illegible] [illegible] [illegible] [illegible] [illegible] [illegible] [illegible]。” [illegible]

·jij^{1} pjụ^{1} ɣwie^{1} śjɨj^{2} kjir^{1} ·jiw^{2} ɣie^{1} ljɨ̣^{1} njaa^{2} tha^{1}

之 威 势 圣 猛 男 力 △ 非” 佛

心自忆之，如来之无上至慧入我身中①，非我威势圣猛之力。”

12.10.4

[illegible]： “[illegible] [illegible]， [illegible] [illegible] [illegible] [illegible]， [illegible] [illegible] [illegible] [illegible]，

dạ^{2} thjɨ^{2} sju^{2} dạ^{2} mjor^{1} ŋwu^{2} nja^{2} dwụ^{2} rjar^{2} kię^{1} dźja^{2}

言： “如 是， 言 如 是 △， 密 迹 金 刚，

[illegible] [illegible] [illegible] [illegible] [illegible]， [illegible] [illegible] [illegible] [illegible]， [illegible]

mjor^{1} ljij^{2} tśja^{1} źjɨr^{1} tja^{1} ljọ^{2} kjɨ^{1} ·o^{2} twụ^{1} zji^{2}

如 来 道 慧 者， 何 △ 入 处， 皆

佛言：“如是，如密迹金刚言，如来道慧所入至处，

12.10.5

[illegible] [illegible] [illegible]。 [illegible] [illegible] [illegible] [illegible] [illegible] [illegible] [illegible] [illegible]

no^{2} nej^{2} rjir^{1} tha^{1} dzjiij^{2} gji^{2} njɨ^{2} lwər^{2} lhejr^{2} nẹ^{1} tshjiij^{1}

安 稳 得。 佛 弟 子 等 经 典 演 说

[illegible]。 [illegible] [illegible] [illegible] [illegible] [illegible] [illegible] [illegible] [illegible]。 [illegible]

tja^{1} zji^{2} mjor^{1} ljij^{2} ·jij^{1} pjụ^{1} mee^{2} śjɨj^{2} dạ^{2} ɣa^{2}

者， 皆 如 来 之 威 神 圣 旨。 而

莫不蒙安。敢佛弟子班宣经典，皆承如来威神圣旨。

12.10.6

[illegible] [illegible] [illegible] [illegible] [illegible] [illegible] [illegible] [illegible] [illegible]， [illegible] [illegible]

bju^{1} gji^{2} mjor^{1} ljij^{2} ·jij^{1} ŋa^{1} tsjiir^{1} ljụ^{2} ·o^{2} tśja^{1} źjɨr^{1}

归 依 如 来 之 空 法 身 入， 道 慧

[illegible] [illegible] [illegible] [illegible] [illegible] [illegible]。 [illegible] [illegible] [illegible] [illegible]？

na^{1} thjoo^{1} mji^{1} tsjij^{2} dar^{1} mjij^{1} thjɨ^{2} tja^{1} thjij^{2} sjo^{2}

---

① 此句西夏文本为“下劣虽说如来秘要，如来之无上至慧入我身中”，少了“心自忆之”，多了“无上”。

玄	妙	不	通	达	不。	此	者	何	谓?

以入如来空法之身,道慧玄妙靡不通达。所以者何?

12.10.7

[illegible]	[illegible]	[illegible]	[illegible]	[illegible]	[illegible]	[illegible]。	[illegible]	[illegible]	[illegible]	[illegible]
tjij^{1}	dźiã^{2}	tśhju^{1}	·jij^{1}	bji^{1}	ɣie^{1}	bju^{1}	mjor^{1}	ljij^{2}	·jij^{1}	śjɨj^{2}
若	众	生	自	威	力	依,	如	来	之	圣
[illegible]	[illegible]	[illegible]	[illegible]	[illegible]	[illegible]	[illegible],	[illegible]	[illegible]	[illegible]	
dạ^{2}	gu^{1}	śjwo^{1}	nioow^{1}	·wə̣^{1}	śjij^{1}	wo^{2}	tshjiij^{1}	mjɨ^{1}	njwi^{2}	
旨	建	立	又	柔	顺	义,	言	未	能	

欲使众生奉承建立,如来圣旨宣①柔顺义,未之有也!

12.11.1

[illegible]!	[illegible]	[illegible]	[illegible]	[illegible],	[illegible]	[illegible]	[illegible]	[illegible],	[illegible]	[illegible]
ljɨ^{1}	nji^{2}	ɣiej^{1}	dźjar^{2}	tsjij^{2}	mjor^{1}	ljij^{2}	źjɨr^{1}	bju^{1}	le^{2}	lew^{2}
也!	卿	真	谛	审,	如	来	慧	承,	畏	所
[illegible]	[illegible],	[illegible]	[illegible]	[illegible]	[illegible]	[illegible]	[illegible]	[illegible],	[illegible]	
mjij^{1}	rjir^{1}	sjij^{1}	thjɨ^{2}	tsjiir^{1}	ɣiej^{1}	dźjar^{2}	·jɨ^{1}	tja^{1}	thjɨ^{2}	
无	得,	今	此	法	真	谛	谓	者,	此	

卿审真谛,承如来慧,得无所畏,今演斯法所云真谛,

12.11.2

[illegible]	[illegible]	[illegible],	[illegible]	[illegible]	[illegible]	[illegible]?	[illegible]	[illegible]	[illegible]	[illegible],
tsjiir^{1}	mjor^{1}	ŋwu^{2}	thjɨ^{2}	thjij^{2}	tja^{1}	sjo^{2}	thjɨ^{2}	ɣiej^{1}	dźjar^{2}	tja^{1}
法	正	是,	此	法	者	何?	此	真	谛	者,
[illegible]	[illegible]	[illegible]	[illegible]	[illegible]	[illegible]	[illegible]	[illegible]	[illegible]	[illegible]	
wjɨ^{2}	rar^{2}	mjij^{2}	ljij^{2}	mjor^{1}	dźjiij^{1}	rjur^{1}	tha^{1}	rjur^{1}	kha^{1}	
去	来	今	如	来	住	处	佛	界	中	

正谓此法,所以者何?所谓正谛,去来今佛普世布信,

① 西夏文本此处用"[illegible][illegible]"(建立),对译汉文本的"宣"。

12.11.3

[illegible]	[illegible]	[illegible]	[illegible]，	[illegible]	[illegible]	[illegible]	[illegible]	[illegible]	[illegible]	[illegible]。
zji^{2}	dźiej^{2}	ŋowr^{2}	ŋowr^{2}	zji^{2}	phju^{2}	tśhja^{2}	ɣiej^{1}	tśja^{1}	dźjịj^{1}	ŋwe^{1}
皆	笃	一	切，	无	上	正	真	道	行	乐。
[illegible]	[illegible]	[illegible]	[illegible]	[illegible]	[illegible]，	[illegible]	[illegible]	[illegible]	[illegible]	
tjɨ^{1}	tjij^{1}	tsjiir^{1}	rjir^{2}	mji^{1}	ljwu^{1}	thjɨ^{2}	lwər^{2}	lhejr^{2}	nẹ^{1}	
假	使	法	与	不	违，	此	经	典	宣	

靡不笃乐①,其行无上正真之道。假使班宣此经典要,

12.11.4

[illegible]，	[illegible]	[illegible]	[illegible]	[illegible]	[illegible]。	[illegible]	[illegible]	[illegible]	[illegible]	[illegible]
tshjiij^{1}	ku^{1}	kụ^{1}	zji^{2}	tha^{1}	we^{2}	tjij^{1}	dzjwo^{2}	thjɨ^{2}	mjor^{1}	ljịj^{2}
说，	而	后	皆	佛	成。	若	人	此	如	来
[illegible]	[illegible]	[illegible]	[illegible]	[illegible]	[illegible]	[illegible]	[illegible]	[illegible]	[illegible]，	[illegible]
·jij^{1}	dwụ^{2}	rjɨj^{2}	lwər^{2}	lhejr^{2}	tsjiir^{1}	mji^{1}	dźiej^{2}	ŋwe^{1}	śjwo^{1}	ku^{1}
之	密	要	经	典	法	闻	信	乐	行，	则

如法不违,皆当成佛。若有闻说是如来秘要经法之典而信乐者,

12.11.5

[illegible]	[illegible]	[illegible]	[illegible]，	[illegible]	[illegible]	[illegible]	[illegible]	[illegible]	[illegible]	[illegible]。
thjɨ^{2}	sju^{2}	dzjwo^{2}	njɨ^{2}	rjur^{1}	ŋowr^{2}	ŋowr^{2}	to^{2}	zji^{2}	dźiej^{2}	dzjwɨ̣^{1}
如	此	人	等，	世	一	切	皆	都	信	敬。
[illegible]	[illegible]	[illegible]	[illegible]，	[illegible]	[illegible]	[illegible]	[illegible]	[illegible]	[illegible]	
tjɨ^{1}	tjij^{1}	dzjwo^{2}	dju^{1}	sju^{2}	mji^{1}	low^{2}	zow^{2}	tjij^{1}	tśjiw^{2}	
假	若	人	有，	须	弥	山	持	若	顶	

斯等之类,普世一切皆信敬之。设使有人,以顶若肩戴须弥山,

12.11.6

[illegible]	[illegible]	[illegible]	[illegible]	[illegible]	[illegible]，	[illegible]	[illegible]	[illegible]	[illegible]，	[illegible]
tśhjaa^{1}	tśiej	tjij^{1}	wạ^{1}	tśhjaa^{1}	·ụ^{2}	tshọ^{2}	ŋa^{1}	gu^{2}	tja^{1}	thja^{1}

① 此句西夏文本译作"去来今如来住处佛界中,皆笃一切"。

上 戴 若 肩 上 负， 虚 空 中 者， 此

□ □ □ □ □ □ □ □ □

tsjɨ^{1} mji^{1} gie^{1} tśhja^{2} ·ioow^{1} mjij^{1} dzjwo^{2} thjɨ^{2} lwər^{2}

负 不 能 德 功 无 士 是 经

在虚空中，是事当可。无德之士不能堪任闻是经典，

12.11.7

□ □ □ □ □ □ □ □。 □ □ □

lhejr^{2} mji^{1} tja^{1} tsjɨ^{1} thja^{1} su^{1} gie^{1} ljɨ^{1} mji^{1} tsjɨ^{1} mji^{1}

典 闻 者 尚 其 于 难 也， 闻 既 不

□ □ □ □ □。 □ □ □ □ □

dźiej^{2} dzu^{1} ŋwe^{1} njiij^{1} mjij^{1} nioow^{1} ɣiwej^{1} ·jiij^{1} do^{1} tshjɨɨ^{1}

信 爱 乐 心 不， 复 持 经 诵 讲

既闻不信不能爱乐，况复受持讽诵讲说？

12.12.1

□ □ □ □ □？ □ □ □ □ □， □

phie^{2} tshjiij^{1} tjị^{2} ljọ^{2} wjij^{2} tjij^{1} thjɨ^{2} lwər^{2} lhejr^{2} mji^{1} ɣiwej^{1}

解 说 况 何 有？ 若 此 经 典 闻， 持

□ □ □， □ □ □， □ □ □ □

·jiij^{1} do^{1} tshjɨɨ^{1} mjɨ^{1} ·jij^{1} tshjiij^{1} ku^{1} thja^{1} dzjwo^{2} njwo^{2}

授 讽 诵， 他 之 说， 则 其 人 宿

未之有也！若闻是经，受持讽诵，为他人说，前世宿本

12.12.2

□ □ □ □ □ □ □ □ □ □ □

nẹw^{2} tśhji^{2} rjɨr^{2} ljị^{1} mjɨ^{1} pjụ^{1} ŋewr^{2} rjir^{2} ·jir^{2} tụ^{1} sej^{1}

善 本 乃 植 无 央 数 亿 百 千 兆

□ □ □ □ □ □ □① □ □。 □

rjur^{1} tha^{1} rjur^{1} pjụ^{1} ·jij^{1} tśja^{1} tshwew^{1} djij^{2} sji^{2} thjɨ^{2}

① □□（敬礼、鞠躬），此处引申为“供养”。

诸	佛	世	尊	之	供	养	曾	△。	此

以曾供养无央数亿百千兆载诸佛世尊。

12.12.3

[illegible]	[illegible]	[illegible]	[illegible]	[illegible]	[illegible]	[illegible],	[illegible]	[illegible]	[illegible]	[illegible]
tśhja^{2}	mjijr^{2}	njɨ^{2}	·ji^{1}	tśhja^{2}	mər^{2}	tśhji^{2}	tsjɨ^{1}	ljij^{2}	·u̥^{2}	njiij^{1}
正	士	等	众	德	根	本，	小	大	乘	志

[illegible]	[illegible]	[illegible]	[illegible]	[illegible],	[illegible]	[illegible]	[illegible]	[illegible]	[illegible]
tśhjaa^{1}	naa	ɣiwej^{1}	·jiw^{2}	mjij^{1}	nioow^{1}	tśhja^{2}	ɣiej^{1}	dźjɨ^{0}	dźjịj^{1}
存	传	持	疑	无，	又	至	真	行	起

斯等正士植众德本，志存大乘受决无疑，何况至真能奉行者！”

12.12.4

[illegible]	[illegible]	[illegible]	[illegible]	[illegible]	[illegible]！”
mjijr^{2}	tja^{1}	·jɨ^{1}	tjị^{2}	ljọ^{2}	wjij^{2}
者	△	谓	△	何	有！”

汉文本

时佛说是菩萨苦行、庄严道树、降伏魔官、转法轮时，八万四千人皆发无上正真道意。尔时密迹金刚力士前白佛言：“唯然！大圣，我向所宣如来秘要，将无违失毁谤如来，傥不顺法？如来秘要甚为玄妙，广大无际，一切世间所不能信。下劣虽说如来秘要，心自忆之，如来之无上至慧入我身中，非我威势圣猛之力。”

佛言：“如是，如密迹金刚言。如来道慧所入至处，莫不蒙安。敢佛弟子班宣经典，皆承如来威神圣旨。以入如来空法之身，道慧玄妙靡不通达。所以者何？欲使众生奉承建立，如来圣旨宣柔顺义，未之有也！卿审真谛，承如来慧，得无所畏，今演斯法所云真谛，正谓此法。所以者何？所谓正谛，去来今佛普世布信，靡不笃乐，其行无上正真之道。假使班宣此经典要，如法不违，皆当成佛。若有闻说是如来秘要经法之典而信乐者，斯等之类。普世一切皆信敬之。设使有人，以顶若肩戴须弥山，在虚空中，是事当可。无德之士不能堪任闻是经典，既闻不信不能爱乐，况复受持讽诵讲说？未之有也！若闻是经，受持讽诵，为他人说，前世宿本以曾供养无央数亿百千兆载诸佛世尊。斯等正士植众德本，志存大乘受决无疑，何况至真能奉行者！”

12.12.4

[illegible] [illegible]， [illegible] [illegible] [illegible] [illegible] [illegible] [illegible] [illegible] [illegible]： “[illegible] tśhjɨ¹ zjọ² phji¹ mjij¹ dźiã² tsjij² tha¹ ·jij¹ dạ² ·jɨ¹ ljịj²

尔 时, 寂 意 菩 萨 佛 白 言 前: “大

[illegible] [illegible] [illegible] [illegible]

śjɨj² mjij¹ sej¹ mji¹

圣 寂 然 不

尔时,寂意菩萨前白佛言:“唯然! 大圣,所云寂然

12.12.5

[illegible] [illegible] [illegible] [illegible] [illegible] [illegible]?” [illegible] [illegible] [illegible] [illegible] [illegible]

mju² wo² tja¹ ljị¹ kjɨ¹ ŋwu² tha¹ phji¹ mjij¹ dźiã² tsjij²

恢 怕 者 何 谓 也?” 佛 寂 意 菩 萨

[illegible] [illegible]: “[illegible] [illegible] [illegible] [illegible] [illegible] [illegible], [illegible] [illegible]

·jij¹ ·jɨ¹ mjij¹ sej¹ mji¹ mju² wo² tja¹ rjur¹ źjị¹

之 谓: “寂 然 不 惔 怕 者, 诸 烦

惔怕①之义为何谓也?”佛告寂意:“所云寂然惔怕义者,

12.12.6

[illegible] [illegible], [illegible] [illegible] [illegible] [illegible], [illegible] [illegible] [illegible] [illegible], [illegible]

njɨɨ² dźjwi¹ ·ji¹ tśior¹ mjij¹ sej¹ źjị¹ njɨɨ² dźjwi¹ nioow¹ ku¹

恼 消, 众 秽 寂 然, 烦 恼 消 故, 乃

[illegible] [illegible] [illegible] [illegible] [illegible] [illegible] [illegible] [illegible] [illegible] [illegible];

tśhjwo¹ lẹj² kięj² ·ji¹ sjiij² dzu¹ kowr² zjij¹ ·jɨ¹ kięj²

故 贪 欲 众 想 希 望 除 曰; 欲

谓消尘劳,惔怕众秽,以消尘劳,尔乃名曰去于贪欲众想希望;

12.12.7

[illegible] [illegible] [illegible] [illegible] [illegible] [illegible] [illegible] [illegible] [illegible] [illegible]; [illegible]

sjiij² zjij¹ ku¹ sjwɨ¹ sjiij² lew² mjij¹ sjwɨ¹ lew² mjij¹ ku¹

想 欲 则 思 欲 所 无 思 所 无; 则

[illegible] [illegible] [illegible] [illegible] [illegible] [illegible] [illegible] [illegible] [illegible] [illegible]

① 西夏文本用“[illegible](动)[illegible](义、议、理)”,对应“惔怕”。

kiẹj^{2} ɣa^{2} mji^{1} zjịj^{1} kiẹj^{2} mji^{1} zjịj^{1} ku^{1} mjaa^{1} tshja^{2}

界 便 无 中 界 不 中 则 果 报

以去欲想，便无所思；以无所思，便不着界；以不着界，便无报应

12.13.1

□ □ □； □ □ □ □ □， □ □ □

·jiw^{1} nioow^{1} mjij^{1} mjaa^{1} tshja^{2} ·jiw nioow mjij^{1} ku^{1} bju^{1} mjij^{1}

因 缘 无； 果 报 因 缘 无， 则 明 无

□ □ □； □ □ □ □ □， □ □

dzu^{1} wer^{1} mjij^{1} bju^{1} mjij^{1} dzu^{1} wer^{1} mjij^{1} ku^{1} nja^{2}

爱 慕 无； 明 无 爱 慕 无， 则 汝

因缘之对；以无报应因缘之对，便无明所有恩爱；以消无明所有恩爱，

12.13.2

□ □ □； □ □ □， □ □ □ □ □；

ŋa^{2} mji^{1} dju^{1} nja^{2} ŋa^{2} mjij^{1} ku^{1} mjiij^{2} tsə̣^{1} mji^{1} dju^{1}

我 不 有； 汝 我 无， 则 名 色 不 有；

□ □ □， □ □ □ □ □ □ □；

mjiij^{2} tsə̣^{1} mjij^{1} ku^{1} bja^{2} zow^{2} ·ju^{2} zow^{2} sjwɨj^{1} mjij^{1}

名 色 无， 则 断 持 常 持 业 消；

便消吾我；以无吾我，便消名色；以无名色，便消断灭计常之业；

12.13.3

□ □ □ □ □， □ □ □① □ □。” □

bja^{2} zow^{2} ·ju^{2} sjwɨj^{1} mjij^{1} ku^{1} ljụ^{2} zow^{2} mjij^{1} ljɨ^{1} tha^{1}

断 持 常 业 无， 则 贪 身 无 也。” 佛

□ □ □ □ □ □： “□ □ □ □，

phji^{1} mjij^{1} dźiã^{2} tsjij^{2} ·jij^{1} ·jɨ^{1} rjur^{1} ·jiw^{1} nioow^{1} tshja^{2}

寂 意 菩 萨 之 谓： “诸 因 缘 报，

以无断灭计常之业，便消贪身。”佛告寂意：“诸因缘报，

① □（身）□（持），此处对译为“贪身”。（下同）

12.13.4

[illegible]	[illegible]	[illegible]	[illegible]	[illegible]	[illegible]，	[illegible]	[illegible]	[illegible]	[illegible]	[illegible]，
rjur^{1}	ljij^{2}	tśhjɨɨ^{2}	tśhjuu^{2}	sjwɨ^{1}	bju^{1}	tśhjɨ^{2}	rjar^{2}	źjị^{1}	njɨɨ^{2}	we^{2}
诸	见	颠	倒	业	依，	立	便	尘	劳	成，
[illegible]	[illegible]	[illegible]	[illegible]	[illegible]	[illegible]	[illegible]	[illegible]	[illegible]。	[illegible]	
zji^{2}	ljụ^{2}	zow^{2}	zjij^{1}	nioow^{1}	thjɨ^{2}	rjar^{1}	ŋo^{2}	śjwo^{1}	ljụ^{2}	
皆	贪	身	中	因	此	病	患	生。	贪	

随于诸见颠倒之业，便成尘劳，皆由贪身而生斯患。以无贪身，

12.13.5

[illegible]	[illegible]	[illegible]	[illegible]	[illegible]	[illegible]	[illegible]	[illegible]	[illegible]	[illegible]；	[illegible]
zow^{2}	mjij^{1}	ku^{1}	rjur^{1}	ljij^{2}	tśhjiw^{1}	ɣạ^{2}	njɨɨ^{1}	·jiw^{2}	ka^{2}	ljụ^{2}
身	无	便	诸	见	六	十	二	疑	舍；	贪
[illegible]	[illegible]，	[illegible]	[illegible]	[illegible]	[illegible]	[illegible]；	[illegible]	[illegible]	[illegible]，	
zow^{2}	mjij^{1}	ku^{1}	·ji^{1}	·jiw^{1}	xja^{1}	dzjar^{2}	ljụ^{2}	zow^{2}	mjij^{1}	
身	无，	便	众	缘	速	绝；	贪	身	无，	

便舍诸见六十二疑；以无贪身，便寂众缘；以无贪身，

12.13.6

[illegible]	[illegible]	[illegible]	[illegible]	[illegible]	[illegible]	[illegible]	[illegible]	[illegible]；	[illegible]	[illegible]
ku^{1}	lẹj^{2}	kiẹj^{2}	ŋowr^{2}	ŋowr^{2}	thja^{1}	śjij^{1}	mjij^{1}	sej^{1}	ljụ^{2}	zow^{2}
则	贪	欲	一	切	自	然	惔	怕；	贪	身
[illegible]，	[illegible]	[illegible]	[illegible]	[illegible]	[illegible]	[illegible]	[illegible]	[illegible]	[illegible]。	
mjij^{1}	ku^{1}	rjur^{1}	tjị^{1}	ŋowr^{2}	ŋowr^{2}	dźjwi^{1}	dzjar^{2}	mjij^{1}	sej^{1}	
无，	则	诸	愿	一	切	消	灭	寂	然。	

一切贪欲自然惔怕；以无贪身，一切诸愿寂然①消灭。

12.13.7

[illegible]	[illegible]	[illegible]	[illegible]	[illegible]	[illegible]，	[illegible]	[illegible]	[illegible]	[illegible]	[illegible]
phji^{1}	mjij^{1}	dźiã^{2}	tsjij^{2}	dzjọ^{1}	sju^{2}	sjɨ^{1}	phu^{2}	tśhji^{2}	kạ^{2}	war^{2}

① 寂然，西夏文本译作“寂静”([illegible][illegible])。

寂	意	菩	萨	犹	如，	树	株	根	茎	枝
[illegible]	[illegible]	[illegible]	[illegible]	[illegible]	[illegible]	[illegible]	[illegible]	[illegible]	[illegible]	
bạ^{2}	wją^{1}	mjaa^{1}	ka^{1}	ka^{1}	khjwɨ^{1}	ku^{1}	phu^{2}	tśjo^{0}	śjij^{1}	
叶	花	实	等	等	拔	则	树	永	世	

犹如寂意，拔树根株，茎节枝叶花实一时并除，永无有树。

12.14.1

[illegible]。	[illegible]	[illegible]	[illegible]	[illegible]	[illegible]	[illegible]	[illegible]，	[illegible]	[illegible]	[illegible]，
mjij^{1}	dźjɨ^{0}	dźjij^{1}	mjijr^{2}	tsjɨ^{1}	thja^{1}	wjɨ^{2}	sju^{2}	lju̧^{2}	zow^{2}	mjij^{1}
无。	行	起	者	亦	△	如	是，	贪	身	消，
[illegible]	[illegible]	[illegible]	[illegible]	[illegible]	[illegible]	[illegible]	[illegible]；	[illegible]	[illegible]	
ku^{1}	rjur^{1}	ljij^{2}	tśhjiw^{1}	ɣạ^{2}	njɨɨ^{1}	·jiw^{2}	mjij^{1}	lju̧^{2}	zow^{2}	
便	诸	见	六	十	二	疑	无；	贪	身	

行者如是，以消贪身，便无诸见六十二疑；以无贪身，

12.14.2

[illegible]，	[illegible]	[illegible]	[illegible]	[illegible]	[illegible]	[illegible]	[illegible]	[illegible]	[illegible]	[illegible]
mjij^{1}	ku^{1}	rjur^{1}	wjɨ^{2}	lhjij^{2}	tsjiir^{1}	ŋwə^{1}	ŋur^{1}	tśhjiw^{1}	do^{2}	źjị^{1}
无，	则	诸	所	受	法	五	阴	六	入	尘
[illegible]	[illegible]	[illegible]	[illegible]	[illegible]。	[illegible]	[illegible]	[illegible]，	[illegible]	[illegible]	
njɨɨ^{2}	tsã^{1}	ŋowr^{2}	ŋowr^{2}	zji^{2}	lju̧^{2}	zow^{2}	mjij^{1}	ku^{1}	ŋwə^{1}	
劳	患	一	切	皆；	贪	身	无，	则	五	

皆去一切诸所受法，五阴、六入尘劳之患；以无贪身，

12.14.3

[illegible]	[illegible]	[illegible]	[illegible]	[illegible]	[illegible]	[illegible]。”	[illegible]	[illegible]！	[illegible]	[illegible]
ŋur^{1}	źjị^{1}	njɨɨ^{2}	rjur^{1}	ŋo^{2}	mji^{1}	dju^{1}	ljij^{2}	śjɨj^{2}	lju̧^{2}	zow^{2}
阴	尘	劳	诸	患	不	有。”	“大	圣！	贪	身
[illegible]	[illegible]	[illegible]	[illegible]	[illegible]	[illegible]	[illegible]。”	[illegible]	[illegible]	[illegible]	
mji^{1}	zjịj^{1}	ku^{1}	nja^{2}	ŋa^{2}	dju^{1}	ljɨ^{1}	tha^{1}	phji^{1}	mjij^{1}	
不	断	故	吾	我	有	也。”	佛	寂	意	

无有五阴尘劳诸患。”“唯然！大圣，不断贪身故有吾我。”佛告寂意：

12.14.4

[illegible]	[illegible]：	“[illegible]	[illegible]	[illegible]	[illegible]	[illegible]	[illegible]	[illegible]	[illegible]，	[illegible]
·jij^{1}	·jɨ^{1}	nja^{2}	ŋa^{2}	dźjiij^{1}	mjor^{1}	ljụ^{2}	zow^{2}	mji^{1}	zjịj^{1}	dzjwo^{2}
之	谓：	“吾	我	住	故	贪	身	不	断，	人
[illegible]	[illegible]	[illegible]	[illegible]	[illegible]	[illegible]	[illegible]	[illegible]。	[illegible]	[illegible]	
kạ^{1}	mjijr^{2}	dźjiij^{1}	ku^{1}	lẹj^{2}	zjịj^{1}	mji^{1}	zjịj^{1}	thja^{1}	ljij^{2}	
寿	命	住	故	贪	着	不	断。	其	见	

“住吾我故不断贪身，住人、寿命故不断贪着。

12.14.5

[illegible]	[illegible]	[illegible]	[illegible]	[illegible]	[illegible]，	[illegible]	[illegible]	[illegible]	[illegible]，	[illegible]
lew^{2}	tja^{1}	·u^{2}	djɨr^{2}	mji^{1}	dźjiij^{1}	rjur^{1}	ljij^{2}	do^{2}	mjij^{1}	ŋowr^{2}
所	者	内	外	不	住，	诸	见	异	无，	一
[illegible]	[illegible]	[illegible]	[illegible]	[illegible]	[illegible]	[illegible]，	[illegible]	[illegible]	[illegible]	
ŋowr^{2}	njɨ^{2}	twụ^{1}	tśjo^{0}	ljij^{2}	lew^{2}	mjij^{1}	dźjiij^{1}	ljij^{2}	lew^{2}	
切	至	处	永	见	所	无，	住	见	所	

其所见者不住内外，诸见无处，一切所至永无所见，

12.14.6

[illegible]	[illegible]	[illegible]	[illegible]	[illegible]	[illegible]，	[illegible]	[illegible]	[illegible]	[illegible]	[illegible]
mjij^{1}	ku^{1}	źjɨr^{1}	dźjiij^{1}	lew^{2}	mjij^{1}	thjɨ^{2}	sju^{2}	njɨ^{2}	nioow^{1}	tśhjwo^{1}
无	则	慧	住	所	无，	此	如	等	因	故
[illegible]	[illegible]	[illegible]	[illegible]	[illegible]。	[illegible]	[illegible]	[illegible]	[illegible]	[illegible]	[illegible]
ljụ^{2}	ljij^{2}	zow^{2}	zjịj^{1}	·jɨ^{1}	ljụ^{2}	zow^{2}	zji^{2}	ŋa^{1}	thja^{1}	ŋa^{1}
身	见	贪	断	曰。	贪	身	悉	空	其	空

以无所住见慧无所住，是则名曰断贪身见。贪身悉空

12.14.7

[illegible]	[illegible]，	[illegible]	[illegible]	[illegible]	[illegible]	[illegible]	[illegible]	[illegible]	[illegible]	[illegible]，
tsjij^{2}	sji^{2}	·wə̣^{1}	śjij^{1}	tsjiir^{1}	zeew^{2}	tja^{1}	thja^{1}	ljij^{2}	mji^{1}	lhjij^{2}
解	能，	柔	顺	法	忍	者	彼	见	不	受，

[illegible]	[illegible]	[illegible]	[illegible]	[illegible]	[illegible]	[illegible]	[illegible]，	[illegible]	[illegible]
·jij^{1}	ljụ^{2}	sjiij^{2}	mjij^{1}	zji^{2}	dźjij^{1}	lew^{2}	mjij^{1}	wee^{1}	mjij^{1}
己	身	想	无	悉	行	所	无，	生	无

以能解空，柔顺法忍不受彼见，己身无想悉无所行，无生

12.15.1

[illegible]	[illegible]	[illegible]	[illegible]	[illegible]	[illegible]，	[illegible]	[illegible]	[illegible]	[illegible]	[illegible]
śjwo^{1}	mjij^{1}	śjwo^{1}	lew^{2}	tsjɨ^{1}	mjij^{1}	ku^{1}	tśhjwo^{1}	·wə̣^{1}	śjij^{1}	tsjiir^{1}
起	无	起	所	亦	无，	乃	故	柔	顺	法
[illegible]，	[illegible]	[illegible]	[illegible]	[illegible]	[illegible]	[illegible]	[illegible]	[illegible]。”		
zeew^{2}	ljij^{2}	mji^{1}	lhjij^{2}	ljụ^{2}	zow^{2}	zjịj^{1}	mjiij^{2}	we^{2}		
忍，	见	不	受	贪	身	断	名	成。”		

无起亦无所兴，乃名之曰柔顺法忍，不受诸见是断贪身。”

12.15.2

[illegible]	[illegible]	[illegible]	[illegible]，	[illegible]	[illegible]	[illegible]	[illegible]	[illegible]	[illegible]	[illegible]
phji^{1}	mjij^{1}	dźiã^{2}	tsjij^{2}	nji^{2}	sjij^{1}	nwə^{1}	lew^{2}	tjij^{1}	ljụ^{2}	mji^{1}
寂	意	菩	萨，	汝	今	知	所	护	身	不
[illegible]	[illegible]	[illegible]	[illegible]	[illegible]	[illegible]	[illegible]	[illegible]。	[illegible]	[illegible]	
zow^{2}	ku^{1}	ljụ^{2}	bie^{2}	lhew^{2}	ljụ	mjij^{1}	ljɨ^{1}	ljụ^{2}	mjij^{1}	
贪	则	身	解	脱	身	无	也。	身	无	

寂意，欲知若不贪身，解脱身无身。何谓无身？

12.15.3

[illegible]	[illegible]，	[illegible]	[illegible]	[illegible]	[illegible]	[illegible]，	[illegible]	[illegible]	[illegible]	[illegible]
·jɨ^{1}	tja^{1}	ljụ^{2}	ljɨɨr^{1}	ljij^{2}	ŋwu^{2}	śjɨj^{1}	mər^{2}	ɣa^{2}	dźjwa^{1}	mjiij^{2}
谓	者，	身	四	大	小	成，	本	亦	尊	名
[illegible]，	[illegible]	[illegible]	[illegible]	[illegible]	[illegible]，	[illegible]	[illegible]	[illegible]	[illegible]	
mjij^{1}	thja^{1}	tshọ^{2}	dź-^{0}	tśjɨ^{1}	tsjij^{2}	ku^{1}	tśhjwo^{1}	ɣiej^{1}	njaa^{2}	
无，	其	虚	伪	意	解，	则	故	真	非	

身四大成,本亦无名,以了是者意解虚伪①,故曰不真

12.15.4

[illegible]	[illegible]	[illegible]	[illegible]	[illegible],	[illegible]	[illegible]	[illegible]	[illegible]	[illegible]	[illegible]
·jɨ1	nioow1	rjir1	tjị2	mjij1	zji2	ɣiej1	njaa2	lạ1	sjiij2	nioow1
曰	复	得	可	不,	皆	真	不	妄	想	由
[illegible]	[illegible]。	[illegible]	[illegible]	[illegible]	[illegible],	[illegible]	[illegible]	[illegible]	[illegible],	
gu1	śjwo1	tjij1	kjụ1	lew2	mjij1	lạ1	sjiij2	mji1	tśhju1	
发	生。	若	求	所	无,	妄	想	不	有,	

而不可得,皆由不真妄想而兴。若无所求,不怀妄想,

12.15.5

[illegible]	[illegible]	[illegible]	[illegible],	[illegible]	[illegible]	[illegible]	[illegible];	[illegible]	[illegible]	[illegible]
mji1	lhạ2	mji1	mer2	mji1	wji1	mji1	dźjiij1	tjij1	dźjiij1	lew2
不	迷	不	惑,	不	作	不	住;	若	住	所
[illegible],	[illegible]	[illegible]	[illegible]	[illegible]	[illegible];	[illegible]	[illegible]	[illegible]	[illegible]	
mjij1	ku1	tśhjwo1	tshjạ1	dzeej1	mjij1	tshjạ1	dzeej1	mjij1	ku1	
无,	则	故	瞋	诤	无;	瞋	诤	无	则	

不迷不惑,不作不住;若无所住,则无瞋诤;其无瞋诤

12.15.6

[illegible]	[illegible]	[illegible]	[illegible],	[illegible]	[illegible]	[illegible]	[illegible]。	[illegible]	[illegible]	[illegible]
tśhjwo1	mjij1	sej1	·jɨ1	mji1	mju2	dźjij1	we2	thjij2	sjo2	dźjwi1
故	寂	然	曰,	不	恢	怕	成。	何	曰	消
[illegible]	[illegible]	[illegible]	[illegible]	[illegible]?	[illegible]	[illegible]	[illegible]	[illegible]	[illegible]	
dzjar2	mjij1	sej1	·jɨ1	ljɨ1	·ji1	·jiw1	nioow1	dźjwi1	tśhjwo1	
灭	寂	然	谓	也?	众	因	缘	消	故	

乃曰寂然②,为行恢怕。何所消灭名曰寂然? 消众因缘

12.15.7

[illegible]	[illegible]	[illegible]。	[illegible]	[illegible]	[illegible]	[illegible]?	[illegible]	[illegible]	[illegible]	[illegible]

① 以了是者意解虚伪,西夏文本译作“其意解虚伪”。

② 寂然,西夏文本译作“寂静”([illegible][illegible])。

mjij1 sej1 ·jɨ1 thjɨ2 tja1 thjij2 sjo2 thja1 ·jiw1 nioow1 bju1
寂 然 谓。 此 者 何 云？ 其 因 缘 依
[illegible] [illegible] [illegible] [illegible]， [illegible] [illegible] [illegible] [illegible] [illegible] [illegible]
njiij1 wejr1 ljij1 phji1 ·jiw1 nioow1 mjij1 ku1 wejr1 ljij1
心 然 炽 令， 因 缘 无 则 炽 然

乃曰寂然。所以者何？从其因缘令心炽然，以无因缘则无炽然。

12.16.1

[illegible] [illegible]。 [illegible] [illegible] [illegible] [illegible] [illegible] [illegible]， [illegible] [illegible] [illegible]
tsjɨ1 mjij1 phji1 mjij1 dźiã2 tsjij2 dzjọ1 sju2 ·jiw1 nioow1 dzjɨ̣2
亦 无。 寂 意 菩 萨 犹 如， 因 缘 从
[illegible] [illegible] [illegible] [illegible] [illegible] [illegible]， [illegible] [illegible] [illegible] [illegible]①
ku1 tśhjɨ1 mja1 nioow1 mə̱1 to2 njɨɨ1 sji1 khwụ2 khwụ2
则 其 而 又 火 生， 两 木 相 揩

犹如寂意，从其缘对而生有火，两木相揩

12.16.2

[illegible] [illegible] [illegible] [illegible] [illegible]， [illegible] [illegible] [illegible] [illegible]② [illegible] [illegible]
tśhjɨ1 mja1 nioow1 mə̱1 to2 sji1 mji1 dzji1 dzji1 ku1 mə̱1
其 而 又 火 生， 木 不 相 揩 则 火
[illegible] [illegible] [illegible]。 [illegible] [illegible] [illegible] [illegible]， [illegible] [illegible] [illegible]
tsjɨ1 mjij1 ljɨ1 phji1 mjij1 dźiã2 tsjij2 ·jiw1 nioow1 dzow1
亦 不 也。 寂 意 菩 萨， 因 缘 和

因火燃炽，无对无火则不燃炽。如是寂意，

12.16.3

[illegible] [illegible] [illegible] [illegible] [illegible] [illegible]， [illegible] [illegible] [illegible] [illegible] [illegible]
ŋwej2 ku1 njiij1 wejr1 ljij1 phji1 ·jiw1 nioow1 mjij1 ku1 wejr1
睦 则 心 然 炽 令， 因 缘 无 则 然
[illegible] [illegible] [illegible]。” [illegible] [illegible] [illegible] [illegible]， [illegible] [illegible] [illegible]

① [illegible]（据），两字连用对译汉文“相揩”。
② [illegible]（切），两字连用对译汉文“相揩”。

ljij¹ tsjɨ¹ mjij¹ phji¹ mjij¹ dźiã² tsjij² nioow¹ thja¹ dźiã²

炽 亦 无。” 寂 意 菩 萨, 又 彼 菩

从其缘对令心炽然,以无缘对则不炽然。又彼寂意,菩萨

12.16.4

[illegible]

tsjij² ljij² mjijr² tśier¹ ·ju² nẹw² ɣjɨr¹ ŋwu² dzjɨj¹ bju¹ dźjwi¹

萨 大 士 行 权 方 便, 随 时 因 消

[illegible]

dzjar² ·jiw¹ nioow¹ tśjɨ¹ tsjij² ·ji¹ tśhja² mər² tśhji² mji¹

寂 因 缘 晓 了, 众 德 根 本 不

大士以权方便,晓了随时消寂因缘,而不消灭众德根本;

12.16.5

[illegible]

dźjwi¹ dzjar² źjị¹ njɨɨ² ·jiw¹ nioow¹ mjaa¹ tshja² rjur¹ ŋewr¹ mji¹

消 灭; 尘 劳 因 缘 果 报, 诸 乱 不

[illegible]

śjwo¹ rjur¹ po¹ lo¹ dzu¹ gu¹ śjwo¹ ljiij² dạ² ·ji¹

兴 诸 度 无 极 兴 发; 魔 事 众

不兴尘劳因缘之对,兴发诸乱诸度无极;

12.16.6

[illegible]

dow¹ sjwɨj¹ dźjɨ⁰ phjɨ¹ tja¹ rjur¹ tha¹ tśja¹ dźjɨ⁰ ·jiw¹ sjwɨj¹

邪 业 之 弃 者, 诸 佛 道 行 缘 业

[illegible]

mji¹ ka² ·jiw¹ djiij² phã¹ dźjɨɨr¹ tśja¹ sjwɨj¹ mji¹ dźjɨɨr¹

不 舍; 因 泥 洹 舍, 道 业 不 舍

弃舍魔事众邪之业,不舍诸佛道行缘业;舍因泥洹,不舍道业

12.16.7

[illegible]

sọ^{1}	ɣạ^{2}	śjạ^{1}	tjij^{1}	tśja^{1}	sjwɨj^{1}	mji^{1}	phjɨ^{1}	ɣiẹ^{2}	mji^{1}	tjịj^{1}
三	十	七	品；	道	业	不	舍，	声	闻	缘
[illegible]	[illegible]	[illegible]。	[illegible]	[illegible]	[illegible]	[illegible]	[illegible]	[illegible]	[illegible]	
dwewr^{2}	mji^{1}	dzu^{1}	dźiã^{2}	tsjij^{2}	tśhja^{2}	ɣiej^{1}	tśja^{1}	njiij^{1}	mji^{1}	
觉	不	乐，	菩	萨	至	真	道	心	不	

三十七品；心不志乐声闻、缘觉，不舍菩萨至真道意①；

汉文本

尔时寂意菩萨前白佛言："唯然！大圣，所云寂然惔怕之义，为何谓也？"佛告寂意："所云寂然惔怕义者，谓消尘劳，惔怕众秽，以消尘劳，尔乃名曰去于贪欲众想希望；以去欲想，便无所思；以无所思，便不着界；以不着界，便无报应因缘之对；以无报应因缘之对，便无明所有恩爱；以消无明所有恩爱，便消吾我；以无吾我，便消名色；以无名色，便消断灭计常之业；以无断灭计常之业，便消贪身。"佛告寂意："诸因缘报，随于诸见颠倒之业，便成尘劳，皆由贪身而生斯患。以无贪身，便舍诸见六十二疑；以无贪身，便寂众缘；以无贪身，一切贪欲自然惔怕；以无贪身，一切诸愿寂然消灭。犹如寂意，拔树根株，茎节枝叶花实一时并除，永无有树。行者如是，以消贪身，便无诸见六十二疑；以无贪身，皆去一切诸所受法，五阴、六入尘劳之患；以无贪身，无有五阴尘劳诸患。""唯然！大圣，不断贪身故有吾我。"佛告寂意："住吾我故不断贪身，住人、寿命故不断贪着。其所见者不住内外，诸见无处，一切所至永无所见，以无所住见慧无所住，是则名曰断贪身见。贪身悉空以能解空，柔顺法忍不受彼见，己身无想悉无所行，无生无起亦无所兴，乃名之曰柔顺法忍，不受诸见是断贪身。"寂意，欲知若不贪身，解脱身无身。何谓无身？身四大成，本亦无名，以了是者意解虚伪，故曰不真而不可得，皆由不真妄想而兴。若无所求，不怀妄想，不迷不惑，不作不住；若无所住，则无瞋诤；其无瞋诤乃曰寂然，为行惔怕。何所消灭名曰寂然？消众因缘乃曰寂然。所以者何？从其因缘令心炽然，以无因缘则无炽然。犹如寂意，从其缘对而生有火，两木相揩因火燃炽，无对无火则不燃炽。如是，寂意，从其缘对令心燃炽，以无缘对则不燃炽。又彼寂意，菩萨大士以权方便，晓了随时消寂因缘，而不消灭众德根本；不兴尘劳因缘之对，兴发诸乱诸度无极；弃舍魔事众邪之业，不舍诸佛道行缘业；舍因泥洹，不舍道业三十七品；心不志乐声闻、缘觉，不舍菩萨至真道意；

12.17.1

[illegible]；	[illegible]	[illegible]	[illegible]	[illegible]，	[illegible]	[illegible]	[illegible]	[illegible]，	[illegible]	[illegible]
phjɨ^{1}	ŋa̱^{1}	mjij^{1}	bio̱^{1}	ŋwu^{2}	ljịj^{2}	wjuu^{1}	gu^{1}	śjwo^{1}	·ji^{1}	·jiw^{1}
舍；	空	无	观	以，	大	哀	兴	起，	众	因
[illegible]	[illegible]；	[illegible]	[illegible]	[illegible]	[illegible]	[illegible]	[illegible]	[illegible]	[illegible]，	

① 此句西夏文本作"不舍道业，不乐声闻、缘觉，不舍菩萨至真道意"。

nioow1 biọ1 ·jij1 mjij1 ·jiw1 ŋwu2 zji2 buu2 tśhja2 tshjiij1

缘 察； 相 无 缘 以 至 圣 德 宣，

用观空无，以兴大哀，察众因缘；以无相缘宣讲至德，

12.17.2

[illegible] [illegible] [illegible] [illegible] [illegible] [illegible] [illegible] [illegible]； [illegible] [illegible] [illegible]

lạ1 sjiij2 śjwo1 nioow1 tśja1 njiij1 mji1 phjɨ1 tjị1 mjij1 ·jiw1

妄 想 起 缘 道 心 不 失； 愿 无 缘

[illegible] [illegible] [illegible] [illegible] [illegible] [illegible] [illegible] [illegible] [illegible] [illegible]

ŋwu2 sọ1 kięj2 ·jiw1 nioow1 rjir2 tshja2 dwər1 ka2 wee1

以 三 界 因 缘 于 报 厌 绝 生

不以妄想失乎道心；以无愿缘厌于三界，因对诸对惟

12.17.3

[illegible] [illegible]， [illegible] [illegible] [illegible] [illegible] [illegible] [illegible] [illegible] [illegible]。 [illegible]

mjij1 nioow1 wee1 lew2 mji1 dźjɨɨr1 ·jiw2 ljɨ̣j1 mji1 dju1 rjur1

无 缘， 生 所 不 舍 犹 缘 不 有。 诸

[illegible] [illegible] [illegible] [illegible] [illegible] [illegible] [illegible] [illegible] [illegible] [illegible]

rjɨr2 dźjij1 nioow1 thja1 tśhja2 mər2 djọ2 tśja1 sjwɨj1 dźjɨ0

所 行 缘 其 德 本 造 道 业 行

无生缘。不舍所生无犹豫缘①。因诸所行，修其德本，入道业行，

12.17.4

[illegible]， [illegible] [illegible] [illegible] [illegible] [illegible] [illegible] [illegible] [illegible] [illegible] [illegible]

·o2 thjɨ2 tja1 dźiã2 tsjij2 ·jij1 nẹw2 ɣjɨr1 sjij2 sej1 ·o2

入， 此 者 菩 萨 之 善 权 智 净 入

[illegible] [illegible] [illegible] [illegible]。 [illegible] [illegible] [illegible] [illegible] [illegible] [illegible]

·jij1 dzju2 lhjụ2 rjir1 mji1 ·ju2 nioow1 ku1 mə2 wee1

自 在 逮 得。 无 常 缘 哉 厌 生

是为菩萨权智入净逮得自在。无常缘哉②

---

① 西夏文本以“[illegible]（疑）[illegible]（魑魅）”对应“犹豫缘”。

② [illegible]（则），西夏文本此处用来对应“哉”，下文同。

12.17.5

mji^1	dwər^1	·jij^1	·o^1	·jij^1	dzju^2	le^2	lew^2	mjij^1	ljɨ^1	tśjị^1
不	厌	自	在	自	由，	畏	所	无	也。	苦
dju^1	nioow^1	ku^1	dźiã^2	tśhju^1	·jij^1	gu^1	śjwo^1	djiij^2	phã^1	
有	缘	哉	众	生	之	建	立	灭	度	

不厌生死而得自由，无所畏故。有苦缘哉，建立众生存灭度安，

12.17.6

no^2	nej^2	śjɨj^1	·jiw^2	rjir^1	ljɨ^1	ŋa^2	mjij^1	nioow^1	ku^1	njij^2
安	乐	成	就	得	也。	我	无	缘	哉	慈
śjow^1	njiij^1	śjwo^1	dźiã^2	tśhju^1	·jij^1	no^2	rejr^2	njij^2	wjuu^1	
悲	心①	生	众	生	之	安	乐，	慈	悲	

使得立故。无我缘哉，建立愍心安于众生，

12.17.7

dźjij^1	ljɨ^1	dź-^{0}	mjij^1	nioow^1	ku^1	njiij^1	·jar^1	tśhja^2	mjor^1	ljij^2
行	也。	虚	无	缘	哉	心	八	正	如	来
·jij^1	sej^1	ljụ^2	rjir^1	ljɨ^1	kięj^2	dźjɨ^0	nioow^1	ku^1	rjur^1	
之	净	身	得	也。	欲	行	缘	哉	诸	

行大哀故。虚无缘哉，心得八正如来净身故。缘欲行哉，

12.18.1

lẹj^2	dzu^1	ŋo^2	·jij^1	gji^1	sej^1	tsə̣^{1}	we^2	ljɨ^1	tsjiir^1	nẹ^1

① 西夏文本以“[illegible]”（慈悲心）对应“愍心”。

贪 爱 病 之 清 净 药 成 也。 法 颂

[illegible] [illegible] [illegible] [illegible] [illegible] [illegible] [illegible]。 [illegible] [illegible] [illegible],

tshjiij¹ ku¹ njiij¹ gjwɨ¹ dźjiij¹ phji¹ ljɨ¹ tshja̱¹ kwow² nioow¹

宣 哉 心 坚 住 令 也。 瞋 恚 缘,

为诸贪爱病清净药故。颂宣其法哉,令心坚住故。

12.18.2

[illegible] [illegible] [illegible] [illegible] [illegible] [illegible] [illegible] [illegible] [illegible], [illegible] [illegible]

ku¹ rjur¹ tshja̱¹ dźjɨ⁰ bju¹ njij² njiij¹ tsə̣¹ tshjiij¹ tsjiir² rjar¹

哉 诸 怒 行 依 慈 心 药 宣, 志 也

[illegible] [illegible]。 [illegible] [illegible] [illegible] [illegible] [illegible] [illegible] [illegible] [illegible]

ŋo² mjij¹ wẹ¹ na¹ nioow¹ ku¹ ·ji¹ lə² dźjɨ⁰ nioow¹

病 无。 愚 冥 缘 哉 众 痴 行 缘

缘瞋恚哉,使众怒行宣慈心药,志住无病故。缘愚冥哉,为众痴行

12.18.3

[illegible] [illegible] [illegible] [illegible] [illegible] [illegible], [illegible] [illegible] [illegible] [illegible] [illegible]

ɣa̱² njɨɨ¹ ·jiw¹ nioow¹ tsə̣¹ tji̱¹ thja¹ njiij¹ ŋo² dji̱² mji¹

十 二 因 缘 药 施, 其 心 病 治 不

[illegible] [illegible] [illegible]。 [illegible] [illegible] [illegible] [illegible] [illegible] [illegible] [illegible]

dow² phji¹ ljɨ¹ zji² dźjij² nioow¹ ku¹ so̱¹ da̱² dźiã²

移 动 也。 皆 有 缘 哉 三 事 众

施十二因缘药,治其心病使不动移故。等分缘①哉,等于三事

12.18.4

[illegible] [illegible] [illegible] [illegible] [illegible] [illegible] [illegible] [illegible] [illegible], [illegible] [illegible]

tśhju¹ ·jij¹ dzjiij² dźjɨ⁰ ka¹ thja¹ njiij¹ gu¹ śjwo¹ mji¹ ·ju²

生 之 化 行 等 其 心 建 立, 无 常

[illegible] [illegible] [illegible]。 [illegible] [illegible] [illegible] [illegible] [illegible] [illegible] [illegible]

tsə̣¹ tshjiij¹ ljɨ¹ kieǰ² mjij¹ nioow¹ ku¹ njiij¹ tji̱¹ ŋwu²

① 等分缘,西夏文本译作"皆有缘"([illegible][illegible][illegible])。

药 讲 也。 欲 无 缘 哉 心 归 以

化众生行建立其心，讲无常药故。缘无欲哉，心以

12.18.5

[illegible] [illegible] [illegible] [illegible] [illegible] [illegible]。 [illegible] [illegible] [illegible] [illegible] [illegible]

ɣiẹ^{2} mji^{1} ·jij^{1} dzju^{1} dzjiij^{2} ljɨ^{1} tshjạ^{1} źjɨ̣^{1} ka^{2} ku^{1} njiij^{1}

声 闻 之 宣 化 也。 瞋 恨 离 哉 心

[illegible] [illegible] [illegible] [illegible] [illegible] [illegible] [illegible]。 [illegible] [illegible] [illegible]，

khju^{1} tjịj^{1} dwewr^{2} ·ụ^{2} gu^{1} śjwo^{1} ljɨ^{1} lə^{2} swã^{1} ka^{2}

志 缘 觉 乘 建 立 也。 愚 冥 离，

存立化开声闻故。离瞋恨哉，使心得立缘觉之乘故。离愚冥哉，

12.18.6

[illegible] [illegible] [illegible] [illegible] [illegible] [illegible] [illegible] [illegible] [illegible] [illegible]。 [illegible]

ku^{1} thja^{1} njiij^{1} phie^{2} neej^{2} ljịj^{2} ·ụ^{2} gu^{1} śjwo^{1} ljɨ^{1} tsə̣^{1}

哉 其 心 开 化 大 乘 建 立 也。 色

[illegible] [illegible] [illegible]， [illegible] [illegible] [illegible] [illegible] [illegible] [illegible] [illegible]

dzjɨj^{1} nioow^{1} ku^{1} thja^{1} njiij^{1} ka^{1} dźjiij^{1} mjor^{1} ljịj^{2} ljụ^{2}

像 缘 哉， 其 心 逮 住 如 来 身

开化其心立乎大乘故。色像缘哉，其心等住逮得如来

12.18.7

[illegible] [illegible] [illegible] [illegible]。 [illegible] [illegible] [illegible] [illegible]， [illegible] [illegible] [illegible]

dzjɨj^{1} lhjụ^{2} rjir^{1} ljɨ^{1} mə^{2} ɣiẹ^{2} nioow^{1} ku^{1} njiij^{1} mjor^{1} ljịj^{2}

像 逮 得 也。 音 响 缘 哉， 心 如 来

[illegible] [illegible] [illegible] [illegible] [illegible] [illegible]。 [illegible] [illegible] [illegible] [illegible]，

·jij^{1} ŋwuu^{1} dạ^{2} bju^{1} dźjiij^{1} ljɨ^{1} ·ji^{1} lji^{2} nioow^{1} ku^{1}

之 言 声 以 住 也。 众 香 缘 哉，

像身故。缘音响哉，心以住在如来言声故。缘众香哉，

12.19.1

[illegible]

njiij^{1} mjor^{1} ljịj^{2} ·jij^{1} kie^{1} śja^{1} tśhjaa^{1} tjị^{2} ljɨ^{1} ·ji^{1} wjị^{1}

心 如 来 之 戒 勋 上 可 也。 众 味

[illegible]

nioow^{1} ku^{1} njiij^{1} mjor^{1} ljịj^{2} ·jij^{1} tśja^{1} ɣie^{2} tśhjaa^{1} tjị^{2}

缘 哉, 心 如 来 之 道 利 上 可

心以存立如来戒勋故。缘众味哉,心以住存如来道味故。

12.19.2

[illegible]

ljɨ^{1} dzjwo^{2} ljịj^{2} ·jij^{1} nioow^{1} njiij^{1} dźjɨ^{0} dźjiij^{1} ŋwu^{2} ljuu^{2} tshjịj^{2}

也。 人 大 相 缘, 心 行 住 以 庄 严

[illegible]

rjir^{1} ljɨ^{1} lhjii^{1} nejr^{1} tsjụ^{1} nioow^{1} ku^{1} njiij^{1} tjị^{1} ŋwu^{2}

得 也。 细 滑 浸 缘 哉, 心 归 以

缘大人相哉,心行以住得庄严故。缘细滑哉,心以

12.19.3

[illegible]

mjor^{1} ljịj^{2} ·jij^{1} ·wə̣^{1} lhjii^{1} khjɨ^{1} lạ^{1} rjir^{1} gjii^{2} ljɨ^{1} lwər^{2}

如 来 之 柔 软 足 手 得 存 也。 经

[illegible]

lhejr^{2} tsjiir^{1} nioow^{1} ku^{1} njiij^{1} tjị^{1} ŋwu^{2} mjor^{1} ljịj^{2} ·jij^{1}

典 法 缘 哉, 心 归 以 如 来 之

存立得于如来手足柔软故。缘经法哉,心以住在逮得如来

12.19.4

[illegible]

---

① [illegible],即“戒”。

② [illegible],字面意思是“柔软”,还与汉文本“调柔”对译。

phji1	wee1	lew2	mjij1	phji1	rjir1	gjii2	ljɨ1	zji1	mjii1	nioow1
意	生	所	无	意	得	存	也。	布	施	缘
□，	□	□	□	□	□	□	□	□	□。	
ku1	njiij1	tjị1	ŋwu2	·jij1	ŋạ2	ŋowr2	lhə0	gjii2	ljɨ1	
哉，	心	归	以	相	好	具	促	存	也。	

无所生意故。缘布施哉，心以住在相好具足故。

12.19.5

□	□	□	□，	□	□	□	□	□	□	□
kie1	·jiij1	nioow1	ku1	njiij1	tjị1	ŋwu2	tha1	lhjịj2	ljuu2	sej1
戒	持	缘	哉，	心	归	以	佛	土	严	净
□	□。	□	□	□	□，	□	□	□	□	
gjii2	ljɨ1	no2	zeew2	nioow1	ku1	njiij1	tjị1	ŋwu2	gji1	
存	也。	忍	辱	缘	哉，	心	归	以	清	

缘持戒①哉，心以存在佛土严净故。缘忍辱②哉，心以住在

12.19.6

□	□	□	□	□。	□	□	□	□，	□	□
śjuu1	ɣię2	rjir1	gjii2	ljɨ1	khu1	dźjij1	nioow1	ku1	njiij1	tjị1
凉	音	得	存	也。	精	进	缘	哉，	心	归
□	□	□	□	□	□	□。	□	□	□	
ŋwu2	dźiã2	tśhju1	·jij1	gju1	gjii2	ljɨ1	śjã1	djɨj2	nioow1	
以	众	生	之	度	存	也。	禅	思	缘	

逮梵音响故。缘精进哉，心以存立度于众生故。缘禅思哉，

12.19.7

□，	□	□	□	□	□	□	□	□	□。	□
ku1	njiij1	tjị1	ŋwu2	ljịj2	mee2	mjijr2	śjwo1	gjii2	ljɨ1	sjịj2

① □□，即“戒持”，防禁身心之过者。梵文原词śīla，汉文佛经也有音译作“尸、尸罗”，意译作“戒行、持戒、净戒、禁戒”等。（荻原云来：《汉译对照梵和大辞典》，1979 年，第 1336 页）《大乘义章》一曰：“言尸罗者，此名清凉，亦名为戒。三业炎火，焚烧行人。事等如烧，戒能防息，故名清凉。”（丁福保：《佛学大辞典》，1991 年，第 1676 页）

② □□，字面意思为“安忍”，与汉文本“忍辱”对译，梵文原词 Kṣānti，音译作“羼提”，六波罗蜜之一，忍受诸侮辱恼害而无怨恨也。上文有音译为“羼提波罗蜜”。

哉，　心　归　以　大　神　通　兴　存　也。　智

źjɨr^{1} nioow^{1} ku^{1} njiij^{1} tjị^{1} ŋwu^{2} ·ji^{1} dow^{1} ljij^{2} tśhjiw^{1}

慧　缘　哉，　心　归　以　众　邪　见　六

心以住在兴大神通故。缘智慧哉，心以存立断众邪见六

12.20.1

ɣạ^{2} njɨɨ^{1} ·jiw^{2} ɣię^{2} lụ^{2} ·jiw^{1} zjịj^{1} gjii^{2} ljɨ^{1} njij^{2} njiij^{1}

十　二　疑　罣　碍　缘　断　存　也。　慈　心

nioow^{1} ku^{1} njiij^{1} tjị^{1} ŋwu^{2} dźiã^{2} tśhju^{1} ·jij^{1} ka^{1} biọ^{1}

缘　哉，　心　归　以　众　生　之　等　观

十二疑罣碍之因故。缘慈心哉，心以住在等志众生

12.20.2

tśjụ^{1} njiij^{1} mjij^{1} ljɨ^{1} njij^{2} śjow^{1} nioow^{1} ku^{1} njiij^{1} tjị^{1} ŋwu^{2}

害　心　无　也。　愍　哀　缘　哉，　心　归　以

dźiã^{2} tśhju^{1} ·jij^{1} gjuu^{2} la^{2} gjii^{2} ljɨ^{1} de^{2} djiij^{1}

众　生　之　救　济　存　也。　喜　悦

而不怀害故。缘愍哀哉，心以存立救济众生故。缘喜

12.20.3

nioow^{1} ku^{1} njiij^{1} tjị^{1} ŋwu^{2} tsjiir^{1} tsjij^{2} dzu^{1} ljɨ^{1} tśjụ^{1} ·wejr^{2}

缘　哉，　心　归　以　法　听　好　也。　护　于

nioow^{1} ku^{1} njiij^{1} tjị^{1} ŋwu^{2} ·ji^{1} tśhiow^{1} ɣię^{2} lụ^{2} phjɨ^{1}

缘　哉，　心　归　以　有　结　危　厄　弃

悦哉，心以住在好乐听法故。缘于护哉，心以存立弃舍众结

12.20.4

[illegible]	[illegible]	[illegible]。	[illegible]	[illegible]	[illegible]	[illegible]，	[illegible]	[illegible]	[illegible]	[illegible]
dźjɨɨr1	gjii2	ljɨ1	ljɨɨr1	ljị2	nioow1	ku1	njiij1	tjị1	ŋwu2	dźiā2
舍	存	也。	四	恩	缘	哉，	心	归	以	众
[illegible]	[illegible]	[illegible]	[illegible]	[illegible]	[illegible]。	[illegible]	[illegible]	[illegible]	[illegible]，	
tśhju1	·jij1	phie2	neej2	gjii2	ljɨ1	lẹj2	tshjạ1	nioow1	ku1	
生	之	开	导	存	也。	贪	恚	缘	哉，	

危厄之患故。缘四恩哉，心以存在开导众生故。缘贪恚哉，

12.20.5

[illegible]	[illegible]	[illegible]	[illegible]	[illegible]	[illegible]	[illegible]	[illegible]	[illegible]	[illegible]	[illegible]
njiij1	tjị1	ŋwu2	dźjij2	dźjij2	ŋowr2	ŋowr2	dźiā2	tśhju1	·jij1	mjii1
心	归	以	所	有	一	切	众	生	之	施
[illegible]	[illegible]。	[illegible]	[illegible]	[illegible]	[illegible]，	[illegible]	[illegible]	[illegible]	[illegible]	
gjii2	ljɨ1	niow2	tsjụ1	nioow1	ku1	njiij1	tjị1	ŋwu2	mjor1	
存	也。	恶	犯	缘	哉，	心	归	以	如	

心以存立一切所有训施众生故。缘犯恶哉，心以存立

12.20.6

[illegible]	[illegible]	[illegible]	[illegible]	[illegible]	[illegible]	[illegible]	[illegible]。	[illegible]	[illegible]	[illegible]
ljịj2	kie1	tjij1	gji1	sjwɨj1	dźjɨ0	gjii2	ljɨ1	dzeej1	tśior1	nioow1
来	戒	品	清	净	业	行	也。	净	秽	缘
[illegible]，	[illegible]	[illegible]	[illegible]	[illegible]	[illegible]	[illegible]	[illegible]	[illegible]		
ku1	njiij1	tjị1	ŋwu2	mjor1	ljịj2	·jij1	dzeej1	zeew2		
哉，	心	归	以	如	来	之	净	忍		

如来戒品清净行业故。缘净秽哉，心以住在如来忍

12.20.7

[illegible]	[illegible]。	[illegible]	[illegible]	[illegible]	[illegible]，	[illegible]	[illegible]	[illegible]	[illegible]	[illegible]
gjii2	ljɨ1	ljwij	tśjụ1	nioow1	ku1	njiij1	tjị1	ŋwu2	mjor1	ljịj2
存	也。	怨	害	缘	哉，	心	归	以	如	来

·jij^{1} ɣạ^{2} ɣie^{1} ljɨɨr^{1} le^{2} lew^{2} mjij^{1} gjii^{2} ljɨ^{1} ŋewr^{1}

之 十 力 四 畏 所 无 存 也。 乱

净故。缘怨害哉，心以存立如来十力四无所畏故。

12.21.1

khię^{1} nioow^{1} ku^{1} njiij^{1} tjị^{1} ŋwu^{2} tha^{1} ·jij^{1} ljịj^{2} sã^{1} mej^{2}

愦 缘 哉， 心 归 以 佛 之 大 三 昧

rjir^{1} gjii^{2} ljɨ^{1} dow^{1} sjịj^{2} nioow^{1} ku^{1} njiij^{1} tjị^{1} ŋwu^{2}

得 存 也。 邪 智 缘 哉， 心 归 以

缘乱愦哉，心以住存逮佛三昧故。缘邪智哉，心以

12.21.2

ɣię^{2} lụ^{2} lew^{2} mjij^{1} sjịj^{2} lhjo^{1} rewr^{2} njɨ^{2} ŋwu^{2} dźiā^{2} tśhju^{1}

罣 碍 所 无 智 度 无 极 以 众 生

·jij^{1} ŋowr^{2} lhə^{0} gjii^{2} ljɨ^{1} bji^{2} ·ụ^{2} nioow^{1} ku^{1} njiij^{1}

之 具 足 存 也。 下 乘 缘 哉， 心

存立无所罣碍智度无极具足众生故。缘下乘哉，心

12.21.3

tjị^{1} ŋwu^{2} tśhja^{2} ·ioow^{1} dụ^{1} dzjɨ̣^{2} ljịj^{2} ·ụ^{2} kjụ^{1} dzu^{1} ljɨ^{1}

归 以 德 功 积 集 大 乘 供 存 也。

śjij^{1} wji^{1} nioow^{1} ku^{1} njiij^{1} tjị^{1} ŋwu^{2} tsjiir^{2} rjar^{1} ·wə̣^{1}

顺 应 缘 哉， 心 归 以 志 立 安

以住在积功累德志好大乘故。缘顺应哉，心以存立志和安然，

12.21.4

[illegible]	[illegible]	[illegible]	[illegible]	[illegible]	[illegible]	[illegible]	[illegible]	[illegible]	[illegible]。	[illegible]
nẹw^{2}	·ji^{1}	niow^{2}	mji^{1}	wo^{2}	ŋowr^{2}	ŋowr^{2}	mji^{1}	wji^{1}	ljɨ^{1}	niow^{2}
然	众	恶	不	宜	一	切	不	为	也。	恶
[illegible]	[illegible]	[illegible]，	[illegible]	[illegible]	[illegible]	[illegible]	[illegible]	[illegible]	[illegible]	
tshwew^{1}	nioow^{1}	ku^{1}	njiij^{1}	tjị^{1}	ŋwu^{2}	dźiã^{2}	tśhju^{1}	ŋowr^{2}	ŋowr^{2}	
趣	缘	哉，	心	归	以	众	生	一	切	

不犯众恶一切非宜故。缘恶趣哉，心以住在救护一切众生

12.21.5

[illegible]	[illegible]	[illegible]	[illegible]	[illegible]	[illegible]	[illegible]	[illegible]	[illegible]	[illegible]	[illegible]
·jij^{1}	gjuu^{2}	·wejr^{2}	niow^{2}	tshwew^{1}	·jar^{1}	ŋjir^{1}	kha^{1}	mji^{1}	ljị^{1}	phji^{1}
之	救	护	恶	趣	八	难	中	不	堕	令
[illegible]。	[illegible]	[illegible]	[illegible]	[illegible]，	[illegible]	[illegible]	[illegible]	[illegible]	[illegible]	
ljɨ^{1}	rjur^{1}	mə^{1}	nioow^{1}	ku^{1}	njiij^{1}	tjị^{1}	ŋwu^{2}	rjur^{1}	ljwu^{2}	
也。	诸	天	缘	哉，	心	归	以	诸	合	

恶趣堕八难故。缘诸天哉，心以存立解诸合会

12.21.6

[illegible]	[illegible]	[illegible]	[illegible]	[illegible]	[illegible]	[illegible]	[illegible]。	[illegible]	[illegible]	[illegible]
dzjɨ^{2}	tja^{1}	zji^{2}	dźjow^{1}	ka^{2}	dju^{1}	tsjij^{2}	ljɨ^{1}	·ji^{1}	dzjwo^{2}	nioow^{1}
会	者	皆	别	离	有	解	也。	众	人	缘
[illegible]，	[illegible]	[illegible]	[illegible]	[illegible]	[illegible]	[illegible]	[illegible]	[illegible]	[illegible]。	
ku^{1}	njiij^{1}	tjị^{1}	ŋwu^{2}	thjoo^{1}	nẹw^{2}	ŋowr^{2}	ŋowr^{2}	gjii^{2}	ljɨ^{1}	
哉，	心	归	以	妙	善	一	切	存	也。	

皆当别离故。缘众人哉，心以住在一切妙善故。

12.21.7

[illegible]	[illegible]	[illegible]	[illegible]，	[illegible]	[illegible]	[illegible]	[illegible]	[illegible]。	[illegible]	[illegible]
tha^{1}	ljɨr^{2}	nioow^{1}	ku^{1}	rjur^{1}	tha^{1}	ljij^{2}	djọ^{2}	ljɨ^{1}	tsjiir^{1}	lə
佛	愿	缘	哉，	诸	佛	见	习	也。	法	念

[illegible] [illegible], [illegible] [illegible] [illegible] [illegible] [illegible] [illegible] [illegible] [illegible]

nioow1 ku1 njiij1 tjị1 ŋwu2 tśja1 tsjiir1 śjij1 dźjij1 mji1

缘 哉, 心 归 以 道 法 奉 行。 不

缘念佛哉,习见诸佛故。缘念法哉,心以存立奉行道法。

汉文本

用观空无,以兴大哀,察众因缘;以无相缘宣讲至德,不以妄想失乎道心;以无愿缘厌于三界,因对诸对惟无生缘,不舍所生无犹豫缘。因诸所行,修其德本,入道业行,是为菩萨权智入净逮得自在。无常缘哉,不厌生死而得自由,无所畏故。有苦缘哉,建立众生存灭度安,使得立故。无我缘哉,建立愍心安于众生,行大哀故。虚无缘哉,心得八正如来净身故。缘欲行哉,为诸贪爱病清净药故。颁宣其法哉,令心坚住故。缘瞋恚哉,使众怒行宣慈心药,志住无病故。缘愚冥哉,为众痴行施十二因缘药,治其心病使不动移故。等分缘哉,等于三事化众生行建立其心,讲无常药故。缘无欲哉,心以存立化开声闻故。离瞋恨哉,使心得立缘觉之乘故。离愚冥哉,开化其心立乎大乘故。色像缘哉,其心等住逮得如来像身故。缘音响哉,心以住在如来言声故。缘众香哉,心以存立如来戒勋故。缘众味哉,心以住存如来道味故。缘大人相哉,心行以住得庄严故。缘细滑哉,心以存立得于如来手足柔软故。缘经法哉,心以住在逮得如来无所生意故。缘布施哉,心以住在相好具足故。缘持戒哉,心以存在佛土严净故。缘忍辱哉,心以住在逮梵音响故。缘精进哉,心以存立度于众生故。缘禅思哉,心以住在兴大神通故。缘智慧哉,心以存立断众邪见六十二疑罣碍之因故。缘慈心哉,心以住在等志众生而不怀害故。缘愍哀哉,心以存立救济众生故。缘喜悦哉,心以住在好乐听法故。缘于护哉,心以存立弃舍众结危厄之患故。缘四恩哉,心以存在开导众生故。缘贪恚哉,心以存立一切所有训施众生故。缘犯恶哉,心以存立如来戒品清净行业故。缘诤秽哉,心以住在如来忍净故。缘怨害哉,心以存立如来十力四无所畏故。缘乱愦哉,心以住存逮佛三昧故。缘邪智哉,心以存立无所罣碍,智度无极具足众生故。缘下乘哉,心以住在积功累德志好大乘故。缘顺应哉,心以存立志和安然,不犯众恶一切非宜故。缘恶趣哉,心以住在救护一切众生恶趣堕八难故。缘诸天哉,心以存立解诸合会皆当别离故。缘众人哉,心以住在一切妙善故。缘念佛哉,习见诸佛故。缘念法哉,心以存立奉行道法,

12.22.1

[illegible] [illegible] [illegible] [illegible]。 [illegible] [illegible] [illegible] [illegible], [illegible] [illegible] [illegible]

gjij1 ɣie2 dźjɨ0 ljɨ1 sẽ1 ljɨr2 nioow1 ku1 mji1 lhjii1 lhjwo1

利 益 得 也。 众 念 缘 哉, 不 退 归

[illegible] [illegible] [illegible] [illegible]。 [illegible] [illegible] [illegible] [illegible], [illegible] [illegible]

tsjiir1 lhjụ2 rjir1 ljɨ1 zji1 mjii1 nioow1 ku1 njiij1 tjị1

法 逮 得 也。 施 与 缘 哉, 心 归

舍无益宜故。缘念众哉,逮致便御不退转法故。缘施与哉,

12.22.2

[illegible]	[illegible]	[illegible]	[illegible]	[illegible]	[illegible]。	[illegible]	[illegible]	[illegible]	[illegible]，	[illegible]
ŋwu^2	dźiã^2	tśhju^1	mji^1	tja^1	ljɨ^1	kie^1	·jiij^1	nioow^1	ku^1	tji̱^{1}
以	众	生	不	者	也。	禁	戒	缘	哉，	愿
[illegible]	[illegible]	[illegible]	[illegible]。	[illegible]	[illegible]	[illegible]	[illegible]，	[illegible]	[illegible]	
bju^1	ŋowr^2	lhə^0	ljɨ^1	mə^1	ljɨr^2	nioow^1	ku^1	njiij^1	tji̱^{1}	
所	具	足	也。	天	念	缘	哉，	心	归	

心以住在不舍众生故。缘禁戒哉，具足所愿故。缘念天哉，心以

12.22.3

[illegible]	[illegible]	[illegible]	[illegible]	[illegible]	[illegible]	[illegible]	[illegible]	[illegible]	[illegible]。	[illegible]
ŋwu^2	tśhja^2	·ioow^1	du̱^{1}	dzji̱^{2}	lew^1	wee^1	tśiej^2	twẹ^1	ljɨ^1	ljụ^2
以	德	功	积	集	一	生	补	立	也。	身
[illegible]	[illegible]	[illegible]，	[illegible]	[illegible]	[illegible]	[illegible]	[illegible]。	[illegible]	[illegible]	
dźjɨ^0	nioow^1	ku^1	tha^1	ljụ^2	lhjụ^2	rjir^1	ljɨ^1	ŋwuu^1	dạ^2	
行	缘	哉，	佛	身	逮	得	也。	言	口	

存立备悉功德一生补处故。缘身行哉，逮致佛身故。缘口

12.22.4

[illegible]	[illegible]，	[illegible]	[illegible]	[illegible]	[illegible]	[illegible]	[illegible]	[illegible]	[illegible]	[illegible]
nioow^1	ku^1	njiij^1	tji̱^{1}	ŋwu^2	tha^1	·jij^1	ŋwuu^1	dạ^2	rjur^1	lwər^2
缘	哉，	心	归	以	佛	之	言	教	诸	经
[illegible]	[illegible]	[illegible]	[illegible]。	[illegible]	[illegible]	[illegible]，	[illegible]	[illegible]	[illegible]	[illegible]
lhejr^2	lhjụ^2	rjir^1	ljɨ^1	njiij^1	nioow^1	ku^1	njiij^1	tji̱^{1}	ŋwu^2	tha^1
典	逮	得	也。	心	缘	哉，	心	归	以	佛
[illegible]	[illegible]	[illegible]	[illegible]。	[illegible]	[illegible]	[illegible]	[illegible]，			
phji^1	·wejr^2	ljɨ^1	·jɨ^1	dźiəj^2	lheew^2	nioow^1	ku^1			
意	护	也	谓。	为	有	缘	哉，			

言哉，心以住在致佛言教诸经典故。缘其心哉，心以存立获乎佛意故。缘有为哉，

12.22.5

[illegible]	[illegible]	[illegible]	[illegible]	[illegible]	[illegible]	[illegible]	[illegible]	[illegible]	[illegible]	[illegible]

njiij1 tjį1 ŋwu2 tśhja2 ·ioow1 du̱1 dzjɨ̣2 ŋowr2 lhə0 ·jij1 tśhjwɨj1

心 归 以 德 功 积 累 具 足 自 剋

[illegible]。 [illegible] [illegible] [illegible] [illegible]， [illegible] [illegible] [illegible] [illegible] [illegible]

ljɨ1 dźiəj2 mə̣1 nioow1 ku1 njiij1 tjį1 ŋwu2 śjɨj2 źjɨr1

也。 为 无 缘 哉， 心 归 以 圣 慧

心以住在积功累德具足自剋故。缘无为哉，心以住在圣慧

12.22.6

[illegible] [illegible] [illegible]。 “[illegible] [illegible] [illegible] [illegible]， [illegible] [illegible] [illegible] [illegible]

ŋowr2 lhə0 ljɨ1 phji1 mjij1 dźiã2 tsjij2 ·jiw1 mjij1 nioow1 zji2

具 足 也。 “寂 意 菩 萨， 缘 无 缘 至

[illegible] [illegible] [illegible] [illegible]。 [illegible] [illegible] [illegible] [illegible] [illegible]， [illegible]

dźjwa1 ·ụ2 dzjiij2 njaa2 zji2 ·jiw1 nioow1 njiij1 bju1 tha1

道 乘 化 不。 皆 由 缘 心 依， 佛

具足故。“如是，寂意，不以无缘化至道乘。皆由缘心

12.22.7

[illegible] [illegible] [illegible]， [illegible] [illegible] [illegible] [illegible] [illegible]。 [illegible] [illegible] [illegible]

tśja1 ɣa2 njɨ2 ŋowr2 ŋowr2 sjij2 śjwo1 ljɨ1 tjɨ1 tjij1 dźiã2

道 而 得， 一 切 智 导 也。 如 若 菩

[illegible]， [illegible] [illegible] [illegible] [illegible] [illegible] [illegible] [illegible] [illegible]， [illegible]

tsjij2 zji2 ·jiw1 nioow1 bju1 ŋowr2 ŋowr2 sjij2 śjwo1 ku1

萨， 皆 由 缘 依 一 切 智 导， 如

得至佛道，导一切智。若有菩萨，皆由缘故导一切智，

12.23.1

[illegible] [illegible] [illegible] [illegible] [illegible] [illegible] [illegible] [illegible] [illegible]， [illegible] [illegible]

thjɨ2 tja1 dźiã2 tsjij2 ·jij1 nẹw2 ɣjɨr1 tśier1 ·ju2 ŋwu2 zji2

是 者 菩 萨 之 善 权 方 便， 由 皆

[illegible] [illegible] [illegible] [illegible] [illegible] [illegible] [illegible]。 [illegible] [illegible] [illegible]

rjur1 tsjiir1 ljij2 śio1 śjwo1 nioow1 ljɨ1 dzjọ1 sju2 sọ1

诸 法 见 导 行 故 也。 犹 如 三

是为菩萨善权方便，皆由见诸法，悉怀来导。犹如三

12.23.2

[illegible]	[illegible]	[illegible]	[illegible]	[illegible]	[illegible]	[illegible]	[illegible]，	[illegible]	[illegible]	[illegible]
tụ^{1}	ljịj^{2}	tụ^{1}	rjur^{1}	kiẹj^{2}	·u^{2}	ljịj^{2}	ljɨ̣^{2}	śja^{1}	rjijr^{2}	dźiã^{2}
千	大	千	世	界	含	大	地，	十	方	众
[illegible]、	[illegible]	[illegible]	[illegible]	[illegible]、	[illegible]	[illegible]	[illegible]	[illegible]	[illegible]	
tśhju^{1}	sji^{1}	śjị^{2}	śio̱w^{1}	do^{2}	mja^{1}	ŋjow^{2}	rjur^{1}	zjɨɨr^{2}	mej^{2}	
生、	草	木	五	谷、	河	海	诸	水	毛	

千大千世界含受土地，十方众生、草木五谷、诸水河海、毛发

12.23.3

[illegible]	[illegible]，	[illegible]	[illegible]	[illegible]	[illegible]	[illegible]，	[illegible]	[illegible]	[illegible]	[illegible]
bię̣j^{1}	zjịj^{1}	war^{2}	mji^{1}	bju^{1}	gjị^{2}	mjij^{1}	ŋowr^{2}	ŋowr^{2}	thja^{1}	bju^{1}
发	形，	靡	不	归	依	无，	一	切	其	依
[illegible]	[illegible]	[illegible]	[illegible]。	[illegible]	[illegible]	[illegible]	[illegible]，	[illegible]	[illegible]	
to^{2}	tha̱r^{1}	rjir^{1}	ljɨ^{1}	phji^{1}	mjij^{1}	dźiã^{2}	tsjij^{2}	·ji^{1}	·jiw^{1}	
出	现	得	也。	寂	意	菩	萨，	众	缘	

之形，靡①不苞之，一切咸仰而得生活②。如是，寂意，一切众缘，

12.23.4

[illegible]	[illegible]，	[illegible]	[illegible]	[illegible]	[illegible]	[illegible]	[illegible]	[illegible]	[illegible]，	[illegible]
ŋowr^{2}	ŋowr^{2}	zji^{2}	dźiã^{2}	tsjij^{2}	·jij^{1}	ne̱w^{2}	ɣjɨr^{1}	tśier^{1}	·ju^{2}	ŋwu^{2}
一	切，	皆	菩	萨	之	善	权	方	便，	以
[illegible]	[illegible]	[illegible]	[illegible]	[illegible]	[illegible]	[illegible]	[illegible]，	[illegible]	[illegible]	
zji^{2}	kha^{1}	phju^{2}	tsew^{2}	·ji^{1}	dźjɨ^{0}	mər^{2}	dźjij^{1}	ŋowr^{2}	ŋowr^{2}	
最	中	上	第	众	行	本	行，	一	切	

皆由菩萨善权方便，行最第一众行之英，

12.23.5

[illegible]	[illegible]	[illegible]。	[illegible]	[illegible]	[illegible]	[illegible]	[illegible]	[illegible]	[illegible]	[illegible]

① 西夏文本用“[illegible]”（物、财、货）对应“靡”。

② 一切咸仰而得生活，西夏文本译作“[illegible]”，字面意思为“一切依其出现也”。

sjịj^2 nji^2 ljɨ^1 dzjọ^1 sju^2 ·ji^1 tsə̣^{1} rjur^1 ·jwɨr^1 ·jij^1 kha^1

智 至 也。 犹 如 众 色 诸 形 貌 中

[illegible]

zji^2 ljɨɨr^1 ljịj^2 dju^1 dźiã^2 tsjij^2 tsjɨ^1 thja^1 sju^2 ne̱w^2

皆 四 大 有， 菩 萨 亦 如 是 善

至一切智。犹如众色诸形貌皆有四大,菩萨如是执权方便。

12.23.6

[illegible]

ɣjɨr^1 tśier^1 ·ju^2 bju^1 rjɨr^2 wji^1 dźjɨ^0 ·jiw^1 zji^2 tha^1 tśja^1

权 方 便 行 所 造 行 缘 皆 佛 道

[illegible]

njɨ^2 ljɨ^1 thjɨ^2 tja^1 thjij^2 sjo^2 dźiã^2 tśhju^1 ŋowr^2 ŋowr^2

至 也。 此 者 何 所？ 众 生 一 切

所造行缘皆至佛道。所以者何？一切众生

12.23.7

[illegible]

dźjar^2 dzwej^1 rjɨr^2 wji^1 njiij^1 lhjii^1 lej^2 mjij^1 dźiã^2 tsjij^2 thjɨ^2

罪 苦 所 为， 心 悔 改 无。 菩 萨 是

[illegible]

nioow^1 zji^1 mjii^1 po^1 lo^1 dzu^1 tow^1 dźjij^1 kie^1 po^1

缘 施 度 无 极 博 爱 行， 戒 度

所兴殃罪,为无反复。菩萨缘是行施度无极①,

12.24.1

[illegible]

po^1 lo^1 dzu^1 tow^1 śjɨj^1 ·jiw^2 tjij^1 dzjwo^2 tshjạ^1 mji^1 dow^1

无 极 博 爱 成 能。 若 人 瞋 闻 毒害

[illegible]

① 菩萨缘是行施度无极,西夏文本译作"菩萨缘是行施度无极博爱",多了"博爱"一词。

njiij^{1} śjwo^{1} dźiã^{2} tsjij^{2} tśhjɨ^{1} zjịj^{1} zeew^{2} po^{1} lo^{1}

心 怀， 菩 萨 于 时 忍 无 极

辄能具成戒度无极。若人瞋恚，心怀毒害，于时菩萨行忍度无极，

12.24.2

[illegible]

dzu^{1} tow^{1} dźjij^{1} khu^{1} dźjij^{1} po^{1} lo^{1} dzu^{1} tow^{1} śjɨj^{1} ·jiw^{2}

博 爱 行， 充 备 无 极 博 爱 成 就。

[illegible]

tjɨ^{1} tjij^{1} dźiã tśhju^{1} tsowr^{2} ŋewr^{1} twụ^{1} dźjiij^{1} njiij^{1} ɣjiw^{1}

如 若 众 生 愦 闹 处 住， 心 安

寻时充备进度无极。若见众生在于愦闹，不能安心，

12.24.3

[illegible]

mjɨ^{1} njwi^{2} ku^{1} thjɨ^{2} nioow^{1} dźiã^{2} tsjij^{2} śjã^{1} po^{1} lo^{1} dzu^{1}

不 能， 如 此 缘 菩 萨 禅度 无 极 博

[illegible]

tow^{1} dźjij^{1} sjịj^{2} po^{1} lo^{1} dzu^{1} tow^{1} śjɨj^{1} ·jiw^{2} tjɨ^{1}

爱 行， 智 度 无 极 博 爱 成。 如

缘是菩萨行禅度无极，忽以具成智度无极。

12.24.4

[illegible]

tjij^{1} dźiã^{2} tśhju^{1} rjur^{1} źjị^{1} njɨɨ^{2} na^{1} njaa^{1} kha^{1} dźjiij^{1} na^{1}

若 众 生 诸 烦 恼 蔽 冥 中 住， 冥

[illegible]

njaa^{1} ·jij^{1} phoo^{1} lew^{2} we^{2} ku^{1} thja^{2} ·jij^{1} ·ji^{1} tśjɨɨr^{2}

冥 之 蔽 当 成， 则 其 之 众 缚

若有众生存在诸蔽，立冥冥室窈昧之厄①，菩萨为断众缚

① 西夏文本少了“窈昧之厄”。

12.24.5

ɣię^2 lụ^2 ·ji^1 tśhiow^1 rer^2 zjịj^1 wji^1 tjɨ^1 tjij^1 dźiã^2 tśhju^1
罣 碍 众 结 网 断 为。 如 若 众 生

sjwɨj^1 ·jɨr^2 djọ^2 njwi^2 dźiã^2 tsjij^2 thja^2 ·jij^1 zjịj^1
业 勤 修 能， 菩 萨 其 之 著

罣碍众结之网。若有众生能勤修业，便为消除一切所著。

12.24.6

lew^2 ŋowr^2 ŋowr^2 dzjar^2 phji^1 tsjiir^1 ɣju^1 ·jɨr^1 mjijr^2 ljij^2 zjịj^1
所 一 切 消 除。 法 召 唤 者 见 时，

dzjwɨ̣^{1} lhejr^2 ·jow^2 śja^2 ·jij^1 dzjiij^2 kjɨ^1 neej^2 pjo^1 lha^1
稽 首 叹 之， 自 师 其 示； 诽 谤

有求咨嗟①，稽首叹之，示其自师；喜诽谤者，

12.24.7

dzu^1 mjijr^2 ·jij^1 śjij^1 wji^1 pjo^1 mji^1 śjwo^1 phji^1 tjij^1 ·jɨr^2
喜 者 之 顺 为 诽谤 不 起 令。 若 勤

dźjij^1 mjijr^2 ŋewr^2 mjij^1 tśjị^1 źjị^1 dju^1 ljij^2 zjịj^1 dźiã^2
行 者 数 无 苦 恼 有 见 时， 菩

亦随顺意，令不起心。若见勤苦被无数恼，菩萨则时为兴大哀；

12.25.1

tsjij^2 thjɨ^2 nioow^1 ljij^2 wjuu^1 njiij^1 śjwo^1 no^2 nej^2 dźjiij^1 mjijr^2

---

① 有求咨嗟，西夏文本译作“[illegible]”，字面意思为“见法召唤者时”。

萨 此 缘 大 哀 心 起; 安 乐 住 者

[illegible] [illegible], [illegible] [illegible] [illegible] [illegible] [illegible] [illegible] [illegible]。 [illegible]

ljij^{2} zjij^{1} ljij^{2} de^{2} śjwo^{1} ŋwu^{2} thja^{2} ·jij^{1} gjuu^{2} tjij^{1}

见 时, 大 悦 起 而 其 之 有。 若

见在安者,则以大悦而救摄之。

12.25.2

[illegible] [illegible] [illegible] [illegible] [illegible] [illegible] [illegible] [illegible] [illegible] [illegible] [illegible],

dźiã^{2} tsjij^{2} dzjɨj^{1} bju^{1} tjɨ^{1} tjij^{1} ləu ·jijr^{1} dzju^{1} dzjiij^{2} gie^{1}

菩 萨 时 依 如 若 刚 强 谓 化 导,

[illegible] [illegible] [illegible] [illegible] [illegible] [illegible] [illegible], [illegible] [illegible] [illegible]

dźiã^{2} tśhju^{1} ljij^{2} dzju^{1} dzjiij^{2} śio^{1} neej^{2} dwewr^{2} njiij^{1} śjwo^{1}

众 生 见 开 训 导 示, 觉 心 起

菩萨随时若见刚强难化之类,开训导示①,兴发觉意,见

12.25.3

[illegible] [illegible] [illegible] [illegible] [illegible] [illegible] [illegible]。 [illegible] [illegible] [illegible] [illegible]

phji^{1} ·wə̣^{1} nẹw^{2} dzjwo^{2} ·jij^{1} ljij^{2} zjij^{1} dźiã^{2} tsjij^{2} thja^{1} do^{2}

令 仁 和 心 之 见 时。 菩 萨 △ 于

[illegible] [illegible] [illegible] [illegible], [illegible] [illegible] [illegible] [illegible]。 [illegible] [illegible]

buu^{2} sjwɨj^{1} djọ^{2} dzjiij^{2} tśja^{1} njiij^{1} śjwo^{1} phji^{1} tjɨ^{1} tjij^{1}

至 业 修 治, 道 心 起 令。 如 若

仁和人。菩萨在彼修治至业,发起道心。若有

12.25.4

[illegible] [illegible] [illegible] [illegible] [illegible] [illegible], [illegible] [illegible] [illegible] [illegible] [illegible]

dźiã^{2} tśhju^{1} ɣwie^{1} ɣie^{1} bju^{1} gjị^{2} ku^{1} dźiã^{2} tsjij^{2} thja^{1} bju^{1}

众 生 势 力 归 依, 则 菩 萨 其 随

[illegible] [illegible], [illegible] [illegible] [illegible] [illegible] [illegible] [illegible]。 [illegible] [illegible]

dźju^{1} sjwij^{1} ·wụ^{2} ·wejr^{2} njiij^{1} gu^{1} śjwo^{1} ljạ tjɨ^{1} tjij^{1}

① 开训导示,西夏文本译作“开训导示众生”,多了“众生”二字。

显	兴，	护	佑	心	发	起	证。	如	若

众生力势，在缘菩萨则随兴显，将护证发意心。若有

12.25.5

[illegible]	[illegible]	[illegible]	[illegible]	[illegible]	[illegible]	[illegible]，	[illegible]	[illegible]	[illegible]	[illegible]
ɣie^{1}	mjijr^{2}	mjaa^{1}	tshja^{2}	sjwɨj^{1}	dźjɨ^{0}	dju^{1}	ku^{1}	dźiã^{2}	tsjij^{2}	tśhjɨ^{2}
力	士	果	报	业	行	有，	则	菩	萨	立
[illegible]	[illegible]	[illegible]	[illegible]	[illegible]，	[illegible]	[illegible]	[illegible]	[illegible]	[illegible]，	
rjar^{2}	ɣjiw^{1}	lhjwi^{1}	dzju^{1}	dzjiij^{2}	tśja^{1}	njiij^{1}	dźju^{1}	śjwo^{1}	phji^{1}	
便	摄	取	训	诲，	道	心	显	起	令，	

力士报应业行，菩萨寻顺摄取训诲，显起道意，

12.25.6

[illegible]	[illegible]	[illegible]	[illegible]	[illegible]	[illegible]	[illegible]	[illegible]。	[illegible]	[illegible]	[illegible]
thjɨ^{2}	tja^{1}	·jiw^{1}	bju^{1}	·jij^{1}	dzju^{2}	rjir^{1}	ŋwu^{2}	dźiã^{2}	tsjij^{2}	śjij^{1}
是	者	缘	随	自	在	得	见。	菩	萨	顺
[illegible]	[illegible]	[illegible]	[illegible]	[illegible]	[illegible]	[illegible]	[illegible]	[illegible]	[illegible]，	
bju^{1}	nḛw^{2}	ɣjɨr^{1}	tśier^{1}	·ju^{2}	ŋwu^{2}	dźiã^{2}	tśhju^{1}	·jij^{1}	phie^{2}	
随	善	权	方	便	以	众	生	之	解脱，	

是曰随缘而得自在。菩萨随顺善权方便晓了众生①，

12.25.7

[illegible]	[illegible]	[illegible]	[illegible]	[illegible]	[illegible]	[illegible]	[illegible]	[illegible]，	[illegible]	[illegible]
neej^{2}	dzjɨj^{1}	bju^{1}	tsjiir^{1}	tshjiij^{1}	mjaa^{1}	tshja^{2}	ɣie^{1}	dźjiij^{1}	kjur^{2}	phji^{1}
示	时	应	法	宣	业	报应	力	住，	志	欲
[illegible]	[illegible]	[illegible]	[illegible]	[illegible]	[illegible]，	[illegible]	[illegible]	[illegible]	[illegible]，	
dzu^{1}	wer^{1}	phie^{2}	neej^{2}	phjo^{2}	kar^{2}	·jij^{1}	twụ^{1}	no^{2}	nḛw^{2}	
爱	慕	开	化	剖	判，	自	各	坦	然，	

应时宣法在报应力，志欲爱慕开化剖判，各使坦然，

① 菩萨随顺善权方便晓了众生，西夏文本译作“菩萨随顺善权方便晓了众生之解脱”，补充了“解脱”一词。

12.26.1

[illegible]	[illegible]	[illegible]	[illegible]	[illegible]	[illegible]，	[illegible]	[illegible]	[illegible]	[illegible]	[illegible]
ljij^{2}	tśja^{1}	śjɨj^{2}	źjɨr^{1}	·jɨr^{2}	dźjij^{1}	tho̱^{2}	na^{1}	mji^{1}	sji^{1}	wo^{2}
大	道	圣	慧	勤	进，	深	远	无	逮	义
[illegible]。	[illegible]	[illegible]	[illegible]	[illegible]	[illegible]	[illegible]	[illegible]	[illegible]	[illegible]	
tshjiij^{1}	dow^{1}	źjɨr^{1}	dźjiij^{1}	mjijr^{2}	·jij^{1}	tśhja^{2}	ɣiej^{1}	tśja^{1}	wa̱^{2}	
谓。	侧	慧	住	者	之	至	真	道	因	

勤进大道圣慧，为论深远无逮之义。其存侧慧，广为敷演至真之道，

12.26.2

[illegible]，	[illegible]	[illegible]	[illegible]	[illegible]	[illegible]	[illegible]	[illegible]；	[illegible]	[illegible]	[illegible]
tshjiij^{1}	wji^{1}	mjiij^{2}	mjiij^{2}	thjɨ^{2}	tśja^{1}	·jiw^{1}	dźju^{1}	sjwij^{1}	gjwi^{2}	dzwəj^{1}
演，	为	渐	渐	斯	道	因	宣；	别	句	章
[illegible]	[illegible]，	[illegible]	[illegible]	[illegible]	[illegible]	[illegible]	[illegible]	[illegible]	[illegible]，	
tśjɨ^{1}	tsjij^{2}	·a^{0}	gjwi^{2}	tsjiir^{1}	ŋwu^{2}	tśhjɨ^{1}	zjij^{1}	źjɨr^{1}	tshjiij^{1}	
晓	悟，	一	句	法	以	若	干	慧	畅，	

渐为班宣示斯道因；解别章句，以一句法畅若干慧，

12.26.3

[illegible]	[illegible]	[illegible]	[illegible]	[illegible]	[illegible]	[illegible]	[illegible]	[illegible]	[illegible]	[illegible]
mjij^{1}	sej^{1}	ŋwe^{1}	mjijr^{2}	·jij^{1}	ŋowr^{2}	ŋowr^{2}	zji^{2}	bio̱^{1}	phjo^{2}	kar^{2}
寂	然	乐	者	之	一	切	皆	观	分	别
[illegible]	[illegible]。	[illegible]	[illegible]	[illegible]	[illegible]	[illegible]	[illegible]	[illegible]	[illegible]	
tshjiij^{1}	wji^{1}	bio̱^{1}	ŋwe^{1}	mjijr^{2}	·jij^{1}	bie^{2}	lhew^{2}	sã^{1}	mej^{2}	
谓	为。	观	好	者	之	解	脱	三	昧	

乐寂然者因为分别，普观一切。好于观者，以观解脱三昧

12.26.4

[illegible]	[illegible]	[illegible]	[illegible]，	[illegible]	[illegible]	[illegible]	[illegible]	[illegible]	[illegible]	[illegible]
djɨj^{2}	phji^{1}	bio̱^{1}	ŋwu^{2}	tśhjwɨj^{1}	kie^{1}	phie^{2}	tshjiij^{1}	sji^{1}	dźjwa^{1}	mji^{1}
定	令	观	以，	禁	戒	讲	说	究	竟	不

[illegible]。	[illegible]	[illegible]	[illegible]、	[illegible]	[illegible]、	[illegible]	[illegible]	[illegible]	[illegible]，
dju^{1}	nioow^{1}	djị^{1}	·jɨj^{2}	śjụ^{1}	·ju^{1}	sju^{2}	dzju^{2}	tshjiij^{1}	wji^{1}
有。	复	地	狱、	饿	鬼、	畜	生	宣	讲，

定意，讲说禁戒不可究竟。复为宣讲地狱、饿鬼、畜生，

12.26.5

[illegible]	[illegible]	[illegible]	[illegible]，	[illegible]	[illegible]	[illegible]	[illegible]	[illegible]	[illegible]	[illegible]，
tsjiir^{1}	mji^{1}	nioow^{1}	ku^{1}	mji^{1}	·ju^{2}	gjuu^{2}	·wejr^{2}	mjij^{1}	dạ^{2}	tsjij^{2}
法	闻	因	以，	无	常	救	护	无	有	解，
[illegible]	[illegible]	[illegible]	[illegible]。	[illegible]	[illegible]	[illegible]	[illegible]	[illegible]	[illegible]	
tśja^{1}	kjụ^{1}	·wejr^{2}	phji^{1}	tjɨ^{1}	tjij^{1}	djɨj^{2}	phji^{1}	mjijr^{2}	·jij^{1}	
道	求	护	使。	如	若	定	意	者	之	

以闻其法，为解无常无救护事，使求道护。若有定意，

12.26.6

[illegible]	[illegible]	[illegible]	[illegible]	[illegible]	[illegible]	[illegible]。	[illegible]	[illegible]	[illegible]	[illegible]
źjɨr^{1}	po^{1}	lo^{1}	dzu^{1}	tow^{1}	tshjiij^{1}	wji^{1}	mjij^{1}	sej^{1}	twụ^{1}	dźjiij^{1}
慧	无	极	博	爱	论	为。	寂	然	处	住
[illegible]	[illegible]，	[illegible]	[illegible]	[illegible]	[illegible]	[illegible]	[illegible]	[illegible]。	[illegible]	
dzu^{1}	mjijr^{2}	dzju^{1}	dzjiij^{2}	ljụ^{2}	ljaa^{2}	njiij^{1}	sej^{1}	phji^{1}	lhə^{0}	
慕	者，	化	导	身	口	心	静	能。	足	

为论慧度。慕在闲居者，因行化之，静身口心。

12.26.7

[illegible]	[illegible]，	[illegible]	[illegible]	[illegible]	[illegible]	[illegible]	[illegible]	[illegible]。	[illegible]	[illegible]
nwə^{1}	mjijr^{2}	sjịj^{2}	tśhji^{2}	mee^{2}	śjɨj^{2}	sjwɨj^{1}	dźju^{1}	sjwij^{1}	·jij^{1}	bjij^{1}
知	者，	智	根	圣	贤	业	显	发。	自	大
[illegible]	[illegible]	[illegible]	[illegible]	[illegible]	[illegible]	[illegible]	[illegible]	[illegible]	[illegible]。	[illegible]
wẹ^{1}	lə^{2}	mjijr^{2}	·jij^{1}	·jɨr^{2}	ɣiew^{1}	rejr^{2}	mji^{1}	tshjiij^{1}	wji^{1}	lẹj^{2}
愚	冥	者	之	勤	学	博	闻	宣	为，	好

知限足者，显发智根圣贤之业。在于自大愚冥之思，当为宣布勤学博闻。①

12.27.1

[illegible]	[illegible]	[illegible]	[illegible]	[illegible]	[illegible]	[illegible]	[illegible]	[illegible]	[illegible]	[illegible]。
kiej^2	dzu^1	mjijr^2	·jij^1	mji^1	sej^1	mji^1	gjịj^1	ɣie^2	dạ^2	neej^2
贪	欲	者	之	不	净	无	利	益	事	示。
[illegible]	[illegible]	[illegible]	[illegible]	[illegible]	[illegible]	[illegible]	[illegible]	[illegible]	[illegible]	
tshjạ^1	kwow^2	dzu^1	mjijr^2	·jij^1	pjwɨɨr^1	ŋwu^2	njij^2	njiij^1	gu^1	
瞋	恚	喜	者	之	劝	以	慈	心	发	

好贪欲者，示其不净无益之患。喜于瞋恚，劝发慈心，

12.27.2

[illegible]，	[illegible]	[illegible]	[illegible]	[illegible]。	[illegible]	[illegible]	[illegible]	[illegible]	[illegible]	[illegible]
śjwo^1	tśjụ^1	njiij^1	mjij^1	phji^1	thja^1	wẹ^1	lə^2	mjijr^2	·jij^1	ɣạ^2
起，	害	心	不	怀。	此	愚	惑	者	之	十
[illegible]	[illegible]	[illegible]	[illegible]	[illegible]	[illegible]	[illegible]	[illegible]。	[illegible]	[illegible]	
njɨɨ^1	nioow^1	śjwo^1	mə^2	wee^1	tsjiir^1	tshjiij^1	wji^1	njiij^1	tśjɨ^1	
二	缘	起	死	生	法	谓	为。	心	解	

不怀厄害。若存愚惑，显化其心②，十二缘起生死之法。

12.27.3

[illegible]	[illegible]	[illegible]	[illegible]	[illegible]	[illegible]	[illegible]	[illegible]、	[illegible]、	[illegible]、	[illegible]
tsjij^2	phji^1	zji^2	dźjij^2	mjijr^2	·jij^1	mji^1	·ju^2	tśjị^1	ŋa^1	ŋa^2
悟	令	皆	有	者	之	无	常、	苦、	空、	我
[illegible]	[illegible]	[illegible]。	[illegible]	[illegible]	[illegible]	[illegible]	[illegible]	[illegible]	[illegible]。	
mjij^1	tshjiij^1	wji^1	tsə̣^{1}	kiej^2	dzu^1	mjijr^2	·jij^1	mji^1	sej^1	
非	谓	为。	色	欲	喜	者	之	不	净。	

其存等分③，为演无常、苦、空、非身。勤志色欲，各化不净。

① 在于自大愚冥之思，当为宣布勤学博闻，西夏文本译作“自大愚冥者，当为宣布勤学博闻”。

② 若存愚惑，显化其心，西夏文本译作“此谓愚惑者之十二缘起生死之法”，少了“显化其心”。

③ 其存等分，西夏文本译作“皆有解悟心”。

12.27.4

[illegible]	[illegible]。	[illegible]	[illegible]	[illegible]	[illegible]	[illegible]	[illegible]	[illegible]	[illegible]	[illegible]
tshjiij^{1}	wji^{1}	·wə̣^{1}	nẹw^{2}	njiij^{1}	mjij^{1}	sjwɨ^{1}	sjiij^{2}	njwi^{2}	mjijr^{2}	·jij^{1}
谓	为。	仁	慈	心	无	愚	冥	能	者	之
[illegible]	[illegible]	[illegible]	[illegible]	[illegible]。	[illegible]	[illegible]	[illegible]	[illegible],		
mjɨ^{2}	·jiw^{1}	dạ^{2}	tshjiij^{1}	wji^{1}	rjur^{1}	ljij^{2}	śjwo^{1}	mjijr^{2}		
瑕秽	缘	事	谓	为。	诸	见	作	者,		

仁慈至无,解愚冥者,为诲瑕秽缘起事。或作诸见,

12.27.5

[illegible]	[illegible]	[illegible]	[illegible]	[illegible]	[illegible]	[illegible]	[illegible]	[illegible]	[illegible]	[illegible]
·jij^{1}	ŋa^{1}	mjij^{1}	źjɨr^{1}	tsjij^{2}	phji^{1}	tjị^{1}	śjwo^{1}	dzu^{1}	mjijr^{2}	·jij^{1}
之	空	无	慧	了	令	愿	起	喜	者	之
[illegible]	[illegible]	[illegible]	[illegible];	[illegible]	[illegible]	[illegible]	[illegible]	[illegible]	[illegible]	
tjị^{1}	mjij^{1}	tshjiij^{1}	wji^{1}	rjur^{1}	ɣja^{2}	phie^{2}	tshjiij^{1}	rjur^{1}	ŋur^{1}	
愿	无	谓	为;	诸	盖	训	慕	诸	阴	

因其决了空无之慧;其怀希望,演无想行;志存要誓,训以无愿①。训慕诸盖,剖析诸阴,

12.27.6

[illegible]	[illegible],	[illegible]	[illegible]	[illegible]	[illegible]	[illegible]	[illegible]	[illegible]	[illegible]。	[illegible]
phjo^{2}	kar^{2}	sjiij^{2}	wjị^{1}	djiij^{1}	sju^{2}	tshọ^{2}	dź-^{0}	mji^{1}	źjɨr^{1}	rjur^{1}
区	分,	想	幻	化	如	虚	伪	不	真。	诸
[illegible]	[illegible]	[illegible]	[illegible]	[illegible]	[illegible]	[illegible]	[illegible]	[illegible]	[illegible],	
kiẹj^{2}	zow^{2}	zjịj^{1}	mjijr^{2}	·jij^{1}	ljiɨr^{1}	ljịj^{2}	ɣạ^{2}	·jar^{1}	kiẹj^{2}	
贪	持	著	者	之	四	大	十	八	界,	

想如幻化,虚伪不真。贪著诸种,为了四大、十八诸种②,

12.27.7

[illegible]	[illegible]	[illegible]	[illegible]	[illegible]	[illegible]	[illegible]	[illegible]	[illegible]	[illegible]。	[illegible]

① 西夏文本缺少“志存要誓,训以无愿”。

② 西夏文本用“[illegible]”(界)对应汉文中的“诸种”。

rər^{2} dzjɨj^{1} wjɨ^{2} sju^{2} dźjịj^{1} swew^{1} bju^{1} śja^{2} tshjiij^{1} wji^{1} rjur^{1}

形 影 犹 如 行 照 依 现 谓 为。 诸

[illegible]

do^{2} zow^{2} mjijr^{2} ·jij^{1} rjur^{1} do^{2} ·u^{2} djɨr^{2} ɣạ^{2} njɨɨ^{1}

入 持 者 之 诸 入， 内 外 十 二

犹如形影行照而现。其倚衰入，讲说诸入①，内外十二

12.28.1

[illegible]

zji^{2} ŋa^{2} njaa^{2} mjiij^{1} gu^{2} dạ^{2} sju^{2} ·a^{0} me^{2} tjị^{2} zjịj^{1}

皆 我 非， 梦 中 事 犹 △ 睡 觉 时

[illegible]

śjɨ^{1} tjị^{2} mjɨ^{1} dạ^{2}

往 处 迷 惑。

皆非我有，犹梦所睹觉不知处。

汉文本

舍无益宜故。缘念众哉，逮致便御不退转法故。缘施与哉，心以住在不舍众生故。缘禁戒哉，具足所愿故。缘念天哉，心以存立备悉功德一生补处故。缘身行哉，逮致佛身故。缘口言哉，心以住在致佛言教诸经典故。缘其心哉，心以存立获乎佛意故。缘有为哉，心以住在积功累德具足自剋故。缘无为哉，心以住在圣慧具足故。

"如是，寂意，不以无缘化至道乘，皆由缘心得至佛道，导一切智。若有菩萨，皆由缘故导一切智，是为菩萨善权方便，皆由见诸法，悉怀来导。犹如三千大千世界含受土地，十方众生、草木五谷、诸水河海、毛发之形，靡不苞之，一切咸仰而得生活。如是，寂意，一切众缘，皆由菩萨善权方便，行最第一众行之英，至一切智。犹如众色诸形貌皆有四大，菩萨如是执权方便，所造行缘皆至佛道。所以者何？一切众生所兴殃罪，为无反复。菩萨缘是行施度无极，辄能具成戒度无极。若人瞋恚，心怀毒害，于时菩萨行忍度无极，寻时充备进度无极。若见众生在于愦闹，不能安心，缘是菩萨行禅度无极，忽以具成智度无极。若有众生存在诸蔽，立冥冥室窈昧之厄，菩萨为断众缚罣碍众结之网。若有众生能勤修业，便为消除一切所著。有求咨嗟，稽首叹之，示其自师；喜诽谤者，亦随顺意，令不起心。若见勤苦被无数恼，菩萨则时为兴大哀；见在安者，则以大悦而救摄之。菩萨随时若见刚强难化之类，开训导示，兴发觉意，见仁和人。菩萨在彼修治至业，发起道心。若有众生力势，在缘菩萨则随兴显，将护证发意心。若有力士报应业行，菩萨寻顺摄取训诲，显起道意，是曰随缘而得自在。菩萨随顺善权方便晓了

① 其倚衰入，讲说诸入，西夏文本译作"[illegible]"，字面意思为"持诸入者之诸入"。

众生,应时宣法在报应力,志欲爱慕开(示教)化剖判,各使坦然,勤进大道圣慧,为论深远无逮之义。其存侧慧,广为敷演至真之道,渐为班宣示斯道因;解别章句,以一句法畅若干慧,乐寂然者因为分别,普观一切。好于观者,以观解脱三昧定意,讲说禁戒不可究竟。复为宣讲地狱、饿鬼、畜生,以闻其法,为解无常无救护事,使求道护。若有定意,为论慧度。慕在闲居者,因行化之,静身口心。知限足者,显发智根圣贤之业。在于自大愚冥之思,当为宣布勤学博闻。好贪欲者,示其不净无益之患。喜于瞋恚,劝发慈心,不怀厄害。若存愚惑,显化其心,十二缘起生死之法。其存等分,为演无常、苦、空、非身。勤志色欲,各化不净。仁慈至无,解愚冥者,为诲瑕秽缘起事。或作诸见,因其决了空无之慧;其怀希望,演无想行;志存要誓,训以无愿。训慕诸盖,剖析诸阴,想如幻化,虚伪不真。贪著诸种,为了四大、十八诸种,犹如形影行照而现。其倚衰入,讲说诸入,内外十二皆非我有,犹梦所睹觉不知处。

12.28.1

[illegible]	[illegible]	[illegible]	[illegible]	[illegible]	[illegible]
kiẹj^2	kiẹj^2	bju^1	mjijr^2	·jij^1	khjɨ^2
欲	界	依	者	之	万

其依欲界,

12.28.2

[illegible]	[illegible]	[illegible]	[illegible]	[illegible]	[illegible]	[illegible]	[illegible]	[illegible]	[illegible]	[illegible]。
war^2	ŋowr^2	ŋowr^2	zji^2	mji^1	·ju^2	ŋwu^2	phjo^2	kar^2	tshjiij^1	wji^1
物	一	切	皆	无	常	是	分	别	畅	说。
[illegible]	[illegible]	[illegible]	[illegible]	[illegible]	[illegible]	[illegible]	[illegible]	[illegible]	[illegible]	
tsə̣^{1}	kiẹj^2	·jiij^1	mjijr^2	·jij^1	dźiã^2	tśhju^1	ŋowr^2	ŋowr^2	·jij^1	
色	界	恃	者	之	众	生	一	切	之	

为人分别畅说一切万物皆归无常。若恃色界,敷演一切众行

12.28.3

[illegible]	[illegible]	[illegible]	[illegible]	[illegible]	[illegible]	[illegible]	[illegible]。	[illegible]	[illegible]	[illegible]
dźjɨ^0	zji^2	tśjị^1	źjị^1	tśhji^2	ŋwu^2	tshjiij^1	wji^1	tsə̣^{1}	mjij^1	kiẹj^2
行	皆	苦	恼	根	是	说	为。	色	无	界
[illegible]	[illegible]	[illegible]	[illegible]	[illegible]	[illegible]	[illegible]	[illegible]	[illegible]	[illegible]	
bju^1	mjijr^2	·jij^1	rjur^1	tsjiir^1	ŋowr^2	ŋowr^2	zji^2	nja^2	ŋa^2	
依	者	之	诸	法	一	切	皆	吾	我	

悉苦恼根。设怙无色界,宣布道教,一切诸法而无吾我。

12.28.4

[illegible]	[illegible]	[illegible]	[illegible]	[illegible]。	[illegible]	[illegible]	[illegible]	[illegible]	[illegible]	[illegible]
mjij^{1}	tśja^{1}	tsjiir^{1}	tshjiij^{1}	wji^{1}	dzju^{1}	dzjiij^{2}	gie^{1}	dzjwo^{2}	·jij^{1}	·ju^{2}
无	道	法	宣	布。	教	化	难	人	之	常
[illegible]	[illegible]	[illegible]	[illegible]	[illegible]	[illegible]。	[illegible]	[illegible]	[illegible]	[illegible]	
mee^{2}	śjɨj^{2}	tsjiir^{1}	·jɨr^{2}	djọ^{2}	phji^{1}	no^{2}	nej^{2}	dzjiij^{2}	ljɨ^{2}	
贤	圣	法	勤	修	令。	安	乐	化	易	

难化之人，常令勤习贤圣之法。易安化者，

12.28.5

[illegible]	[illegible]	[illegible]	[illegible]	[illegible]	[illegible]	[illegible]。	[illegible]	[illegible]	[illegible]	[illegible]
mjijr^{2}	zji^{2}	buu^{2}	ŋwuu^{1}	dạ^{2}	phie^{2}	neej^{2}	dzjwo^{2}	mə^{1}	dzu^{1}	mjijr^{2}
者	极	胜	言	辞	开	示。	人	天	爱	者
[illegible]	[illegible]	[illegible]，	[illegible]	[illegible]	[illegible]	[illegible]	[illegible]	[illegible]。	[illegible]	
·jij^{1}	kie^{1}	tjij^{1}	gji^{1}	sej^{1}	ror^{2}	mjij^{1}	·jow^{2}	śja^{2}	ɣiẹ^{2}	
之	戒	品，	清	净	垢	无	咨	嗟。	声	

当为开示无极之辞。志存天人，欲往心慊，咨嗟戒品清净无垢①。

12.28.6

[illegible]	[illegible]	[illegible]	[illegible]	[illegible]	[illegible]	[illegible]	[illegible]	[illegible]	[illegible]	[illegible]
mji^{1}	·ụ^{2}	tsjiir^{1}	dzu^{1}	mjijr^{2}	·jij^{1}	tśjị^{1}	śio̱^{1}	dzjar^{2}	tśja^{1}	ljɨɨr^{1}
闻	乘	法	乐	者	之	苦	尽	灭	道	四
[illegible]	[illegible]	[illegible]	[illegible]	[illegible]	[illegible]	[illegible]	[illegible]	[illegible]	[illegible]	
dźjar^{2}	tsjiir^{1}	neej^{2}	io̱^{1}	dwewr^{2}	·ụ^{2}	dzu^{1}	mjijr^{2}	·jij^{1}	ɣạ^{2}	
谛	法	示	缘	觉	乘	慕	者	之	十	

乐声闻乘，指示四谛苦习尽道。若慕缘觉乘，则为开示十

12.28.7

[illegible]	[illegible]	[illegible]	[illegible]	[illegible]	[illegible]	[illegible]	[illegible]	[illegible]。	[illegible]	[illegible]
njɨɨ^{1}	nioow^{1}	śjwo^{1}	lə^{2}	ŋwu^{2}	mər^{2}	we^{2}	phie^{2}	tshjiij^{1}	ljịj^{2}	·ụ^{2}

① 此句西夏文本译作“志存天人，咨嗟戒品清净无垢”，少了“欲往心慊”。

二 缘 起 痴 以 本 为 开 示。 大 乘

[illegible]

sjwɨj¹ dwewr² mjijr² ·jij¹ tśhjiw¹ po¹ lo¹ dzu¹ tow¹ ljɨɨr¹

业 觉 者 之 六 无 极 博 爱 四

二缘起以痴为本。觉大乘业,因其流布六度无极、四等四恩

12.29.1

[illegible]

mjɨ¹ pjụ¹ ljɨɨr¹ ljị² kjɨ¹ neej² ɣu¹ njiij¹ śjwo¹ mjijr² thja²

无 价 四 恩 训 导。 初 心 发 者, 其

[illegible]

·jij¹ tsjiir² bio̱¹ phie² neej² dzju¹ dzjiij² ·ji¹ dźjɨ⁰ zji²

之 性 观 开 示 训 喻, 众 行 皆

而训导之。初发心者,观其志性而训喻之,

12.29.2

[illegible]

ŋowr² mə² wee¹ mji¹ dwər¹ ŋjir¹ mjij¹ dạ² neej² mji¹ lhjii¹

全 死 生 不 厌, 难 无 事 示 不 转

[illegible]

lhjwo¹ phji¹ mji¹ lhjii¹ lhjwo¹ mjijr² ·jij¹ tha¹ lhjịj² gji¹

退 令。 不 转 退 者 之 佛 土 清

备悉众行不厌生死,示以无难令立不转。为不退转者,因分别说

12.29.3

[illegible]

sej¹ phjo² kar² lew¹ wee¹ tśięj² twẹ¹ dźiã² tsjij² ljij² mjijr²

净 争 别。 一 生 补 处 菩 萨 大 人

[illegible]

·jij¹ tśhja² ɣiej¹ tha¹ phu² lhejr² lhjoor¹ dźju¹ neej² ljɨ¹

之 至 真 佛 树 道 场 显 示 也。

佛土清净。一生补处菩萨大人,显示至真佛树道场。

12.29.4

[illegible]	[illegible]	[illegible]	[illegible],	[illegible]	[illegible]	[illegible]	[illegible]	[illegible]	[illegible]	[illegible]
phji^{1}	mjij^{1}	dźiã^{2}	tsjij^{2}	tjɨ^{1}	tjij^{1}	dźiã^{2}	tsjij^{2}	·jij^{1}	dzju^{2}	lhjụ^{2}
寂	意	菩	萨,	如	若	菩	萨	自	在	逮
[illegible],	[illegible]	[illegible]	[illegible]	[illegible]	[illegible]	[illegible]	[illegible]	[illegible]	[illegible]	
rjir^{1}	·jiw^{1}	bju^{1}	dzju^{1}	dzjiij^{2}	rjɨr^{2}	tshjiij^{1}	tśja^{1}	tsjiir^{1}	dźjar^{2}	
得,	缘	从	化	导	所	宣	道	法	罪	

如是,寂意,若有菩萨逮得自在,从其缘化所宣道法无有罪衅,

12.29.5

[illegible]	[illegible]	[illegible],	[illegible]	[illegible]①	[illegible]	[illegible]	[illegible]	[illegible]	[illegible]	[illegible]
dzwej^{1}	mji^{1}	dju^{1}	thjoo^{1}	śjwi̱^{2}	ŋwuu^{1}	dạ^{2}	ŋwu^{2}	dźiã^{2}	tśhju^{1}	·jij^{1}
衅	不	有,	善	言	言	辞	以	众	生	之
[illegible]	[illegible]	[illegible]	[illegible]。”	[illegible]	[illegible]	[illegible]	[illegible],	[illegible]	[illegible]	
njiij^{1}	ljɨ̣j	phji^{1}	njwi^{2}	thjɨ^{2}	dạ^{2}	tshjiij^{1}	zjọ^{2}	·a^{0}	khjɨ^{2}	
欢	喜	令	能。”	此	说	语	时,	一	万	

以善言辞可悦众生。”说是语时,有一万人

12.29.6

[illegible]	[illegible]	[illegible]	[illegible]	[illegible]	[illegible]	[illegible]	[illegible]	[illegible],	[illegible]	[illegible]
dzjwo^{2}	zji^{2}	phju^{2}	tśhja^{2}	ɣiej^{1}	tśja^{1}	njiij^{1}	·a^{0}	śjwo^{1}	ŋwə^{1}	·jir^{2}
人	无	上	正	真	道	心	△	发,	五	百
[illegible]	[illegible]	[illegible]	[illegible]	[illegible]	[illegible]	[illegible]	[illegible]。	[illegible],	[illegible]	
dźiã^{2}	tsjij^{2}	zji^{2}	wee^{1}	mjij^{1}	tsjiir^{1}	zeew^{2}	rjir^{2}	dzjɨj^{1}	·ji^{1}	
菩	萨	皆	生	无	法	妨	得。	时,	众	

发无上正真道意,五百菩萨皆悉逮得无所从生法忍。时,

12.29.7

[illegible]	[illegible]	[illegible]	[illegible]	[illegible]	[illegible]	[illegible]	[illegible]	[illegible]	[illegible]:	“[illegible]
ljwu^{2}	kha^{1}	rjur^{1}	dźiã^{2}	tsjij^{2}	njɨ^{2}	·jij^{1}	twụ^{1}	ljɨr^{2}	wji^{1}	dwu̱^{2}

① [illegible](妙、懿、美)[illegible](调、和),此处对“善言”,有雅颂之意,与“[illegible][illegible]”(雅颂)相似。

会 中 诸 菩 萨 等 各 自 心 为:“密

[illegible] [illegible] [illegible] [illegible] [illegible], [illegible] [illegible] [illegible] [illegible] [illegible]

rjar^{2} kię^{1} dźja^{2} ɣie^{1} mjijr^{2} zji̠w^{1} dju^{1} zji̠j^{1} zji^{2} phju^{2}

迹 金 刚 力 士, 久 远 时 无 上

彼众会有诸菩萨各心念言:“密迹金刚力士,久如当逮无上

12.30.1

[illegible] [illegible] [illegible] [illegible], [illegible] [illegible] [illegible] [illegible]? [illegible] [illegible] [illegible]

tśhja^{2} ɣiej^{1} tśja^{1} lhjụ^{2} tśhja^{2} ka^{1} dwewr^{2} śjɨj^{1} tha^{1} tśja^{1} lhjụ^{2}

正 真 道 逮, 正 等 觉 成? 佛 道 得

[illegible] [illegible] [illegible] [illegible]? [illegible] [illegible] [illegible] [illegible] [illegible]

zji̠j^{1} mjiij^{2} wa^{2} sju^{2} thja^{1} tha^{1} lhjij^{2} ·u^{2} lju̠^{2}

时 号 何 如? 其 佛 国 中 严

正真之道,为最正觉?得佛道时,所号为何?其佛国土,严净

12.30.2

[illegible] [illegible] [illegible] [illegible] [illegible]? [illegible] [illegible] [illegible] [illegible] [illegible] [illegible]

sej^{1} tśhja^{2} ·ioow^{1} thjij^{2} sjo^{2} rjur^{1} dźiã^{2} tsjij^{2} ·ji^{1} ·jij^{1} thjij^{2}

净 功 勋 何 云? 诸 菩 萨 众 之 何

[illegible] [illegible] [illegible] [illegible]?” [illegible] [illegible], [illegible] [illegible] [illegible] [illegible]

sjo^{2} śjɨj^{1} ·jiw^{2} ·jaa tśhjɨ^{1} zjọ^{2} rjur^{1} pjụ^{1} rjur^{1} dźiã^{2}

云 成 就 也?” 尔 时, 世 尊 诸 菩

功勋,为何等类?诸菩萨众成就云何?”尔时,世尊知众菩萨

12.30.3

[illegible] [illegible] [illegible] [illegible] [illegible] [illegible] [illegible], [illegible] [illegible] [illegible] [illegible]。

tsjij^{2} ·ji^{1} njiij^{1} khju^{1} ljɨr^{2} tja^{1} dwewr^{2} tśhjɨ^{2} rjar^{2} zjɨɨr^{1} djiij^{1}

萨 众 心 下 念 者 觉, 立 便 即 笑。

[illegible] [illegible] [illegible] [illegible] [illegible] [illegible] [illegible] [illegible] [illegible] [illegible]

mjɨ^{1} pjụ^{1} ŋewr^{2} rjir^{2} ·jir^{2} tụ^{1} bji^{1} swew^{1} tha^{1} ljaa^{2}

无 央 数 亿 百 千 光 明 佛 口

心念本末,寻时即笑。无央数亿百千光明从佛口出,

12.30.4

·u^{2}	wjɨ^{2}	to^{2}	śja^{1}	rjijr^{2}	bju^{2}	mjij^{1}	rjur^{1}	kię^{2}	ɣa^{2}	zji^{2}
中	△	出，	十	方	限	无	世	界	△	皆
swew^{1}	be^{2}	lhjịj^{2}	bji^{1}	t-	ljiij^{2}	mjii^{1}	pjụ^{2}	·jwɨɨ^{1}	tha^{1}	
照，	日	月	光	蔽，	魔	宫	殿	盖；	佛	

照于十方无限世界，蔽日月光，盖魔宫殿；

12.30.5

bji^{1}	·jị^{2}	ljɨɨ^{1}	tha^{1}	·jij^{1}	ŋewr^{2}	mjij^{1}	dźjow^{1}	ror^{2}	tśjiw^{2}	tśhjaa^{1}
光	还	报	佛	之	数	无	匝	绕，	顶	上
kjɨ^{1}	·o^{2}	dzjɨj^{1}	phji^{1}	mjij^{1}	dźiã^{2}	tsjij^{2}	dzuu^{2}	tjị^{2}	·a^{0}	
从	入。	时	寂	意	菩	萨	坐	处	△	

光还绕佛无央数匝，从顶上入。时，寂意菩萨即从坐起，

12.30.6

wor^{1}	zjɨ̣^{1}	wạ^{1}	pha^{1}	gjwi^{2}	lạ^{1}	dzjwɨ̣^{1}	pjạ^{1}	phjoo^{2}	tha^{1}	·jij^{1}
起，	左	肩	右	衣，	叉	手	合	掌	佛	之
tśja^{1}	tshwew^{1}	ljaa^{1}	ŋwu^{2}	tha^{1}	·jow^{2}	djiij^{1}	·jiw^{1}	dja^{2}	·jɨr	
敬	礼，	偈	以	佛	颂，	笑	意	△	问：	

偏出右臂，叉手礼佛，以偈叹佛，而问笑意：

12.30.7

“	①[1]									
ljwụ^{1}	ljwụ^{1}	kię^{1}	tshjɨj^{2}	sju^{2}	thjoo^{1}	bji^{1}	·ji^{1}	ror^{2}	ka^{2}	phji^{1}

① （西夏字），意思为“坦”，音 ljwụ^{1}，叠词可译为“巍巍”。

“巍	巍	金	紫	犹	妙	光	众	垢	舍	意
mjij1	sej1	no2	dźjiij1	be2	ŋa1	gu2	·o1	sju2		
寂	然	坚	住	日	空	在	虚	如		

巍巍犹紫金,妙光舍众垢。意寂然①坚住,如日在虚空。

12.31.1

thja1	bji1	ljij2	swew1	wejr1	rjur1	na1	njaa1	zji2	go2	thjɨ2
其	光	大	明	盛	诸	幽	冥	悉	消	今
wjɨ	dźju1	śja2	·jiw1	dzjwo2	kha1	pjụ1	tshjiij1	nja2		
所	以	显	现	人	中	尊	宣	之		

其光大盛明,悉消诸幽冥,今所以显现,人中尊宣之。

12.31.2

mjij1	sej1	wją1	sej1	sju2	njaa1	njaa1	kha1	wjɨ2	to2	tśhji2
惔	怕	莲	花	如	淤	泥	中	生	立	茎
ką2	zjɨɨr2	kha1	dzjiw1	śio2	dźjo1	ror2	tśior1	mjij1		
根	水	中	立	稍	长	垢	秽	无		

惔怕如莲花,生立淤泥中。其茎根在水,稍长无垢秽。

12.31.3

lji2	ŋạ2	rjur1	rjur1	mẹ1	phji1	ljɨr2	gjij1	njij2	wạ2
功	勋	甚	馨	香	意	念	转	广	远
lew1	no2	dźjiij1	nẹ1	tshjiij1	wa2	nioow1	zjɨɨr1	djiij1	śja2

① 寂然,西夏文本译作“寂静”([Tangut])。

唯	安	住	说	之	何	故	而	欣	然

功勋甚馨香，意念转广远，唯安住说之，何故而欣然？

12.31.4

[illegible]	[illegible]	[illegible]	[illegible]	[illegible]	[illegible]	[illegible]	[illegible]	[illegible]	[illegible]
njiij^{1}	phji^{1}	źjɨr^{1}	no^{2}	nej^{2}	mjij^{1}	sej^{1}	nioow^{1}	·wə̱^{1}	lhjii^{1}
心	意	慧	永	安	寂	然	以	柔	和
[illegible]	[illegible]	[illegible]	[illegible]	[illegible]	[illegible]	[illegible]	[illegible]	[illegible]	[illegible]
njij^{2}	śjow^{1}	njɨɨ^{2}	njɨɨ^{2}	ljij^{1}	·ji^{1}	ror^{2}	tśior^{1}	dźjwi^{1}	dzjar^{2}
慈	愍	日	增	益	众	垢	秽	消	除

其意慧永安，寂然以柔和，慈愍日增益，消除众垢秽。

12.31.5

[illegible]	[illegible]	[illegible]	[illegible]	[illegible]	[illegible]	[illegible]	[illegible]	[illegible]	[illegible]
sjij^{2}	źjɨr^{1}	bji^{1}	swew^{1}	ŋwu^{2}	rjur^{1}	na^{1}	njaa^{1}	zji^{2}	go^{2}
智	慧	光	明	以	诸	暗	冥	蠲	去
[illegible]	[illegible]	[illegible]	[illegible]	[illegible]	[illegible]	[illegible]	[illegible]	[illegible]	[illegible]
no^{2}	dźjiij^{1}	wją^{1}	sej^{1}	sju^{2}	·ji^{1}	·jiw^{2}	ljɨj^{1}	phjɨ^{1}	dźjɨɨr^{1}
安	住	莲	花	如	众	狐	疑	弃	舍

以智慧光明，蠲去诸暗冥，安住如莲花，弃舍众狐疑。

12.31.6

[illegible]	[illegible]	[illegible]	[illegible]	[illegible]	[illegible]	[illegible]	[illegible]	[illegible]	[illegible]
wjuu^{1}	lhu^{1}	lhejr^{2}	lhjoor^{1}	djọ^{2}	śjij^{1}	dźjij^{1}	·jij^{1}	dzju^{2}	rjir^{1}
如	哀	道	场	修	奉	行	自	在	得
[illegible]	[illegible]	[illegible]	[illegible]	[illegible]	[illegible]	[illegible]	[illegible]	[illegible]	[illegible]
ljaa^{2}	·u^{2}	bji^{1}	swew^{1}	to^{2}	·ji^{1}	dzu^{1}	kiẹj^{2}	zjɨɨr^{2}	mjọ^{2}
口	面	光	明	演	众	爱	欲	干	竭

如哀修道场，奉行得自在，口面演光明，干竭众爱欲。

12.31.7

[illegible]	[illegible]	[illegible]	[illegible]	[illegible]	[illegible]	[illegible]	[illegible]	[illegible]	[illegible]

dźiã2 tśhju1 ·jij1 phie2 neej2 mej1 gji1 sej1 we2 phji1
众 生 之 开 化 眼 清 净 成 令
[illegible]
ta kjwir1 zji2 ŋwo2 ljiij2 ·ji1 lej2 ŋwo2 zji2 khjwɨ1
逆 贼 皆 住 消 众 瑕 疵 除 去

开化于众生，令其眼清净，安住消逆贼，除去众瑕疵。

12.32.1

[illegible]
mə2 wee1 mjij1 tśjɨ1 tsjij2 dźiã2 tśhju1 tsjiir2 dźjɨ0 bju1
死 生 无 晓 了 众 生 性 行 之
[illegible]
thja1 bju1 dwewr2 dzju1 dzjiij2 rjur1 mə1 rjur1 kha1 dzjwo2
所 有 以 觉 训 诸 天 世 间 人

晓了生死无，众生之性行，以训觉所有，诸天世间人。

12.32.2

[illegible]
ŋowr2 ŋowr2 zji2 ljwu2 dzjị2 ljij2 śjɨj2 njijr2 tśhjaa1 ·juu1
一 切 普 众 会 大 圣 颜 貌 观
[illegible]
sjij1 wjɨ2 śja2 djiij1 ·jiw1 lew1 tjị1 phjo2 kar2 tshjiij1
今 所 笑 现 义 唯 为 分 别 说

一切普众会，观大圣颜貌，今所笑现义，唯为分别说。

12.32.3

[illegible]
tha1 phji1 mjij1 dźiã2 tsjij2 ·jij1 ·jɨ1 nji2 dwụ2 rjar2 kię1
佛 寂 意 菩 萨 之 谓： “△ 密 迹 金
[illegible]
dźja2 ɣie1 mjijr2 ·jij1 ·a0 lji2 nja2 kụ2 dạ2 lji2
刚 力 士 之 △ 见 △？” 白 曰： “见

佛告寂意菩萨："见密迹金刚力士乎?"白曰:

12.32.4

[illegible]	[illegible]	[illegible]。"	[illegible]	[illegible]:	"[illegible]	[illegible]	[illegible]	[illegible]	[illegible]	[illegible]
ŋa2	rjur1	pjụ1	tha1	dạ2	thjɨ2	dwu̱2	rjar2	kiẹ1	dźja2	ɣie1
△	世	尊。"	佛	言:	"是	密	迹	金	刚	力
[illegible]	[illegible],	[illegible]	[illegible]	[illegible]	[illegible]	[illegible]	[illegible]	[illegible]	[illegible]	
mjijr2	tja1	śji1	mee2	kja2	rjur1	mjor1	ljịj2	·ji1	·jij1	
士	者,	已	贤	劫	诸	如	来	众	之	

"已见世尊。"佛言:"是密迹金刚力士,已当供养贤劫诸如来众,

12.32.5

[illegible]	[illegible]	[illegible]	[illegible]	[illegible]	[illegible],	[illegible]	[illegible]	[illegible]	[illegible],	[illegible]
kjụ1	tshwew1	tśhja2	tsjiir1	tśjụ1	·wejr2	nioow1	tsjɨ1	ɣiwej1	·jiij1	mjɨ1
供	养	正	经	将	护,	受	而	持	礼,	无
[illegible]	[illegible]	[illegible]	[illegible]	[illegible]	[illegible]	[illegible]	[illegible]。	[illegible]	[illegible]	
pjụ1	dźiã2	tśhju1	·jij1	tśja1	phie2	gjịj1	ɣie2	thja1	do2	
量	众	生	之	道	开	利	益。	其	处	

将护正经,受而持之,道利开益无量众生。

12.32.6

[illegible]	[illegible]	[illegible]	[illegible],	[illegible]	[illegible]	[illegible]	[illegible],	[illegible]	[illegible]	[illegible]
kạ1	bja2	mji1	mju2	tha1	lhjịj2	·u2	wee1	thjoo1	bieej1	rejr2
寿	终	不	动,	佛	土	中	生,	妙	快	乐
[illegible]	[illegible]	[illegible]	[illegible]	[illegible]	[illegible]	[illegible]。	[illegible]	[illegible]	[illegible]	
lhjịj2	thja1	lhjịj2	wee1	nioow1	mji1	mju2	mjor1	ljịj2	rjur1	
受	彼	土	生	又	不	动。	如	来	诸	

从是没已,生阿闵佛土,在妙乐世以生彼土。

12.32.7

[illegible]	[illegible]	[illegible]	[illegible]	[illegible]	[illegible]	[illegible]	[illegible],	[illegible]	[illegible]	[illegible]
dźiã2	tsjij2	·jij1	tụ1	·jar1	·jir2	tjịj2	tshjiij1	zji2	tśja1	wo2

菩	萨	之	千	八	百	印	宣，	皆	道	义
[illegible]	[illegible]	[illegible]。	[illegible]	[illegible]	[illegible]	[illegible]	[illegible]	[illegible]	[illegible]	
kha¹	·o²	phji¹	lja¹	wjij¹	dźjij¹	da̱²	tśhjɨ¹	mja¹	mji¹	
中	归	令，	往	返	行	游	△	而	不	

其阿闳佛，为诸菩萨宣千八百印，皆当逮是①，归于道义，往返周回。

汉文本

其依欲界，为人分别畅说一切万物皆归无常。若恃色界，敷演一切众行悉苦恼根。设怙无色界，宣布道教，一切诸法而无吾我。难化之人，常令勤习贤圣之法。易安化者，当为开示无极之辞。志存天人，欲往心慒，咨嗟戒品清净无垢。乐声闻乘，指示四谛苦习尽道。若慕缘觉乘，则为开示十二缘起以痴为本。觉大乘业，因其流布六度无极、四等四恩而训导之。初发心者，观其志性而训喻之，备悉众行不厌生死，示以无难令立不转。为不退转者，因分别说佛土清净。一生补处菩萨大人，显示至真佛树道场。如是，寂意，若有菩萨逮得自在，从其缘化所宣道法无有罪衅，以善言辞可悦众生。"

说是语时，有一万人发无上正真道意，五百菩萨皆悉逮得无所从生法忍。

时，彼众会有诸菩萨各心念言："密迹金刚力士，久如当逮无上正真之道，为最正觉？得佛道时，所号为何？其佛国土，严净功勋，为何等类？诸菩萨众成就云何？"

尔时，世尊知众菩萨心念本末，寻时即笑。无央数亿百千光明从佛口出，照于十方无限世界，蔽日月光，盖魔宫殿；光还绕佛无央数匝，从顶上入。

时，寂意菩萨即从坐起，偏出右臂，叉手礼佛，以偈叹佛，而问笑意：

"巍巍犹紫金，妙光舍众垢，
意寂然坚住，如日在虚空。
其光大盛明，悉消诸幽冥，
今所以显现，人中尊宣之。
惔怕如莲华，生立淤泥中，
其茎根在水，稍长无垢秽。
功勋甚馨香，意念转广远，
唯安住说之，何故而欣然？
其意慧永安，寂然以柔和，
慈愍日增益，消除众垢秽。
以智慧光明，蠲去诸暗冥，
安住如莲华，弃舍众狐疑。
加哀修道场，奉行得自在，
口面演光明，干竭众爱欲。
开化于众生，令其眼清净，

① 西夏文本少了"皆当逮是"。

安住消逆贼，除去众瑕疵。

晓了生死无，众生之性行，

以训觉所有，诸天世间人。

一切普众会，观大圣颜貌，

今所笑现义，唯为分别说。”

佛告寂意菩萨：“见密迹金刚力士乎？”

白曰：“已见世尊。”

佛言：“是密迹金刚力士，已当供养贤劫诸如来众，将护正经，受而持之，道利开益无量众生。从是没已，生阿閦佛土，在妙乐世以生彼土。其阿閦佛，为诸菩萨宣千八百印，皆当逮是，归于道义，往返周回。

12.33.1

[illegible]	[illegible]	[illegible]	[illegible]	[illegible]	[illegible]	[illegible]，	[illegible]	[illegible]	[illegible]	[illegible]
pjụ^{1}	tjị^{2}	ŋewr^{2}	mjij^{1}	rjur^{1}	tha^{1}	ljij^{2}	bju^{1}	tjị^{1}	dzjwɨ̣^{1}	lhejr^{2}
计	可	数	无	诸	佛	是，	依	归	稽	首
[illegible]	[illegible]	[illegible]	[illegible]。	[illegible]	[illegible]	[illegible]	[illegible]，	[illegible]	[illegible]	
sej^{1}	xiwã^{1}	dźjɨ^{0}	djọ^{2}	thja^{2}	·jij^{1}	nioow^{1}	rjijr^{2}	thja^{1}	kja^{2}	
净	梵	行	修。	然	后	来	世，	此	劫	

然后来世，见不可计无数如来，稽首自归，净修梵行。然后来世①，

12.33.2

[illegible]	[illegible]	[illegible]	[illegible]	[illegible]	[illegible]，	[illegible]	[illegible]	[illegible]	[illegible]	[illegible]
ŋewr^{2}	zar^{2}	tśhja^{2}	mər^{2}	dụ^{1}	dzjị^{2}	zji^{2}	phju^{2}	tśhja^{2}	ɣiej^{1}	tśja^{1}
数	过	德	本	积	累，	无	上	正	真	道
[illegible]	[illegible]	[illegible]	[illegible]	[illegible]，	[illegible]	[illegible]	[illegible]	[illegible]	[illegible]，	
lhjụ^{2}	tśhja^{2}	ka^{1}	dwewr^{2}	śjɨj^{1}	mjiij^{2}	tja^{1}	kię^{1}	dźja^{2}	bji^{2}	
逮	正	等	觉	成，	号	者	金	刚	步	

过此劫数积累德本，逮致无上正真之道，成最正觉，以得至佛，号金刚步，

12.33.3

[illegible]	[illegible]	[illegible]	[illegible]，	[illegible]	[illegible]、	[illegible]	[illegible]、	[illegible]	[illegible]	[illegible]、
rjur^{1}	kha^{1}	to^{2}	śja^{2}	mjor^{1}	ljịj^{2}	bju^{1}	wo^{2}	tśhja^{2}	ka^{1}	dwewr^{2}

① 西夏文本少了“然后来世”。

世 中 出 现， 如 来、 至 真、 正 等 觉、

[illegible]

swew^{1} dźjɨ^{0} io̤^{1} sə^{1} ne̱w^{2} bjiij^{2} rjur^{1} kha^{1} tsjij^{2} goor^{1}

明 行 成、 为 善 逝、 世 间 解、 夫

出现于世，如来、至真、等正觉、明行成、为善逝、世间解、

12.33.4

[illegible]

kiej ·jij^{1} rjur^{1} ·jar^{2} zji^{2} phju^{2} mjijr^{2} mee dzjwo^{2} dzjiij^{2} tha^{1}

道 之 法 御、 无 上 士、 天 人 师， 佛

[illegible]

rjur^{1} pju̱^{1} rjur^{1} kie̱j^{2} mjiij^{2} tja^{1} njɨ^{2} sej^{1} kja^{2} mjiij^{2}

世 尊。 世 界 名 者 普 净， 劫 曰

无上士、道法御、天人师、号佛世尊①。世界曰普净，劫曰

12.33.5

[illegible]

lju̱^{2} sej^{1} phji^{1} mjij^{1} dźiā^{2} tsjij^{2} nioow^{1} thja^{1} njɨ^{2} sej^{1} rjur^{1}

严 净。" "寂 意 菩 萨， 又 其 普 净 世

[illegible]

kie̱j^{2} ·u^{2} thjoo^{1} ŋa̱^{2} no^{2} nej^{2} wer^{1} rjijr^{2} śjij^{1} ŋa̱^{2}

界 聚 神 妙 安 稳 丰 乐 丰 炽，

严净。""又彼寂意，普净世界神妙丰炽安隐，五谷卒贱，自然无价②；

12.33.6

[illegible]

sjij^{2} ·ju^{2} wejr^{1} lji̱j^{1} mə^{1} dzjwo^{2} rejr^{2} zjij^{2} thja^{1} tha^{1} lhji̱j^{2}

庶 民 滋 盛， 天 人 甚 多； 其 佛 土

---

① 这里的"如来""至真""等正觉""明行成""为善逝""世间解""无上士""道法御""天人师""佛世尊"分别与西夏文"[illegible]""[illegible]""[illegible]""[illegible]""[illegible]""[illegible]""[illegible]""[illegible]""[illegible]""[illegible]"对应，此为佛的十种尊号。"等正觉"，又作"正遍知"，西夏文"[illegible]"，当与"正遍知"对应；"明行圆满"，汉文本作"明行足"。又称明行、明行程、明善行等。梵文 vidyā caraṇa saṃpanna，谓通达了解过去、现在、未来三世，修一切善行而具足者。(荻原云来：《汉译对照.梵和大辞典》，1979 年，第 1215 页)

② 西夏文本翻译时省略了"五谷卒贱，自然无价"。

sju^{2}	kię^{1}	ŋwo^{2}	niaa^{2}	ɣjɨ̣^{1}	zjɨɨr^{2}	nji^{2}	lew^{2}	njịj^{1}	nji^{2}
如	金、	银、	琉	璃、	水	精、	砗	磲、	玛

众民滋盛，天人甚多；合以七宝，金、银、琉璃①、水精、砗磲、

12.33.7

kjɨ^{1}	śiwə^{1}	khiwə^{1}	nji^{2}	ɣiej^{1}	njɨ^{2}	śja̱^{1}	ljɨ̣^{1}	ŋwu^{2}	śjɨj^{1}	·jar^{1}
瑙、	珊	瑚、	珠	真	等	七	宝	以	成；	八
tśja^{1}	lhejr^{2}	wjij^{2}	tśhja^{2}	djij^{1}	pja̱^{1}	sju^{2}	thja^{1}	ljɨ̣^{2}	·wə̱^{1}	
交	道	有	平	等	掌	若；	其	地	柔	

玛瑙、珊瑚、真珠，以成佛土城；有八交道平等若掌；其地柔软

12.34.1

lhjii^{1}	mə^{1}	lhwu^{1}	wjɨ^{2}	sju^{2}	lhwu^{1}	gjwi^{2}	tjị^{1}	dzji^{2}	mjii^{1}	pjụ^{2}
软②	天	衣	△	如；	被	服、	食	饮、	宫	殿、
kjɨɨr^{2}	·jịj^{2}	·io̱	bo^{1}	dzjiw^{1}	dźiəj^{2}	ljɨ̣^{1}	ŋwu^{2}	śjwo^{2}	tshjịj^{2}	
屋	宅、	园	观、	浴	池、	宝	以	庄	严	

如天綩綖；如兜率天，被服、食饮、宫殿、屋宅、园观、浴池、校露

12.34.2

du^{1}	rjɨj^{2}	zji^{2}	la̱^{1}	śie^{1}	mə^{1}	mjii^{1}	wjɨ^{2}	sju^{2}	thja^{1}	tha^{1}
楼	阁，	皆	兜	率	天	宫	犹	如，	其	佛
lhjịj^{2}	io̱^{1}	·u^{2}	ljwụ^{1}	ljwụ^{1}	thjɨ^{2}	sju^{2}	rjur^{1}	mə^{1}	sjij^{2}	

① 琉璃，梵文作 Vaiḍūrya，玄应《音义》二十三曰："琉璃，吠琉璃也，亦云毗琉璃，又言鞞头梨。"（丁福保：《佛学大辞典》，1991 年，第 1592 页）

② 𗧓𗪛，字面意思是"柔软"，还与汉文本"调柔"对译。

国	土	中	巍	巍	如	是。	诸	天	庶

楼阁，其佛国土巍巍如是。诸天人

12.34.3

[illegible]	[illegible]	[illegible]	[illegible]	[illegible]	[illegible]	[illegible]	[illegible]	[illegible]，	[illegible]	[illegible]
·ju^{2}	mə^{1}	tshow^{1}	wjɨ̣^{1}	sju^{2}	thja^{1}	śjij^{1}	dźju^{1}	sjwij^{1}	mə^{2}	·jɨr^{2}
民	天	妓	乐	如	自	然	显	发，	诸	彩
[illegible]	[illegible]	[illegible]	[illegible]	[illegible]	[illegible]	[illegible]	[illegible]	[illegible]	[illegible]	
ljɨ^{1}	xjwɨj^{2}	thjoo^{1}	dźjow^{1}	ɣja^{2}	dzjiw^{1}	·ji^{1}	śja^{1}	ŋa̱^{2}	njwɨ̣	
幡	竖	好	幢	盖	叉	众	香	名	烧	

民自然显发，如天妓乐，悬诸彩幡，竖好幢盖，烧众名香。

12.34.4

[illegible]	[illegible]	[illegible]	[illegible]	[illegible]	[illegible]	[illegible]	[illegible]；	[illegible]	[illegible]	[illegible]
·ji^{1}	ljɨ^{1}	wja̱^{1}	dew^{2}	thja^{1}	lhjịj^{2}	zjir^{2}	lju^{2}	phju^{2}	tsho̱^{2}	ŋa^{1}
众	宝	花	雨	其	土	遍	散；	上	虚	空
[illegible]	[illegible]	[illegible]	[illegible]	[illegible]	[illegible]	[illegible]	[illegible]	[illegible]。	[illegible]	
gu^{2}	·ji^{1}	ɣja^{2}	gjwi^{2}	śjwi̱^{2}	tshow^{1}	wjɨ̣^{1}	bio^{1}	khjɨ̣^{2}	thja^{1}	
中	众	盖	和	雅	妓	乐	罗	列。	其	

雨宝众花遍散其土；上虚空中罗列众盖，和雅妓乐。

12.34.5

[illegible]	[illegible]	[illegible]	[illegible]	[illegible]	[illegible]	[illegible]	[illegible]	[illegible]。	[illegible]	[illegible]
tha^{1}	lhjịj^{2}	·u^{2}	niow^{2}	tshwew^{1}	so̱^{1}	tśjị^{1}	do^{1}	mjij^{1}	nioow^{1}	·jar^{1}
佛	国	中	恶	趣	三	苦	毒	无，	亦	八
[illegible]	[illegible]	[illegible]；	[illegible]	[illegible]	[illegible]	[illegible]，	[illegible]	[illegible]、	[illegible]	
ŋjir^{1}	tsjɨ^{1}	mjij^{1}	rjur^{1}	sjwɨj^{1}	ŋowr^{2}	ŋowr^{2}	lhwu^{1}	gjwi^{2}	tjị^{1}	
难	△	无；	诸	业	所	有，	被	服、	饮	

其佛国土无有恶趣三苦之毒，亦无八难不闲之处①；所有诸业，

① 西夏文本翻译时少了“不闲”二字。

12.34.6

[illegible]、	[illegible]	[illegible]、	[illegible]	[illegible]、	[illegible]	[illegible]	[illegible]	[illegible]	[illegible]，	[illegible]
dzji²	mjii¹	pjụ²	·io̱²	bo¹	ljɨ¹	ljuu²	tshjịj²	du¹	rjɨj²	zji²
食、	宫	殿、	园	观、	宝	庄	严	楼	阁，	皆
[illegible]	[illegible]	[illegible]	[illegible]	[illegible]	[illegible]	[illegible]，	[illegible]	[illegible]	[illegible]	
lạ¹	śie¹	mə¹	mjii¹	rjir²	·a⁰	tjɨj²	mji¹	do²	mə¹	
兜	率	天	宫	与	一	样，	不	别	天	

如兜率天，被服、饮食、宫殿、园观、校露楼阁等无有异，天人不别。

12.34.7

[illegible]。	[illegible]	[illegible]	[illegible]	[illegible]	[illegible]	[illegible]	[illegible]	[illegible]，	[illegible]	[illegible]
dzjwo²	rjur¹	mə¹	sjij²	·ju²	zji²	zji²	thjoo¹	dzu¹	tha¹	tśja¹
人。	诸	天	庶	民	皆	慕	微	妙，	佛	道
[illegible]	[illegible]。	[illegible]	[illegible]	[illegible]	[illegible]	[illegible]	[illegible]	[illegible]	[illegible]	
·jɨr²	kjụ¹	nioow¹	thja¹	tha¹	lhjịj²	·u²	njɨɨ¹	·ụ²	mji¹	
唯	志。	又	其	佛	土	中	二	乘	无	

诸天人民皆慕微妙，唯志佛道。又其佛土无有二乘，

12.35.1

[illegible]，	[illegible]	[illegible]、	[illegible]	[illegible]	[illegible]	[illegible]	[illegible]，	[illegible]	[illegible]	[illegible]
dju¹	ɣię²	mji¹	tjij¹	dwewr²	mjiij²	tsjɨ¹	mjij¹	rjur¹	dźiã²	tsjij²
有，	声	闻、	缘	觉	名	亦	无，	诸	菩	萨
[illegible]	[illegible]，	[illegible]	[illegible]	[illegible]	[illegible]	[illegible]	[illegible]	[illegible]	[illegible]	
dźjij¹	dźjiij¹	thja¹	mjor¹	ljịj²	pjụ¹	mji¹	lhjii¹	lhjwo¹	dźiã²	
有	住，	其	如	来	尊	不	退	转	菩	

无有声闻、缘觉之名，纯诸菩萨，其如来尊宣不退转菩

12.35.2

[illegible]	[illegible]	[illegible]	[illegible]	[illegible]。	[illegible]	[illegible]	[illegible]	[illegible]	[illegible]	[illegible]
tsjij²	ljịj²	tsjiir¹	nẹ¹	tshjiij¹	thja¹	kię¹	dźja²	bji²	rjur¹	pjụ¹
萨	大	法	宣	说。	其	金	刚	步	世	尊

[illegible]	[illegible]	[illegible]	[illegible]	[illegible]	[illegible]	[illegible]	[illegible]	[illegible]，	[illegible]
·jij^{1}	rjur^{1}	dźiã^{2}	tsjij^{2}	·ji^{1}	pjụ^{1}	dza^{2}	tjɨ^{2}	mjij^{1}	tsew^{2}
之	菩	萨	晓	众	计	量	不	可，	限

萨大法。其金刚步世尊，诸菩萨众不可称计，

12.35.3

[illegible]	[illegible]	[illegible]，	[illegible]	[illegible]	[illegible]	[illegible]。	[illegible]	[illegible]	[illegible]	[illegible]
dza^{2}	mji^{1}	dju^{1}	rjir^{2}	·jir^{2}	tụ^{1}	bjụ^{2}	thja^{1}	tha^{1}	lhjịj^{2}	·u^{2}
量	无	能，	亿	百	千	载。	其	佛	国	中
[illegible]	[illegible]	[illegible]	[illegible]	[illegible]	[illegible]，	[illegible]	[illegible]	[illegible]	[illegible]	
tsjiir^{2}	niow^{2}	zjị^{1}	sew^{1}	dźjɨ^{0}	mjij^{1}	kie^{1}	pjo^{1}	dow^{1}	ljij^{2}	
性	恶	疽	嫉	行	无，	毁	戒	邪	见	

无能限量，亿百千载。其佛国土无有恶性疽嫉之行，无有毁戒

12.35.4

[illegible]	[illegible]	[illegible]	[illegible]	[illegible]。	[illegible]	[illegible]	[illegible]	[illegible]	[illegible]	[illegible]
kha^{1}	ljɨ^{1}	mjijr^{2}	tsjɨ^{1}	mjij^{1}	thja^{1}	lhjịj^{2}	iọ^{1}	dzjwo^{2}	to^{2}	zji^{2}
中	堕	者	亦	无。	此	国	土	人	皆	至
[illegible]	[illegible]，	[illegible]	[illegible]	[illegible]	[illegible]，	[illegible]	[illegible]	[illegible]	[illegible]	
zji^{2}	dźjwa^{1}	tha^{1}	tsjiir^{1}	dzu^{1}	ŋwe^{1}	mə̱^{1}	ba^{1}	nioow^{1}	·o̱^{2}	
究	竟，	佛	法	好	慕，	盲	聋	无	哑	

堕邪见者。此国土人皆至究竟，好慕佛法，无有盲聋、

12.35.5

[illegible]	[illegible]	[illegible]	[illegible]，	[illegible]	[illegible]	[illegible]	[illegible]，	[illegible]	[illegible]	[illegible]
tśiwəj^{1}	·o^{1}	mjijr^{2}	mjij^{1}	tsjiir^{2}	rjar^{1}	·wə̱^{1}	lhjii^{1}	zji^{2}	njɨɨ^{1}	ɣạ^{2}
驼	有	者	无，	性	行	和	雅，	悉	二	十
[illegible]	[illegible]	[illegible]	[illegible]	[illegible]	[illegible]。”	“[illegible]	[illegible]	[illegible]	[illegible]	
·jar^{1}	·jij^{1}	ljụ^{2}	ɣa^{2}	ljuu^{2}	tshjij^{2}	nioow^{1}	thja^{1}	mjor^{1}	ljij^{2}	
八	相	身	上	庄	严。”	“又	其	如	来	

喑哑、瘻瘇，性行和雅，悉二十八相庄严其身。”“又其如来

12.35.6

[illegible] [illegible] [illegible] [illegible] [illegible] [illegible] [illegible] [illegible] [illegible], [illegible] [illegible]

rjur^{1} kha^{1} to^{2} zji^{2} zjọ^{2} tsew^{2} ·jar^{1} kja^{2} ljɨ^{2} thja^{1} rjur^{1}

世 中 皆 悉 寿 第 八 世 时, 其 诸

[illegible] [illegible] [illegible] [illegible] [illegible] [illegible], [illegible] [illegible] [illegible] [illegible]

dzjwo^{2} njɨ^{2} kạ^{1} bja^{2} ·jij^{1} zjij^{1} mjor^{1} ljij^{2} tśhja^{2} dwewr^{2}

人 等 寿终 临 欲 时, 如 来 至 真

现在世时,寿八小劫。其诸天人临欲寿终,如来至真

12.35.7

[illegible] [illegible] [illegible] [illegible], [illegible] [illegible] [illegible] [illegible], [illegible] [illegible] [illegible]

thjoo^{1} tsjiir^{1} tshjiij^{1} wji^{1} ljụ^{2} bji^{1} swew^{1} wjạ^{2} sọ^{1} tụ^{1} ljij^{2}

妙 法 讲 为, 身 光 明 演, 三 千 大

[illegible] [illegible] [illegible] [illegible] [illegible]。 [illegible] [illegible] [illegible] [illegible] [illegible]

tụ^{1} rjur^{1} kiẹj^{2} zji^{2} swew^{1} dzjɨj^{1} rjur^{1} dzjwo^{2} mə^{1} thja^{1}

千 世 界 皆 照。 时 诸 人 天 斯

常为讲法,演身光明,皆照三千大千世界。时诸天人

12.36.1

[illegible] [illegible] [illegible] [illegible], [illegible] [illegible] [illegible] [illegible], [illegible] [illegible] [illegible]

bji^{1} swew^{1} rjir^{2} ber^{2} ji^{1} ·jɨw^{2} zji^{2} zjij^{1} tsjiir^{1} ·jow^{2} tha^{1}

光 明 △ 蒙, 众 疑 悉 决, 法 叹 佛

[illegible], [illegible] [illegible] [illegible] [illegible]: ‘[illegible] [illegible] [illegible] [illegible] [illegible]

bju^{1} ·jij^{1} twụ^{1} ljɨr^{2} wji^{1} tha^{1} do^{2} lwər^{2} lhejr^{2} ɣju^{1}

随, 身 各 念 言: ‘佛 诣 经 典 咨

蒙斯光明,悉决众疑,叹法随佛,各心念言:‘当往诣佛

12.36.2

[illegible] [illegible] [illegible] [illegible]。’ [illegible] [illegible]① [illegible] [illegible] [illegible] [illegible] [illegible]

① [illegible][illegible],在文中出现近二十次,分别对应汉文本中“或有”“复有”。“[illegible]”,《夏汉字典》释为“或也”(李范文 1997,第 904 页);《文海》释为“或者物也,应实说者而未说,首见之谓也”。(史金波等 1983,第 488 页)文中二字叠用,常出现于两个或两个以上表示并列关系的小句句首,可视为表示并列关系的连接词。

lhjịj^{2} śjɨ^{1} nji^{2} ·jɨ^{1} tśhioow^{1} tśhioow^{1} ·jij^{1} mee^{2} ɣie^{1} ŋwu^{2} tha^{1}

受 往 当 谓。’ 或 者 已 神 足 以 佛

[illegible]

do^{2} rjɨr^{2} śji^{2} tśhioow^{1} tśhioow^{1} mjɨ^{1} ·jij^{1} ɣiew^{1} nioow^{1} tha^{1}

诣 所 往， 或 者 彼 之 学 缘 佛

咨受经典。’或以已身神足之力往诣佛所，或有学人

12.36.3

[illegible]

do^{2} rjɨr^{2} śji^{2} tha^{1} śjịj^{2} dạ^{2} lhjịj^{2} tha^{1} ŋa^{1} gu^{2} dźjiij^{1}

诣 所 往 佛 圣旨 谓 承。 佛 虚 中 住

[illegible]

bji^{2} bjij^{2} ·jir^{2} tụ^{1} śjạ^{1} tśhja̱^{2} zjịj^{1} thja^{1} rjur^{1} kięj^{2}

下 高 百 千 七 尺 若干， 其 世 界

承佛圣旨往诣佛所。佛住虚空去地百千仞，在其世界

12.36.4

[illegible]

kha^{1} ljɨɨr^{1} tśja^{1} lhejr^{2} ·u^{2} ljịj^{2} lu^{2} tśhjaa^{1} dzuu^{2} śja^{1} rjijr^{2}

中 四 衢 路 中 大 座 上 坐， 十 方

[illegible]

zji^{2} mji^{1} rjur^{1} mjor^{1} ljịj^{2} ·ji^{1} ljwu^{2} ŋowr^{2} ŋowr^{2} ·jij^{1} njiij^{1}

皆 闻 诸 如 来 众 会 一 切 之 心

于四衢路周一大座，告于十方可悦一切诸来众会以如来辞，

12.36.5

[illegible]

ljɨj śjwo^{1} phji^{1} mjor^{1} ljịj^{2} dạ^{2} ŋwu^{2} rjur^{1} dźiã^{2} tsjij^{2} ·jij^{1}

悦 起 令， 如 来 谓 以 诸 菩 萨 之

[illegible]

lwər^{2} lhejr^{2} tśja^{1} tshjiij^{1} lew^{1} ljịj^{2} ·ụ^{2} zji^{2} buu^{2} ljịj^{2}

经 典 道 演， 唯 大 乘 无 极 大

为诸菩萨敷演经道，唯宣大乘无极大道。

12.36.6

[illegible]	[illegible]	[illegible]。	[illegible]	[illegible]	[illegible]	[illegible]	[illegible]	[illegible]	[illegible]	[illegible]
tśja^1	nẹ^1	tshjiij^1	thja^1	tha^1	lhjịj^2	·u^2	·a^0	dzjwo^2	zjịj^1	rjur^1
道	宣	说。	其	佛	国	中	一	人	△	世
[illegible]	[illegible]	[illegible]	[illegible]	[illegible]	[illegible]	[illegible]，	[illegible]	[illegible]、	[illegible]	
pjụ^1	tsjiir^1	rjir^2	ljwu^1	nu^1	tja^1	mjij^1	pjo^1	tsjij^2	źier^1	
尊	法	△	违	逆	者	无，	诽	谤、	骂	

其佛国土无有一人违逆世尊教，亦无诽谤、

12.36.7

[illegible]、	[illegible]	[illegible]	[illegible]	[illegible]。	[illegible]	[illegible]	[illegible]	[illegible]	[illegible]	[illegible]
njɨɨ	njɨɨ	llha^1	mjijr^2	mjij^1	dźiã^2	tśhju^1	ŋowr^2	ŋowr^2	rjur^1	tśhji^2
詈、	毁	辱	者	无。	众	生	一	切	诸	根
[illegible]	[illegible]，	[illegible]	[illegible]	[illegible]	[illegible]	[illegible]。	[illegible]	[illegible]	[illegible]	
bju^1	dźja^2	thja^1	sjij^2	źjɨr^1	dźju^1	tsjij^2	pha^1	lhjịj^2	dzju^2	
明	利，	其	智	慧	通	达。	异	土	群	

骂詈、毁辱者。一切众生诸根明利，其慧通达。土无君王，

12.37.1

[illegible]，	[illegible]	[illegible]	[illegible]	[illegible]	[illegible]	[illegible]	[illegible]	[illegible]。	[illegible]	[illegible]
mjij^1	lew^1	tha^1	rjur^1	pjụ^1	tsjiir^1	mə^1	gjị^1	wji^1	thja^1	lhjịj^2
无，	唯	佛	世	尊	法	天	生	成。	其	土
[illegible]	[illegible]	[illegible]	[illegible]	[illegible]	[illegible]，	[illegible]	[illegible]	[illegible]，	[illegible]	[illegible]
sjij^2	·ju^2	nja^2	ŋa^2	mji^1	dju^1	sjwɨj^1	lhjịj^2	mjij^1	zji^2	lew^1
庶	民	吾	我	不	有，	业	受	无，	悉	唯

唯佛世尊以为法王。其土人民无有吾我，无受业处，悉

12.37.2

[illegible]	[illegible]	[illegible]	[illegible]	[illegible]	[illegible]	[illegible]	[illegible]	[illegible]	[illegible]	[illegible]。
ŋa^2	·jij^1	mjij^1	·jɨj^2	sju^2	ljɨ^2	rjar^1	wəə^1	mjijr^2	mji^1	dju^1

我 之 无 宅 △ 地 田 享 者 不 有。

[illegible] [illegible] [illegible] [illegible], [illegible] [illegible] [illegible] [illegible]。” “[illegible] [illegible]

rjur1 mə1 sjij2 ·ju2 to2 zji2 ·a0 tjɨj2 thja1 kiẹ1

诸 天 庶 民, 皆 悉 如 是。” “其 金

无我所,不主田宅。诸天人民,皆悉如是。”“其金

12.37.3

[illegible] [illegible] [illegible] [illegible] [illegible] [illegible] [illegible] [illegible] [illegible] [illegible] [illegible]

dźja2 bji2 mjor1 ljij2 tśhja2 ka1 dwewr2 tjị1 lhjij2 kięj2 ku1

刚 步 如 来 正 行 觉 食 受 欲 如

[illegible] [illegible] [illegible] [illegible] [illegible] [illegible], [illegible] [illegible] [illegible] [illegible]

dźiã2 tśhju1 ·jij1 njij2 śjow1 nioow1 lẹj2 ɣu1 rjijr2 zjij1

来 有 之 愍 伤 故, 宿 晡 △ 时

刚步如来至真,所欲受食,以愍伤故,先宿晡时

12.37.4

[illegible] [illegible] [illegible] [illegible]。 [illegible] [illegible] [illegible]' [illegible] [illegible] [illegible] [illegible]

tha1 ljụ2 ·jij1 śja2 lhwu1 gjwi2 pa2 ·jiij1 thja1 ɣa1 bju2

佛 身 相 现, 着 衣 钵 持 其 门 前

[illegible]。 [illegible] [illegible] [illegible] [illegible] [illegible] [illegible] [illegible] [illegible] [illegible]

·jar1 thja1 nji1 ljij2 ku1 tśhjɨ2 rjar2 ·a0 tsjij2 njiij1

立。 其 家 见 则 立 便 △ 知 心

现佛身像。着衣持钵住其门前。其家则知,便心念言:

12.37.5

[illegible] [illegible] [illegible]: ‘[illegible] [illegible] [illegible] [illegible] [illegible] [illegible] [illegible] [illegible]

khju1 ljɨr2 wji1 tha1 ŋa2 ·jij1 njij2 śjow1 thju2 tjị1 thji1

下 念 为: ‘佛 我 之 慈 悯 此 食 饮

[illegible] [illegible] [illegible] [illegible],’ [illegible] [illegible] [illegible] [illegible] [illegible] [illegible]

lja1 ·jij1 sji2 ·jɨ1 tśhjɨ2 rjar2 na1 khju1 lu2 dźjwi2

来 临 △ 谓,’ 立 便 夜 下 座 床

‘佛愍念我,欲就我食。’即夜庄严施设床座,

12.37.6

[illegible]	[illegible]	[illegible]	[illegible]	[illegible]	[illegible],	[illegible]	[illegible]	[illegible]	[illegible]	[illegible]
thu^{1}	phjij^{1}	gji^{1}	sej^{1}	ljuu^{2}	tshjịj^{2}	tjị^{1}	ljɨ̣j^{2}	dzji^{2}	ŋạ^{2}	mə^{2}
布	具	清	净	庄	严,	食	甘	味	美	若
[illegible]	[illegible]	[illegible]。	[illegible]	[illegible]	[illegible]	[illegible]	[illegible]	[illegible]	[illegible]	
mə^{2}	dzjɨ^{1}	djɨ^{2}	kụ^{1}	sjij^{1}	bjij^{2}	ɣa^{1}	xja^{1}	tjị^{1}	dzjɨj^{1}	
干	供	给。	后	今	旦	晨	即	食	时	

清净布具,甘美供膳若干种味。明旦早往,日时

12.37.7

[illegible]	[illegible],	[illegible]	[illegible]	[illegible]	[illegible]	[illegible]	[illegible]	[illegible]	[illegible]	[illegible],
tsew^{2}	zjịj^{1}	tha^{1}	·ji^{1}	rjir^{2}	śiə^{1}	śio^{1}	thja^{1}	nji^{1}	do^{2}	śjɨ^{1}
以	到,	佛	众	与	引	导	其	舍	处	往,
[illegible]	[illegible]	[illegible]	[illegible]	[illegible]	[illegible]	[illegible]	[illegible],	[illegible]	[illegible]	
tjị^{1}	dzji^{1}	dźjwa^{1}	nioow^{1}	khjɨ̱^{2}	lię^{1}	zjɨɨr^{2}	dźjịj^{1}	tha^{1}	mjii^{1}	
饮	食	毕	又	口	涤	水	行,	佛	施	

以到,佛与圣众往入其舍,饮食毕讫,行澡水竟,佛为施家

汉文本

然后来世,见不可计无数如来,稽首自归,净修梵行。然后来世,过此劫数积累德本,逮致无上正真之道,成最正觉,以得至佛,号金刚步,出现于世,如来、至真、等正觉、明行成、为善逝、世间解、无上士、道法御、天人师,号佛世尊。世界曰普净,劫曰严净。"

"又彼寂意,普净世界神妙丰炽安隐,五谷卒贱,自然无价;众民滋盛,天人甚多;合以七宝,金、银、琉璃、水精、砗磲、玛瑙、珊瑚、真珠,以成佛土城;有八交道平等若掌;其地柔软如天綩綖;如兜率天,被服、食饮、宫殿、屋宅、园观、浴池、校露、楼阁,其佛国土巍巍如是。诸天人民自然显发,如天妓乐,悬诸彩幡,竖好幢盖,烧众名香,雨宝众花遍散其土;上虚空中罗列众盖,和雅妓乐。其佛国土无有恶趣三苦之毒,亦无八难不闲之处;所有诸业,如兜率天,被服、饮食、宫殿、园观、校露、楼阁等无有异,天人不别。诸天人民皆慕微妙,唯志佛道。又其佛土无有二乘,无有声闻、缘觉之名,纯诸菩萨,其如来尊宣不退转菩萨大法。其金刚步世尊,诸菩萨众不可称计,无能限量,亿百千载。其佛国土无有恶性疸嫉之行,无有毁戒堕邪见者。此国土人皆至究竟,好慕佛法,无有盲聋、喑哑、瘘瘇,性行和雅,悉二十八相庄严其身。"

"又其如来现在世时,寿八小劫。其诸天人临欲寿终,如来至真常为讲法,演身光明,皆照三千大千世界。时诸天人蒙斯光明,悉决众疑,叹法随佛,各心念言:'当往诣佛咨受经典。'或以己身神足之

力往诣佛所,或有学人承佛圣旨往诣佛所。佛住虚空去地百千仞,在其世界于四衢路周一大座,告于十方可悦一切诸来众会以如来辞,为诸菩萨敷演经道,唯宣大乘无极大道。其佛国土无有一人违逆世尊教,亦无诽谤、骂詈、毁辱者。一切众生诸根明利,其慧通达。土无君王,唯佛世尊以为法王。其土人民无有吾我,无受业处,悉无我所,不主田宅。诸天人民,皆悉如是。"

"其金刚步如来至真,所欲受食,以愍伤故,先宿晡时现佛身像,着衣持钵住其门前。其家则知,便心念言:'佛愍念我,欲就我食。'即夜庄严施设床座,清净布具,甘美供膳若干种味。明旦早往,日时以到,佛与圣众往入其舍,饮食毕讫,行澡水竟,佛为施家随时说经。

12.38.1

[illegible]	[illegible]	[illegible]	[illegible]	[illegible]	[illegible]。	[illegible]	[illegible]	[illegible]	[illegible]	[illegible]
wə¹	·jij¹	dzjɨj¹	bju¹	tsjiir¹	tshjiij¹	thja¹	dzjwo²	mji¹	lhjii¹	lhjwo¹
家	之	随	时	经	说。	其	人	不	退	转
[illegible]	[illegible],	[illegible]	[illegible]	[illegible]	[illegible]	[illegible]	[illegible]	[illegible]。	[illegible]	
tsjiir¹	rjir¹	zji²	phju²	tśhja²	ɣiej¹	tśja¹	lhjụ²	phji¹	tsjiir¹	
法	逮,	无	上	正	真	道	逮	令。	法	

随时说经。其人逮得不退转法,当成无上正真道。

12.38.2

[illegible]	[illegible],	[illegible]	[illegible]	[illegible]	[illegible]	[illegible]	[illegible]	[illegible]	[illegible]	[illegible]。
tshjiij¹	dźjwa¹	nioow¹	dzuu²	tjị²	·a⁰	wor¹	·ji¹	mjii¹	·u²	śjɨ¹
说	讫,	又	坐	处	△	起	有	舍	中	往。
[illegible]	[illegible]	[illegible]	[illegible]	[illegible]	[illegible]	[illegible]	[illegible]	[illegible],	[illegible]	
tjij¹	tha¹	sej¹	kjɨɨr²	·u²	dzuu²	djị²	wji¹	zjij¹	dzjɨj¹	
若	佛	静	室	中	坐	宴	为	时,	时	

已乃为说讫,佛从坐起还归精舍。若佛宴坐在于静室,时

12.38.3

[illegible]	[illegible]	[illegible],	[illegible]	[illegible]	[illegible]	[illegible]	[illegible]	[illegible]	[illegible]	[illegible]
rjur¹	dźiã²	tsjij²	·jij¹	twụ¹	mər²	dźjɨ⁰	lhjụ²	rjir¹	sã¹	mej²
诸	菩	萨,	各	自	本	行	逮	午	三	昧
[illegible],	[illegible]	[illegible]	[illegible]	[illegible]。	[illegible]	[illegible]	[illegible]	[illegible],	[illegible]	
ŋwu²	·jij¹	gjịj¹	·jɨr²	djọ²	phji¹	mjij¹	dźiã²	tsjij²	thja¹	
是,	自	利	勤	修。	寂	意	菩	萨,	其	

诸菩萨，各从本行所逮三昧，而自修已。如是，寂意，其

12.38.4

[illegible]	[illegible]	[illegible]	[illegible]	[illegible]	[illegible]	[illegible]，	[illegible]	[illegible]	[illegible]	[illegible]
tha^{1}	rjur^{1}	pjụ^{1}	tśhja^{2}	·ioow^{1}	buu^{2}	thjoo^{1}	mjɨ^{1}	pjụ^{1}	ljwụ^{1}	ljwụ^{1}
佛	世	尊	德	功	胜	妙，	无	量	巍	巍
[illegible]	[illegible]	[illegible]	[illegible]。	[illegible]	[illegible]	[illegible]	[illegible]	[illegible]	[illegible]	
rjar^{1}	gjij^{1}	thjɨ^{2}	sju^{2}	lhjịj^{2}	iọ^{1}	tśhja^{2}	zjij^{2}	śjwo^{2}	tshjịj^{2}	
殊	特	如	是。	土	地	平	博	好	严	

佛世界功勋快善，无量巍巍殊特如是。土地严净，普平博好，

12.38.5

[illegible]，	[illegible]	[illegible]	[illegible]	[illegible]	[illegible]。”	[illegible]	[illegible]	[illegible]	[illegible]	[illegible]，
śjwo^{2}	ŋạ^{2}	pjụ^{1}	dza^{2}	tjị^{2}	mjij^{1}	tha^{1}	thjɨ^{2}	lwər^{2}	lhejr^{2}	tshjiij^{1}
净，	好	可	量	可	不。”	佛	此	法	典	说，
[illegible]	[illegible]	[illegible]	[illegible]	[illegible]	[illegible]	[illegible]	[illegible]	[illegible]，	[illegible]	
dwu̱^{2}	rjar^{2}	kię^{1}	dźja^{2}	ɣie^{1}	mjijr^{2}	·jij^{1}	la^{1}	zjọ^{2}	ljwu^{2}	
密	迹	金	刚	力	士	之	决	时，	会	

快不可量。”佛说是经法，授密迹金刚力士决时，应时会中

12.38.6

[illegible]	[illegible]	[illegible]	[illegible]，	[illegible]	[illegible]	[illegible]	[illegible]	[illegible]	[illegible]	[illegible]
kha^{1}	njɨɨ^{1}	khjɨ^{2}	dzjwo^{2}	zji^{2}	zji^{2}	phju^{2}	tśhja^{2}	ɣiej^{1}	tśja^{1}	njiij^{1}
中	二	万	人，	皆	无	上	正	真	道	意
[illegible]	[illegible]。	[illegible]	[illegible]	[illegible]	[illegible]	[illegible]	[illegible]	[illegible]	[illegible]：	
·a^{0}	śjwo^{1}	rjur^{1}	ljij^{2}	·ji^{1}	ljwu^{2}	·jij^{1}	twụ^{1}	ljɨr^{2}	wji^{1}	
△	发。	诸	来	众	会	各	各	心	念：	

二万人，皆发无上正真道意。诸来会者各各心念：

12.38.7

“[illegible]	[illegible]	[illegible]	[illegible]	[illegible]	[illegible]	[illegible]！”	[illegible]	[illegible]	[illegible]	[illegible]
zji^{2}	thja^{1}	tha^{1}	lhjịj^{2}	·u^{2}	wee^{1}	kięj^{2}	tha^{1}	tśhjɨ^{2}	rjar^{2}	kjɨ^{1}

"皆	其	佛	土	中	生	愿!"	佛	立	便	记
[illegible]:	"[illegible]	[illegible]	[illegible]	[illegible]	[illegible]	[illegible]	[illegible],	[illegible]	[illegible]	
la^{1}	kię^{1}	dźja^{2}	bji^{2}	tha^{1}	tśja^{1}	lhjų^{2}	zjij^{1}	rjur^{1}	ljij^{2}	
说:	"金	刚	步	佛	道	成	时,	诸	见	

"愿生其土!"佛即记说:"金刚步成佛道时,诸愿见者

12.39.1

[illegible]	[illegible]	[illegible]	[illegible]	[illegible]	[illegible]	[illegible]	[illegible]。	[illegible]	[illegible]	[illegible]
kięj^{2}	mjijr^{2}	zji^{2}	thja^{1}	tha^{1}	lhjij^{2}	·u^{2}	wee^{1}	thja^{1}	tha^{1}	thja^{2}
愿	者	皆	彼	佛	土	中	生。	其	佛	彼
[illegible]	[illegible]	[illegible]	[illegible]	[illegible],	[illegible]	[illegible]	[illegible]	[illegible]	[illegible]	
njɨ^{2}	·jij^{1}	zji^{2}	la^{1}	ɣiwej^{1}	kụ^{1}	zji^{2}	phju^{2}	tśhja^{2}	ɣiej^{1}	
等	之	皆	授	决,	后	无	上	正	真	

皆生彼土。其佛授决,亦皆当成无上正真之道,

12.39.2

[illegible]	[illegible]	[illegible]	[illegible]	[illegible]	[illegible]。"	[illegible]	[illegible],	[illegible]	[illegible]	[illegible]
tśja^{1}	lhjų^{2}	tśhja^{2}	ka^{1}	dwewr^{2}	śjɨj^{1}	tśhjɨ^{1}	zjọ^{2}	dwụ^{2}	rjar^{2}	kię^{1}
道	逮	正	等	觉	成。"	尔	时,	密	迹	金
[illegible]	[illegible]	[illegible],	[illegible]	[illegible]	[illegible]	[illegible]	[illegible],	[illegible]	[illegible]	
dźja^{2}	ɣie^{1}	mjijr^{2}	tha^{1}	do^{2}	la^{1}	ɣiwej^{1}	mji^{1}	nioow^{1}	njiij^{1}	
刚	力	士,	佛	处	授	决	闻,	又	心	

为最正觉。"尔时,密迹金刚力士,从佛闻斯所授决已,

12.39.3

[illegible]	[illegible]	[illegible]	[illegible]	[illegible]	[illegible]	[illegible]	[illegible]	[illegible]	[illegible]	[illegible]
ljɨ̣j	rjɨr^{2}	djiij^{2}	·jij^{1}	dja^{2}	zow^{2}	kię^{1}	dźja^{2}	ŋa^{1}	gu^{2}	bə^{1}
喜	乃	踊	跃	△	持	金	刚	虚	空	投
[illegible]。	[illegible]	[illegible]	[illegible]	[illegible]	[illegible]	[illegible]				
dźjwo^{2}	zjọ^{2}	sọ^{1}	tụ^{1}	ljij^{2}	tụ^{1}	tha^{1}				
掷。	时	三	千	大	千	佛				

欢喜踊跃,以持金刚投之虚空。适投空中,应时三千大千佛

12.39.4

[西夏字] [西夏字] [西夏字] [西夏字] [西夏字]， [西夏字] [西夏字] [西夏字] [西夏字]， [西夏字] [西夏字]

lhjịj^{2} tśhjiw^{1} mə^{2} saar^{2} mju^{2} bji^{1} śja^{1} rjijr^{2} swew^{1} mə^{1} ·ji^{1}

土 六 返 震 动， 光 十 方 照， 天 众

[西夏字] [西夏字] [西夏字] [西夏字] [西夏字] [西夏字]， [西夏字] [西夏字] [西夏字] [西夏字] [西夏字]

wjạ^{1} dew^{2} wjị^{1} sju^{2} me̱^{1} me^{2} mə^{2} bju^{1} tshow^{1} gju^{2} mji^{1}

花 雨 雪 如 纷 纷， 箜 篌 乐 器 不

土六返震动，光照十方，天雨众花纷纷如雪，箜篌乐器不

12.39.5

[西夏字] [西夏字] [西夏字]。 [西夏字] [西夏字] [西夏字] [西夏字] [西夏字] [西夏字] [西夏字] [西夏字]，

tsjụ^{1} ·jij^{1} ŋewr^{1} ·ji^{1} ljwu^{2} ŋowr^{2} ŋowr^{2} twụ^{1} tśier^{1} lạ^{1} dźjiij^{1}

鼓 自 鸣。 众 会 一 切 各 右 手 住，

[西夏字] [西夏字] [西夏字] [西夏字] [西夏字] [西夏字] [西夏字] [西夏字] [西夏字] [西夏字]

thja^{1} śjij^{1} wjạ^{1} śja^{1} dju^{1} tśhjɨ^{1} zjịj^{1} mə^{2} djịj^{1} dźjow^{1}

自 然 花 香 有 若 干 种 类 幢

鼓自鸣。一切众会各在右手，自然有花香若干种品，幢盖众饰

12.39.6

[西夏字] [西夏字] [西夏字] [西夏字] [西夏字] [西夏字] [西夏字]。 [西夏字] [西夏字]， [西夏字] [西夏字]

ljɨ̱^{1} ljuu^{2} tshjịj^{2} ·jij^{1} twụ^{1} zow^{2} dźjij^{1} tśhjɨ^{1} dzjɨj^{1} dwu̱^{2} rjar^{2}

幡 庄 严 各 自 持 行。 于 时， 密 迹

[西夏字] [西夏字] [西夏字] [西夏字]， [西夏字] [西夏字] [西夏字] [西夏字] [西夏字] [西夏字]

kię̣^{1} dźja^{2} ɣie^{1} mjijr^{2} ljɨ̣^{1} wjạ^{1} śja^{1} dźjow^{1} ɣja^{2} mə^{2}

金 刚 力 士， 宝 花 香 幢 盖 类

各执持行。于时，密迹金刚力士，以宝花香、幢盖、缯幡，

12.39.7

[西夏字] [西夏字] [西夏字] [西夏字] [西夏字] [西夏字] [西夏字]， [西夏字] [西夏字] [西夏字] [西夏字]：

·jɨr^{2} ljɨ̣^{1} zow^{2} tha^{1} ɣu^{1} mjiij dzjiw^{1} ljaa^{1} ŋwu^{2} tha^{1} ·jow^{2}

缯 幡 持。 佛 首 垂 叉， 偈 以 佛 叹：

周匝绕佛，以偈叹曰：

12.40.1

“[illegible]	[illegible]	[illegible]	[illegible]	[illegible]，	[illegible]	[illegible]	[illegible]	[illegible]	[illegible]。	[illegible]
wạ^{2}	tsjiir^{1}	zji^{2}	·jij^{1}	dzju^{2}	tsjiir^{1}	lhwu^{1}	sji^{1}	tjị^{2}	mjij^{1}	phjo^{2}
“广	法	普	自	在，	法	藏	尽	可	不。	分
[illegible]	[illegible]	[illegible]	[illegible]	[illegible]	[illegible]	[illegible]	[illegible]	[illegible]		
kar^{2}	tsjiir^{1}	dźju^{1}	tsjij^{2}	dźiã^{2}	tśhju^{1}	·jij^{1}	gjịj^{1}	ɣie^{2}		
别	法	晓	了	众	生	于	利	益		

“广法普自在，法藏不可尽，晓了分别法，导利益众生。

12.40.2

[illegible]	[illegible]	[illegible]	[illegible]	[illegible]	[illegible]	[illegible]	[illegible]	[illegible]	[illegible]	[illegible]
ŋa^{2}	·jij^{1}	wo^{2}	khjow^{1}	nioow^{1}	·ju^{2}	tsjiir^{1}	zji^{1}	mjii^{1}	dzu^{1}	tśhja^{2}
我	义	以	付	授	常	法	乐	以	施	正
[illegible]	[illegible]	[illegible]	[illegible]	[illegible]	[illegible]	[illegible]	[illegible]	[illegible]		
tsjiir^{1}	thjij^{2}	kjir^{2}	dźjij^{1}	tśja^{1}	dźjiij^{1}	·jij^{1}	bju^{1}	tjị^{1}		
法	极	奉	行	道	住	自	愿	归		

以付授我义，常乐以法施，极奉行正法，住道愿自归。

12.40.3

[illegible]	[illegible]	[illegible]	[illegible]	[illegible]	[illegible]	[illegible]	[illegible]	[illegible]	[illegible]	[illegible]
sjịj^{2}	źjɨr^{1}	gji^{1}	sej^{1}	njwi^{2}	rjɨr^{2}	dźjij^{1}	sjwɨj^{1}	dźju^{1}	tsjij^{2}	mjiij^{2}
智	慧	清	净	能	所	行	业	明	了	其
[illegible]	[illegible]	[illegible]	[illegible]	[illegible]	[illegible]	[illegible]	[illegible]	[illegible]		
dźjwow^{1}	sọ^{1}	zjọ^{2}	mji^{1}	tśhja^{2}	·ioow^{1}	po^{1}	lo^{1}	dzu^{1}		
名	三	世	闻	功	勋	无	极	度		

智慧能清净，明了所行业，其名闻三世，功勋度无极。

12.40.4

[illegible]	[illegible]	[illegible]	[illegible]	[illegible]	[illegible]	[illegible]	[illegible]	[illegible]	[illegible]	[illegible]
thja^{1}	sjịj^{2}	sọ^{1}	we^{2}	tsjij^{2}	dźjwu^{1}	njwi^{2}	zjịj^{1}	lew^{2}	mjij^{1}	·ji^{1}

其 智 三 处 通 能 仁 著 所 无 众

[illegible]

ɣię^{2} lụ^{2} dzjij^{1} nioow^{1} tśjị^{1} gjuu^{2} la^{2} tsjiir^{1} tshjiij^{1}

罣 碍 度 以 厄 济 班 宣 快

其智通三处，能仁无所著，以度众罣碍，班宣快济厄。

12.40.5

[illegible]

gji^{1} sej^{1} lhjij^{2} sej^{1} sju^{2} mjor^{1} la̱^{1} zji^{2} sej^{1} rur^{2} thjɨ^{2}

清 净 月 净 犹 颜 貌 甚 鲜 明 斯

[illegible]

bji^{1} khwa^{1} khwa^{1} swew^{1} be^{2} mə̱^{1} bji^{1} wjɨ^{2} sju^{2}

曜 极 远 照 日 火 光 喻 于

清净犹月净，颜貌甚鲜明，斯曜极远照，喻于日火光。

12.40.6

[illegible]

thja^{1} mə^{2} ɣię^{2} thjoo^{1} śjwi̱^{2} xiwã^{1} mə^{1} ɣię^{2} wjɨ^{2} sju^{2} ·ju^{2}

其 音 殊 妙 好 梵 天 和 声 喻 愍

[illegible]

njij^{2} śjow^{1} njiij^{1} śjwo^{1} dźiã^{2} tśhju^{1} ljɨ̣^{1} bju^{1} tjị^{1}

哀 宣 布 于 众 生 宝 稽 首

其音殊妙好，和声喻梵天，宣布于愍哀，稽首众生宝。

12.40.7

[illegible]

·jij^{1} ljụ^{2} kwər^{1} dźju^{1} sjwij^{1} wjị^{2} ŋwu^{2} ljụ^{2} kạ^{1} śja^{2} lew^{1}

自 其 身 显 现 示 有 形 寿 命 唯

[illegible]

tjị^{1} thjoo^{1} tsjiir^{1} nẹ^{1} ·jwɨr^{2} dji^{2} ɣię^{2} nẹ^{1} tshjiij^{1}

愿 班 法 宣 文 字 音 演 布

自显现其身，示有形寿命，唯愿班宣法，演布文字音。

12.41.1

[illegible]	[illegible]	[illegible]	[illegible]	[illegible]	[illegible]	[illegible]	[illegible]	[illegible]	[illegible]	[illegible]
lwər^{2}	lhejr^{2}	tsjiir^{1}	kjɨ^{1}	tshjiij^{1}	tsjiir	sjiij^{2}	tsjɨ^{1}	mji^{1}	dju^{1}	dźiã^{2}
经	典	法	虽	讲	法	想	亦	无	有	众
[illegible]	[illegible]	[illegible]	[illegible]	[illegible]	[illegible]	[illegible]	[illegible]	[illegible]		
tśhju^{1}	·jij^{1}	gju^{1}	dzjij^{1}	dzjwo^{2}	sjiij^{2}	tsjɨ^{1}	mji^{1}	dju^{1}		
生	于	度	脱	人	想	亦	无	有		

虽讲说经法,亦无有法想;度脱于众生,亦无有人想。

12.41.2

[illegible]	[illegible]	[illegible]	[illegible]	[illegible]	[illegible]	[illegible]	[illegible]	[illegible]	[illegible]	[illegible]
rjur^{1}	pju̱^{1}	rjɨr^{2}	dzju^{1}	dzjiij^{2}	tha^{1}	lji̱^{2}	ljɨɨ^{1}	mjijr^{2}	sjwɨ^{1}	tjij^{1}
世	尊	所	开	化	佛	恩	报	者	谁	设
[illegible]	[illegible]	[illegible]	[illegible]	[illegible]	[illegible]	[illegible]	[illegible]	[illegible]		
dźiã^{2}	tśhju^{1}	ŋowr^{2}	ŋowr^{2}	mjɨ^{1}	pju̱^{1}	kja^{2}	dźjɨ^{0}	djọ^{2}		
众	生	一	切	无	量	劫	积	行		

世尊所开化,谁能报佛恩?设一切众生,积行无量劫。

12.41.3

[illegible]	[illegible]	[illegible]	[illegible]	[illegible]	[illegible]	[illegible]	[illegible]	[illegible]	[illegible]①	[illegible]
lew^{1}	tha^{1}	tsjiir^{1}	ɣiwej^{1}	lhjij^{2}	dzjij^{2}	sjwɨj^{1}	mji^{1}	tu̱^{1}	mja̱^{1}	·jij^{1}
唯	佛	教	启	受	余	业	不	志	向	己
[illegible]	[illegible]	[illegible]	[illegible]	[illegible]	[illegible]	[illegible]	[illegible]	[illegible]”		
śjij^{1}	dźjij^{1}	njwi^{2}	ku^{1}	nioow^{1}	mjɨ^{1}	·jij^{1}	dzju^{1}	dzjiij^{2}		
身	行	能	奉	复	化	他	人	众”		

唯启受佛教,志不在余业,己身能奉行,复化他人众。”

12.41.4

[illegible]	[illegible],	[illegible]	[illegible]	[illegible]	[illegible]	[illegible]	[illegible],	[illegible]	[illegible]	[illegible]
tśhjɨ^{1}	zjọ^{2}	dwu̱^{2}	rjar^{2}	kię^{1}	dźja^{2}	ɣie^{1}	mjijr^{2}	tha^{1}	lji̱^{1}	nioow^{1}

① [illegible][illegible](寻觅),此处对应“志”。

于 时， 密 迹 金 刚 力 士， 佛 即 又

[illegible]

·ji^{1} ljwu^{2} ·jij^{1} śją^{1} dźjow^{1} tśier^{1} ror^{2} dja^{2} dźjwa^{1} lą^{1}

众 会 之 七 匝 右 绕 △ 已， 手

于时，密迹金刚力士，绕佛众会竟七匝已，手

12.41.5

[illegible]

ŋwu^{2} ·ji^{1} wją^{1} nioow^{1} ljɨ^{1} ɣja^{2} zow^{2} tha^{1} ·jij^{1} kjụ^{1} tshwew^{1}

以 众 花 及 宝 盖 执， 佛 之 供 养。

[illegible]

thja^{1} tha^{1} ·jij^{1} kjụ^{1} tshwew^{1} zjọ^{2} ljɨɨr^{1} mə^{1} khju^{1} rjur^{1}

其 佛 之 供 养， 时 四 天 下 诸

执众花及与宝盖，供上散佛。适供散佛，应时四天下

12.41.6

[illegible]

lhjịj^{2} iọ^{1} ·u^{2} thja^{1} śjij^{1} tśhjɨ^{1} zjij^{1} mə^{2} wją^{1} djiij^{1} to^{2}

方 域 中， 自 然 若 干 种 花 化 生，

[illegible]

·jar^{1} mə^{2} tśja^{1} lhejr^{2} ljuu^{2} tshjịj^{2} tja^{1} wer^{1} ·jar^{1} wjị^{1}

八 重 交 道 庄 严 校 饰、 八 味

一切方域，自然化生若干品花，庄严校饰八重交道、八味

12.41.7

[illegible]

dźiəj^{2} zjɨɨr^{2} tha^{1} pjụ^{1} mee^{2} bju^{1} rjur^{1} rjur^{1}① zji^{2} wjij^{2} pjụ^{1}

池 水， 佛 威 神 承 周 遍 皆 有 计

[illegible]

---

① [illegible]，字面意思是"诸诸"，文中出现三次，分别与汉文本"周遍""周旋"对应。《番汉合时掌中珠》及《同音》中均对译"诸处"。西夏文《维摩诘所说经》中对译汉文"亦使如来名声普闻"之"普"；《佛说守护大千国土经》中有"[illegible]"（畏惧诸种察）。"[illegible]"，表示周遍意义，且不局限于处所。相当于汉语的"都""所有的""诸种""诸处"等。

dza2 tji̱2 mjij1 tśhjɨ1 zjọ2 phji1 mjij1 dźiã2 tsjij2 dwu̱2
量 可 不。 尔 时， 寂 意 菩 萨 密

池水，承佛威神靡不周遍，巍巍难限①。尔时，寂意菩萨

12.42.1

[illegible] [illegible] [illegible] [illegible] [illegible] [illegible] [illegible]： “[illegible] [illegible] [illegible] [illegible]
rjar2 kię1 dźja2 ɣie1 mjijr2 ·jij1 ·jɨr1 mjor1 ljij2 nji2 ·jij1
迹 金 刚 力 士 之 问： “如 来 汝 之
[illegible] [illegible] [illegible]？” [illegible] [illegible]： “[illegible] [illegible] [illegible] [illegible]
kjɨ1 la1 nja2 kụ2 dạ2 la1 ɣiwej1 rjor2 ŋa2
所 传 者？” 答 曰： “受 决 得 我

问密迹金刚力士：“如来以授仁者②道决？”答曰：“族姓子③，以见授决，

12.42.2

[illegible] [illegible] [illegible] [illegible]， [illegible] [illegible] [illegible] [illegible] [illegible]。” [illegible] [illegible]：
thja1 wjɨ2 ɣiwej1 la1 thja1 śjij1 mjiij1 sju2 ljɨ1 nioow1 ·jɨr1
之 所 受 决， 自 然 梦 犹 如。” 又 问：
“[illegible] [illegible] [illegible] [illegible] [illegible] [illegible] [illegible] [illegible]？” [illegible] [illegible]：
nji2 ·jij1 la1 tja1 rjir1 lew2 wa2 dju1 kụ2 dạ2
“汝 之 受 者 逮 所 何 为？” 答 曰：

所受道决自然如梦。”又问：“仁者受决，为何所逮？”答曰：

12.42.3

“[illegible] [illegible] [illegible]， [illegible] [illegible] [illegible] [illegible] [illegible] [illegible] [illegible] [illegible]
nẹw2 goor gji2 ŋa2 wjɨ2 ɣiwej1 la1 tja1 rjir1 lew2 mjij1
“族 姓 子， 我 所 受 决 者 逮 所 无
[illegible]。” [illegible] [illegible]： “[illegible] [illegible] [illegible] [illegible] [illegible] [illegible] [illegible]？”
ljɨ1 nioow1 ·jɨr1 rjir1 lew2 mjij1 tja1 ljɨ̣1 kjɨ1 ŋwu2
也。” 又 问： “逮 所 不 者 何 所 是？”

① 西夏文本少了“巍巍难限”。

② 西夏文本用“汝”替代“仁者”。

③ 族姓子，西夏文本译作“[illegible]”，字面意为“善男子”“亲君子”。“[illegible]”，[illegible]：君子有礼。（《番汉合时掌中珠》29 页）下同。

"族姓子，所受决者为无所逮。"又问："何所不逮？"

12.42.4

[illegible]	[illegible]：	"[illegible]	[illegible]	[illegible]	[illegible]，	[illegible]	[illegible]	[illegible]	[illegible]，	[illegible]
kụ^{2}	dạ^{2}	nja^{2}	ŋa^{2}	mji^{1}	rjir^{1}	dzjwo^{2}	kạ^{1}	mji^{1}	rjir	ŋwə^{1}
答	曰：	"吾	我	不	逮，	人	命	不	得，	五
[illegible]	[illegible]	[illegible]	[illegible]	[illegible]	[illegible]	[illegible]，	[illegible]	[illegible]	[illegible]	
ŋur^{1}	tśhjiw^{1}	mjɨɨ	ljɨɨr^{1}	ljij^{2}	mji^{1}	rjir^{1}	ku^{1}	zjọ^{2}	wjɨ^{2}	
阴	六	衰	四	大	不	得，	则	世	所	

答曰："不逮吾我，不得人、寿命，不得五阴、六衰、四大，不见现世

12.42.5

[illegible]	[illegible]	[illegible]	[illegible]	[illegible]，	[illegible]	[illegible]	[illegible]	[illegible]	[illegible]、	[illegible]
rar^{2}	zjọ^{2}	sjwɨj^{1}	mji^{1}	ljij^{2}	rjur^{1}	dzwej^{1}	nioow^{1}	mji^{1}	dzwej^{1}	rar^{2}
度	世	业	不	见，	诸	罪	及	不	罪、	漏
[illegible]	[illegible]	[illegible]、	[illegible]	[illegible]	[illegible]	[illegible]、	[illegible]	[illegible]	[illegible]	
mjij^{1}	mji^{1}	rar^{2}	źjị^{1}	njɨɨ^{2}	tshjạ^{1}	źjɨ̱^{1}	dźiəj^{2}	lheew^{2}	dźiəj^{2}	
无	不	漏、	尘	劳	瞋	恨、	为	有	为	

度世之业，不逮诸罪及与不罪、无漏不漏、尘劳瞋恨、有为无为、

12.42.6

[illegible]、	[illegible]	[illegible]	[illegible]	[illegible]。	[illegible]	[illegible]	[illegible]	[illegible]，	[illegible]	[illegible]
mə̣^{1}	lhji	wee^{1}	wji^{1}	mjij^{1}	to^{2}	zji^{2}	mji^{1}	rjir^{1}	ku^{1}	new̱^{2}
无、	死	生	为	无。	皆	悉	不	逮，	此	族
[illegible]	[illegible]，	[illegible]	[illegible]	[illegible]	[illegible]	[illegible]。"	[illegible]	[illegible]	[illegible]	
goor	gji^{2}	thjɨ^{2}	tja^{1}	la^{1}	ɣiwej^{1}	ŋwu^{2}	phji^{1}	mjij^{1}	dźiā^{2}	
姓	子，	此	者	受	决	是。"	寂	意	菩	

生死无为。悉不逮是，此族姓子，乃曰受决。"寂意

12.42.7

[illegible]	[illegible]	[illegible]：	"[illegible]	[illegible]	[illegible]	[illegible]	[illegible]	[illegible]	[illegible]	[illegible]
tsjij^{2}	nioow^{1}	·jɨr^{1}	rjir^{1}	lew^{2}	ljɨ̣^{1}	mjij^{1}	ku^{1}	la^{1}	ɣiwej^{1}	sjwɨ^{1}

萨	又	问：	“逮	所	以	无	设	受	决	谁
[illegible]?”	[illegible]	[illegible]：	“[illegible]	[illegible]	[illegible]	[illegible]	[illegible]	[illegible]	[illegible]	
ljɨ^{1}	kụ^{2}	dạ^{2}	rjir^{1}	lew^{2}	mjij^{1}	tja^{1}	rjir	ɣiej^{1}	thja^{1}	
也?”	答	曰：	“逮	所	无	者	逮	真	△	

又问：“设无所逮，谁为受决?”答曰：“无所逮者，乃曰为逮。”

12.43.1

[illegible]。”	[illegible]	[illegible]：	“[illegible]	[illegible]	[illegible]	[illegible]	[illegible]，	[illegible]	[illegible]	[illegible]
ŋwu^{2}	nioow^{1}	·jɨr^{1}	tjij^{1}	nja^{2}	ŋa^{2}	ljɨ̣^{1}	mjij^{1}	ku^{1}	la^{1}	khjow^{1}
是。”	又	问：	“若	吾	我	以	无，	则	受	决
[illegible]	[illegible]	[illegible]?	[illegible]	[illegible]	[illegible]	[illegible]	[illegible]?”	[illegible]	[illegible]：	“[illegible]
mjijr^{2}	sjwɨ^{1}	ŋwu^{2}	la^{1}	ɣiwej^{1}	mjijr	sjwɨ	ŋwu	kụ^{2}	dạ^{2}	thja^{1}
者	谁	是?	受	决	者	谁	是?”	答	曰：	“其

又问：“若无吾我，谁为受决? 谁授决者?”答曰：“其

12.43.2

[illegible]	[illegible]	[illegible]	[illegible]	[illegible]	[illegible]	[illegible]，	[illegible]	[illegible]	[illegible]	[illegible]
la^{1}	khjow^{1}	mjijr^{2}	nioow^{1}	la	ɣiwej^{1}	mjijr	zjɨ̣	njɨɨ^{1}	tśhja^{2}	ka^{1}
受	决	者	及	授	决	者，	俱	二	平	等
[illegible]	[illegible]	[illegible]	[illegible]	[illegible]。”	[illegible]	[illegible]：	“[illegible]	[illegible]	[illegible]	
mər^{2}	bju^{2}	njɨɨ^{1}	mjij^{1}	ljɨ^{1}	nioow^{1}	·jɨr^{1}	tjij^{1}	mər	bju	
本	际	二	无	也。”	又	问：	“若	本	际	

有受决及授决者，适俱平等，本际无二。”又问密迹：“若无本际，

12.43.3

[illegible]，	[illegible]	[illegible]	[illegible]	[illegible]?”	[illegible]	[illegible]：	“[illegible]	[illegible]	[illegible]	[illegible]，
mjij^{1}	la^{1}	ɣiwej^{1}	mjijr^{2}	sjwɨ^{1}	kụ^{2}	dạ^{2}	mər^{2}	bju^{2}	wee^{1}	mjij^{1}
无，	受	决	者	谁?”	答	曰：	“本	际	生	无，
[illegible]	[illegible]	[illegible]	[illegible]，	[illegible]	[illegible]	[illegible]	[illegible]	[illegible]，	[illegible]	
dzjar^{2}	lew^{2}	mjij^{1}	nioow^{1}	njɨɨ^{1}	bju^{2}	dju^{1}	thjɨ^{2}	nioow^{1}	mər^{2}	
灭	所	无	亦，	二	际	有	如	是，	本	

彼谁受决?”答曰：“本际无生，亦无所灭，无有二际，

12.43.4

[illegible]	[illegible]	[illegible]	[illegible]	[illegible]。”	[illegible]	[illegible]：	“[illegible]	[illegible]	[illegible]	[illegible]
bju^{2}	pjɨ	njɨɨ^{2}	la^{1}	ɣiwej^{1}	nioow^{1}	·jɨr^{1}	wa^{2}	sju^{2}	mər^{2}	bju^{2}
际	今	日	受	决。”	又	问：	“何	如	本	际
[illegible]	[illegible]	[illegible]	[illegible]	[illegible]？”	[illegible]	[illegible]：	“[illegible]	[illegible]	[illegible]	
ɣa^{2}	dźjiij^{1}	la^{1}	ɣiwej^{1}	ljɨ^{1}	kụ^{2}	dạ^{2}	thja^{1}	śjij^{1}	njɨɨ^{1}	
处	住	受	决	也？”	答	曰：	“自	然	二	

以是本际今日受决。”又问：“住何本际而受决也？”答曰：“住于自然，

12.43.5

[illegible]，	[illegible]	[illegible]	[illegible]	[illegible]，	[illegible]	[illegible]	[illegible]	[illegible]	[illegible]。	[illegible]
mjij^{1}	mər^{2}	bju^{2}	ŋa^{2}	mjij^{1}	mər^{2}	bju^{2}	dzjwo^{2}	kạ^{1}	mjij	thja^{1}
无，	本	际	我	无，	本	际	人	命	无。	自
[illegible]	[illegible]	[illegible]，	[illegible]	[illegible]	[illegible]	[illegible]	[illegible]。”	[illegible]		
śjij^{1}	ɣa^{2}	dźjiij^{1}	ku^{1}	tśhjwo^{1}	la^{1}	ɣiwej^{1}	ljɨ^{1}	nioow^{1}		
然	处	住，	乃	曰	受	决	也。”	又		

无二本际，无我本际，无人、寿命。住于自然，乃曰受决。”又

12.43.6

[illegible]：	“[illegible]	[illegible]	[illegible]	[illegible]，	[illegible]	[illegible]	[illegible]	[illegible]	[illegible]	[illegible]？”
·jɨr^{1}	nja^{2}	ŋa^{2}	mər^{2}	bju^{2}	ljɨ^{1}	kjɨ^{1}	do^{2}	dźjiij^{1}	lew^{2}	ljɨ^{1}
问：	“吾	我	本	际，	何	所	处	住	所	也？”
[illegible]	[illegible]：	“[illegible]	[illegible]	[illegible]	[illegible]	[illegible]。”	[illegible]	[illegible]：	“[illegible]	
kụ^{2}	dạ^{2}	mjor^{1}	ljij^{2}	do^{2}	dźjiij^{1}	ljɨ^{1}	nioow^{1}	·jɨr^{1}	nwə^{1}	
答	曰：	“如	来	处	住	也。”	又	问：	“知	

问：“吾我本际，住在何所？”答曰：“如来所住。”又问：

12.43.7

“[illegible]	[illegible]	[illegible]，	[illegible]	[illegible]	[illegible]	[illegible]？”	[illegible]	[illegible]：	“[illegible]	[illegible]
sjij^{2}	lew^{2}	mjij^{1}	wa^{2}	sju^{2}	nwə^{1}	ljɨ^{1}	kụ^{2}	dạ^{2}	thja^{1}	nwə^{1}
“识	所	无，	何	为	知	也？”	答	曰：	“其	知

[illegible]	[illegible]	[illegible]	[illegible]	[illegible]。”	[illegible]	[illegible]：	“[illegible]	[illegible]	[illegible]
sjij^{2}	lew^{2}	nwə^{1}	lew^{2}	mjij^{1}	nioow^{1}	dạ^{2}	ŋwuu^{1}	dạ^{2}	mjij^{1}
识	所	知	所	无。”	又	曰：	“言	语	无

“无所识知，为何所知？”答曰：“其所识知，为无所知。”又曰：“若无所告

12.44.1

[illegible]	[illegible]	[illegible]	[illegible]	[illegible]。”
ku^{1}	dạ^{2}	lew^{2}	mjij^{1}	ljɨ^{1}
则	语	所	地	也。”

语，为无所语。”

汉文本

其人逮得不退转法，当成无上正真道。已乃为说讫，佛从坐起还归精舍。若佛宴坐在于静室，时诸菩萨，各从本行所逮三昧，而自修已。如是，寂意，其佛世界功勋快善，无量巍巍殊特如是。土地严净，普平博好，快不可量。”

佛说是经法，授密迹金刚力士决时，应时会中二万人，皆发无上正真道意。诸来会者各各心念：“愿生其土！”佛即记说：“金刚步成佛道时，诸愿见者皆生彼土。其佛授决，亦皆当成无上正真之道，为最正觉。”

尔时，密迹金刚力士，从佛闻斯所授决已，欢喜踊跃，以持金刚投之虚空。适投空中，应时三千大千佛土六返震动，光照十方，天雨众花纷纷如雪，箜篌乐器不鼓自鸣。一切众会各在右手，自然有花香若干种品，幢盖众饰各执持行。

于时，密迹金刚力士，以宝花香、幢盖、缯幡，周匝绕佛，以偈叹曰：

“广法普自在，法藏不可尽，
晓了分别法，导利益众生。
以付授我义，常乐以法施，
极奉行正法，住道愿自归。
智慧能清净，明了所行业，
其名闻三世，功勋度无极。
其智通三处，能仁无所著，
以度众罣碍，班宣快济厄。
清净犹月净，颜貌甚鲜明，
斯曜极远照，喻于日火光。
其音殊妙好，和声喻梵天，
宣布于愍哀，稽首众生宝。
自显现其身，示有形寿命，

唯愿班宣法，演布文字音。

虽讲说经法，亦无有法想；

度脱于众生，亦无有人想。

世尊所开化，谁能报佛恩？

设一切众生，积行无量劫。

唯启受佛教，志不在余业，

己身能奉行，复化他人众。”

于时，密迹金刚力士，绕佛众会竟七匝已，手执众花及与宝盖，供上散佛。适供散佛，应时四天下一切方域，自然化生若干品花，庄严校饰八重交道、八味池水，承佛威神靡不周遍，巍巍难限。

尔时，寂意菩萨问密迹金刚力士：“如来以授仁者道决。”

答曰：“族姓子，以见授决，所受道决自然如梦。”

又问：“仁者受决，为何所逮？”

答曰：“族姓子，所受决者为无所逮。”

又问：“何所不逮？”

答曰：“不逮吾我，不得人、寿命，不得五阴、六衰、四大，不见现世度世之业，不逮诸罪及与不罪、无漏不漏、尘劳瞋恨、有为无为、生死无为。悉不逮是，此族姓子，乃曰受决。”

寂意又问：“设无所逮，谁为受决？”

答曰：“无所逮者，乃曰为逮。”

又问：“若无吾我，谁为受决？谁授决者？”

答曰：“其有受决及授决者，适俱平等，本际无二。”

又问密迹：“若无本际，彼谁受决？”

答曰：“本际无生，亦无所灭，无有二际，以是本际今日受决。”

又问：“住何本际而受决也？”

答曰：“住于自然，无二本际，无我本际，无人、寿命。住于自然，乃曰受决。”

又问：“吾我本际，住在何所？”

答曰：“如来所住。”

又问：“无所识知，为何所知？”

答曰：“其所识知，为无所知。”又曰：“若无所告语，为无所语。”

12.44.1

[illegible]	[illegible]：	“[illegible]	[illegible]	[illegible]	[illegible]	[illegible]	[illegible]	[illegible]	[illegible]	[illegible]？”
nioow^{1}	·jɨr^{1}	dạ^{2}	lew^{2}	ljɨ̣^{1}	mjij^{1}	ku^{1}	wa^{2}	sju^{2}	dzjiij^{2}	ljɨ^{1}
又	问：	“语	所	以	为	则	何	如	教	也？”
[illegible]	[illegible]：	“[illegible]	[illegible]	[illegible]						
kụ^{2}	dạ^{2}	dzjiij^{2}	dzjiij	lew^{2}						
答	曰：	“教	习	所						

又问:“设无所语,为何所教?”答曰:“教无所教。”

12.44.2

	。”	“					?”		:	“
mjij^{1}	ljɨ^{1}	dzjiij^{2}	lew^{2}	mjij^{1}	tja^{1}	thjij^{2}	sjo^{2}	kụ^{2}	dạ^{2}	rjur^{1}
无	也。”	“教	所	无	者	何	谓?”	答	曰:	“诸

							。”	
tsjiir^{1}	ŋowr^{2}	ŋowr^{2}	zji^{2}	dzjiij^{2}	lew^{2}	mjij^{1}	ljɨ^{1}	nioow^{1}
法	一	切	悉	教	所	无	也。”	又

又问[1]:“何谓教无所教?”答曰:“一切诸法悉无所教。”又

12.44.3

:	“								?”	
·jɨr^{1}	dzjiij^{2}	lew^{2}	mjij^{1}	·jɨ^{1}	tja^{1}	thjij^{2}	sjo^{2}	nwə^{1}	ljɨ^{1}	kụ^{2}
问:	“教	所	无	云	者	何	云	知	之?”	答

:	“							。”	
dạ^{2}	dzjiij^{2}	lew^{2}	ljɨ^{1}	mjij^{1}	thjɨ^{2}	sju^{2}	nwə^{1}	lew^{2}	nioow^{1}
曰:	“教	所	以	无	若	斯	知	所。”	又

问:“说无所教,云何知之?”答曰:“设无所教,所知若斯。”又

12.44.4

:	“					?”		:	“	
·jɨr^{1}	dzjiij^{2}	nwə^{1}	lew^{2}	tja^{1}	thjij^{2}	sjo^{2}	kụ^{2}	dạ^{2}	mji^{1}	·jɨr^{1}
问:	“教	知	所	者	何	云?”	答	曰:	“不	问

	。”	“					?”		:
nwə^{1}	lew^{2}	thjij^{2}	sjo^{2}	mji^{1}	·jɨr^{1}	nwə^{1}	lew^{2}	kụ^{2}	dạ^{2}
知	所。”	“何	云	不	问	知	所?”	答	曰:

问:“云何教所知?”答曰:“不问所知。”又问:“云何不问所知?”答曰:“

12.44.5

“				。”		:	“			

① 西夏文本翻译时省略了“又问”。

sjij^2 śja^1 wją^2 mjij^1 ljɨ^1 nioow^1 ·jɨr^1 thjij^2 sjo^2 sjij^2 śja^1

“识 放 逸 无 也。” 又 问：“何 谓 识 放

[illegible]

wją^2 mjij^1 ljɨ^1 kụ^2 dạ^2 wo^2 tshwew^1 bju^1 tjị^1 ljɨ^1

逸 无 也？” 答 曰：“谊 趣 自 归 也。”

“识无放逸。”又问：“何谓识无放逸？”答曰：“自归要谊。”

12.44.6

[illegible]

nioow^1 ·jɨr^1 thjij^2 sjo^2 wo^2 tshwew^1 bju^1 tjị^1 ljɨ^1 kụ^2 dạ^2

又 问：“何 谓 谊 趣 自 归 也？” 答 曰：

[illegible]

wo^2 mjij^1 mji^1 ljij^2 ljɨ^1 nioow^1 ·jɨr^1 thjij^2 sjo^2 wo^2

“谊 无 不 见 也。” 又 问：“何 谓 谊

又问：“何谓自归要谊？”答曰：“不见无谊。”又问：“何谓

12.44.7

[illegible]

mjij^1 mji^1 ljij^2 ljɨ^1 kụ^2 dạ^2 wo^2 nioow^1 wo^2 mjij^1 njaa^2

无 不 见 也？” 答 曰：“谊 亦 谊 无 非，

[illegible]

ku^1 tśhjwo^1 wo^2 ·jɨ^1 ljɨ^1 nioow^1 ·jɨr^1 thjij^2 sjo^2 wo^2

是 故 谊 曰 也。” 又 问：“何 谓 谊

不见无谊？”答曰：“不以于谊，亦非无谊，乃曰为谊。”又问：“何谓

12.45.1

[illegible]

nioow^1 wo^2 mjij^1 njaa^2 ku^1 tśhjwo^1 wo^2 ·jɨ^1 ljɨ^1 kụ^2 dạ^2

以 谊 不 非， 是 故 谊 曰 也。” 答 曰：

[illegible]

thja^1 wo^2 nioow^1 wo^2 mjij^1 njaa^2 ku^1 thja^1 tsjɨ^1 ·jɨr^2

“其 谊 亦 谊 不 非， 则 其 亦 进

不以于谊,亦非无谊,乃曰谊乎。”答曰:“其不以谊,亦非无谊,彼则进

12.45.2

wo^{2}	ŋwu^{2}	nioow^{1}	·jɨr^{1}	tjij^{1}	wo^{2}	mjij^{1}	ku^{1}	tsjiir^{1}	wo^{2}	mja^{1}
谊	是。”	又	问:	“若	谊	无	则	法	义	而
mji^{1}	śjɨj^{1}	ljɨ^{1}	kụ^{2}	dạ^{2}	thja^{1}	tsjiir^{1}	wo^{2}	tja^{1}	thjij^{2}	
不	成	乎?”	答	曰:	“其	法	义	者,	云	

谊。”又问:“若以无谊,不成法义乎?”答曰:“其法义者,云

12.45.3

sjo^{2}	wo^{2}	ŋwu^{2}	thjɨ^{2}	tja^{1}	thjij^{2}	sjo^{2}	thja^{1}	wo^{2}	tshwew^{1}	tja^{1}
何	义	乎?	此	者	何	云?	其	谊	趣	者
tsjiir^{1}	njaa^{2}	ŋwu^{2}	ku^{1}	tsjiir^{1}	mji^{1}	śjɨj^{1}	ljɨ^{1}	nioow^{1}	·jɨr^{1}	
法	非	为,	则	法	不	成	也。”	又	问:	

何义乎?所以者何?其趣谊者则为非法,不成为法。”又问:

12.45.4

thjij^{2}	sjo^{2}	tsjiir^{1}	we^{2}	ljɨ^{1}	kụ^{2}	dạ^{2}	tsjiir^{1}	ɣię^{2}	mjij^{1}	ku^{1}
“何	谓	法	成	也?”	答	曰:	“法	音	无	是
tśhjwo^{1}	tsjiir^{1}	·jɨ^{1}	ljɨ^{1}	nioow^{1}	·jɨr^{1}	tsjiir^{1}	ɣię^{2}	mjij^{1}	ku^{1}	
故	法	曰	也。”	又	问:	“法	音	无	则	

“何谓为法?”答曰:“法无音响,乃曰为法。”又问:“法无音响,

12.45.5

thjij^{2}	sjo^{2}	tsjiir^{1}	we^{2}	ljɨ^{1}	kụ^{2}	dạ^{2}	thja^{1}	tsjiir^{1}	ɣa^{2}	·jwɨr^{2}

何 谓 法 成 也?" 答 曰: "其 法 于 文

[illegible] [illegible]， [illegible] [illegible] [illegible] [illegible] [illegible]。 [illegible] [illegible] [illegible]

dji^2 mjij^1 ku^1 tśhjwo^1 tsjiir^1 we^2 ljɨ^1 thja^1 rjir^1 lew^2

字 无， 乃 故曰 法 成 也。 其 得 所

何谓为法?"答曰:"其于彼法无有文字,乃曰为法。其无所得,

12.45.6

[illegible]， [illegible] [illegible] [illegible] [illegible]， [illegible] [illegible] [illegible] [illegible]。" [illegible] [illegible]

mjij^1 thja^1 tsjiir^1 ɣię^2 mjij^1 ŋwuu^1 dạ^2 mjij^1 ljɨ^1 nioow^1 ·jɨr^1

无， 彼 法 音 无， 言 词 无 也。" 又 问

[illegible] [illegible]： "[illegible] [illegible] [illegible] [illegible] [illegible]?" [illegible] [illegible]： "[illegible]

dwụ^2 rjar^2 rjir^1 lew^2 tja^1 thjij^2 sjo^2 kụ^2 dạ^2 nẹw^2

密 迹： "逮 所 者 何 谓?" 答 曰： "族

彼法无音,无有言词。"又问密迹:"何谓所逮?"答曰:"族

12.45.7

[illegible] [illegible]， [illegible] [illegible] [illegible] [illegible]， [illegible] [illegible] [illegible] [illegible] [illegible]

goor gji^2 thja^1 rjir^1 lew^2 bju^1 tśhjwo^1 ŋowr^2 ŋowr^2 rjir^1 mjij^1

姓 子， 其 逮 所 可， 乃 一 切 逮 无

[illegible]， [illegible] [illegible] [illegible] [illegible]。" [illegible] [illegible] [illegible] [illegible]： "[illegible]

·jɨ^1 rjir^1 lew^2 ka^2 ljɨ^1 nioow^1 ·jɨr^1 dwụ^2 rjar^2 ŋa^2

曰， 得 所 离 也。" 又 问 密 迹： "我

姓子,如所可逮,是乃名曰一切无逮,离于所得。"又问密迹:

12.46.1

[illegible] [illegible] [illegible] [illegible] [illegible]， [illegible] [illegible] [illegible] [illegible] [illegible] [illegible]

thja^1 njɨɨ^2 mjor^1 ljij^2 rjor^1 ku^1 thja^1 dzjiij^2 rjur^1 tsjiir^1 tsjɨ^1

是 日 如 来 逮， 则 其 习 诸 法 亦

[illegible] [illegible]。" [illegible] [illegible]： "[illegible] [illegible] [illegible] [illegible] [illegible] [illegible] [illegible]！

rjor^1 ŋa^2 nioow^1 ·jɨr^1 nja^2 ŋa^2 mjij^1 njiij^1 mjij^1 sej^1 ljọ

逮 得。" 又 问： "吾 我 无 心 寂 然 岂！

"是日我所逮得如来,其习诸法乃能逮得。"又问:"岂能寂然①吾我之心!

12.46.2

[illegible]	[illegible]	[illegible]	[illegible]	[illegible]	[illegible]	[illegible]	[illegible]	[illegible],	[illegible]	[illegible]
ku^{1}	rjɨr^{2}	tshjiij^{1}	ŋowr^{2}	ŋowr^{2}	sjij^{2}	ʑjɨr^{1}	swew^{1}	lã^{1}	thja^{1}	·jwɨr^{2}
则	所	宣	一	切	智	慧	明	耀,	其	文
[illegible]	[illegible]	[illegible]	[illegible]	[illegible]	[illegible]	[illegible]	[illegible]	[illegible]	[illegible]	
dji^{2}	mjor^{1}	ljij^{2}	sjwɨj^{1}	tshjiij^{1}	bju^{1}	mjor^{1}	rjir^{1}	lew^{2}	mjij^{1}	
字	如	来	业	宣	因	其	得	所	无	

一切所宣智慧之明,因其文字宣如来业,不以无逮。

12.46.3

[illegible]	[illegible]	[illegible]	[illegible]。"	"[illegible]	[illegible]	[illegible]	[illegible]	[illegible]。	[illegible]	[illegible]
kụ^{1}	rjir^{1}	lew^{2}	ljɨ^{1}	nioow^{1}	thja^{1}	rjir^{1}	lew^{2}	tja^{1}	thjij^{2}	sjo^{2}
后	逮	所	也。"	"又	其	逮	所	者,	何	谓
[illegible]	[illegible]	[illegible]?"	[illegible]	[illegible]:	"[illegible]	[illegible]	[illegible]	[illegible]	[illegible]	
wji^{1}	mjij^{1}	ljɨ^{1}	kụ^{2}	dạ^{2}	ljaa^{2}	·u^{2}	rjɨr^{2}	tshjiij^{1}	ku^{1}	
可	不	也?"	答	曰:	"口	中	所	说	是	

不以当逮。"又问:"其所逮者,何所不可?"答曰:"口之所说,

12.46.4

[illegible]	[illegible]	[illegible]	[illegible]。"	[illegible]	[illegible]:	"[illegible]	[illegible]	[illegible]	[illegible],	[illegible]
tśhjwo^{1}	wji^{1}	mjij^{1}	ljɨ^{1}	nioow^{1}	·jɨr^{1}	ljaa^{2}	·u^{2}	tshjiij^{1}	tja^{1}	njiij^{1}
故	为	不	也。"	又	问:	"口	中	说	者,	心
[illegible]	[illegible]	[illegible],	[illegible]	[illegible]	[illegible]	[illegible]。"	[illegible]	[illegible]:	"[illegible]	
·jwɨr^{2}	dji^{2}	tha^{2}	tśhjwo^{1}	wji^{1}	mjij^{1}	ljɨ^{1}	nioow^{1}	·jɨr^{1}	wji^{1}	
文	字	倚,	则	为	不	也。"	又	问:	"为	

为不可也。"又问:"口之所说,心倚文字,则为不可。"又问:

12.46.5

[illegible]	[illegible]	[illegible]	[illegible]?"	[illegible]	[illegible]:	"[illegible]	[illegible]	[illegible]	[illegible],	[illegible]

① 寂然,西夏文本译作"寂静"([illegible])。

dju^{1} tja^{1} thjij^{2} sjo^{2} kụ^{2} dạ^{2} thja^{1} rjir^{1} lew^{2} mjij^{1} thja^{1}

“有 者 何 谓?” 答 曰: “其 逮 所 无, 彼

[illegible] [illegible] [illegible]; [illegible] [illegible] [illegible] [illegible] [illegible] [illegible] [illegible]

dzjiij^{2} lew^{2} mjij^{1} thja^{1} dzjiij^{2} dzjiij^{2} lew^{2} mjij^{1} nwə^{1} tja^{1}

教 所 无; 其 教 化 所 无 知 者

“何谓为可?”答曰:“其无所逮,彼无所教;其无所教知

12.46.6

[illegible] [illegible] [illegible], [illegible] [illegible] [illegible] [illegible]; [illegible] [illegible] [illegible], [illegible]

·jij^{1} mjɨ^{1} nwə^{1} mjɨ^{1} tsjɨ^{1} mjɨ nwə^{1} ·jij^{1} mjɨ^{1} nwə^{1} mjɨ^{1}

自 不 知, 他 人 不 知; 自 不 知, 他

[illegible] [illegible] [illegible], [illegible] [illegible] [illegible] [illegible] [illegible]。” [illegible] [illegible]:

tsjɨ^{1} mjɨ^{1} nwə^{1} ku^{1} tśhjwo^{1} wji^{1} dju^{1} ·jɨ^{1} nioow^{1} ·jɨr^{1}

人 不 知, 是 故 为 有 曰。” 又 问:

则不自知,不知他人;其不自知,不知他人,乃曰为可。”又问:

12.46.7

“[illegible] [illegible] [illegible] [illegible] [illegible] [illegible] [illegible] [illegible]? [illegible] [illegible] [illegible]

wji^{1} mjij^{1} ·jij^{1} mər^{2} tja^{1} ljɨ̣^{1} kjɨ^{1} ŋwu^{2} wji^{1} dju^{1} ·jij^{1}

“为 不 之 本 者 谁 △ 是? 为 可 之

[illegible] [illegible] [illegible] [illegible]?” [illegible] [illegible]: “[illegible] [illegible] [illegible] [illegible]

mər^{2} tja^{1} thjij^{2} sjo^{2} kụ^{2} dạ^{2} lhjịj^{2} lew^{2} tja^{1} mər^{2}

本 者 何 谓?” 答 曰: “受 所 者 本

“不可谁为是本? 可谁为是本?”答曰:“所受是本。”

12.47.1

[illegible]。” [illegible] [illegible]: “[illegible] [illegible] [illegible] [illegible] [illegible] [illegible] [illegible] [illegible]?”

ŋwu^{2} nioow^{1} ·jɨr^{1} lhjịj^{2} lew^{2} ·jij^{1} mər^{2} tja^{1} ljɨ̣^{1} kjɨ^{1} ŋwu^{2}

是。” 又 问: “受 所 之 本 者 谁 △ 是?”

[illegible] [illegible]: “[illegible] [illegible] [illegible]。” [illegible] [illegible]: “[illegible] [illegible] [illegible]

kụ^{2} dạ^{2} tha^{2} lew^{2} ŋwu^{2} nioow^{1} ·jɨr^{1} tha^{2} lew^{2} ·jij^{1}

答 曰: “倚 所 是。” 又 问: “倚 所 之

又问："所受谁是其本？"答曰："所倚为本。"又问："所倚

12.47.2

[Tangut]	[Tangut]	[Tangut]	[Tangut]	[Tangut]？"	"[Tangut]	[Tangut]	[Tangut]	[Tangut]	[Tangut]。"	[Tangut]
mər2	tja1	ljɨ̣1	kjɨ1	ŋwu2	tshọ2	dź-0	lạ1	sjiij2	ŋwu2	nioow1
本	者	谁	△	是？"	"虚	伪	妄	想	是。"	又
[Tangut]：	"[Tangut]	[Tangut]	[Tangut]	[Tangut]	[Tangut]	[Tangut]	[Tangut]	[Tangut]	[Tangut]	
·jɨr1	tshọ2	dź-0	lạ1	sjiij2	·jij1	mər2	tja1	ljɨ̣1	kjɨ1	
问：	"虚	伪	妄	想	之	本	者	谁	△	

谁是其本？"答曰："虚伪妄想，即是其本。"又问："虚伪妄想谁是其本？"

12.47.3

[Tangut]？"	[Tangut]	[Tangut]：	"[Tangut]	[Tangut]	[Tangut]	[Tangut]	[Tangut]	[Tangut]	[Tangut]	[Tangut]
ŋwu2	kụ2	dạ2	tshọ2	dź-0	lạ1	sjiij2	źjị1	njɨɨ2	ŋwu2	mər2
是？"	答	曰：	"虚	伪	妄	想	尘	劳	是	本
[Tangut]。"	[Tangut]	[Tangut]："	[Tangut]	[Tangut]	[Tangut]	[Tangut]	[Tangut]	[Tangut]	[Tangut]	
we2	nioow1	·jɨr1	tshọ2	dź-0	lạ1	sjiij2	źjị1	njɨɨ2	·jij1	
成。"	又	问：	"虚	伪	妄	想	尘	劳	之	

答曰："虚伪妄想，尘劳是本。"又问："虚伪妄想尘劳

12.47.4

[Tangut]	[Tangut]	[Tangut]	[Tangut]	[Tangut]？"	[Tangut]	[Tangut]：	"[Tangut]	[Tangut]	[Tangut]。"	[Tangut]
mər2	tja1	ljɨ̣1	kjɨ1	ŋwu2	kụ2	dạ2	dzu1	zjịj1	ŋwu2	nioow1
本	者	谁	△	是？"	答	曰：	"慕	著	是。"	又
[Tangut]：	"[Tangut]	[Tangut]	[Tangut]	[Tangut]	[Tangut]	[Tangut]	[Tangut]	[Tangut]？"	[Tangut]	
·jɨr1	dzu1	zjịj1	·jij1	mər2	tja1	ljɨ̣1	kjɨ1	ŋwu2	kụ2	
问：	"慕	著	之	本	者	谁	△	是？"	答	

何所是本？"答曰："慕著是本。"又问："慕著何所是本？"答

12.47.5

[Tangut]：	"[Tangut]	[Tangut]	[Tangut]	[Tangut]	[Tangut]	[Tangut]	[Tangut]	[Tangut]。"	[Tangut]	[Tangut]：
dạ2	tsə1	ɣię2	lji2	·jwĩ	tsjụ1	zjịj1	lew2	ŋwu2	nioow1	·jɨr1

曰：	“色	声	香	味	细滑	著	所	是。”	又	问：
“[illegible]	[illegible]	[illegible]	[illegible]	[illegible]	[illegible]	[illegible]	[illegible]？”	[illegible]	[illegible]：	
zjij^{1}	lew^{2}	·jij^{1}	mər^{2}	tja^{1}	ljɨ^{1}	kjɨ^{1}	ŋwu^{2}	kụ^{2}	dạ^{2}	
“著	所	之	本	者	谁	△	是？”	答	曰：	

曰：“色、声、香、味、细滑所著是本。”又问：“何所著本？”答曰：

12.47.6

“[illegible]	[illegible]	[illegible]	[illegible]	[illegible]	[illegible]	[illegible]	[illegible]	[illegible]。	[illegible]	[illegible]
dzu^{1}	wer^{1}	tśhiow^{1}	tśjɨɨr^{2}	tja^{1}	zjij^{1}	·jij^{1}	mər^{2}	we^{2}	thjɨ^{2}	sju^{2}
“恩	爱	结	集	者	著	之	本	是。	于	是
[illegible]	[illegible]	[illegible]	[illegible]	[illegible]	[illegible]，	[illegible]	[illegible]	[illegible]	[illegible]	
rjur^{1}	zjij^{1}	ɣa^{2}	dzu^{1}	lew^{2}	mjij^{1}	ku^{1}	tśhjwo^{1}	zjij^{1}	mjij^{1}	
诸	著	而	慕	所	无，	乃	曰	著	无。	

恩爱结集是曰著本。于是诸著而无所慕，乃曰无著。

12.47.7

[illegible]。	[illegible]	[illegible]	[illegible]	[illegible]，	[illegible]	[illegible]	[illegible]	[illegible]	[illegible]	[illegible]
·jɨ^{1}	phji^{1}	mjij^{1}	dźiã^{2}	tsjij^{2}	tśhjwo^{1}	thjɨ^{2}	rjur^{1}	dzu^{1}	wer^{1}	la^{1}
谓。	寂	意	菩	萨，	是	故	诸	恩	爱	传
[illegible]	[illegible]	[illegible]	[illegible]	[illegible]，	[illegible]	[illegible]	[illegible]	[illegible]，	[illegible]	
ɣa^{2}	zjij^{1}	lew^{2}	kju^{1}	·ju^{2}	tśjo^{0}	zjij^{1}	lew^{2}	mjij^{1}	rjur^{1}	
于	著	所	求	寻，	永	著	所	无，	诸	

是为，寂意，诸恩爱结求于所著，永无所著，诸

12.48.1

[illegible]	[illegible]	[illegible]	[illegible]	[illegible]	[illegible]	[illegible]。”	[illegible]	[illegible]	[illegible]	[illegible]
tha^{1}	rjur^{1}	pjụ^{1}	thjoo^{1}	tsjiir^{1}	tshjiij^{1}	wji^{1}	tha	thjɨ^{2}	tsjiir^{1}	dwu̱^{2}
佛	世	尊	妙	法	宣	为。”	佛	此	法	密
[illegible]	[illegible]	[illegible]	[illegible]	[illegible]	[illegible]	[illegible]	[illegible]	[illegible]，	[illegible]	
rjar^{2}	kię^{1}	dźja^{2}	ɣie^{1}	mjijr^{2}	·jij^{1}	la^{1}	ɣiwej^{1}	zjọ^{2}	ŋwə^{1}	
迹	金	刚	力	士	之	传	授	时，	五	

佛世尊为班宣法。”重说是法，授密迹金刚力士决时，

12.48.2

[illegible]	[illegible]	[illegible]	[illegible]	[illegible]	[illegible]	[illegible]	[illegible]	[illegible]	[illegible]	[illegible]，
·jir^{2}	phji^{2}	khjiw^{2}	·ji^{1}	rar^{2}	wjɨ^{2}	dzjar^{2}	njiij^{1}	bie^{2}	lhew^{2}	rjir^{2}
百	比	丘	众	漏	△	尽	意	解	脱	得，
[illegible]	[illegible]	[illegible]	[illegible]	[illegible]	[illegible]	[illegible]	[illegible]	[illegible]。		
njɨɨ^{1}	·jir^{2}	dźiā^{2}	tsjij^{2}	wee^{1}	mjij^{1}	tsjiir^{1}	zeew^{2}	rjir^{2}		
二	百	菩	萨	生	无	法	忍	得。		

五百比丘众漏尽意解，二百菩萨得无所从生法忍。

12.48.3

[illegible]	[illegible]	[illegible]	[illegible]	[illegible]	[illegible]	[illegible]	[illegible]	[illegible]
ljịj^{2}	ljɨ̣^{1}	tśiow^{1}	lwər^{2}	lhejr^{2}	?	ɣạ^{2}	njɨɨ^{1}	tsew^{2}
大	宝	积	经	典	卷	十	二	第

《大宝积经》卷第十二

汉文本

又问："设无所语，为何所教？"

答曰："教无所教。"

又问："何谓教无所教？"

答曰："一切诸法悉无所教。"

又问："说无所教，云何知之？"

答曰："设无所教，所知若斯。"

又问："云何教所知？"

答曰："不问所知。"

又问："云何不问所知？"

答曰："识无放逸。"

又问："何谓识无放逸？"

答曰："自归要谊。"

又问："何谓自归要谊？"

答曰："不见无谊。"

又问："何谓不见无谊？"

答曰："不以于谊，亦非无谊，乃曰为谊。"

又问："何谓不以于谊，亦非无谊，乃曰谊乎？"

答曰:“其不以谊,亦非无谊,彼则进谊。”

又问:“若以无谊,不成法义乎?”

答曰:“其法义者,云何义乎? 所以者何? 其趣谊者则为非法,不成为法。”

又问:“何谓为法?”

答曰:“法无音响,乃曰为法。”

又问:“法无音响,何谓为法?”

答曰:“其于彼法无有文字,乃曰为法。其无所得,彼法无音,无有言词。”

又问密迹:“何谓所逮?”

答曰:“族姓子,如所可逮,是乃名曰一切无逮,离于所得。”

又问密迹:“是日我所逮得如来,其习诸法乃能逮得。”又问:“岂能寂然吾我之心! 一切所宣智慧之明,因其文字宣如来业,不以无逮,不以当逮。”又问:“其所逮者,何所不可?”

答曰:“口之所说,为不可也。”

又问:“口之所说,心倚文字,则为不可。”又问:“何谓为可?”

答曰:“其无所逮,彼无所教;其无所教知则不自知,不知他人;其不自知,不知他人,乃曰为可。”

又问:“不可谁为是本? 可谁为是本?”

答曰:“所受是本。”

又问:“所受谁是其本?”

答曰:“所倚为本。”

又问:“所倚谁是其本?”

答曰:“虚伪妄想即是其本。”

又问:“虚伪妄想谁是其本?”

答曰:“虚伪妄想,尘劳是本。”

又问:“虚伪妄想尘劳何所是本?”

答曰:“慕著是本。”

又问:“慕著何所是本?”

答曰:“色、声、香、味、细滑所著是本。”

又问:“何所著本?”

答曰:“恩爱结集是曰著本。于是诸著而无所慕,乃曰无著。是为,寂意,诸恩爱结求于所著,永无所著,诸佛世尊为班宣法。”

重说是法,授密迹金刚力士决时,五百比丘众漏尽意解,二百菩萨得无所从生法忍。

《大宝积经》第十二卷

西夏文《大宝积经》

·卷十三·

《密迹金刚力士会》

第三之六整理与研究

内容和版本介绍

西夏文《大宝积经》卷十三《密迹金刚力士会》第三之六为西夏文《大宝积经》第三会之第六品，西晋三藏竺法护译。下面的录文主要据《俄藏黑水城文献》刊布的编号404加以录文和解读，该卷版式：纸幅33厘米×12厘米，版框高26.1厘米，共计30折，每折6行，每行19字，文献前半部分残缺。

文本释读

13.1.6

…… [illegible]

…… so̜^{1} zjo̜^{2} tśjɨ^{1} tsjij^{2} ·wjɨ^{2} rar^{2} mjij^{2} ljij^{2} mjor^{1} dźjiij^{1} sej^{1} ljɨ^{1}

…… 三 世 解 达， △ 去 未 来 现 在 净 也。

"……解达三世，净过去来今①。

13.2.1

[illegible]

·jar^{1} tja^{1} ɣiej^{1} dźjar^{2} ljij^{2} nioow^{1} ɣie̜^{2} lu̜^{2} mji^{1}

八 者， 真 谛 见 因， 障 碍 不

[illegible]

dju^{1} gjiɨ^{1} tja^{1} tśja^{1} sjwɨj^{1} śjij^{1} dźjij^{1} tsjiir^{1} ŋowr^{2}

有； 九 者， 道 业 遵 行， 法 一

八曰②，以真谛见，无所障碍；九曰，遵奉道业，入一切法；

13.2.2

[illegible]

ŋowr^{2} ·o^{2} ɣa̜^{2} tja^{1} rjur^{1} tsjiir^{1} ŋowr^{2} ŋowr^{2} zji^{2}

切 入； 十 者， 诸 法 一 切， 皆

[illegible]

ŋa^{1} ŋwu^{2} nwə^{1} wjɨ^{2} tjɨ^{1} ɣa̜^{2} ŋwu^{2} dwuu^{2} rjar^{2}

空 是 知。 △ 若 十 也。" 密 迹

十曰，一切诸法，皆悉归空。是为十。"密迹

13.2.3

[illegible]

---

① 过去来今，西夏文本译作"[illegible]、[illegible]、[illegible]"，这几个西夏单字有各自的意义，但组合之后，表示过去、现在、未来三种时间状态，如：[illegible]：过去现在未来诸菩萨众（《华严经》卷第四十）。

② 八曰，西夏文本译作"[illegible]"，这里"[illegible]"表示判断，下同。

kię¹ dźja² ɣie¹ mjijr² nioow¹ tha¹ ·jij¹ dạ² ·jɨ²
金 刚 力 士 复 佛 之 言 谓:
“[illegible] [illegible] [illegible] [illegible] [illegible] [illegible], [illegible] [illegible] [illegible]
dźiã² tsjij² zjij¹ zjij¹ tsjiir¹ dju¹ ku¹ tha¹ do²
“菩 萨 几 何 法 有, 则 佛 处

金刚力士复白佛言:“菩萨有几法,闻佛

13.2.4

[illegible] [illegible] [illegible] [illegible] [illegible] [illegible] [illegible], [illegible] [illegible] [illegible]
seew² tshjiij¹ tjị² mjij¹ tsjiir¹ mji¹ zjij¹ kją¹ le² mjij¹
思 议 可 不 法 闻 时, 畏 惧 不
[illegible]?” [illegible] [illegible]: “[illegible] [illegible] [illegible], [illegible] [illegible] [illegible]
ljɨ¹ tha¹ dạ² neew² goor¹ gji² dźiã² tsjij² ·jar¹
也?” 佛 言: “善 男 子, 菩 萨 八

不可思议法,不以恐惧?”佛言:“族姓子,菩萨有八

13.2.5

[illegible] [illegible], [illegible] [illegible] [illegible] [illegible] [illegible] [illegible] [illegible]
tsjiir¹ dju¹ ku¹ tha¹ do² seew² tshjiij¹ tjị² mjij¹
法 有, 则 佛 处 思 议 可 不
[illegible] [illegible] [illegible], [illegible] [illegible] [illegible] [illegible]。 [illegible] [illegible]
tsjiir¹ mji¹ zjij¹ kją¹ le² mjij¹ ljɨ¹ ·jar¹ tja¹
法 闻 时, 恐 惧 无 也。 八 者

法,闻佛不可思议,心无恐惧?① 何谓为八?

13.2.6

[illegible] [illegible]? [illegible] [illegible], [illegible] [illegible] [illegible] [illegible], [illegible]
thjij² sjo² lew¹ tja¹ rjɨr² wji¹ tśhja² ·ioow¹ ·ju²
何 云? 一 者, 所 为 德 功, 常
[illegible] [illegible] [illegible]; [illegible] [illegible], [illegible] [illegible] [illegible] [illegible],

① 闻佛不可思议,心无恐惧,西夏文本译作“闻佛不可思议法时,不恐惧也”。

ɣwə^{2} dźjwa^{1} njwi^{2} njɨɨ^{1} tja^{1} ·a^{0} njiij^{1} śjā^{1} djɨj^{2}

至 毕 能； 二 者， 一 心 禅 定，

一曰，所造功德，常能究竟①；二曰，一心禅思，

13.3.1

[illegible]

ŋewr^{1} khiee^{1} mji^{1} dju^{1} sọ^{1} tja^{1} neew^{2} nwə^{1} sjij^{2}

杂 乱 不 有； 三 者， 善 知 觉

[illegible]

·jij^{1} ɣie^{2} lew^{2} we^{2} ljɨɨr^{1} tja^{1} njiij^{1} ·ju^{2} na^{1}

之 益 当 为； 四 者， 心 常 深

畅达不乱②；三曰，以为善友，而见将顺③；四曰，心常笃信，

13.3.2

[illegible]

dźiej^{2} zji^{2} thjoo^{1} tsjiir^{1} dzu^{1} ŋwə^{1} tja^{1} rjur^{1} tsjiir^{1}

信 最 妙 法 爱； 五 者， 诸 法

[illegible]

ŋowr^{2} ŋowr^{2} zji^{2} wjị^{1} djiij^{1} sju^{2} tsjij^{2} tśhjiw^{1} tja^{1}

一 切 皆 变 化 如 解； 六 者，

乐微妙法；五曰，以解诸法，悉如幻化④；六曰，

13.3.3

[illegible]

tsjiir^{1} ŋowr^{2} ŋowr^{2} seew^{2} tshjiij^{1} tjị^{2} mjij^{1} śjạ^{1} tja^{1}

法 一 切 思 议 可 不； 七 者，

[illegible]

rjur^{1} tsjiir^{1} śjɨj^{1} ·jiw^{2} tjị^{2} mjij^{1} tshọ^{2} ŋa^{1} ·o^{2}

诸 法 成 就 可 不， 虚 空 入

---

① 究竟，西夏文本译作“[illegible]”，字面意为“毕至”，但从文献中所见，西夏人还用“[illegible]”翻译“究竟”。
② 一心禅思，畅达不乱，西夏文本译作“一心禅思不有杂乱”。
③ 以为善友，而见将顺，西夏文本译作“当为善知觉之益”。
④ 以解诸法，悉如幻化，西夏文本译作“解诸法，一切皆如变化”。

晓一切法，不可思议①；七曰，而了诸法不可成就②，犹入虚空；

13.3.4

[illegible]	[illegible]；	[illegible]	[illegible]，	[illegible]	[illegible]	[illegible]	[illegible]，	[illegible]
sju^{2}	tsjij^{2}	·jar^{1}	tja^{1}	rjur^{1}	tsjiir^{1}	ŋowr^{2}	ŋowr^{2}	lhạ^{2}
如	了；	八	者，	诸	法	一	切，	惑
[illegible]	[illegible]	[illegible]，	[illegible]	[illegible]	[illegible]	[illegible]	[illegible]。	[illegible]
ŋewr^{1}	śja^{1}	wjạ^{2}	tshọ^{2}	dź-	·jij^{1}	·jij^{1}	tshjii^{1}	wjɨ^{2}
狂	放	逸，	虚	伪	相	之	谓。	△

八曰，畅③一切法，狂惑放逸，虚伪之相。

13.3.5

[illegible]	[illegible]	[illegible]。"	[illegible]	[illegible]	[illegible]	[illegible]	[illegible]	[illegible]
tjɨ^{1}	·jar^{1}	ŋwu^{2}	dwuu^{2}	rjar^{2}	kię^{1}	dźja^{2}	ɣie^{1}	mjijr^{2}
若	八	也。"	密	迹	金	刚	力	士
[illegible]	[illegible]	[illegible]	[illegible]	[illegible]：	"[illegible]	[illegible]	[illegible]	[illegible]
nioow^{1}	tha^{1}	·jij^{1}	dạ^{2}	·jɨ^{2}	dźiã^{2}	tsjij^{2}	thjij^{2}	sjo^{2}
复	佛	之	言	谓：	"菩	萨	何	谓

是为八。"密迹金刚力士复白佛言④："何谓菩萨

13.3.6

[illegible]	[illegible]	[illegible]	[illegible]	[illegible]，	[illegible]	[illegible]	[illegible]	[illegible]
tśhja^{2}	mjijr^{2}	·jij^{1}	dạ^{2}	sjwɨj^{1}	tsjiir^{1}	ŋowr^{2}	ŋowr^{2}	ɣa^{2}
德	者	之	事	业，	法	一	切	上
[illegible]	[illegible]	[illegible]	[illegible]？"	[illegible]	[illegible]：	"[illegible]	[illegible]	
·jij^{1}	dzju^{2}	rjir^{1}	ljɨ^{1}	tha^{1}	dạ^{2}	dźiã^{2}	tsjij^{2}	
自	在	得	也？"	佛	言：	"菩	萨	

而得自在，于一切业开士之法⑤？"佛言："菩萨

① 晓一切法，不可思议，西夏文本译作"一切法不可思议"，脱"晓"字。
② 而了诸法不可成就，西夏文本少了"而"。
③ 畅，畅言之意。用西夏文"[illegible]"(说)与之对译。
④ 复白佛言，西夏文本译作"复佛之言"。
⑤ 于一切业开士之法，西夏文本译作"于一切法上得自在也"。

13.4.1

[illegible]	[illegible]	[illegible]	[illegible]	[illegible]	[illegible]	[illegible]	[illegible]。	[illegible]
ljɨɨr^{1}	tsjiir^{1}	dju^{1}	ku^{1}	·jij^{1}	dzju^{2}	rjir^{1}	ljɨ^{1}	ljɨɨr^{1}
四	法	有	则	自	在	得	也。	四
[illegible]	[illegible]	[illegible]？	[illegible]	[illegible]，	[illegible]	[illegible]	[illegible]	[illegible]
tja^{1}	thjij^{2}	sjo^{2}	lew^{1}	tja^{1}	wjɨ̣^{1}	sju^{2}	sã^{1}	mej^{2}
者	何	谓？	一	者，	幻	如	三	昧

有四事法而得自在。何谓为四？一曰，遵行如幻三昧，

13.4.2

[illegible]	[illegible]，	[illegible]	[illegible]	[illegible]	[illegible]，	[illegible]	[illegible]	[illegible]	[illegible]
djọ^{2}	dźjij^{1}	tsjiir^{1}	ŋowr^{2}	ŋowr^{2}	tshjiij^{1}	ŋwə^{1}	mee^{2}	mjijr^{2}	·o^{2}
遵	行，	法	一	切	畅，	五	神	通	入
[illegible]	[illegible]	[illegible]	[illegible]；	[illegible]	[illegible]，	[illegible]	[illegible]	[illegible]	
gjiij^{1}	dzjịj^{1}	lja^{1}	lho^{0}	njɨɨ^{1}	tja^{1}	sọ^{1}	bie^{2}	lhew^{2}	
超	越	度	过；	二	者，	三	解	脱	

畅一切法，入五神通而特超越；二曰，以三脱门过于四禅；

13.4.3

[illegible]	[illegible]	[illegible]	[illegible]	[illegible]；	[illegible]	[illegible]，	[illegible]	[illegible]
ɣa^{1}	ljɨɨr^{1}	śjā^{1}	su^{1}	dzjịj^{1}	sọ^{1}	tja^{1}	sjij^{2}	po^{1}
门	四	禅	于	过；	三	者，	智	波
[illegible]	[illegible]	[illegible]	[illegible]	[illegible]	[illegible]	[illegible]；	[illegible]	[illegible]，
lo^{1}	bjii^{2}	ŋwu^{2}	ljɨɨr^{1}	xiwā^{1}	dźjɨ^{0}	djọ^{2}	ljɨɨr^{1}	tja^{1}
罗	密	也	四	梵	行	修；	四	者，

三曰，以智度无极①修四梵行；四曰，

13.4.4

[illegible]	[illegible]	[illegible]	[illegible]	[illegible]	[illegible]	[illegible]	[illegible]	[illegible]

① 度无极，西夏文本用“[illegible]”对译，[illegible]：报、[波]、[宝]；[illegible]：[郎]、[罗]；[illegible]：毫、显、[蜜]；三字构词译为“波罗蜜”，为梵文之音译，可意译为“度无极”“到彼岸”“事究竟”。

tśier[1]	·ju[2]	neew[2]	ɣjɨr[1]	dźjij[1]	tśhjiw[1]	po[1]	lo[1]	bjii[2]
方	便	善	权	行	六	波	罗	极密
[illegible]。	[illegible]	[illegible]	[illegible]	[illegible]。”	[illegible]	[illegible]	[illegible]	[illegible]
ŋowr[2]	wjɨ[2]	tjɨ[1]	ljɨɨr[1]	ŋwu[2]	dwuu[2]	rjar[2]	kię[1]	dźja[2]
全。	△	若	四	也。”	密	迹	金	刚

行权①方便具六度无极。是为四。”密迹金刚

13.4.5

[illegible]	[illegible]	[illegible]	[illegible]	[illegible]	[illegible]	[illegible]：	“[illegible]	[illegible]
ɣie[1]	mjijr[2]	nioow[1]	tha[1]	·jij[1]	dạ[2]	·jɨ[2]	dźiã[2]	tsjij[2]
力	士	复	佛	之	言	谓：	“菩	萨
[illegible]	[illegible]	[illegible]	[illegible]	[illegible]	[illegible]	[illegible]	[illegible]	[illegible]？”
zjịj[1]	zjịj[1]	tsjiir[1]	dźjij[2]	ku[1]	tsjiir[1]	ɣa[1]	·o[2]	ljɨ[1]
几	何	法	有	则	法	门	入	也？”

力士复白佛言：“菩萨有几法入于法门？”

13.4.6

[illegible]	[illegible]②：	“[illegible]	[illegible]	[illegible]，	[illegible]	[illegible]	[illegible]	[illegible]
tha[1]	dạ[2]	neew[2]	goor[1]	gji[2]	dźiã[2]	tsjij[2]	ljɨɨr[1]	dạ[2]
佛	事：	“善	男	子，	菩	萨	四	事
[illegible]	[illegible]，	[illegible]	[illegible]	[illegible]	[illegible]	[illegible]。	[illegible]	[illegible]
tsjiir[1]	dju[1]	ku[1]	tsjiir[1]	ɣa[1]	·o[2]	ljɨ[1]	ljɨɨr[1]	tja[1]
法	有，	则	法	门	入	也。	四	者

佛言：“族姓子，菩萨有四事法，入于法门。何谓为四？

13.5.1

[illegible]	[illegible]？	[illegible]	[illegible]，	[illegible]	[illegible]	[illegible]	[illegible]，	[illegible]
thjij[2]	sjo[2]	lew[1]	tja[1]	śjā[1]	djịj[2]	ɣa[2]	·o[2]	dźiã[2]
何	云？	一	者，	禅	定	处	入，	众
[illegible]	[illegible]	[illegible]	[illegible]	[illegible]	[illegible]	[illegible]	[illegible]	[illegible]

① 行权，西夏文本译作“[illegible]”，字面意为“善作行”“善权”，下同。

② [illegible]，与字义不和，疑为通假，当作“[illegible] dạ[2]”。

tśhju^{1}	ŋowr^{2}	ŋowr^{2}	·jij^{1}	mər^{2}	tśhji^{2}	to^{2}	zji^{2}	dźju^{1}
生	一	切	之	本	根	尽	皆	分

一曰，入禅思门①，具足晓了一切众生根本；

13.5.2

[illegible]；	[illegible]	[illegible]，	[illegible]	[illegible]	[illegible]	[illegible]，	[illegible]	[illegible]
sjwij^{1}	njɨɨ^{1}	tja^{1}	sjij^{2}	źjɨr^{1}	ɣa^{2}	·o^{2}	gjwi^{2}	dzwə^{1}
明；	二	者，	智	慧	而	入，	句	章
[illegible]	[illegible]	[illegible]	[illegible]	[illegible]	[illegible]，	[illegible]	[illegible]	[illegible]
wo^{2}	tshwew^{1}	ŋowr^{2}	ŋowr^{2}	phjo^{2}	kar^{2}	·ji^{1}	·jij^{1}	tshjiij^{1}
理	趣	一	切	分	别，	众	之	说

二曰，入智慧门，分别一切章句义理，为众敷演②；

13.5.3

[illegible]；	[illegible]	[illegible]，	[illegible]	[illegible]	[illegible]	[illegible]，	[illegible]	[illegible]
wji^{1}	sọ^{1}	tja^{1}	zji^{2}	·jiij^{1}	ɣa^{2}	·o^{2}	·jiij^{1}	lew^{2}
为；	三	者，	总	持	处	入，	执	所
[illegible]	[illegible]	[illegible]	[illegible]	[illegible]	[illegible]；	[illegible]	[illegible]，	[illegible]
ŋowr^{2}	ŋowr^{2}	·ju^{2}	lə^{0}	mji^{1}	mjɨ^{2}	ljɨɨr^{1}	tja^{1}	nwə^{0}
一	切	常	念	不	忘；	四	者，	辩

三曰，入总持门，一切所执常念不忘；四曰，

13.5.4

[illegible]	[illegible]	[illegible]，	[illegible]	[illegible]	[illegible]	[illegible]	[illegible]	[illegible]
ŋwo^{2}	ɣa^{2}	·o^{2}	thjɨ^{2}	ŋwu^{2}	rjur^{1}	dźiã^{2}	tśhju^{1}	·jij^{1}
才	处	入，	此	以	诸	众	生	之
[illegible]	[illegible]	[illegible]	[illegible]。	[illegible]	[illegible]	[illegible]	[illegible]。”	[illegible]
njiij^{1}	ljɨj^{2}	phji^{1}	njwi^{2}	wjɨ^{2}	tjɨ^{1}	ljɨɨr^{1}	ŋwu^{2}	dwuu^{2}
心	悦	令	能。	△	若	四	也。”	密

入辩才门，因能悦诸众生心。是为四。”密

① 禅思门，西夏文本译作“[illegible]”，字面意思为“禅定处”。
② 为众敷演，西夏文本译作“为众之语”。

13.5.5

[illegible]	[illegible]	[illegible]	[illegible]	[illegible]	[illegible]	[illegible]	[illegible]	[illegible]
rjar^2	kię^1	dźja^2	ɣie^1	mjijr^2	nioow^1	tha^1	·jij^1	dạ^2
迹	金	刚	力	士	复	佛	之	言
[illegible]:	“[illegible]	[illegible]	[illegible]	[illegible]	[illegible]	[illegible]	[illegible]	[illegible]
·jɨ^2	dźiã^2	tsjij^2	zjij^1	zjij^1	ɣie^1	dźjij^2	ku^1	tśhja^2
谓:	“菩	萨	几	何	力	有	则	德

迹金刚力士复白佛言:“菩萨有几力致开

13.5.6

[illegible]	[illegible]	[illegible]?	[illegible]	[illegible]	[illegible]	[illegible],	[illegible]	[illegible]
mjijr^2	dźjɨ^0	rjir^1	nioow^1	thja^1	tśja^1	ɣie^1	·jar^2	njwi^2
士	行	得?	又	彼	道	力,	伏	能
[illegible]	[illegible],	[illegible]	[illegible]	[illegible]	[illegible]	[illegible]	[illegible]	[illegible]。”
mjijr^2	mjij^1	thjij^2	sjo^2	·ji^1	ljiij^2	·jij^1	·jar^2	ljɨ^1
者	无,	何	云	众	魔	之	伏	也。”

士行①? 又斯道力,无能当者降伏众魔。”

13.6.1

[illegible]	[illegible]:	“[illegible]	[illegible]	[illegible],	[illegible]	[illegible]	[illegible]	[illegible]
tha^1	dạ^2	neew^2	goor^1	gji^2	dźiã^2	tsjij^2	·jar^1	ɣie^1
佛	言:	“善	男	子,	菩	萨	八	力
[illegible],	[illegible]	[illegible]	[illegible]	[illegible]	[illegible]	[illegible]	[illegible]	[illegible]
dźjij^2	ku^1	·jar^2	njwi^2	mjijr^2	mjij^1	·ji^1	ljiij^2	·jij^1
有,	则	伏	能	者	无	众	魔	之

佛言:“族姓子,菩萨有八力,莫能当者降伏众魔。

13.6.2

[illegible]	[illegible]	[illegible]。	[illegible]	[illegible]	[illegible]	[illegible]?	[illegible]	[illegible],	[illegible]
·jar^2	njwi^2	ljɨ^1	·jar^1	tja^1	thjij^2	sjo^2	lew^1	tja^1	tśja^1

① 开士行,西夏文本译作“[illegible]”,字面意思为“德士行”。

伏	能	也。	八	者	何	云？	一	者，	道
[illegible]	[illegible]	[illegible]	[illegible]	[illegible]	[illegible]；	[illegible]	[illegible]，	[illegible]	
njiij^{1}	ɣie^{1}	tsjiir^{2}	dźjɨ^{0}	gji^{1}	sej^{1}	njɨɨ^{1}	tja^{1}	khu^{1}	
心	力	性	行	清	净；	二	者，	进	

何谓为八？一曰，道心之力性行清净；二曰，精进

13.6.3

[illegible]	[illegible]	[illegible]	[illegible]	[illegible]	[illegible]	[illegible]；	[illegible]	[illegible]，
dźjij^{1}	dźjɨ^{0}	ɣie^{1}	mji^{1}	lhjii^{1}	lhjwo^{1}	ljɨ^{1}	sọ^{1}	tja^{1}
精	行	力	不	转	退	也；	三	者，
[illegible]	[illegible]	[illegible]	[illegible]	[illegible]	[illegible]	[illegible]	[illegible]	[illegible]；
rejr^{2}	mji^{1}	dźjɨ^{0}	ɣie^{1}	zji^{2}	buu^{2}	źjɨr^{1}	dźjij^{1}	ljɨ^{1}
博	闻	行	力	极	胜	慧	行	也；

行力而不退转；三曰，博闻行力奉无极慧；

13.6.4

[illegible]	[illegible]，	[illegible]	[illegible]	[illegible]	[illegible]	[illegible]	[illegible]	[illegible]
ljɨɨr^{1}	tja^{1}	no^{2}	zeew^{2}	dźjɨ^{0}	ɣie^{1}	dźiã^{2}	tśhju^{1}	tśhju^{1}
四	者，	忍	辱	行	力	众	生	之
[illegible]	[illegible]；	[illegible]	[illegible]，	[illegible]	[illegible]	[illegible]	[illegible]	[illegible]
·wejr^{2}	ljɨ^{1}	ŋwə^{1}	tja^{1}	wee^{1}	lẹw^{2}	mjij^{1}	ɣie^{1}	tshjạ^{1}
护	也；	五	者，	生	所	无	力	瞋

四曰，忍辱①行力护众生故；五曰，无所生力不怀瞋恚；

13.6.5

[illegible]	[illegible]	[illegible]	[illegible]	[illegible]	[illegible]	[illegible]	[illegible]	[illegible]
kwow^{2}	mjij^{1}	ljɨ^{1}	tśhjiw^{1}	tja^{1}	mji^{1}	tshọ^{2}	lạ^{1}	ɣie^{1}
恚	不	也；	六	者	不	虚	妄	力
[illegible]	[illegible]	[illegible]	[illegible]	[illegible]；	[illegible]	[illegible]，	[illegible]	[illegible]
bie^{2}	lhew^{2}	ŋowr^{2}	lhə^{0}	ljɨ^{1}	śjạ^{1}	tja^{1}	tśja^{1}	djọ^{2}

---

① [illegible][illegible]，字面意思为“安忍”，与汉文本“忍辱”对译，梵文原词 Kṣānti，音译作“羼提”，六波罗蜜之一，忍受诸侮辱恼害而无怨恨也。上文有音译为“羼提波罗蜜”。

解	脱	具	足	也;	七	者,	道	修

六曰,不虚妄力具足解脱;七曰,

13.6.6

[illegible]	[illegible]	[illegible]	[illegible]	□	[illegible]	[illegible];	[illegible]	[illegible],
dźjɨ^{0}	ɣie^{1}	sjij^{2}	źjɨr^{1}	□	dzjɨ̣^{2}	ljɨ^{1}	·jar^{1}	tja^{1}
行	力	智	慧	□	俱	也;	八	者,
[illegible]	[illegible]	[illegible]	[illegible]	[illegible]	[illegible]	[illegible]	[illegible]。	[illegible]
ljij^{2}	wjuu^{1}	ɣie^{1}	ŋwu^{2}	dźiã^{2}	tśhju^{1}	dzju^{1}	dzjiij^{2}	wjɨ^{2}
大	悲	力	以	众	生	开	化。	△

修道行力备悉智慧;八曰,以大哀力开化众生。

13.7.1

[illegible]	[illegible]	[illegible]。”	[illegible]	[illegible]	[illegible]	[illegible]	[illegible],	[illegible]
tjɨ^{1}	·jar^{1}	ŋwu^{2}	tha^{1}	thjɨ^{2}	tsjiir^{1}	tshjiij^{1}	zjọ^{2}	dwuu^{2}
若	八	也。”	佛	此	法	说	时,	密
[illegible]	[illegible]	[illegible]	[illegible]	[illegible]	[illegible]	[illegible]	[illegible]	[illegible],
rjar^{2}	kię^{1}	dźja^{2}	ɣie^{1}	mjijr^{2}	nioow^{1}	ŋwə^{1}	·jir^{2}	gji^{2}
迹	金	刚	力	士	又	五	百	子,

是为八。”佛说是法时,密迹金刚力士及五百子,

13.7.2

[illegible]	[illegible]	[illegible]	[illegible]	[illegible]	[illegible]	[illegible]	[illegible]	[illegible]。	[illegible]
zji^{2}	wee^{1}	mjij^{1}	tsjiir^{1}	zeew^{2}	rjir^{2}	tsjiir^{1}	zeew^{2}	rjir^{1}	nioow^{1}
皆	生	无	法	忍	得	法	忍	得。	又
[illegible]	[illegible]	[illegible]	[illegible]:	“[illegible]	[illegible]	[illegible]	[illegible],	[illegible]	
tha^{1}	·jij^{1}	dạ^{2}	·jɨ^{2}	lew^{1}	tji^{1}	ljij^{2}	śjɨj^{2}	thjɨ^{2}	
佛	之	言	谓:	“唯	愿	大	圣,	此	

悉逮得无所从生法忍,以得法忍。前白佛言:“唯愿大圣,

13.7.3

[illegible]	[illegible]	[illegible]	[illegible]	[illegible]	[illegible]	[illegible]	[illegible]	[illegible]

·jar^{1}	tsjiir^{1}	bju^{1}	thjɨ^{2}	lwər^{2}	lhejr^{2}	·jij^{1}	mə^{1}	khju^{1}
八	法	依	此	经	典	之	天	下
□	□，	□	□	□	□	□，	□	□
rjijr^{2}	deej^{1}	ŋa^{2}	njɨ^{2}	·jij^{1}	njij^{2}	śjow^{1}	thjɨ^{2}	dwuu^{2}
愿	传，	我	等	之	慈	悲，	此	密

依此八法经典之要，使流天下，用愍我等①。

13.7.4

□	□	□	□	□	□	□	□	□
rjar^{2}	mjii^{1}	ŋwu^{2}	thja^{1}	śjij^{1}	wjij^{2}	thjɨ^{2}	mər^{2}	nioow^{1}
迹	宫	以	自	然	以	此	本	因
□	□	□	□，	□	□	□	□。	
bji^{1}	swew^{1}	njɨ^{2}	swew^{1}	mjor^{1}	ljij^{2}	gju^{1}	dzjar^{2}	
光	明	遍	照，	如	来	渡	灭。	

是密迹宫使自然广，以是德本光明普照②，如来灭已。

13.7.5

□	□	□	□	□	□	□	□	□
nioow^{1}	rjijr^{2}	rjur^{1}	rjijr^{2}	deej^{1}	tśjo^{0}	kjɨ^{1}	bu^{1}	dji̦^{1}
后	方	诸	愿	传	永	△	没	沉
□。	□	□，	□	□	□	□	□	
dzjar^{2}	tśhjɨ^{1}	zjo̦^{2}	rjur^{1}	pju̦^{1}	dwuu^{2}	rjar^{2}	rjur^{1}	
尽。	尔	时，	世	尊	密	迹	诸	

令便流布而不没尽。"于时③，世尊睹密迹诸

13.7.6

□	□	□	□	□	□	□	□④	□。
gji^{2}	njɨ^{2}	·jij^{1}	njiij^{1}	tji̦^{1}	pjwɨɨr^{1}	ɣju^{1}	djij^{2}	ljij^{2}

① 依此八法经典之要，使流天下，用愍我等，西夏文本译作"以是八法经典之要，我等慈悲"。

② 以是德本光明普照，西夏文本译作"因此本光明普照"。

③ 于时，西夏文本译作"尔时"。

④ □，可与汉文本"然"对译。"□"在西夏语中为表示转折关系的连词，常用于复句中前一小句句末，相当于汉语的"虽""然则"。

子	等	之	心	归	劝	召	△	看。
[illegible]	[illegible]	[illegible]	[illegible]	[illegible]	[illegible]	[illegible]	[illegible]	[illegible]
tha[1]	dwuu[2]	rjar[2]	kię[1]	dźja[2]	ɣie[1]	mjijr[2]	·jij[1]	·jɨ[2]
佛	密	迹	金	刚	力	士	之	谓:

子等心中所念劝助启佛①。佛告密迹金刚力士:

汉文本

…………

解达三世,净过去来今;八曰,以真谛见,无所罣碍;九曰,遵奉道业,入一切法;十曰,一切诸法,皆悉归空。是为十。"

密迹金刚力士复白佛言:"菩萨有几法,闻佛不可思议法,不以恐惧?"

佛言:"族姓子,菩萨有八法,闻佛不可思议,心无恐惧。何谓为八?一曰,所造功德,常能究竟;二曰,一心禅思,畅达不乱;三曰,以为善友,而见将顺;四曰,心常笃信,乐微妙法;五曰,以解诸法,悉如幻化;六曰,晓一切法,不可思议;七曰,而了诸法不可成就,犹入虚空;八曰,畅一切法,狂惑放逸,虚伪之相。是为八。"

密迹金刚力士复白佛言:"何谓菩萨而得自在,于一切业开士之法?"

佛言:"菩萨有四事法而得自在。何谓为四?一曰,遵行如幻三昧,畅一切法,入五神通而特超越;二曰,以三脱门过于四禅;三曰,以智度无极修四梵行;四曰,行权方便,具六度无极。是为四。"

密迹金刚力士复白佛言:"菩萨有几法入于法门?"

佛言:"族姓子,菩萨有四事法,入于法门。何谓为四?一曰,入禅思门,具足晓了一切众生根本;二曰,入智慧门,分别一切章句义理,为众敷演;三曰,入总持门,一切所执常念不忘;四曰,入辩才门,因能可悦诸众生心。是为四。"

密迹金刚力士复白佛言:"菩萨为有几力致开士行?又斯道力,无能当者降伏众魔。"

佛言:"族姓子,菩萨有八力,莫能当者降伏众魔。何谓为八?一曰,道心之力性行清净;二曰,精进行力而不退转;三曰,博闻行力奉无极慧;四曰,忍辱行力护众生故;五曰,无所生力不怀瞋恚;六曰,不虚妄力具足解脱;七曰,修道行力备悉智慧;八曰,以大哀力开化众生。是为八。"

佛说是法时,密迹金刚力士及五百子,悉逮得无所从生法忍,以得法忍。前白佛言:"唯愿大圣,以此八法经典之要,使流天下,用愍我等。是密迹宫使自然广,以是德本光明普照,如来灭已。令遍流布而不没尽。"

于时,世尊睹密迹诸子等心中所念劝助启佛。佛告密迹金刚力士:

13.8.1

"[illegible] [illegible] [illegible] [illegible] [illegible] [illegible] [illegible] [illegible], [illegible]

① 世尊睹密迹诸子等心中所念劝助启佛,西夏文本译作"世尊睹密迹诸子等心中所念劝",脱"助启佛"三字。

dwuu^{2}	rjar^{2}	nji^{2}	rjur^{1}	ŋwəə^{1}	gjwi^{2}	ɣiwej^{1}	·jiij^{1}	ŋa^{2}
“密	迹	汝	诸	章	句	授	任，	我
[illegible]	[illegible]	[illegible]	[illegible]	[illegible]	[illegible]	[illegible]	[illegible]	[illegible]
pjɨ^{1}	njwo^{2}	rjur^{1}	dźiã^{2}	tsjij^{2}	rjir^{2}	po^{1}	tjɨj^{1}	phu^{2}
昔	往	诸	菩	萨	与	菩	提	树

“密迹堪任斯诸章句。我诣佛树下①，汝于彼时与诸菩萨。

13.8.2

[illegible]	[illegible]，	[illegible]	[illegible]	[illegible]	[illegible]，	[illegible]	[illegible]	[illegible]
khju^{1}	dźjiij^{1}	ljiij^{2}	gja^{1}	ljij^{2}	zjọ^{2}	nji^{2}	thja^{1}	ŋwəə^{1}
下	伫，	魔	将	来	进，	汝	彼	咒
[illegible]	[illegible]	[illegible]，	[illegible]	[illegible]	[illegible]	[illegible]	[illegible]	[illegible]，
gjwi^{2}	lə^{0}	tshjɨɨ^{1}	mjijr^{2}	dar^{1}	sjwɨ^{1}	sjiij^{2}	pjụ^{1}	ɣie^{1}
语	念	诵，	通	达	思	虑	威	势，

魔将兵来，卿以威势，至拥护我故降魔兵，即时想念讽诵通利②。

13.8.3

[illegible]	[illegible]	[illegible]	[illegible]	[illegible]	[illegible]	[illegible]	[illegible]	[illegible]
ŋwu^{2}	ŋa^{2}	·jij^{1}	tśjụ^{1}	·wejr^{2}	nioow^{1}	ljiij^{2}	gja^{1}	dja^{2}
以	我	之	拥	护	故	魔	军	已
[illegible]。	[illegible]	[illegible]	[illegible]	[illegible]	[illegible]	[illegible]	[illegible]	[illegible]
sar^{2}	thjɨ^{2}	wjɨ^{2}	tsjɨ^{1}	kụ^{1}	lja^{1}	mjiij^{2}	tsjiir^{1}	kha^{1}
散。	此	刻	亦	将	来	末	法	中

今复当护将来末世，令法流布，

13.8.4

[illegible]	[illegible]	[illegible]	[illegible]	[illegible]	[illegible]	[illegible]	[illegible]	[illegible]
thjɨ^{2}	lwər^{2}	lhejr^{2}	·jã^{1}	xu^{1}	thji^{1}	·u^{2}	śja^{1}	rjijr^{2}
此	经	典	阎	浮	提	中	十	方
[illegible]	[illegible]	[illegible]	[illegible]	[illegible]	[illegible]，	[illegible]	[illegible]	[illegible]

① 我诣佛树下，西夏文本译作“昔我诸菩萨在菩提树下”。

② 此句西夏文本译时打乱顺序，作“魔将兵来，汝念诵咒语，卿以威势，至拥护我故降魔兵”。

rjur^1	rjur^1	wạ^2	rjijr^2	deej^1	dźjịj^1	thja^1	lwər^2	lhejr^2
诸	多	宏	愿	传	行，	彼	经	典

遍阎浮利周于十方①，

13.8.5

[illegible]	[illegible]	[illegible]	[illegible]	[illegible]，	[illegible]	[illegible]	[illegible]	[illegible]
tsjiir^1	tśjo^0	śjij^1	djij^2	dźjiij^1	rjur^1	tśja^1	nu^1	do^2
法	永	世	当	存，	诸	道	败	异
[illegible]	[illegible]	[illegible]	[illegible]	[illegible]	[illegible]	[illegible]。”	[illegible]	[illegible]
ɣiew^1	ŋowr^2	ŋowr^2	tsjɨ^1	kjɨ^1	tśhjwɨj^1	rjir^2	nja^2	·jɨ^2
学	一	切	亦	已	禁	止。”	汝	谓

令所施教使法久存②，持制一切诸外异学。”于时，

13.8.6

[illegible]	[illegible]	[illegible]	[illegible]	[illegible]	[illegible]，	[illegible]	[illegible]	[illegible]
dwuu^2	rjar^2	kię^1	dźja^2	ɣie^1	mjijr^2	tha^1	rjur^1	pjụ^1
密	迹	金	刚	力	士，	佛	世	尊
[illegible]	[illegible]	[illegible]	[illegible]	[illegible]，	[illegible]	[illegible]	[illegible]	[illegible]，
do^2	pjwɨɨr^1	dạ^2	wjɨ^2	lhjịj^2	dzuu^2	tjị^2	·a^0	wor^1
处	劝	告	△	受，	坐	所	△	起，

密迹金刚力士，观佛世尊以见劝告③，即从座起，

13.9.1

[illegible]	[illegible]	[illegible]	[illegible]④。	[illegible]	[illegible]	[illegible]	[illegible]，	[illegible]
pjạ^1	phjoo^2	ŋwer^2	mej^1	tśhjɨ^2	rjar^2	gjwi^2	dzwə^1	ŋwəə^1
掌	合	膝	显。	立	便	句	章，	咒
[illegible]	[illegible]	[illegible]：						
ŋwuu^1	rjir^2	tshjiij^1						

---

① 遍阎浮利周于十方，西夏文本译作“[illegible]”，字面意思为“阎浮饮中十方，诸多宏愿传行”。

② 令所施教使法久存，西夏文本译作“彼经法永世有存”。

③ 观佛世尊以见劝告，西夏文本译作“劝告佛世尊承受”。

④ [illegible]，与字义不和，疑为通假，当作“[illegible] mej^1”。

颂　　乃　　曰：

长跪叉手。应时于是言辞章句，用宣咒曰①：

13.9.2

“[illegible]	[illegible]	[illegible]	[illegible]	[illegible]	[illegible]	
xji^1	lji^1	xji^1	ljiw^1	xji^1	ljiw^1	
“稀	黎	稀	留	稀	留	
[illegible]	[illegible]	[illegible]	[illegible]	[illegible]	[illegible]	[illegible]
thja^1	khjow^1	śioo^1	sar^2	twụ^1	rjɨj^2	mej^1
彼	施	聚	散	各	罗	眼

醯黎　休留休留　其强飙聚②　各罗眼

13.9.3

[illegible]	[illegible]	[illegible]	[illegible]	[illegible]	[illegible]	[illegible]	
mju^2	ljɨj^2	bju^1	gjuu^2	zeew^2	ɣie^1	ɣie^1	
动	摇	依	救	忍	力	力	
[illegible]	[illegible]	[illegible]	[illegible]	[illegible]	[illegible]	[illegible]	[illegible]
sji^1	mjij^1	sej^1	khjɨ^2	mej^2	we^2	·ji^1	lji^1
尽	寂	净	鸺	鸱	为	伊	犁

动摇归救　忍力力尽　寂怕作角鸱伊犁③

13.9.4

[illegible]	[illegible]	[illegible]	[illegible]	[illegible]	[illegible]	
gja^1	dźjiij^1	khja^2	lji^1	khja^2	lji^1	
军	住	佉	犁	佉	犁	
[illegible]	[illegible]	[illegible]”	“[illegible]	[illegible]	[illegible]	[illegible]
mji^1	tsjij^1	·wejr^2	buu^2	wee^1	dźjiij^1	lja^1
无	他	护”	“胜	生	住	来

佉丘④　佉犁佉犁　护无择。”“住胜生往

---

① 应时于是言辞章句，用宣咒曰，西夏文本译作“立便章句，乃颂咒曰”。

② 其强飙聚，西夏文本译作“其授聚散”。

③ 寂怕作角鸱伊犁，西夏文本译作“寂净作鸱鸺伊犁”。

④ 佉丘，西夏文本译作“[illegible][illegible]”，字面意思为“军住”。

13.9.5

[illegible]	[illegible]	[illegible],	[illegible]	[illegible]	[illegible]	[illegible],	[illegible]	[illegible]
wjij^{1}	mji^{1}	kjịj^{1}	njij^{2}	ŋwu^{2}	ɣiwej^{1}	lhjịj^{2}	rjur^{1}	·jar^{2}
往	无	经,	慈	以	持	受,	调	御
[illegible]	[illegible]	[illegible]	[illegible]	[illegible]	[illegible]	[illegible],	[illegible]	[illegible]
śjɨj^{1}	·jiw^{2}	thu^{1}	phjij^{1}	·jiij^{1}	dźjwa^{1}	dzjij^{2}	rjur^{1}	mə^{1}
成	就	施	舍	持	毕	已,	诸	天

还无曲,以慈受之,调和成施持已①,诸天

13.9.6

[illegible]	[illegible]	[illegible]、	[illegible]	[illegible]	[illegible]、	[illegible]	[illegible]、	[illegible]
we^{1}	·ju^{1}	nja̩^{1}	khjã^{2}	tha^{2}	pho^{1}	·ju^{1}	dźjar^{2}	tjij^{1}
龙	鬼	神、	乾	闼	婆、	鬼	魅、	若
[illegible]	[illegible]	[illegible]	[illegible],	[illegible]	[illegible]	[illegible]	[illegible],	[illegible]
dzjwo^{2}	mji^{1}	dzjwo^{2}	njɨ^{2}	·ju^{2}	no^{2}	rejr^{2}	rjir^{1}	ŋər^{1}
人	非	人	等,	常	安	乐	得,	山

龙告鬼神、揵沓和、妖魅、若人非人等,常吉安隐②,

13.10.1

[illegible]	[illegible]	[illegible],	[illegible]	[illegible]	[illegible]	[illegible],	[illegible]	[illegible]
njij^{2}	zji^{2}	mju^{2}	mə^{1}	ljɨ̣^{2}	zji^{2}	saar^{1}	nioow^{1}	zjiir^{2}
王	皆	动,	天	地	皆	震,	亦	水
[illegible]	[illegible]	[illegible]	[illegible]。	[illegible]	[illegible]	[illegible],	[illegible]	[illegible]
njij^{2}	·jij^{1}	tsjụ^{1}	pjɨ^{1}	thjɨ^{2}	ŋwəə^{1}	tshjiij^{1}	ku^{1}	tśja^{1}
王	之	扰	边。	此	咒	说,	则	道

动于山王,亦震天地,亦扰水王。用说此咒故,

13.10.2

[illegible]	[illegible]	[illegible]	[illegible],	[illegible]	[illegible]	[illegible]	[illegible],	[illegible]

① 调和成施持已,西夏文本译作"降伏调和成施持已",多了"降伏"。

② 常吉安隐,西夏文本译作"常得安乐"。

nioow^1	·jij^1	rjur^1	·jar^2	tsjiir^1	ljoor^1	swew^1	rjɨj^2	tsjiir^1
又	之	降	伏，	法	炎	曜	光，	法
[illegible]	[illegible]	[illegible]，	[illegible]	[illegible]	[illegible]	[illegible]。”	[illegible]	[illegible]
njij^2	tśjụ^1	·wejr^2	thjɨ^2	gjwi^2	na^1	dźiej^2	thjɨ^2	ŋwəə^1
王	护	佑，	此	句	笃	信。”	此	咒

摄伏外道，法君所救，晃曜法炎，笃信是句。”

13.10.3

[illegible]	[illegible]，	[illegible]	[illegible]	[illegible]	[illegible]	[illegible]	[illegible]	[illegible]
mji^1	nioow^1	rjur^1	mə^1	·ji^1	njɨ^2	·jij^1	twụ^1	ɣię^2
闻	已，	诸	天	众	等	各	各	声
[illegible]	[illegible]	[illegible]	[illegible]	[illegible]：				
to^2	·jow^2	śja^2	dạ^2	tshjiij^1				
举	赞	颂	言	说：				

闻此咒已，诸天众各各举声而叹曰：

13.10.4

“[illegible]	[illegible]	[illegible]	[illegible]	[illegible]	[illegible]	[illegible]	[illegible]
tśhja^2	tsjiir^1	rejr^2	zjij^2	dźjiij^1	sọ^1	tụ^1	tha^1
“正	法	甚	久	住	三	千	佛
[illegible]	[illegible]	[illegible]	[illegible]	[illegible]	[illegible]	[illegible]	
lhjij^2	mju^2	rjur^1	·ji^1	ljwu^2	ŋowr^2	ŋowr^2	
土	动	诸	众	集	一	切	

正法住甚久，动三千佛土，一切众会同①，

13.10.5

[illegible]	[illegible]	[illegible]	[illegible]	[illegible]	[illegible]	[illegible]	[illegible]
dźjwu^1	njij^2	·ju^2	rjir^2	śja^2	bju^1	tjị^1	ku^1
人	王	现	前	显	依	归	则
[illegible]	[illegible]	[illegible]	[illegible]	[illegible]	[illegible]	[illegible]	

① 一切众会同，西夏文本译作“集一切众会”。

dźjar^{2} mjij^{1} thjɨ^{2} kją^{1} le^{2} mjij^{1} mjii^{1}

罪 无 此 畏 恐 无 施

自投人王前①。归命使无罪,施此无恐难,

13.10.6

[illegible]。”

thjɨ^{2} ŋwuu^{1} dạ^{2} ɣiwej^{1} ·jiij^{1} tśhja^{2} tsjiir^{1} tśjo^{0} rjur^{1} dźjiij^{1}

此 言 教 持 受 正 法 永 世 存。”

其持是言教,令正法永存。”

13.11.1

[illegible]

tśhjɨ^{1} zjọ^{2} rjur^{1} pjụ^{1} gjij^{2} njijr^{1} ·ju^{1} njij^{2} lhjij^{2}

尔 时, 世 尊 旷 野 鬼 王 土

[illegible]

·u^{2} dwuu^{2} rjar^{2} kię^{1} dźja^{2} ɣie^{1} mjijr^{2} ·jij^{1} mjii^{1}

中 密 迹 金 刚 力 士 之 宫

尔时,世尊从旷野鬼王土密迹金刚力士宫中,

13.11.2

[illegible]

·u^{2} śją^{1} ·jaar^{2} kjụ^{1} tshwew^{1} wjɨ^{2} ·jiij^{2} ŋewr^{2} mjij^{1}

中, 七 日 供 养 △ 受, 数 无

[illegible]

dźiã^{2} tśhju^{1} ·jij^{1} dzju^{1} dzjiij^{2} śją^{1} ·jaar^{2} wjɨ^{2} lhə^{0}

众 生 之 教 化。 七 日 △ 足,

受供七日,开化无数众生。七日之中②,

13.11.3

[illegible]

① 自投人王前,西夏文本译作“显于人王前”。

② 七日之中,西夏文本译作“七日已足”。

tśhjɨ^{2} rjar^{2} gjij^{2} njijr^{1} dwuu^{2} rjar^{2} mji^{1} ·u^{2} mji^{1}

忽 没 旷 野， 密 迹 不 中 不

蕔 蘶 觧 綖 蘢， 庬 緥 絾 赧

śja^{2} ŋa^{1} gu^{2} wjɨ^{2} śji^{2} rjur^{1} dźiã^{2} tsjij^{2} njɨ^{2}

现 空 中 △ 诣， 诸 菩 萨 等

忽没旷野，踊在虚空①，与诸菩萨

13.11.4

㦍 稖 蘐 纊。 蒳 䝐 履 庬 牋

nioow^{1} ɣię^{2} mji^{1} ·ji^{1} rjir^{2} śiə^{1} śio^{1} rjur^{1} mə^{1}

又 声 闻 众。 与 引 导 诸 天

黼 黼 禠 緉 紣 敽 㦍 纠 纊

ŋowr^{2} ŋowr^{2} zji^{2} gu^{2} tha^{1} lji̠^{1} nioow^{1} śjɨj^{2} ·ji^{1}

一 切 普 共 佛 及 又 圣 众

及声闻众。一切诸天上普共供养佛及圣众，

13.11.5

緢 蕔 蒓， 庬 蘶 黼 纊 禠 緉

·jij^{1} kjụ^{1} tshwew^{1} rjur^{1} ɣjiw^{2} mjij^{1} ·ji^{1} zji^{2} gu^{2}

之 供 养， 诸 玉 女 众 皆 共

贆 蕔 瀫 败 彺 錯， 庬 牋 蒣

·jow^{2} śja^{2} ljij^{2} bji^{1} swew^{1} wją^{2} rjur^{1} mə^{1} tshow^{1}

赞 誉 大 光 明 演， 诸 天 乐

诸玉女众咸共咨嗟演大光明，诸天人伎

13.11.6

瀫 絧 敉 豨 瓻， 蘶 觧 絾 繸，

wjɨ̠^{1} ·jir^{2} mə^{2} ·jij^{1} ŋewr^{1} śja^{1} gu^{2} wją^{1} dew^{2}

伎 百 种 自 鸣， 空 中 华 雨，

紣 陾 瀫 莪， 紣 瀫 豨 绯。 簵

① 忽没旷野，踊在虚空，西夏文本译作“密迹不中不现，诣虚空”。

tha¹	lhjịj²	ljịj²	mju²	tha¹	ljịj²	wjị¹	dźju¹	dwuu²
佛	土	大	动,	佛	大	变	显。	密

百种自鸣,空中雨华,佛土大动,显佛大变。

13.12.1

[illegible]	[illegible]	[illegible]	[illegible]	[illegible]	[illegible]	[illegible]	[illegible],	[illegible]
rjar²	ɣie¹	mjijr²	·jij¹	mjii¹	pjụ²	·u²	bu¹	ku¹
迹	力	士	之	宫	殿	中	没,	凤
[illegible]	[illegible]	[illegible],	[illegible]	[illegible]	[illegible]	[illegible]	[illegible]	[illegible]
kiej¹	njij²	sju²	lhjwo¹	khji¹	śja¹	khjwɨ¹	ŋər¹	kha¹
凰	王	如,	还	耆	阇	崛	山	中

佛没密迹力士宫殿,犹凤凰王,还住灵鹫山①。

13.12.2

[illegible]。	[illegible]	[illegible]	[illegible]	[illegible],	[illegible]	[illegible]	[illegible]	[illegible]
lhjwo¹	rjur¹	phji²	khjiw²	·ji¹	nioow¹	rjur¹	dźiã²	tsjij²
住。	诸	比	丘	众,	及	诸	菩	萨
[illegible]	[illegible]	[illegible]	[illegible]	[illegible]	[illegible]	[illegible]	[illegible]	[illegible]。
wjị¹	dźjwɨ¹	rjir²	·jij¹	twụ¹	tśja¹	tsjiir¹	tsjiir¹	lə⁰
眷	属	与	自	各	道	教	思	虑。

佛在灵鹫山,与比丘众俱②,及诸菩萨眷属周旋,各思道教。

13.12.3

[illegible]	[illegible],	[illegible]	[illegible]	[illegible]	[illegible]	[illegible]	[illegible]	[illegible]
tśhjɨ¹	zjọ²	·ja⁰	śja¹	śji²	njij²	na¹	dźiej²	dzu¹
尔	时,	阿	阇	世	王	笃	信	慕
[illegible]	[illegible]	[illegible]	[illegible]	[illegible]。	[illegible]	[illegible]	[illegible]	[illegible]
ŋwe¹	phə¹	bjịj¹	sej¹	tjị¹	nioow¹	lhjịj²	·u²	sjij²
乐	长	者	净	归。	又	国	中	人

① 灵鹫山,梵名"耆阇崛",西夏文本翻译时用梵名音译。

② 与比丘众俱,西夏文本译作"诸比丘众",少了"佛在灵鹫山"。

尔时，王阿阇世出罗阅只大城①，与笃信慕乐长者梵志俱。

13.12.4

[illegible]	[illegible]	[illegible]	[illegible]	[illegible]	[illegible]	[illegible]，	[illegible]	[illegible]
·ju^{2}	tha^{1}	mər^{2}	lhjịj^{2}	wjɨ^{2}	lhjwo^{1}	dwewr^{2}	ku^{1}	lẹj^{2}
民	佛	本	承	△	还	闻，	则	晚
[illegible]	[illegible]	[illegible]	[illegible]	[illegible]	[illegible]	[illegible]	[illegible]	[illegible]
ɣu^{1}	rjijr^{2}	zjị^{1}	zji^{2}	lo^{1}	·jwar^{2}	khji^{1}	sju^{2}	ljij^{2}
夕	方	时	皆	罗	阅	只	城	大

一国人民闻佛还国，各集晡时②亦出其城，

13.12.5

[illegible]	[illegible]	[illegible]，	[illegible]	[illegible]	[illegible]	[illegible]	[illegible]	[illegible]
·u^{2}	wjɨ^{2}	lho^{0}	khji^{1}	śja^{1}	khjwɨ^{1}	ŋər^{1}	kha^{1}	tha^{1}
中	△	出，	耆	阇	崛	山	中	佛
[illegible]	[illegible]	[illegible]，	[illegible]	[illegible]	[illegible]	[illegible]，	[illegible]	[illegible]
do^{2}	rjɨr^{2}	śji^{2}	tha^{1}	rewr^{2}	tśja^{1}	tshwew^{1}	śjạ^{1}	dźjow^{1}
处	所	诣，	佛	足	礼	敬，	七	匝

往诣灵鹫山到佛所，稽首佛足，右绕七匝，

13.12.6

[illegible]	[illegible]，	[illegible]	[illegible]	[illegible]	[illegible]。	[illegible]	[illegible]	[illegible]
tśier^{1}	ror^{2}	tśhjwo^{1}	·a^{0}	njijr^{2}	dźjij^{1}	thja^{1}	njij^{2}	tha^{1}
右	绕，	然	一	面	住。	彼	王	佛
[illegible]	[illegible]	[illegible]：	“[illegible]	[illegible]	[illegible]	[illegible]	[illegible]	[illegible]
·jij^{1}	dạ^{2}	·jɨ^{2}	ŋa^{2}	śji^{1}	wjɨ^{2}	dzuu^{2}	njiij^{1}	khju^{1}
之	言	谓：	“我	曾	△	坐	心	下

却住一面。王前白佛：“我曾立坐

13.13.1

[illegible]	[illegible]	[illegible]，	[illegible]	[illegible]	[illegible]	[illegible]	[illegible]	[illegible]

① 王阿阇世出罗阅只大城，西夏文本翻译时将“罗阅只大城”放在下一句中。

② 晡时，即傍晚时间，西夏文本翻译时对译为“[illegible][illegible][illegible][illegible]（晚夕方时）”。

wjɨ²	lə⁰	ŋa²	tśhjɨ¹	dzjɨj¹	rjur¹	phji²	khjiw²	ljij²
△	念	我，	尔	时	诸	比	丘	太
[illegible]	[illegible]	[illegible]：	‘[illegible]	[illegible]	[illegible]	[illegible]	[illegible]	[illegible]
no²	do²	ljij²	pjɨ¹	njɨɨ²	rjur¹	pjụ¹	gjij²	njijr¹
子	处	来：	‘今	日	世	尊	旷	野

有所参议，①时诸比丘到太子所，口自宣言②：‘今日世尊往到旷野

13.13.2

[illegible]	[illegible]	[illegible]	[illegible]，	[illegible]	[illegible]	[illegible]	[illegible]	[illegible]
·ju¹	njij²	lhjịj²	kha¹	dwuu²	rjar²	kięj¹	dźja²	ɣie¹
鬼	王	土	中，	密	迹	金	刚	力
[illegible]	[illegible]	[illegible]	[illegible]	[illegible]	[illegible]。’	[illegible]	[illegible]	[illegible]
mjijr²	·jij¹	mjii¹	·u²	tjị¹	lhjij²	rjɨr²	śji²	·jɨ²
士	之	宫	中	食	舍。’	乃	往	谓

鬼王土界，诣密迹金刚力士舍食。’唯然！世尊，

13.13.3

[illegible]，	[illegible]	[illegible]	[illegible]	[illegible]，	[illegible]	[illegible]	□	[illegible]
djij²	ŋa²	thjɨ²	nji²	ŋa²	nioow¹	dja²	□	bji²
△，	我	此	闻	我，	因	△	□	惊
[illegible]。	[illegible]	[illegible]	[illegible]	[illegible]	[illegible]	[illegible]	[illegible]	[illegible]
ŋa²	rjur¹	tha¹	rjur¹	pjụ¹	ljij²	wjuu¹	ŋwu²	dźiã²
△。	诸	佛	世	尊	大	悲	以	众

我得闻是，怪之难及至未曾有。诸佛世尊不可思议，

13.13.4

[illegible]	[illegible]	[illegible]	[illegible]，	[illegible]	[illegible]	[illegible]	[illegible]	[illegible]
tśhju¹	·jij¹	njij²	śjow¹	mjor¹	ljij²	njij²	dźjịj¹	dźiã²
生	之	慈	悲，	如	来	慈	行	众
[illegible]	[illegible]	[illegible]	[illegible]。	[illegible]	[illegible]	[illegible]	[illegible]	[illegible]

① 我曾立坐有所参议，西夏文本译作“我曾坐，心下念”。

② 口自宣言，西夏文本未译出。

tśhju¹	·jij¹	zji²	gjuu²	tshọ²	ŋa¹	wjɨ²	sju²	ŋwuu¹
生	之	普	济。	虚	空	犹	如	言

乃能大哀垂愍众生，如来行慈普济众生①，犹如虚空言

13.13.5

[illegible]	[illegible]	[illegible]，	[illegible]	[illegible]	[illegible]	[illegible]	[illegible]，	[illegible]
dạ²	tśhja²	ka¹	ŋowr²	ŋowr²	·jij¹	zji²	tshjiij¹	gjij²
语	平	等，	一	切	之	皆	言，	旷
[illegible]	[illegible]	[illegible]	[illegible]	[illegible]，	[illegible]	[illegible]	[illegible]	[illegible]
njijr¹	·ju¹	njij²	lhjịj²	kha¹	dwuu²	rjar²	kię¹	dźja²
野	鬼	王	土	中，	密	迹	金	刚

无偏独②，用一切故③，往到旷野鬼王土界，就密迹金刚

13.13.6

[illegible]	[illegible]	[illegible]	[illegible]	[illegible]	[illegible]	[illegible]	[illegible]	[illegible]。
ɣie¹	mjijr²	·jij¹	mjii¹	·u²	tjị¹	lhjịj²	śjɨ¹	njwi²
力	士	之	宫	中	食	舍	往	能。
[illegible]	[illegible]	[illegible]	[illegible]	[illegible]	[illegible]	[illegible]	[illegible]，	[illegible]
tha¹	ljịj²	kjur²	njiij¹	dzjọ¹	dza²	tjị²	mjij¹	tshjiij¹
佛	大	志	心	喻	计	可	不，	说

力士舍食。佛大弘志，至不可喻，

13.14.1

[illegible]	[illegible]	[illegible]。
sji¹	tjị²	mjij¹
尽	可	无。

无辞可尽。

① 乃能大哀垂愍众生，如来行慈普济众生，西夏文本翻译时打乱了语序，作"诸佛世尊大哀垂愍众生，如来行慈普济众生"。

② 无偏独，西夏文本作"平等"。

③ 用一切故，西夏文本译作"皆言一切"。

汉文本

“密迹堪任斯诸章句。我诣佛树下,汝于彼时与诸菩萨,魔将兵来,卿以威势,至拥护我故降魔兵,即时想念讽诵通利。今复当护将来末世,令法流布,遍阎浮利周于十方,令所施教使法久存,持制一切诸外异学。”

于时,密迹金刚力士,观佛世尊以见劝告,即从座起,长跪叉手,应时于是言辞章句,用宣咒曰:

“醯黎　休留休留　其强飙聚　各罗眼动摇归救　忍力力尽　寂怕作角鸱伊犁佉丘　佉犁佉犁护无择。”

“住胜生往还无曲,以慈受之,调和成施持已,诸天龙告鬼神、揵沓和、妖魅、若人非人等,常吉安隐,动于山王,亦震天地,亦扰水王。用说此咒故,摄伏外道,法君所救,晃曜法炎,笃信是句。”

闻此咒已,诸天众各各举声而叹曰:

“正法住甚久,动三千佛土,
一切众会同,自投人王前。
归命使无罪,施此无恐难,
其持是言教,令正法永存。”

尔时,世尊从旷野鬼王土密迹金刚力士宫,受供七日,开化无数众生。七日之中,忽没旷野,踊在虚空,与诸菩萨及声闻众。一切诸天于上普共供养佛及圣众,诸玉女众咸共咨嗟演大光明,诸天人伎百种自鸣,空中雨华,佛土大动,显佛大变。佛没密迹力士宫殿,犹凤凰王,还住灵鹫山。佛在灵鹫山,与比丘众俱,及诸菩萨眷属周旋,各思道教。

尔时,王阿阇世出罗阅祇大城,与笃信慕乐长者梵志俱。一国人民闻佛还国,各集晡时亦出其城,往诣灵鹫山到佛所,稽首佛足,右绕七匝,却住一面。

王前白佛:“我曾立坐有所参议,时诸比丘到太子所,口自宣言:‘今日世尊往到旷野鬼王土界,诣密迹金刚力士舍食。’唯然!世尊,我得闻是,怪之难及至未曾有。诸佛世尊不可思议,乃能大哀垂愍众生。如来行慈普济众生,犹如虚空言无偏独,用一切故,往到旷野鬼王土界,就密迹金刚力士舍食。佛大弘志,至不可喻,无辞可尽。

13.14.1

[illegible]	[illegible]	[illegible],	[illegible]	[illegible]	[illegible]	[illegible]	[illegible]	[illegible]
sji^{1}	tjị^{2}	mjij^{1}	tjɨ^{1}	tjij^{1}	mjor^{1}	ljị̣j^{2}	tsjiir^{1}	nẹ^{1}
尽	可	无,	假	若	如	来	法	宣
[illegible],	[illegible]	[illegible]	[illegible]	[illegible]	[illegible],	[illegible]	[illegible]	[illegible]
tshjiij^{1}	ŋwu^{2}	dzju^{1}	dzjiij^{2}	·jiw^{2}	phja^{1}	ku^{1}	no^{2}	rejr^{2}
讲,	以	教	训	疑	断,	则	安	乐

若有得蒙如来讲法，宣传道训决疑之律，靡不得安。①

13.14.2

[illegible]	[illegible]	[illegible]	[illegible]	[illegible]	[illegible]。	[illegible]	[illegible]	[illegible]
mji^{1}	rjir^{1}	tja^{1}	mjij^{1}	·jɨ^{2}	ŋa^{2}	nioow^{1}	tśjɨɨ^{1}	rjur^{1}
不	得	者	无	谓	△。	又	复	世
[illegible]，	[illegible]	[illegible]	[illegible]	[illegible]	[illegible]，	[illegible]	[illegible]	[illegible]
pjụ^{1}	thja^{1}	dwuu^{2}	rjar^{2}	ɣie^{1}	mjijr^{2}	zjịj^{1}	zjịj^{1}	dạ^{2}
尊，	其	密	迹	力	士，	几	何	语

又复世尊，其密迹力士，为有几事

13.14.3

[illegible]	[illegible]	[illegible]	[illegible]	[illegible]	[illegible]，	[illegible]	[illegible]	[illegible]
dju^{1}	nioow^{1}	tśhja^{2}	ka^{1}	ɣa^{2}	dźjiij^{1}	tśhja^{2}	ka^{1}	dwewr^{2}
有	因	平	等	而	住，	正	等	觉
[illegible]	[illegible]	[illegible]	[illegible]	[illegible]，	[illegible]	[illegible]	[illegible]	[illegible]，
do^{2}	njiij^{1}	tjị^{1}	bjuu^{1}	bjịj^{1}	·ji^{1}	tśhja^{2}	mər^{2}	ljị^{1}
于	心	归	钦	重，	众	德	本	植，

在于平等，而逮正觉最为至重，植众德本，

13.14.4

[illegible]	[illegible]	[illegible]	[illegible]	[illegible]	[illegible]	[illegible]	[illegible]？”	[illegible]
thjɨ^{2}	sju^{2}	zji^{2}	thjoo^{1}	nwə^{0}	ŋwo^{2}	dźjij^{2}	ljɨ^{1}	tha^{1}
此	如	最	妙	辩	才	有	也？”	佛
[illegible]：	“[illegible]	[illegible]，	[illegible]	[illegible]	[illegible]	[illegible]	[illegible]	[illegible]
dạ^{2}	njij^{2}	ljịj^{2}	thjɨ^{2}	dạ^{2}	zji^{2}	dźjwa^{1}	lhjụ^{2}	rjir^{1}
言：	“王	大，	此	事	皆	终	逮	得

乃能有是妙大辩才？”佛言：“大王，是事究竟而不可逮②，

13.14.5

[illegible]，	[illegible]	[illegible]	[illegible]	[illegible]	[illegible]	[illegible]	[illegible]	[illegible]	[illegible]。”

① 此句西夏文本作“若如来讲法及道训决疑，则不得安乐者无谓”。

② 大王，是事究竟而不可逮，西夏文本译作“大王，此事皆终可逮得。”。

tjị² thja¹ zji² kha¹ tśhja² mər² gjiij¹ dzjịj¹ tjị² mjij¹

可， 其 最 中 德 本 超 过 可 无。”

[illegible] [illegible] [illegible] [illegible] [illegible]： “[illegible] [illegible] [illegible] [illegible]，

njij² tha¹ ·jij¹ dạ² ·jɨ² źjɨr¹ bju¹ tśhja² ɣiej¹

王 佛 之 言 谓： “实 为 正 真，

其至德本无能过上。”王白佛言：“实为至真，

13.14.6

[illegible] [illegible] [illegible] [illegible] [illegible] [illegible] [illegible] [illegible]。 [illegible]

tśhja² mər² ljị¹ ku¹ tśhjwo¹ thjɨ² mjaa¹ rjir¹ tjɨ¹

德 本 种 则 故 此 果 得。 假

[illegible] [illegible]， [illegible] [illegible] [illegible] [illegible] [illegible] [illegible]？” [illegible]

tjij¹ dźiej² ku¹ tśhja² ·ioow¹ thjij² sjo² ljɨ¹ tha¹

若 信， 则 德 功 何 云 也？” 佛

种其德本故获此果。若有信者①，其功德云何？”佛

13.15.1

[illegible] [illegible] [illegible] [illegible]： “[illegible] [illegible] [illegible] [illegible] [illegible]

njij² ljij² ·jij¹ ·jɨ² tjɨ¹ tjij¹ śja¹ rjijr² twụ¹

王 大 之 言： “假 使 十 方 各

[illegible] [illegible] [illegible] [illegible] [illegible] [illegible] [illegible]， [illegible] [illegible]

khjã² khja² bẹ¹ ŋewr² sju² djij² dju¹ thja¹ ljɨ¹

命 取 沙 数 如 △ 有， 彼 一

言：“大王假使十方各如江河沙数，

13.15.2

[illegible] [illegible] [illegible] [illegible] [illegible] [illegible] [illegible] [illegible] [illegible]； [illegible]

ljɨ¹ bẹ¹ ŋewr² tsjɨ¹ nwə¹ pjụ¹ kaar¹ tjị² wjij² dwuu²

一 沙 数 亦 知 量 限 可 有； 密

[illegible] [illegible] [illegible] [illegible] [illegible] [illegible] [illegible] [illegible] [illegible]

① 若有信者，西夏文本翻译时省略简化为“若信”。

rjar^{2} kię^{1} dźja^{2} ɣie^{1} mjijr^{2} rjir^{2} ·a^{0} ber^{2} rjur^{1}

迹 金 刚 力 士 与 △ 遇 诸

一一沙尚可知限；密迹金刚力士所见诸

13.15.3

[illegible] [illegible] [illegible] [illegible] [illegible]， [illegible] [illegible] [illegible] [illegible]，

tha^{1} tja^{1} tsew^{2} mji^{1} dju^{1} pjụ^{1} kaar^{1} tji^{2} mjij^{1}

佛 者 限 不 有， 量 计 可 无，

[illegible] [illegible] [illegible] [illegible] [illegible] [illegible]， [illegible] [illegible]

tha^{1} ·jij^{1} kjụ^{1} tshwew^{1} tshji^{2} ljij^{1} nioow^{1} thjɨ^{2}

佛 之 供 养 侍 奉， 缘 此

佛不可计数，尽其崖际①供养奉事，缘是

13.15.4

[illegible] [illegible] [illegible] [illegible] [illegible] [illegible]， [illegible] [illegible] [illegible]

sju^{2} ljij^{2} nwə^{0} ŋwo^{2} śjɨj^{1} ·jiw^{2} ·jiw^{1} nioow^{1} mjij^{1}

如 大 辩 才 成 能， 因 故 无

[illegible] [illegible]。" [illegible] [illegible] [illegible] [illegible]： "[illegible] [illegible] [illegible]

ljɨ^{1} njaa^{2} tha^{1} njij^{2} ·jij^{1} ·jɨ^{2} pjɨ^{1} njwo^{2} ŋewr^{2}

并 非。" 佛 王 之 谓： "往 昔 数

行故合积大辩。当作是观，皆有本末。②" 佛告王曰："乃往过去

13.15.5

[illegible] [illegible] [illegible] [illegible] [illegible] [illegible]， [illegible] [illegible] [illegible]

pjụ^{1} mjij^{1} tsew^{2} du^{2} mjij^{1} kja^{2} su^{1} ɣwə^{2} rjir^{2}

量 无 限 量 无 劫， 于 先 前

[illegible] [illegible] [illegible]， [illegible] [illegible] [illegible] [illegible] [illegible] [illegible]、

tha^{1} gjɨ^{2} dju^{1} mjiij^{2} tja^{1} phji^{1} djɨj^{2} mjor^{1} ljij^{2}

佛 一 有， 号 曰 意 定 如 来、

无央数劫不可限量，尔时有佛，号曰息意如来、

① 尽其崖际，西夏文本译作"[illegible][illegible][illegible][illegible]"，字面意为"不可计量"，即，"无限"，与"尽其崖际"意思相同。

② 此句西夏文本作"缘如此成就大辩才，故并非无"。

13.15.6

bju¹	wo²	tśhja²	dwewr²	nwə¹	swew¹	dźjɨ⁰	iọ¹	sə¹	neew²
依	礼、	正	觉、	知	明	行	圆	满、	善
bjiij²	rjur¹	kha¹	tsjij²	goor¹	kiej²	·jij¹	rjur¹	·jar²	
逝、	世	间	解、	道	法	之	降	御、	

至真、等正觉①、明行成、为善逝、世间解、道法御、

13.16.1

zji²	phju²	mjijr²	mee²	dzjwo²	dzjiij²	tha¹	rjur¹	pjụ¹
最	上	士、	天	人	师、	佛	世	尊，
rjur¹	kięj²	mjiij²	tja¹	wə¹	tsjiir¹	kja²	mjiij²	mji¹
世	界	名	者	主	选，	劫	名	不

无上士、天人师、号佛世尊，世界曰选主，劫名不

13.16.2

nar²	thja¹	phji¹	djɨj²	tha¹	rjur¹	dźiã²	tsjij²	·ji¹	ŋowr²
移。	彼	意	定	佛	诸	菩	萨	众	一
ŋowr²	dźjij¹	dzjiij²	zji²	khu¹	dźjij¹	śjwo¹	dźiã²	tsjij²	
切	纯	化，	皆	进	精	行，	菩	萨	

移。其息意佛纯化一切诸菩萨众，皆令精进，

13.16.3

tsjiir¹	dźjịj¹	low²	ljij¹	mji¹	śjwo¹	njiij¹	dwər¹	·jar²

① 等正觉，西夏文本译作“正觉”。

法	行，	懈	怠	不	生，	心	厌	倦
[illegible]，	[illegible]	[illegible]	[illegible]	[illegible]，	[illegible]	[illegible]	[illegible]	[illegible]，
mjij^{1}	lju̧^{2}	ka̧^{1}	phjɨ^{1}	dźjɨɨr^{1}	njiij^{1}	mji^{1}	wier^{1}	wier^{1}
无，	身	命	弃	舍，	心	不	吝	惜，

言作菩萨，法无懈怠①，心无厌倦，弃身寿命，不以为吝，

13.16.4

[illegible]	[illegible]	[illegible]	[illegible]	[illegible]	[illegible]	[illegible]。”	“[illegible]	[illegible]
njiij^{1}	tjị^{1}	ŋwu^{2}	tśja^{1}	tsjiir^{1}	kju̧^{1}	phji^{1}	dzjɨ̣^{1}	dźiã^{2}
心	归	以	道	法	求	令。”	“时	菩
[illegible]	[illegible]，	[illegible]	[illegible]	[illegible]	[illegible]，	[illegible]	[illegible]	[illegible]
tsjij^{2}	gjɨ^{2}	mjiij^{2}	tja^{1}	kjir^{1}	ɣie^{1}	dzuu^{2}	tjị^{2}	·a^{0}
萨	有，	名	者	勇	力，	坐	△	△

唯志道法。”“时有菩萨，名曰勇力，即从座起，

13.16.5

[illegible]，	[illegible]	[illegible]	[illegible]	[illegible]	[illegible]	[illegible]，	[illegible]	[illegible]
wor^{1}	phji^{1}	djɨj^{2}	tha^{1}	do^{2}	rjɨr^{2}	śji^{2}	tha^{1}	rewr^{2}
起，	意	定	佛	处	所	诣，	佛	足
[illegible]	[illegible]，	[illegible]	[illegible]	[illegible]	[illegible]：	‘[illegible]	[illegible]	[illegible]
tśja^{1}	tshwew^{1}	tha^{1}	·jij^{1}	da̧^{2}	·jɨ^{2}	tjij^{1}	ljij^{2}	śjɨj^{2}
稽	首，	佛	之	言	谓：	‘如	大	圣

往诣息意佛所，稽首足下②，前白佛言：‘如大圣

13.16.6

[illegible]	[illegible]，	[illegible]	[illegible]	[illegible]，’	[illegible]	[illegible]	[illegible]	[illegible]
rjɨr^{2}	tshjiij^{1}	bju^{1}	seew^{2}	ŋa^{2}	ku^{1}	tjɨ^{1}	tjij^{1}	dźiã^{2}
△	宣，	故	思	我，’	则	假	若	菩
[illegible]	[illegible]	[illegible]	[illegible]	[illegible]：	“[illegible]	[illegible]	[illegible]	[illegible]
tsjij^{2}	njiij^{1}	khju^{1}	lə^{0}	wji^{1}	ŋa^{2}	xja^{1}	zji^{2}	phju^{2}

① 言作菩萨，法无懈怠，西夏文本译作“行菩萨法，不生懈怠”，与汉文本表述有差异，但意思相同。

② 稽首足下，西夏文本译作“[illegible]”，字面意思是“佛足顶礼”。

萨	心	下	念	为:	“我	急	最	上

宣,我承解议①,若有菩萨心自念言:“我等疾逮无上

13.17.1

[illegible]	[illegible]	[illegible]	[illegible]	[illegible]	[illegible]	[illegible]	[illegible]	[illegible]
tśhja^{2}	ɣiej^{1}	tśja^{1}	lhjụ^{2}	tśhja^{2}	ka^{1}	dwewr^{2}	śjɨj^{1}	ŋa^{2}
正	真	道	逮	正	等	觉	成	我
[illegible]。”	[illegible]	[illegible]	[illegible]	[illegible]	[illegible],	[illegible]	[illegible]	[illegible]
·jɨ^{2}	ku^{1}	thja^{1}	dźiã^{2}	tsjij^{2}	tja^{1}	low^{2}	ljij^{1}	mjijr^{2}
谓。”	则	是	菩	萨	者,	懈	怠	者

正真之道,为最正觉。”念是菩萨,名曰懈怠。

13.17.2

[illegible]。	[illegible]	[illegible]	[illegible]	[illegible]?	[illegible]	[illegible]	[illegible]	[illegible]
ŋwu^{2}	thji^{2}	tja^{1}	thjij^{2}	sjo^{2}	tjɨ^{1}	tjij^{1}	dźiã^{2}	tsjij^{2}
也。	此	者	何	云?	假	如	菩	萨
[illegible]	[illegible]	[illegible]	[illegible],	[illegible]	[illegible]	[illegible]	[illegible],	[illegible]
khu^{1}	dźjij^{1}	mji^{1}	śjwo^{1}	lhji^{2}	wee^{1}	dwər^{1}	khie^{1}	thjɨ^{2}
进	精	不	行,	死	生	厌	恶,	此

所以者何?若菩萨不用精进,厌患生死,

13.17.3

[illegible]	[illegible]	[illegible]	[illegible]	[illegible]	[illegible]	[illegible]	[illegible]	[illegible]。
sju^{2}	njiij^{1}	ŋwu^{2}	tha^{1}	ljij^{2}	tśja^{1}	śjɨj^{1}	mjɨ^{1}	ljɨɨ^{1}
如	心	以	佛	大	道	成	不	得。
[illegible]	[illegible]	[illegible]	[illegible],	[illegible]	[illegible]	[illegible]	[illegible]	[illegible]
tjɨ^{1}	tjij^{1}	dźiã^{2}	tsjij^{2}	lhji^{2}	wee^{1}	dźji	ŋjir^{1}	ljij^{2}
假	若	菩	萨,	死	生	怪	难	见

不与此心成佛大道。若有菩萨,见生死难

① 我承解议,西夏文本对译为“[illegible]”,字面意思为“我故思”。

13.17.4

[illegible]	[illegible]	[illegible]	[illegible]	[illegible]，	[illegible]	[illegible]	[illegible]	[illegible]
ku^1	phej^1	tśjɨɨr^2	tsjɨ^1	ljij^2	thjɨ^2	nioow^1	gju^1	dzjar^2
则	缚	结	亦	见，	此	因	度	灭
[illegible]	[illegible]，	[illegible]	[illegible]	[illegible]	[illegible]	[illegible]	[illegible]，	[illegible]
mji^1	rjir^1	lew^1	dźiã^2	tśhju^1	·jij^1	dzju^1	dzjiij^2	nioow^1
不	得，	思	众	生	之	开	化，	故

则见缚结①,不至灭度唯化众生,

13.17.5

[illegible]	[illegible]	[illegible]	[illegible]，	[illegible]	[illegible]	[illegible]	[illegible]？	[illegible]
tśhja^2	dwewr^2	śjɨj^1	ljɨ^1	thjɨ^2	tja^1	thjij^2	sjo^2	rjur^1
正	觉	成	也，	此	者	何	云？	世
[illegible]，	[illegible]	[illegible]	[illegible]	[illegible]	[illegible]	[illegible]	[illegible]	[illegible]
pjụ^1	dźiã^2	tsjij^2	·jij^1	tsjiir^1	tja^1	·jɨr^2	ŋwu^2	dźjɨ^0
尊，	菩	萨	之	法	者	勤	以	行

乃成正觉,所以者何？唯然！世尊,菩萨之法

13.17.6

[illegible]	[illegible]	[illegible]	[illegible]，	[illegible]	[illegible]	[illegible]	[illegible]	[illegible]	[illegible]，
zji^2	djọ^2	dźjij^1	lji^1	lhji^2	wee^1	kha^1	ljọ^2	dźjiij^1	twụ^1
皆	修	行	也，	死	生	中	所	住	处，
[illegible]	[illegible]	[illegible]	[illegible]	[illegible]	[illegible]	[illegible]	[illegible]	[illegible]，	
mjɨ^1	pjụ^1	dźiã^2	tśhju^1	·jij^1	dzju^1	neej^2	gjij^1	ɣie^2	
无	量	众	生	之	开	导	利	益，	

普行勤修,在生死常所在处,开导利益无量众生,

13.18.1

[illegible]	[illegible]	[illegible]	[illegible]	[illegible]，	[illegible]	[illegible]	[illegible]	[illegible]。
zji^2	gju^1	dzjij^1	rjir^1	phji^1	nioow^1	dzjiij^2	lew^2	mjij^1

① 见生死难则见缚结,西夏文本译作"见生死怪难,则亦见缚结"。

悉 度 过 得 令， 亦 教 所 无。

[illegible] [illegible] [illegible] [illegible]， [illegible] [illegible] [illegible] [illegible] [illegible]

rjur^{1} pjụ^{1} thjɨ^{2} nioow^{1} dźiã^{2} tsjij^{2} dźjɨ^{0} djọ^{2} dźjij^{1}

世 尊 是 故， 菩 萨 行 修 行

悉令灭度，亦无所教。是故，世尊，菩萨作行，

13.18.2

[illegible]， [illegible] [illegible] [illegible] [illegible] [illegible]， [illegible] [illegible] [illegible]

zjịj^{1} lhji^{2} wee^{1} ·jij^{1} bjuu^{1} bjịj^{1} gju^{1} dzjar^{2} ·jij^{1}

时， 死 生 之 敬 增， 度 灭 之

[illegible] [illegible] [illegible]。 [illegible] [illegible] [illegible] [illegible] [illegible] [illegible]

mji^{1} dzjwɨ̣^{1} lhejr^{2} dźiã^{2} tsjij^{2} dźjɨ^{0} djọ^{2} lhji^{2} wee^{1}

不 尊 敬。 菩 萨 行 修 死 生

宜重生死，不敬灭度。菩萨造行重生死已，

13.18.3

[illegible]， [illegible] [illegible] [illegible] [illegible] [illegible] [illegible] [illegible]， [illegible]

bjuu^{1} nioow^{1} bju^{2} mjij^{1} tha^{1} ·jij^{1} tshji^{2} ljịj^{1} mjɨ^{1}

敬， 缘 边 无 佛 之 侍 奉， 无

[illegible] [illegible] [illegible] [illegible] [illegible] [illegible] [illegible] [illegible]， [illegible]

pjụ^{1} dźiã^{2} tśhju^{1} ·jij^{1} dzju^{1} dzjiij^{2} phie^{2} neej^{2} tjij^{1}

量 众 生 之 教 化 开 导， 若

奉无限佛，导利开化无量众生，

13.18.4

[illegible] [illegible] [illegible] [illegible]， [illegible] [illegible] [illegible] [illegible] [illegible]；

ŋewr^{2} mjij^{1} tsjiir^{1} mji^{1} dźiã^{2} tśhju^{1} ·jij^{1} lə^{0} ·o^{2}

数 无 法 闻， 众 生 之 念 入；

[illegible] [illegible] [illegible] [illegible] [illegible] [illegible] [illegible] [illegible]， [illegible]

kjur^{2} dźjɨ^{0} dźjij^{1} dźjij^{1} djiij^{2} phã^{1} dźjɨ^{0} bjuu^{1} ·ji^{1}

志 行 所 行 涅 槃 行 敬， 众

闻无数法，入众生念，所行志性①敬泥洹②行，

13.18.5

[illegible]	[illegible]	[illegible]，	[illegible]	[illegible]	[illegible]	[illegible]	[illegible]	[illegible]
bioo^{1}	dzjwị^{1}	lhejr^{2}	ku^{1}	tśhjɨ^{2}	rjar^{2}	dźjɨ^{0}	tsəj^{1}	kha^{1}
观	尊	敬，	则	立	即	行	小	中
[illegible]。	[illegible]	[illegible]	[illegible]	[illegible]	[illegible]	[illegible]	[illegible]	[illegible]
ljị^{1}	tjɨ^{1}	tjij^{1}	dźiã^{2}	tsjij^{2}	lhji^{2}	wee^{1}	kjạ^{1}	le^{2}
落。	假	若	菩	萨	死	生	畏	惧

重于众观，便自堕落没在小节。若有菩萨畏于生死

13.18.6

[illegible]	[illegible]	[illegible]	[illegible]，	[illegible]	[illegible]	[illegible]	[illegible]，	[illegible]
wji^{1}	gie^{1}	khjiij^{1}	wji^{1}	djiij^{2}	phã^{1}	dźjɨ^{0}	dzu^{1}	ku^{1}
为	难	难	为，	涅	槃	行	乐，	则
[illegible]	[illegible]	[illegible]	[illegible]	[illegible]	[illegible]	[illegible]	[illegible]。	[illegible]
thjɨ^{2}	sju^{2}	dźiã^{2}	tsjij^{2}	dźjɨ^{0}	tsəj^{1}	kha^{1}	ljị^{1}	dźjɨ^{0}
此	如	菩	萨	行	小	中	陷。	行

而怀恐难，乐泥洹行，当作是观③，如是菩萨则为堕落。

汉文本

若有得蒙如来讲法，宣传道训，决疑之律，靡不得安。又复世尊，其密迹力士，为有几事在于平等，而逮正觉最为至重，植众德本，乃能有是妙大辩才？”

佛言：“大王，是事究竟而不可逮，其至德本无能过上。”

王白佛言：“实为至真，种其德本故获此果。若有信者，其功德云何？”

佛言：“大王，假使十方各如江河沙数，一一沙尚可知限；密迹金刚力士所见诸佛不可计数，尽其崖际供养奉事，缘是行故合积大辩。当作是观，皆有本末。”

佛告王曰：“乃往过去无央数劫不可限量，尔时有佛，号曰息意如来、至真、等正觉、明行成、为善逝、世间解、道法御、无上士、天人师，号佛世尊，世界曰选主，劫名不移。其息意佛纯化一切诸菩萨众，皆令精进，言作菩萨，法无懈怠，心无厌倦，弃身寿命，不以为吝，唯志道法。”

① 志性，西夏文本用“[illegible]”对译汉文本中的“志性”。
② 泥洹，“涅槃”之别译，西夏文本对译为“[illegible]”，其可音译为“[涅][盘]”。
③ 当作是观，西夏文本未译出。

"时有菩萨,名曰勇力,即从座起,往诣息意佛所,稽首足下,前白佛言:'如大圣宣,我承解议,若有菩萨心自念言:"我等疾逮无上正真之道,为最正觉。"念是菩萨,名曰懈怠。所以者何?若菩萨不用精进,厌患生死,不与此心成佛大道。若有菩萨,见生死难则见缚结,不至灭度唯化众生,乃成正觉。所以者何?唯然!世尊,菩萨之法普行勤修,在生死常所在处,开导利益无量众生,悉令灭度,亦无所教。是故,世尊,菩萨作行,宜重生死,不敬灭度。菩萨造行重生死已,奉无限佛,导利开化无量众生,闻无数法,入众生念;所行志性敬泥洹行,重于众观,便自堕落没在小节。若有菩萨畏于生死而怀恐难,乐泥洹行,当作是观,如是菩萨则为堕落。

13.19.1

[illegible]	[illegible]	[illegible]	[illegible]	[illegible]	[illegible]	[illegible],	[illegible]	[illegible]
mjij1	nioow1	ku1	mjor1	ljij2	dźjɨ0	lhjii1	rjur1	dźiã2
无	缘	则	如	来	行	失,	诸	众
[illegible]	[illegible]	[illegible]	[illegible]	[illegible]	[illegible]。	[illegible]	[illegible]	[illegible]
tśhju1	ɣa2	dźjar2	lju2	dju1	ljɨ1	dźiã2	tsjij2	ljij2
生	于	罪	过	有	也。	菩	萨	大

以无行堕失如来行,于诸众生则有衅咎①。何谓菩萨

13.19.2

[illegible]	[illegible]	[illegible],	[illegible]	[illegible],	[illegible]	[illegible]	[illegible]	[illegible]
dźjɨ0	mji1	dźjij1	ɣię2	mji1	tjij1	dwewr2	ljị2	dzu1
行	不	行,	声	闻,	缘	觉	地	乐
[illegible],	[illegible]	[illegible]	[illegible]?	[illegible]	[illegible]	[illegible]	[illegible]	[illegible],
tja1	ljɨ1	kjɨ1	ŋwu2	·jij1	·jij1	dźjɨ0	bioo1	ŋwu2
者,	何	△	也?	各	自	行	观	以,

不顺行?乐于声闻,缘觉地者,自观其行,

13.19.3

[illegible]	[illegible]	[illegible]	[illegible],	[illegible]	[illegible]	[illegible]	[illegible]	[illegible]
dźiã2	tśhju1	dzjiij2	kięj2	ku1	tśhja2	mjijr2	dźjɨ0	mjij1
众	生	化	欲,	则	开	士	行	无
[illegible]。	[illegible]	[illegible]	[illegible]	[illegible]	[illegible],	[illegible]	[illegible]	[illegible]
·jɨ2	thja1	ɣię2	mji1	dźjij1	mjijr2	dźiã2	tsjij2	dźjɨ0

① 衅咎,其意为"过失""罪过",西夏文本对译为"[illegible][illegible]"。[illegible],罪;[illegible],失误。译为"过失罪",正好对应。

谓。	其	声	闻	行	者,	菩	萨	行

欲化众生,是故名曰无开士行。其行声闻,无菩萨行。

13.19.4

[illegible]	[illegible]。	[illegible]	[illegible]	[illegible]	[illegible]?	[illegible]	[illegible]	[illegible]
mjij^{1}	ljɨ^{1}	thjɨ^{2}	tja^{1}	thjij^{2}	sjo^{2}	rjur^{1}	ɣię^{2}	mjɨ^{1}
无	也。	此	者	何	云?	诸	声	闻
[illegible]	[illegible]	[illegible]	[illegible]	[illegible]	[illegible],	[illegible]	[illegible]	[illegible]
dźjɨ^{0}	tja^{1}	lhji^{2}	wee^{1}	tśjị^{1}	kją^{1}	dźiã^{2}	tsjij^{2}	mjɨ^{1}
行	者	死	生	苦	畏,	菩	萨	无

所以者何?诸声闻行畏生死苦,菩萨

13.19.5

[illegible]	[illegible]	[illegible]	[illegible]	[illegible],	[illegible]	[illegible]	[illegible]	[illegible]
pjụ^{1}	lhji^{2}	wee^{1}	kha^{1}	dźjij^{1}	ɣię^{2}	lụ^{2}	mjij^{1}	ljɨ^{1}
量	死	生	中	游,	损	拘	无	以
[illegible]。'	[illegible]	[illegible]	[illegible]	[illegible]	[illegible]	[illegible]	[illegible]	[illegible]
·jɨ^{2}	dzjɨj^{1}	phji^{1}	djɨj^{2}	mjor^{1}	ljij^{2}	kjir^{1}	ɣie^{1}	dźiã^{2}
谓。'	时	意	定	如	来	勇	力	菩

游于无量生死,不以为拘。'时息意如来赞勇力菩

13.19.6

[illegible]	[illegible]	[illegible]	[illegible]:	'[illegible]	[illegible]!	[illegible]	[illegible]!	[illegible]
tsjij^{2}	·jij^{1}	·jow^{2}	dạ^{2}	kjii^{1}	rjijr^{2}	kjii^{1}	rjijr^{2}	tśhja^{2}
萨	之	赞	曰:	'善	哉!	善	哉!	正
[illegible],	[illegible]	[illegible]	[illegible]	[illegible],	[illegible]	[illegible]	[illegible]	[illegible]!
mjijr^{2}	thjɨ^{2}	sju^{2}	gji^{1}	sej^{1}	tsjiir^{1}	tshjiij^{1}	njwi^{2}	nja^{2}
士,	此	如	清	净,	法	言	善	令!

萨曰:'善哉!善哉!正士,仁快说此,教言淳淑①!

① 仁快说此,教言淳淑,西夏文本译作"如是清净,法言淳淑"。

13.20.1

[illegible]	[illegible]	[illegible]	[illegible]	[illegible],	[illegible]	[illegible]	[illegible]	[illegible]
dźiã^{2}	tsjij^{2}	tśja^{1}	dźjij^{1}	zjij^{1}	ljų^{2}	dźjɨɨr^{1}	no^{2}	nej^{2}
菩	萨	道	行	时,	身	舍	安	泰
[illegible]	[illegible]	[illegible]	[illegible],	[illegible]	[illegible]	[illegible]	[illegible]	[illegible]
mjɨ^{1}	·jij^{1}	mji^{1}	dźjɨɨr^{1}	·ju^{2}	·jij^{1}	dźjar^{2}	dwewr^{2}	mjɨ^{1}
他	之	不	舍,	常	自	罪	知	他

菩萨行道,舍身之安不舍他人,常省己身不求他漏。'

13.20.2

[illegible]	[illegible]	[illegible]。'	[illegible]	[illegible]:	'[illegible]	[illegible]	[illegible]	[illegible]
dźjar^{2}	mji^{1}	·ju^{2}	nioow^{1}	·jɨr^{1}	dźiã^{2}	tsjij^{2}	·jij^{1}	dźjɨ^{0}
罪	不	寻。'	又	问:	'菩	萨	之	行
[illegible]	[illegible]	[illegible]?'	[illegible]	[illegible]:	'[illegible]	[illegible]	[illegible],	[illegible]
tja^{1}	thjij^{2}	sjo^{2}	tha^{1}	dạ^{2}	neew^{2}	goor^{1}	gji^{2}	·jij^{1}
者	何	云?'	佛	言:	'善	男	子,	自

又问:'何谓菩萨所行?'佛言:'族姓子,自

13.20.3

[illegible]	[illegible]	[illegible]	[illegible]	[illegible]	[illegible]	[illegible]	[illegible]	[illegible]
dźjɨ^{0}	tśjɨj^{1}	wji^{1}	wjị^{2}	ku^{1}	tśhjwo^{1}	dźiã^{2}	tśhju^{1}	·jij^{1}
行	正	为	晓	则	故	众	生	之
[illegible]	[illegible]	[illegible]	[illegible]	[illegible]	[illegible]	[illegible]	[illegible]。	[illegible]
śjɨj^{1}	ljiij^{2}	lhji^{2}	wee^{1}	dạ^{2}	gie^{1}	tshjiij^{1}	wji^{1}	mjɨ^{1}
成	败	死	生	言	问	讲	为。	无

正己行而为众生,宣成败事生死之难。受于无

13.20.4

[illegible]	[illegible]	[illegible]	[illegible]	[illegible],	[illegible]	[illegible]	[illegible]	[illegible]。
pjụ^{1}	lhji^{2}	wee^{1}	tśjị^{1}	lhjij^{2}	kją^{1}	le^{2}	njiij^{1}	mjij^{1}
量	死	生	苦	受,	畏	恐	心	无。

[illegible]	[illegible]	[illegible]	[illegible]	[illegible]	[illegible]	[illegible]，	[illegible]	[illegible]
ɣię2	mji^{1}	tjij^{1}	dwewr^{2}	ljɨ̣^{2}	mji^{1}	dzu^{1}	dźiã^{2}	tsjij^{2}
声	闻	独	觉	地	不	乐，	菩	萨

量生死之患，而无恐畏。不乐声闻、缘觉之地，习菩萨行。

13.20.5

[illegible]	[illegible]。	[illegible]	[illegible]	[illegible]	[illegible]	[illegible]	[illegible]	[illegible]
dźjɨ^{0}	ɣiew^{1}	śjã^{1}	djɨj^{2}	mji^{1}	不详	so̱^{1}	kię̱j^{2}	·u^{2}
行	习。	禅	定	不	近	三	界	中
[illegible]，	[illegible]	[illegible]	[illegible]	[illegible]，	[illegible]	[illegible]	[illegible]	[illegible]，
dźjiij^{1}	śjã^{1}	djɨj^{2}	dźju^{1}	tsjij^{2}	niow^{2}	tshwew^{1}	phjo^{2}	kar^{2}
住，	禅	定	始	晓，	恶	趣	分	别，

不近禅思在于三界，晓了禅定，分别恶趣，

13.20.6

[illegible]	[illegible]	[illegible]	[illegible]	[illegible]	[illegible]	[illegible]	[illegible]，	[illegible]
tśier^{1}	·ju^{2}	dzjiij^{2}	ɣiew^{1}	śjã^{1}	sjịj^{2}	zji^{2}	tsjij^{2}	tśhja^{2}
方	便	学	习	禅	智	尽	了，	德
[illegible]	[illegible]	[illegible]	[illegible]	[illegible]	[illegible]	[illegible]。	[illegible]	[illegible]
·ioow^{1}	śjɨj^{1}	źjɨr^{1}	sji^{1}	be^{2}	mji^{1}	dju^{1}	wee^{1}	mjij^{1}
功	成	慧	尽	日	不	有。	生	无

习乎方便尽了禅智，功德圣慧而不可尽。发无生

13.21.1

[illegible]	[illegible]，	[illegible]	[illegible]	[illegible]	[illegible]	[illegible]	[illegible]	[illegible]
źjɨr^{1}	śjwo^{1}	mjɨ^{1}	·jij^{1}	mər^{2}	mjij^{1}	ŋowr^{2}	ŋowr^{2}	tshjiij^{1}
慧	发，	他	之	本	无	一	切	言
[illegible]，	[illegible]	[illegible]	[illegible]	[illegible]，	[illegible]	[illegible]	[illegible]	[illegible]，
wji^{1}	źjɨr^{1}	śjwo^{1}	lew^{2}	mjij^{1}	thja^{1}	lhjịj^{2}	lew^{2}	nwə^{1}
为，	慧	生	所	无，	其	受	所	知，

慧，为人班宣，一切本无①，慧无所生，知其所受，

13.21.2

[illegible]	[illegible]	[illegible]	[illegible]	[illegible]	[illegible]	[illegible]	[illegible]	[illegible]
rjur^{1}	dźiã^{2}	tśhju^{1}	·jij^{1}	lhjij^{2}	lew^{2}	nwə^{1}	tsjij^{2}	nja^{2}
诸	众	生	之	受	所	知	晓	吾
[illegible]	[illegible]	[illegible]，	[illegible]	[illegible]	[illegible]	[illegible]	[illegible]	[illegible]
ŋa^{2}	mji^{1}	dju^{1}	źjɨr^{1}	ŋwu^{2}	rjur^{1}	dźiã^{2}	tśhju^{1}	·jij^{1}
我	不	有，	慧	以	诸	众	生	之

了诸众生而无吾我，以慧开化一切众生。

13.21.3

[illegible]	[illegible]。	[illegible]	[illegible]	[illegible]	[illegible]，	[illegible]	[illegible]	[illegible]	[illegible]，
dzju^{1}	neej^{2}	rjur^{1}	tsjiir^{1}	mjij^{2}	nwə^{1}	rjur^{1}	tsjiir^{1}	tjij^{1}	tsjij^{2}
教	导。	诸	法	未	知，	诸	法	若	晓，
[illegible]	[illegible]	[illegible]	[illegible]	[illegible]	[illegible]，	[illegible]	[illegible]	[illegible]	
rjur^{1}	tha^{1}	lhjij^{2}	nẹ^{1}	ŋowr^{2}	ŋowr^{2}	thja^{1}	śjij^{1}	tshọ^{2}	
诸	佛	土	宣	一	切，	自	然	虚	

晓诸法寂，解护诸法②，畅诸佛土了于一切，自然

13.21.4

[illegible]	[illegible]	[illegible]	[illegible]	[illegible]	[illegible]	[illegible]	[illegible]	[illegible]。
ŋa^{1}	ŋowr^{2}	ŋowr^{2}	tśjɨ^{1}	tsjij^{2}	tha^{1}	lhjij^{2}	gji^{1}	sej^{1}
空	一	切	悟	晓	佛	土	清	净。
[illegible]	[illegible]	[illegible]	[illegible]，	[illegible]	[illegible]	[illegible]	[illegible]	[illegible]
thja^{1}	źjɨr^{1}	swew^{1}	sej^{1}	śjɨj^{2}	źjɨr^{1}	ŋwu^{2}	tsjiir^{1}	ŋowr^{2}
彼	慧	明	净，	圣	慧	以	法	一

虚空佛国清净。其慧鲜明，以慧圣达

13.21.5

[illegible]	[illegible]	[illegible]，	[illegible]	[illegible]	[illegible]	[illegible]	[illegible]	[illegible]

① 为人班宣，一切本无，西夏文本译作“为言他之一切本无”。

② 晓诸法寂，解护诸法，西夏文本译作“[illegible]”，字面意思为“诸法未知，诸法若晓”。

ŋowr² mjij¹ tsjij² ·jij¹ ŋạ² lhu¹ ljịj¹ ljuu² tshjịj²

切 无 达， 相 好 增 益 庄 严

kha¹ ·o² źjɨr¹ dźjịj¹ lew² mjij¹ thjɨ² nioow¹ tśhja²

中 入， 慧 行 所 无， 此 因 德

一切法无，增益相好入于庄严，慧无所行，因其奉遵，

13.21.6

mər² ŋowr² ŋowr² śjij¹ dźjịj¹ phjɨ¹ mjɨ̣² mjij² djij²

本 一 切 依 行 舍 忘 未 △。

źjị¹ zjiɨr¹ dạ² zjiɨr¹ rjur¹ dźiã² tśhju¹ nioow¹ rjɨr²

恼 少 事 少， 诸 众 生 因 所

一切德本未曾忘舍。少恼鲜事，有为众生所可造作，

13.22.1

wji¹ dạ² ·ju² ŋjir¹ gjuu² la² ljụ² njiij¹ mjij¹ sej¹

为 事， 常 难 救 拔 身 心 寂 净，

tśhja² ·ioow¹ tsjiir¹ duu¹ dwər¹ khie¹ lew² mjij¹ śjã¹

德 功 法 积 厌 倦 所 无， 禅

常行拔难身心惔怕①，积功累法无所秽厌，

13.22.2

djɨj² gu¹ śjwo¹ ·ju² mjij¹ tśjɨ¹ tsjij² tśhja² djɨj²

思 发 起 常 寂 了 晓， 正 定

① 惔怕，即“淡漠”之意，西夏文本译作“[illegible][illegible]”，字面意思为“寂净”。

·a⁰ njiij¹ tśier¹ ·ju² ŋwu² na¹ thjoo¹ tsjiir¹ tsjij²

一 心 方 便 以 深 妙 法 达。

兴发法思晓了长寂,正定一心方便觉达深妙之禅。

13.22.3

[illegible] [illegible] [illegible] [illegible] [illegible] [illegible] [illegible], [illegible] [illegible]

tjij¹ tśhjɨ¹ zjij¹ mər² tji̱¹ ne̱¹ tshjiij¹ rjur¹ bioo¹

若 彼 几 本 愿 宣 说, 诸 观

[illegible] [illegible] [illegible] [illegible] [illegible] [illegible], [illegible] [illegible] [illegible]

phjo² kar² tśhja² mjaa¹ ljaa¹ ·wejr² ɣie̱² mji¹ tjij¹

分 别 德 果 于 护, 声 闻 独

若以宣布若干品教①,分别诸观护于德果,开化声闻、

13.22.4

[illegible] [illegible] [illegible] [illegible] [illegible]。 [illegible] [illegible] [illegible] [illegible]

dwewr² ·jij¹ dzjɨj¹ phie² neej² mjor¹ ljij² ·jij¹ bie²

觉 之 律 开 解。 如 来 之 解

[illegible] [illegible] [illegible] [illegible], [illegible] [illegible] [illegible] [illegible], [illegible]

lhew² sjwɨj¹ dzu¹ ŋwe¹ dźiā² tsjij² dźjɨ⁰ dźjij¹ mjor¹

脱 业 爱 乐, 菩 萨 行 行, 如

缘觉之律。爱乐如来所解脱业,降菩萨行,

13.22.5

[illegible] [illegible] [illegible] [illegible] [illegible] [illegible] [illegible]。 [illegible] [illegible] [illegible],

ljij² ·jij¹ rjɨr² dźjij¹ mər² wji̱² śja² neew² goor¹ gji²

来 之 所 行 本 示 现。 善 男 子,

[illegible] [illegible] [illegible] [illegible] [illegible] [illegible] [illegible] [illegible] [illegible]。'

thjɨ² tja¹ mjor¹ ljij² ·jij¹ rjɨr² dźjij¹ sjwɨj¹ ŋwu²

此 者 如 来 之 所 行 业 也。'

示现如来所行之本。是为族姓子如来所行之业。'

---

① 品教,西夏文本译作"[illegible]",字面意思为"本愿"。

13.22.6

njij^{2}	sjij^{1}	nwə^{1}	lew^{2}	tśhjɨ^{1}	zjọ^{2}	kjir^{1}	ɣie^{1}	dźiã^{2}
王	今	知	当。	尔	时，	勇	力	菩
tsjij^{2}	thja^{1}	mjor^{1}	ljij^{2}	do^{2}	thjɨ^{2}	tsjiir^{1}	tshjiij^{1}	mji^{1}
萨	彼	如	来	处，	此	法	说	闻

王当知之。尔时，勇力菩萨于彼如来所，闻说是法

13.23.1

gji^{1}	sej^{1}	dźjɨ^{0}	rjir^{1}	nioow^{1}	tha^{1}	·jij^{1}	dạ^{2}	·jɨ^{2}
清	净	行	得，	复	佛	之	言	谓：
rjur^{1}	pjụ^{1}	thjɨ^{2}	wjɨ^{2}	mjor^{1}	ljij^{2}	tśhja^{2}	dwewr^{2}	dźiã^{2}
世	尊，	此	刻	如	来	正	觉	菩

所行清净，复白彼佛：'甚难！世尊，至未曾有！于今如来至真之言，

13.23.2

tsjij^{2}	·jij^{1}	dźjij^{1}	lew^{2}	rjɨr^{2}	tshjiij^{1}	zji^{2}	kha^{1}	rjir^{1}
萨	之	行	所	应	宣，	最	中	得
dju^{1}	mjij^{2}	djij^{2}	ljɨ^{1}	nioow^{1}	tśjɨɨ^{1}	rjur^{1}	pjụ^{1}	ŋa^{2}
有	未	△	也。	又	复	世	尊，	我

宣斯菩萨之所应行①。又复世尊，

13.23.3

① 世尊，至未曾有！于今如来至真之言，宣斯菩萨之所应行，西夏文本译作"世尊，于今如来至真宣菩萨之所应行，至未曾有也！"语序打乱。

tha^1	rjɨr^2	tshjiij^1	wo^2	bju^1	seew^2	ŋa^2	ku^1	tśier^1	·ju^2
佛	所	说	理	依，	察	我	则	方	便
[illegible]	[illegible]，	[illegible]	[illegible]	[illegible]	[illegible]	[illegible]	[illegible]	[illegible]	
neew^2	ɣjɨr^1	rjur^1	dźiã^2	tsjij^2	njɨ^2	rjur^1	tsjiir^1	ŋowr^2	
善	行，	诸	菩	萨	等	诸	法	一	

如佛所说，我察解议善权方便，是诸菩萨一切诸法

13.23.4

[illegible]	[illegible]	[illegible]	[illegible]	[illegible]。	[illegible]	[illegible]	[illegible]	[illegible]
ŋowr^2	·jij^1	dźjịj^1	lew^2	ŋwu^2	rjur^1	pjụ^1	dzjọ^1	sju^2
切	己	行	所	也。	世	尊	犹	如
[illegible]	[illegible]	[illegible]	[illegible]，	[illegible]	[illegible]	[illegible]	[illegible]	[illegible]
tshọ^2	ŋa^1	ɣiej^1	bioo^1	śja^1	rjijr^2	khjɨ^2	war^2	ŋowr^2
虚	空	真	观，	十	方	万	物	一

由己所行。犹如世尊察于虚空含受一切①，十方万物

13.23.5

[illegible]	[illegible]	[illegible]	[illegible]	[illegible]，	[illegible]	[illegible]	[illegible]	[illegible]，
ŋowr^2	to^2	zji^2	dzjɨj^2	·o^2	tsə^1	ŋowr^2	ŋowr^2	bju^1
切	尽	皆	陷	入，	色	一	切	依，
[illegible]	[illegible]	[illegible]	[illegible]，	[illegible]	[illegible]	[illegible]	[illegible]，	[illegible]
·jij^1	kwər^1	dźju^1	sjwij^1	pjụ^1	dza^2	tjị^2	mjij^1	·jij^1
己	体	显	明，	量	计	可	无，	形

为一切色，显现己体不可称计，

13.23.6

[illegible]	[illegible]	[illegible]	[illegible]	[illegible]	[illegible]	[illegible]	[illegible]	[illegible]
dju^1	ŋowr^2	ŋowr^2	zji^2	tshọ^2	ŋa^1	·u^2	kjɨ^1	dzjɨj^2
有	一	切	皆	虚	空	中	于	陷
[illegible]，	[illegible]	[illegible]	[illegible]	[illegible]	[illegible]	[illegible]	[illegible]	[illegible]。

① 犹如世尊察于虚空含受一切，此句西夏文本翻译时少了“含受一切”。

·o^{2}	tshọ^{2}	ŋa^{1}	dźjɨ^{0}	sjwɨj^{1}	ɣię^{2}	lụ^{2}	mjij^{1}	ljɨ^{1}
入，	虚	空	行	业	阻	碍	无	也。

现苞一切有形之类，虚空行业已无所碍。

13.24.1

[illegible]	[illegible]	[illegible]	[illegible]，	[illegible]	[illegible]	[illegible]	[illegible]，	[illegible]
rjur^{1}	pjụ^{1}	thjɨ^{2}	sju^{2}	tśier^{1}	·ju^{2}	neew^{2}	ɣjɨr^{1}	rjur^{1}
世	尊	是	如，	方	便	善	行，	诸
[illegible]	[illegible]	[illegible]	[illegible]	[illegible]	[illegible]	[illegible]	[illegible]	[illegible]
dźiã^{2}	tsjij^{2}	njɨ^{2}	tsjiir^{1}	ŋowr^{2}	ŋowr^{2}	ɣa^{2}	zji^{2}	·jij^{1}
菩	萨	等	法	一	切	而	皆	自

如是，世尊，善权方便，是诸菩萨在一切法而得自

13.24.2

[illegible]	[illegible]。	[illegible]	[illegible]	[illegible]	[illegible]	[illegible]	[illegible]	[illegible]
dzju^{2}	rjir^{1}	rjur^{1}	rjɨr^{2}	ɣiew^{1}	tsjiir^{1}	nioow^{1}	mjij^{2}	ɣiew^{1}
在	得。	诸	所	学	法	及	未	学
[illegible]	[illegible]	[illegible]	[illegible]	[illegible]、	[illegible]	[illegible]	[illegible]，	[illegible]
tsjiir^{1}	nioow^{1}	·ju^{2}	mur^{1}	tsjiir^{1}	tśhja^{2}	dwewr^{2}	tsjiir^{1}	to^{2}
法	及	民	俗	法、	正	觉	法，	尽

在。诸学之法及未学法、凡夫之法、最正觉法，

13.24.3

[illegible]	[illegible]	[illegible]。	[illegible]	[illegible]	[illegible]	[illegible]	[illegible]	[illegible]
zji^{2}	dzju^{2}	ljɨ^{1}	rjur^{1}	pjụ^{1}	dzjọ^{1}	sju^{2}	sji^{1}	śjị^{2}
皆	在	也。	世	尊	犹	如	木	草
[illegible]	[illegible]	[illegible]	[illegible]	[illegible]	[illegible]	[illegible]	[illegible]	[illegible]
mə^{2}	war^{2}	məə^{1}	rjir^{2}	ber^{2}	ku^{1}	to^{2}	zji^{2}	pju^{2}
诸	财	火	与	遇	则	尽	皆	烧

皆悉由之。犹如，世尊，若火所遇，草木百谷靡不被烧；①

① 此句西夏文本为“犹如世尊若火所遇草木诸财皆被烧”。

13.24.4

[illegible];	[illegible]	[illegible]	[illegible]	[illegible]	[illegible]	[illegible]	[illegible]	[illegible]
lu²	dźiã²	tsjij²	tsjɨ¹	thja¹	wjɨ²	sju²	tsjiir¹	ŋowr²
焚;	菩	萨	亦	彼	犹	如	法	一
[illegible]	[illegible]	[illegible]	[illegible]	[illegible]	[illegible],	[illegible]	[illegible]	[illegible]
ŋowr²	ɣa²	·jij¹	dzju²	rjɨr²	dźjij¹	sjij²	źjɨr¹	ljoor¹
切	于	自	在	所	行,	智	慧	焰

菩萨如是,于一切法自在所行,以智慧

13.24.5

[illegible]	[illegible]	[illegible]	[illegible]	[illegible],	[illegible]	[illegible]	[illegible]	[illegible]
ŋwu²	rjur¹	wẹ¹	lə⁰	pju²	sọ¹	kiẹj²	ɣju¹	mjij¹
以	诸	愚	冥	烧,	三	界	烟	无
[illegible]。	[illegible]	[illegible]	[illegible]	[illegible]	[illegible]	[illegible]	[illegible]	[illegible]
ljɨ¹	rjur¹	pjụ¹	dzjọ¹	sju²	goor¹	kiej²	tshjạ¹	kwow²
也。	世	尊	犹	如	男	子	怒	瞋

焰烧诸愚冥,三界无烟。犹如,世尊,大怒丈夫瞋恚

13.24.6

[illegible]	[illegible],	[illegible]	[illegible]	[illegible]	[illegible]	[illegible]	[illegible]	[illegible]
wejr¹	ljịj¹	mjɨ¹	·jij¹	tśjuu¹	zjij¹	gie¹	lew²	mji¹
炽	盛,	他	之	害	时	难	所	不
[illegible];	[illegible]	[illegible]	[illegible]	[illegible]	[illegible]	[illegible],	[illegible]	[illegible]
dju¹	dźiã²	tsjij²	tsjɨ¹	thja¹	wjɨ²	sju²	tśier¹	·ju²
有;	菩	萨	亦	彼	犹	如,	方	便

炽盛,逆害他人无所顾难;菩萨如是,

汉文本

以无行堕失如来行,于诸众生则有衅咎。何谓菩萨而不顺行?乐于声闻、缘觉地者,自观其行,欲化众生,是故名曰无开士行。其行声闻,无菩萨行。所以者何?诸声闻行畏生死苦;菩萨游于无量生死,不以为拘。'时息意如来赞勇力菩萨曰:'善哉!善哉!正士,仁快说此,教言淳淑!菩萨行道,舍身

之安不舍他人，常省己身不求他漏。'又问：'何谓菩萨所行？'佛言：'族姓子，自正己行而为众生，宣成败事生死之难，受于无量生死之患，而无恐畏。不乐声闻、缘觉之地，习菩萨行。不近禅思在于三界，晓了禅定，分别恶趣，习乎方便尽了禅智，功德圣慧而不可尽。发无生慧，为人班宣，一切本无，慧无所生，知其所受，了诸众生而无吾我，以慧开化一切众生。晓诸法寂，解护诸法，畅诸佛土了于一切，自然虚空佛国清净。其慧鲜明，以慧圣达一切法无，增益相好入于庄严，慧无所行，因其奉遵，一切德本未曾忘舍。少恼鲜事，有为众生所可造作，常行拔难身心惔怕，积功累法无所秽厌，兴发法思晓了长寂，正定一心方便觉达深妙之禅。若以宣布若干品教，分别诸观护于德果，开化声闻、缘觉之律。爱乐如来所解脱业，降菩萨行，示现如来所行之本。是为族姓子如来所行之业。'王当知之。尔时，勇力菩萨于彼如来所，闻说是法所行清净，复白彼佛：'甚难！世尊，至未曾有！于今如来至真之言，宣斯菩萨之所应行。又复世尊，如佛所说，我察解议善权方便，是诸菩萨一切诸法由己所行。犹如世尊察于虚空含受一切，十方万物为一切色，显现己体不可称计，现苞一切有形之类，虚空行业已无所碍。如是，世尊，善权方便，是诸菩萨在一切法而得自在，诸学之法及未学法、凡夫之法、最正觉法，皆悉由之。犹如，世尊，若火所遇，草木百谷靡不被烧；菩萨如是，于一切法自在所行，以智慧焰烧诸愚冥，三界无烟。犹如，世尊，大怒丈夫瞋恚炽盛，逆害他人无所顾难；菩萨如是，

13.25.1

[illegible]	[illegible]，	[illegible]	[illegible]	[illegible]	[illegible]，	[illegible]	[illegible]	[illegible]
neew^{2}	ɣjɨr^{1}	·jij^{1}	dzju^{2}	nioow^{1}	ku^{1}	sjịj^{2}	po^{1}	lo^{1}
善	权，	自	在	故	则，	智	波	罗
[illegible]，	[illegible]	[illegible]	[illegible]	[illegible]	[illegible]	[illegible]	[illegible]	[illegible]
bjii^{2}	ŋwu^{2}	dźiã^{2}	tśhju^{1}	ŋowr^{2}	ŋowr^{2}	·jij^{1}	źjị^{1}	njɨɨ^{2}
密，	以	众	生	一	切	之	烦	恼

善权方便自在由己，智度无极，断除一切众生尘劳。

13.25.2

[illegible]	[illegible]。	[illegible]	[illegible]	[illegible]	[illegible]	[illegible]	[illegible]	[illegible]
phja^{1}	njwi^{2}	rjur^{1}	pjụ^{1}	dzjọ^{1}	sju^{2}	zjɨɨr^{2}	gji^{1}	ljị^{1}
断	除。	世	尊	犹	如	水	清	宝
[illegible]	[illegible]	[illegible]	[illegible]	[illegible]	[illegible]	[illegible]	[illegible]	[illegible]
nji^{2}	zjɨɨr^{2}	niəj^{1}	kha^{1}	bə^{1}	dźjwo^{2}	ku^{1}	tśhjɨ^{2}	rjar^{2}
珠	水	浊	中	投	弃	则	立	即

犹如，世尊，清水宝珠著浊水中寻时

13.25.3

[illegible]	[illegible]；	[illegible]	[illegible]	[illegible]	[illegible]	[illegible]	[illegible]，	[illegible]

śjwu^{1}	gjii^{1}	dźiã^{2}	tsjij^{2}	tsjɨ^{1}	thja^{1}	wjɨ^{2}	sju^{2}	tśier^{1}
清	澈；	菩	萨	亦	彼	犹	如，	方
[illegible]	[illegible]	[illegible]	[illegible]	[illegible]	[illegible]	[illegible]	[illegible]	[illegible]
·ju^{2}	neew^{2}	ɣjɨr^{1}	ŋwu^{2}	lhjɨ^{2}	sọ^{1}	ror^{2}	tśior^{2}	ŋowr^{2}
便	善	权	以	尘	三	垢	浊	一

清澈；菩萨如是，善权方便消一切尘三垢秽浊。

13.25.4

[illegible]	[illegible]	[illegible]。	[illegible]	[illegible]	[illegible]	[illegible]	[illegible]	[illegible]
ŋowr^{2}	dźjwu^{1}	njwi^{2}	rjur^{1}	pjụ^{1}	dzjọ^{1}	sju^{2}	ljij^{2}	pjụ^{1}
切	消	能。	世	尊	犹	如	大	威
[illegible]	[illegible]	[illegible]	[illegible]	[illegible]	[illegible]，	[illegible]	[illegible]	[illegible]
tsə̣^{1}	gjɨ^{2}	mjiij^{2}	tja^{1}	dźjwi^{1}	dzjar^{2}	tjij^{1}	do^{2}	kha^{1}
药	有	名	者	消	灭，	若	毒	中

犹如，世尊，有大威药名曰消除，若著毒中

13.25.5

[illegible]	[illegible]	[illegible]	[illegible]	[illegible]	[illegible]	[illegible]	[illegible]	[illegible]
lju^{2}	ku^{1}	do^{2}	ŋowr^{2}	ŋowr^{2}	dźjwu^{1}	zji^{2}	sji^{1}	mji^{1}
散	则	毒	一	切	消	皆	尽	无
[illegible]；	[illegible]	[illegible]	[illegible]	[illegible]	[illegible]	[illegible]，	[illegible]	[illegible]
rjir^{2}	dźiã^{2}	tsjij^{2}	tsjɨ^{1}	thja^{1}	wjɨ^{2}	sju^{2}	tśier^{1}	·ju^{2}
留；	菩	萨	亦	彼	犹	如，	方	便

消一切毒永无有余；菩萨如是，以权①方便

13.25.6

[illegible]	[illegible]	[illegible]	[illegible]	[illegible]	[illegible]	[illegible]	[illegible]	[illegible]
neew^{2}	ɣjɨr^{1}	ŋwu^{2}	sọ^{1}	kięj^{2}	ŋjir^{1}	ŋowr^{2}	ŋowr^{2}	kha^{1}
善	行	以	三	界	难	一	切	中
[illegible]，	[illegible]	[illegible]	[illegible]	[illegible]，	[illegible]	[illegible]	[illegible]	[illegible]

① 以权，与下文中的“执权”，西夏文本皆译作“[illegible]”，字面意思为“善权”“善行”。

dźjij1	neew2	ɣjɨr1	sjịj2	sjwɨj1	ŋwu2	dźiã2	tśhju1	·jij1
游，	善	权	智	业，	以	众	生	之

游于一切三界之难，执权智业，灭去众生

13.26.1

[illegible]	[illegible]	[illegible]	[illegible]	[illegible]	[illegible]。	[illegible]	[illegible]	[illegible]
źjị1	njɨɨ2	dzu1	kiej2	dzjar2	phji1	rjur1	pjụ1	thjɨ2
烦	恼	爱	欲	灭	令。	世	尊	此
[illegible]	[illegible]	[illegible]	[illegible]	[illegible]，	[illegible]	[illegible]	[illegible]	[illegible]
nioow1	tśier1	·ju2	neew2	ɣjɨr1	rjur1	dźiã2	tsjij2	njɨ2
因	方	便	善	权，	诸	菩	萨	等

尘劳爱欲。以是之故，世尊当作斯观，善权方便①，是诸菩萨

13.26.2

[illegible]	[illegible]	[illegible]	[illegible]	[illegible]	[illegible]	[illegible]	[illegible]。'"	[illegible]
tsjiir1	ŋowr2	ŋowr2	ɣa2	·jij1	dzju2	dźjij1	ljɨ1	njij2
法	一	切	于	自	在	行	也。'"	王
[illegible]，	[illegible]	[illegible]	[illegible]	[illegible]	[illegible]	[illegible]	[illegible]	[illegible]，
ljịj2	kjir1	ɣie1	dźiã2	tsjij2	thja1	dạ2	tshjiij1	zjọ2
大，	勇	力	菩	萨	彼	言	说	时，

一切诸法自在己行。'"如是，大王，勇力菩萨说是语时，

13.26.3

[illegible]	[illegible]	[illegible]	[illegible]，	[illegible]	[illegible]	[illegible]	[illegible]	[illegible]	[illegible]
pjụ1	tjị2	mjij1	dzjwo2	zji2	zji2	phju2	tśhja2	ɣiej1	tśja1
量	可	不	人，	皆	最	上	正	真	道
[illegible]	[illegible]	[illegible]。	“[illegible]	[illegible]，	[illegible]	[illegible]，	[illegible]	[illegible]	
njiij1	·a0	śjwo1	njij2	ljịj2	thja1	zjọ2	kjir1	ɣiew1	
心	△	发。	“王	大，	尔	时，	勇	力	

不可计人，皆发无上正真道意。“王欲知之②，尔时，勇力

① 世尊当作斯观，善权方便，西夏文本译作“世尊因此善权方便”，翻译时作了简化处理。

② 王欲知之，西夏文本简化为“大王”。

13.26.4

[illegible]	[illegible]	[illegible],	[illegible]	[illegible]	[illegible]	[illegible]	[illegible]?	[illegible]
dźiã^2	tsjij^2	tja^1	dzjij^2	dzjwo^2	tśhjaa^1	tji^1	nja^2	thjɨ^2
菩	萨	者,	异	人	与	否	△?	此
[illegible]	[illegible]	[illegible]	[illegible]	[illegible]	[illegible]	[illegible]	[illegible]	
wjɨ^2	dwuu^2	rjar^2	kię^1	dźja^2	ɣie^1	mjijr^2	ku^1	
刻	密	迹	金	刚	力	士	则	

菩萨,岂异人乎?莫造斯观!所以者何?① 则今密迹金刚力士身是也,

13.26.5

[illegible],	[illegible]	[illegible]	[illegible]	[illegible]	[illegible]	[illegible]	[illegible]	[illegible],
ŋwu^2	thjɨ^2	tśhja^2	mjij^1	lju̱^{2}	gjwɨ^1	dzjij^2	khu^1	dźjij^1
也,	此	正	无	身	坚	强	精	进,
[illegible]	[illegible]	[illegible]	[illegible]	[illegible]	[illegible]	[illegible]	[illegible],	[illegible]
lji̱j^2	tji̱^{1}	mji^1	sji^1	tśhja^2	·ioow^1	zjir^2	gjwi^2	ljwu̱^{1}
大	誓	无	极	德	功	铠	衣,	巍

此正士身坚强精进,被弘誓德无极大铠,巍

13.26.6

[illegible]	[illegible]	[illegible],	[illegible]	[illegible]	[illegible]	[illegible]	[illegible]	[illegible]
ljwu̱^{1}	thjɨ^2	sju^2	pju̱^{1}	dza^2	tji̱^{2}	mjij^1	rjur^1	tha^1
巍	此	如,	量	计	可	不	诸	佛
[illegible]	[illegible]	[illegible],	[illegible]	[illegible]	[illegible]	[illegible]	[illegible]	[illegible]
·jij^1	kju̱^{1}	tshwew^1	bji^1	bji^1	thjɨ^2	sju^2	dzjo̱^{1}	tji̱^{2}
之	供	养,	光	光	此	如	喻	可

巍如是,供养诸佛不可称限,光光若斯,无以为喻。”

13.27.1

[illegible]	[illegible]。”	[illegible]	[illegible],	[illegible]	[illegible]	[illegible]	[illegible]	[illegible]
mjij^1	ljɨ^1	tśhjɨ^1	zjo̱^{2}	·ja^0	śja^1	śji^2	njij^2	njiij^1

① 西夏文本翻译时省略掉了“莫造斯观!所以者何?”

无	也。”	尔	时，	阿	阇	世	王	心
[illegible]	[illegible]	[illegible]：	“[illegible]	[illegible]	[illegible]	[illegible]	[illegible]	[illegible]
khju^{1}	lə^{0}	wji^{1}	thjɨ^{2}	dwuu^{2}	rjar^{2}	kię^{1}	dźja^{2}	ɣie^{1}
下	念	为：	“此	密	迹	金	刚	力

尔时，阿阇世王心自念言：“是密迹金刚力

13.27.2

[illegible]，	[illegible]	[illegible]	[illegible]	[illegible]	[illegible]	[illegible]	[illegible]	[illegible]
mjijr^{2}	dja^{2}	zow^{2}	kię^{1}	dźja^{2}	tja^{1}	ljɨɨ^{1}	·jij^{1}	thjij^{2}
士，	所	执	金	刚	者	重	轻	何
[illegible]？	[illegible]	[illegible]	[illegible]	[illegible]	[illegible]	[illegible]	[illegible]	[illegible]
sjo^{2}	ŋa^{2}	bji^{1}	ɣie^{1}	ŋwu^{2}	zow^{2}	·a^{0}	wjọ^{2}	ŋa^{2}
云？	我	威	力	以	持	△	晓	我

士，所执金刚为重几所，以承大力谓应执持乎？”

13.27.3

□	[illegible]？”	[illegible]，	[illegible]	[illegible]	[illegible]	[illegible]	[illegible]	[illegible]
□	·jɨ^{2}	dzjɨj^{1}	dwuu^{2}	rjar^{2}	kię^{1}	dźja^{2}	ɣie^{1}	mjijr^{2}
□	谓？”	时，	密	迹	金	刚	力	士
[illegible]	[illegible]	[illegible]	[illegible]	[illegible]	[illegible]	[illegible]	[illegible]	[illegible]，
·ja^{0}	śja^{1}	śji^{2}	njij^{2}	·jij^{1}	njiij^{1}	khju^{1}	lə^{0}	tja^{1}
阿	阇	世	王	之	心	下	念	者，

时，密迹金刚力士知王阿阇世心之所念，

13.27.4

[illegible]	[illegible]	[illegible]	[illegible]	[illegible]	[illegible]	[illegible]	[illegible]	[illegible]。
djwu^{1}	ku^{1}	thja^{1}	kię^{1}	dźja^{2}	ljị^{2}	tśhjaa^{1}	bə^{1}	dźjwo^{2}
威	则	彼	金	刚	地	上	投	弃。
[illegible]	[illegible]，	[illegible]	[illegible]	[illegible]	[illegible]	[illegible]	[illegible]	[illegible]
tśhjɨ^{1}	dzjɨj^{1}	sọ^{1}	ljaa^{1}	ljij^{2}	ljaa^{1}	rjur^{1}	kięj^{2}	tśhjiw^{1}
尔	时，	三	千	大	千	世	界	六

以持金刚下著地上。适置地上，三千大千世界六

13.27.5

[illegible]	[illegible]	[illegible]。	[illegible]	[illegible]	[illegible]	[illegible]	[illegible]	[illegible]
mə²	saar¹	mju²	dwuu²	rjar²	kię¹	dźja²	ɣie¹	mjijr²
种	震	动。	密	迹	金	刚	力	士
[illegible]	[illegible]	[illegible]	[illegible]	[illegible]	[illegible]：	"[illegible]	[illegible]	[illegible]
·ja⁰	śja¹	śji²	njij²	·jij¹	·jɨ²	nji²	thjɨ²	kię¹
阿	阇	世	王	之	谓：	"汝	此	金

返震动。① 密迹金刚力士谓王阿阇世："王试

13.27.6

[illegible]	[illegible]	[illegible]	[illegible]！"	[illegible]，	[illegible]	[illegible]	[illegible]	[illegible]
dźja²	djɨ²	lhjɨr¹	·jɨ²	dzjɨj¹	·ja⁰	śja¹	śji²	njij²
刚	与	取	谓！"	时，	阿	阇	世	王
[illegible]	[illegible]	[illegible]	[illegible]	[illegible]。	[illegible]	[illegible]	[illegible]	[illegible]，
ljij²	ɣie¹	mjijr²	ɣie¹	ŋwu²	thjij²	kjir²	·a⁰	zow²
大	力	士	力	也。	云	能	△	持，

举此②！"时，阿阇世王以大力士力，尽势举之，

13.28.1

[illegible]	[illegible]	[illegible]	[illegible]	[illegible]	[illegible]	[illegible]。	[illegible]，	[illegible]
mej²	bięj¹	zjij¹	mju²	ljɨj²	mjɨ¹	wjį²	dzjɨj¹	njij²
毛	发	几	动	摇	不	能。	时，	王
[illegible]	[illegible]，	[illegible]	[illegible]	[illegible]	[illegible]：	"[illegible]	[illegible]，	[illegible]
ɣar²	bji²	tha¹	·jij¹	da²	·jɨ²	rjur¹	pjų¹	ŋa²
惊	愕，	佛	之	言	谓：	"世	尊，	我

而不能摇离地如毛发。时，王怪之得未曾有③，前白佛言："我身，世尊，

13.28.2

[illegible]	[illegible]	[illegible]	[illegible]	[illegible]	[illegible]	[illegible]	[illegible]	[illegible]，

① 此句西夏文本译作"尔时，三千大千世界六种震动"。
② 王试举此，西夏文本译作"汝取此金刚！"指向更明确。
③ 王怪之得未曾有，西夏文本译作"王惊愕"。

ljij^{2} ɣie^{1} mjijr^{2} ɣie^{1} tśhju^{1} zji^{2} ljɨɨ^{1} zjir^{2} gjwi^{2}

大 力 士 力 有 极 重 铠 衣，

[illegible] [illegible] [illegible] [illegible]， [illegible] [illegible] [illegible] [illegible] [illegible]

bju^{2} ljij^{2} zow^{2} dźji^{1} nioow^{1} bə^{1} dźjwo^{2} tsjɨ^{1} ɣię^{2}

象 大 持 掷， 又 投 弃 亦 障

有大力士，被极异铠，牵捉大象，举鼻投身在

13.28.3

[illegible] [illegible] [illegible]。 [illegible] [illegible] [illegible] [illegible] [illegible] [illegible] [illegible]

lų^{2} lew^{2} mjij^{1} pjɨ^{1} njɨɨ^{2} thjɨ^{2} zji^{1} ɣa^{1} kię^{1} dźja^{2}

碍 所 无。 今 日 此 小 砾 金 刚

[illegible] [illegible] [illegible] [illegible] [illegible]， [illegible] [illegible] [illegible] [illegible]

mu^{1} thjij^{2} kjir^{2} rjɨr^{2} ljɨj^{2} ŋa^{2} mej^{2} bięj^{1} zjij^{1}

杵 云 能 △ 执， 我 毛 发 几

所无碍。今日举此小金刚杵，不能动移大如毛发。”

13.28.4

[illegible] [illegible] [illegible] [illegible] [illegible]。” [illegible]， [illegible] [illegible] [illegible] [illegible]

mju^{2} mjɨ^{1} wjọ^{2} ŋa^{2} ·jɨ^{2} dzjɨj^{1} ·ja^{0} śja^{1} śji^{2} njij^{2}

动 不 晓 我 谓。” 时， 阿 阇 世 王

[illegible] [illegible] [illegible] [illegible]： “[illegible] [illegible] [illegible] [illegible] [illegible]

gjij^{1} njij^{2} ·jiw^{2} śjwo^{1} rjur^{1} pjụ^{1} wa^{2} nioow^{1} thjɨ^{2}

倍 深 疑 起： “世 尊 何 故 此

时，王阿阇世益用怀疑：“何故世尊，乃如是乎？”

13.28.5

[illegible] [illegible]？” [illegible] [illegible]： “[illegible] [illegible] [illegible] [illegible] [illegible]

sju^{2} ljɨ^{1} tha^{1} dạ^{2} njij^{2} ljij^{2} thjɨ^{2} kię^{1} dźja^{2}

如 也？” 佛 言： “王 大 此 金 刚

[illegible]， [illegible] [illegible] [illegible] [illegible]， [illegible] [illegible] [illegible] [illegible]

tja^{1} pjụ^{1} tśhja^{2} ljɨɨ^{1} źjɨr^{1} zjir^{2} gjwi^{2} bju^{2} zow^{2}

者， 威 德 重 实， 铠 衣 大 持

佛言："大王，是金刚者，入在重德，不可用被铠力

13.28.6

[illegible]	[illegible]	[illegible]	[illegible]	[illegible]	[illegible]	[illegible]。"	[illegible]	[illegible]，
ɣie^{1}	ŋwu^{2}	mjuu^{2}	phji^{1}	tjɨ̣^{2}	mjij^{1}	ljɨ^{1}	tśhjɨ^{1}	zjọ^{2}
力	以	移	令	可	不	也。"	尔	时，
[illegible]	[illegible]	[illegible]	[illegible]	[illegible]	[illegible]	[illegible]	[illegible]：	"[illegible]
dwuu^{2}	rjar^{2}	śjɨ^{2}	ŋwər^{1}	dzjwɨ^{1}	·jij^{1}	dạ^{2}	·jɨ^{2}	nji^{2}
密	迹	释	天	帝	之	言	谓：	"汝

及象力而举移此也。"尔时，密迹谓天帝释："仁者

13.29.1

[illegible]	[illegible]	[illegible]	[illegible]	[illegible]	[illegible]	[illegible]	[illegible]。	[illegible]
kię^{1}	dźja^{2}	zow^{2}	mjijr^{2}	kju^{1}	·ji^{1}	ljɨ̣^{1}	ŋwu^{2}	thjɨ^{2}
金	刚	持	者	拘	翼	者	也。	此
[illegible]，	[illegible]	[illegible]	[illegible]	[illegible]	[illegible]	[illegible]	[illegible]	[illegible]。"
wjɨ^{2}	thjɨ^{2}	kię^{1}	dźja^{2}	mu^{1}	djɨ^{2}	lhjɨr^{1}	nja^{2}	·jɨ^{2}
刻，	此	金	刚	杵	△	取	△	谓。"

名号执持金刚拘翼。今日仁者，且从地举此金刚杵。①"

13.29.2

[illegible]，	[illegible]	[illegible]	[illegible]	[illegible]	[illegible]	[illegible]	[illegible]	[illegible]
dzjɨj^{1}	śjɨ^{2}	ŋwər^{1}	dzjwɨ^{1}	pjụ^{1}	tjɨ̣^{2}	mjij^{1}	mee^{2}	ɣie^{1}
时，	释	天	帝	限	可	无	神	力
[illegible]，	[illegible]	[illegible]	[illegible]	[illegible]	[illegible]	[illegible]	[illegible]	[illegible]，
ŋwu^{2}	zji^{2}	thjij^{2}	kjir^{2}	thja^{1}	kię^{1}	dźja^{2}	·a^{0}	zow^{2}
以，	极	云	能	彼	金	刚	△	举，

时，天帝释以无限神力，极阐神足欲举其金刚，

13.29.3

[illegible]	[illegible]	[illegible]	[illegible]。	[illegible]	[illegible]，	[illegible]	[illegible]	[illegible]

① 此句西夏文本作"今日，令举此金刚杵"。

mju^{2}	ljɨj^{2}	mjɨ^{1}	wji̱^{2}	tśhjɨ^{1}	zjo̱^{2}	śjɨ^{2}	ŋwər^{1}	dzjwɨ^{1}
动	摇	不	能。	尔	时，	释	天	帝
[illegible]	[illegible]	[illegible]	[illegible]：	“[illegible]	[illegible]	[illegible]	[illegible]	[illegible]
tha^{1}	·jij^{1}	da̱^{2}	·jɨ^{2}	ŋa^{2}	njɨ^{2}	rjur^{1}	mə^{1}	njɨ^{2}
佛	之	言	谓：	“吾	等	诸	天	等

了不能举。尔时，天帝释前白佛言：“吾等之身及诸天俱

13.29.4

[illegible]	[illegible]	[illegible]	[illegible]	[illegible]，	[illegible]	[illegible]	[illegible]，	[illegible]
·ja^{0}	sew^{2}	lo^{1}	rjir^{2}	ɣwej^{1}	dwər^{2}	·jij^{1}	zji̱j^{1}	·a^{0}
阿	修	罗	与	斗，	敌	临	时，	一
[illegible]	[illegible]	[illegible]，	[illegible]	[illegible]	[illegible]	[illegible]	[illegible]	[illegible]
la̱^{1}	mja^{1}	ŋwu^{2}	thja^{1}	phji^{1}	mo^{2}	tśjɨ^{1}	tow^{1}	lo^{1}
手	指	以，	彼	毗	摩	智	多	罗

与阿须轮斗，以一手指，

13.29.5

[illegible]	[illegible]	[illegible]	[illegible]	[illegible]	[illegible]	[illegible]，	[illegible]	[illegible]
·ja^{0}	sew^{2}	lo^{1}	njij^{2}	·jij^{1}	·a^{0}	zow^{2}	phji^{1}	bju^{1}
阿	修	罗	王	之	△	持，	欲	依
[illegible]	[illegible]	[illegible]，	[illegible]	[illegible]	[illegible]	[illegible]	[illegible]	[illegible]
ljo̱^{2}	bə^{1}	dźjwo^{2}	twụ^{1}	bə^{1}	dźjwo^{2}	khie^{2}	gjiwr^{2}	bə^{1}
何	投	弃，	各	投	弃	米	丸	投

举维质阿须轮所在①，投之如一圆丸②，

13.29.6

[illegible]	[illegible]，	[illegible]	[illegible]	[illegible]	[illegible]	[illegible]	[illegible]	[illegible]
dźjwo^{2}	sju^{2}	to^{2}	zji^{2}	dźjow^{1}	ka^{2}	tshwew^{1}	tji̱^{2}	mjɨ^{1}
弃	如，	尽	皆	分	离	去	可	不
[illegible]	[illegible]。	[illegible]	[illegible]	[illegible]	[illegible]	[illegible]	[illegible]	[illegible]

① 举维质阿须轮所在，西夏文本译作“毗摩智多罗阿须轮持之”，“毗摩智多罗”是阿须轮王之名。

② 投之如一圆丸，西夏文本译作“意欲依何投弃，投之如一圆丸”，衍。

rjir¹	phji¹	ljɨ̣¹	wjị²	nji²	thjɨ²	kię¹	dźja²	mu¹
得	令。	及	能	△	此	金	刚	杵

皆令犇驰不知所凑。又是金刚其形小小，

13.30.1

[illegible]	[illegible]	[illegible]	[illegible]，	[illegible]	[illegible]	[illegible]	[illegible]	[illegible]?”
kwər¹	kjɨ¹	zji¹	ɣa¹	mjuu²	mjɨ¹	wjị²	nji²	tja¹
形	△	小	弱，	动	无	能	△	者?”
[illegible]	[illegible]	[illegible]	[illegible]：	“[illegible]	[illegible]，	[illegible]	[illegible]	[illegible]
thjij²	ɣiej¹	tha¹	dạ²	kju¹	·ji¹	thja¹	kię¹	dźja²
故	金	佛	言：	“拘	翼，	彼	金	刚

而不能动乎?”佛言:“拘翼,是金刚者,

13.30.2

[illegible]，	[illegible]	[illegible]	[illegible]	[illegible]，	[illegible]	[illegible]	[illegible]	[illegible]	[illegible]
tja¹	tśhja²	·ioow¹	ljɨɨ¹	źjɨr¹	thja¹	·ja⁰	sew²	lo¹	·jij¹
者，	德	功	重	实，	彼	阿	修	罗	之
[illegible]	[illegible]	[illegible]	[illegible]	[illegible]	[illegible]	[illegible]	[illegible]	[illegible]	
sọ¹	·jir²	sọ¹	ɣạ²	tśhjiw¹	khjɨ²	bjuu²	rjar¹	ljụ²	
三	百	三	十	六	万	里	而	身	

入在重德,不可以比阿须轮三百三十六万里身在所可投。

13.30.3

[illegible]	[illegible]	[illegible]	[illegible]	[illegible]。	[illegible]	[illegible]	[illegible]	[illegible]
rjir²	dzjọ¹	tjɨ²	mjij¹	ljɨ¹	kju¹	·ji¹	phji¹	ɣa²
与	喻	可	不	也。	拘	翼	意	于
[illegible]	[illegible]?	[illegible]	[illegible]	[illegible]	[illegible]	[illegible]	[illegible]	[illegible]
thjij²	sjo²	sju²	mji¹	ŋər¹	njij²	tja¹	·a⁰	tśhjɨ¹
何	云?	须	弥	山	王	者	△	其

于拘翼心所知云何? 须弥山王为重不乎?”

13.30.4

[illegible]	[illegible]?”	[illegible]	[illegible]：	“[illegible]	[illegible]	[illegible]	[illegible]	[illegible]

ljɨɨ^{1}	ljɨ^{1}	kụ^{2}	dạ^{2}	rjur^{1}	pjụ^{1}	zji^{2}	kha^{1}	ljɨɨ^{1}
重	也?”	答	言:	“世	尊	最	中	重
[illegible]，	[illegible]	[illegible]	[illegible]	[illegible]。”	[illegible]	[illegible]：	“[illegible]	[illegible]，
źjɨr^{1}	dzjọ^{1}	tjị^{2}	mjij^{1}	ljɨ^{1}	tha^{1}	dạ^{2}	kju^{1}	·ji^{1}
实，	喻	可	不	也。”	佛	言：	“拘	翼，

白言:“甚重！世尊,不可计喻。”佛言:“拘翼,

13.30.5

[illegible]	[illegible]	[illegible]	[illegible]	[illegible]	[illegible]	[illegible]	[illegible]	[illegible]，
tjɨ^{1}	tjij^{1}	kjir^{1}	mjijr^{2}	mji^{1}	sji^{1}	ljịj^{2}	mee^{2}	ɣie^{1}
假	若	勇	士	无	极	大	神	力，
[illegible]	[illegible]	[illegible]	[illegible]	[illegible]	[illegible]	[illegible]	[illegible]	[illegible]
ŋwu^{2}	thjɨ^{2}	kię^{1}	dźja^{2}	zow^{2}	lhjwi^{1}	tśier^{1}	lạ^{1}	·u^{2}
以	此	金	刚	执	持	右	手	中

假有勇士大神无极,取是金刚右手执持,

13.30.6

[illegible]，	[illegible]	[illegible]	[illegible]	[illegible]	[illegible]	[illegible]	[illegible]	[illegible]，
zow^{2}	sju^{2}	mji^{1}	ŋər^{1}	rjir^{2}	·a^{0}	we^{2}	rjɨr^{2}	tjị^{1}
持，	须	弥	山	与	△	处	△	置，
[illegible]	[illegible]	[illegible]	[illegible]，	[illegible]	[illegible]	[illegible]	[illegible]	[illegible]
tsəj^{1}	khwej^{2}	dja^{2}	źju^{2}	njɨɨ^{2}	lạ^{1}	ŋwu^{2}	zjị^{2}	njɨɨ^{2}
小	大	已	分，	二	手	以	俱	二

以是金刚着须弥山边,藏之在中,才现形取[1],俱举二形。

13.31.1

[illegible]	[illegible]。	[illegible]	[illegible]	[illegible]	[illegible]	[illegible]	[illegible]，	[illegible]
·a^{0}	zow^{2}	thja^{1}	sju^{2}	mji^{1}	ŋər^{1}	ljɨɨ^{1}	·jij^{1}	kię^{1}
△	执。	彼	须	弥	山	重	轻，	金
[illegible]	[illegible]	[illegible]	[illegible]	[illegible]。	[illegible]	[illegible]	[illegible]	[illegible]

① 以是金刚着须弥山边,藏之在中,才现形取,西夏文本译作“置于须弥山处,已分大小”。

dźja² zjịj¹ mjɨ¹ 不详 ljɨ¹ śjɨ² ŋwər¹ dzjwɨ¹ tjɨ¹
刚 几 不 及 也。 释 天 帝 如
须弥山王尚复微轻，不如金刚重。若天帝释，

13.31.2

[illegible]
tjij¹ rjar² kię² kię¹ dźja² ɣie¹ mjijr² thja¹ kię¹
若 密 迹 金 刚 力 士 彼 金
[illegible]、
dźja² ŋwu² śjow¹ tśjɨ̣¹ ŋər¹ ljij² tshew² tśjɨ̣¹ ŋər¹
刚 以 铁 围 山、 大 铁 围 山
密迹金刚力士以是金刚，击铁围山、大铁围山

13.31.3

[illegible]，
nioow¹ kię¹ dźja² ŋər¹ tshjij² lhjɨ² me² sju² zjịj²
及 金 刚 山 碎， 微 尘 如 为
[illegible]。
phji¹ kjɨ¹ djij² ŋwu² tsjɨ¹ thja¹ tśhja² mjijr² ·jij¹
令 △ △ 也。 亦 彼 正 士 之
及金刚山，令碎如尘。虽尔正士，

13.31.4

[illegible]，[illegible]。”
mee² ɣie¹ mji¹ sji¹ dzjo̱¹ kaar¹ tji̱² mjij¹ ljɨ¹
神 力 不 尽， 喻 极 可 不 也。”
未尽现力，不可喻极。”

13.31.5

[illegible]
ljij² ljɨ¹ tśiow¹ lwər² lhejr² ? ɣa̱² so̱¹ tsew²
大 宝 积 经 契 卷 十 三 第

《大宝积经》卷第十三

汉文本

善权方便自在由己，智度无极，断除一切众生尘劳。犹如，世尊，清水宝珠著浊水中寻时清澈；菩萨如是，善权方便消一切尘三垢秽浊。犹如，世尊，有大威药名曰消除，若著毒中，消一切毒永无有余；菩萨如是，以权方便游于一切三界之难，执权智业，灭去众生尘劳爱欲。以是之故，世尊当作斯观，善权方便，是诸菩萨一切诸法自在己行。'"如是，大王，勇力菩萨说是语时，不可计人，皆发无上正真道意。

"王欲知之，尔时，勇力菩萨，岂异人乎？莫造斯观！所以者何？则今密迹金刚力士身是也。此正士身坚强精进，被弘誓德无极大铠，巍巍如是，供养诸佛不可称限，光光若斯，无以为喻。"

尔时，阿阇世王心自念言："是密迹金刚力士，所执金刚为重几所，以承大力谓应执持乎？"

时，密迹金刚力士知王阿阇世心之所念，以持金刚下著地上。适置地上，三千大千世界六返震动。密迹金刚力士谓王阿阇世："王试举此！"

时，阿阇世王以大力士力，尽势举之，而不能摇离地如毛发。时，王怪之得未曾有，前白佛言："我身，世尊，有大力士，被极异铠，牵捉大象，举鼻投身在所无碍。今日举此小金刚杵，不能动移大如毛发。"时，王阿阇世益用怀疑："何故世尊，乃如是乎？"

佛言："大王，是金刚者，入在重德，不可用被铠力及象力而举移此也。"

尔时，密迹谓天帝释："仁者名号执持金刚拘翼。今日仁者，且从地举此金刚杵。"时，天帝释以无限神力，极阐神足欲举其金刚，了不能举。

尔时，天帝释前白佛言："吾等之身及诸天俱与阿须轮斗，以一手指，举维质阿须轮所在，投之如一圆丸，皆令犇驰不知所凑。又是金刚其形小小，而不能动乎？"

佛言："拘翼，是金刚者，入在重德，不可以比阿须轮三百三十六万里身在所可投。于拘翼心所知云何？须弥山王为重不乎？"

白言："甚重！世尊，不可计喻。"

佛言："拘翼，假有勇士大神无极，取是金刚右手执持，以是金刚著须弥山边，藏之在中，才现形取，俱举二形。须弥山王尚复微轻，不如金刚重。若天帝释，密迹金刚力士以是金刚，击铁围山、大铁围山及金刚山，令碎如尘。虽尔正士，未尽现力，不可喻极。"

《大宝积经》第十三卷

西夏文《大宝积经》

·卷十四·

《密迹金刚力士会》
第三之七整理与研究

内容和版本介绍

西夏文《大宝积经》卷十四《密迹金刚力士会》第三之七，西晋三藏法师竺法护译，据克恰诺夫《西夏佛典目录》，有多个编号，下面的录文主要据《俄藏黑水城文献》刊布的编号406加以录文和解读，该卷版式：纸幅33厘米×12厘米，版框高25.9厘米，保存完好，共计71折，每折6行，每行19字，黑绢护封，上有花饰书签。

文本释读

14.1.1

[illegible]	[illegible]	[illegible]	[illegible]	[illegible]	[illegible]	[illegible]	[illegible]	[illegible]	[illegible]①
ljịj^{2}	ljị^{1}	tśiow^{1}	lwər^{2}	lhejr^{2}	?	ɣạ^{2}	ljɨɨr^{1}	tsew^{1}	lej^{1}
大	宝	积	经	契	卷	十	四	第	石

《大宝积经》卷第十四 石

14.1.2

[illegible]	[illegible]	[illegible]	[illegible]
tshjwu^{1}	bju^{1}	tśja^{1}	dźju^{1}
天	奉	道	显

奉天显道②

14.1.3

[illegible]	[illegible]	[illegible]	[illegible]	[illegible]	[illegible]	[illegible]	[illegible]	[illegible]	[illegible]	[illegible]
dwuu^{2}	rjar^{2}	kiẹ^{1}	dźja^{2}	ɣie^{1}	mjijr^{2}	ljwu^{2}	sọ^{1}	tsew^{2}	·jij^{1}	śjạ^{1}
密	迹	金	刚	力	士	会	三	第	之	七

密迹金刚力士会第三之七③

14.1.4

[illegible]	[illegible],	[illegible]	[illegible]	[illegible]	[illegible]	[illegible]	[illegible]	[illegible]
tśhjɨ^{1}	zjọ^{2}	dwuu^{2}	rjar^{2}	kiẹ^{1}	dźja^{2}	ɣie^{1}	mjijr^{2}	pjụ^{1}
尔	时,	密	迹	金	刚	力	士	贤
[illegible]	[illegible]	[illegible]	[illegible]	[illegible]	[illegible]	[illegible]	[illegible]:	“[illegible]
nar^{2}	ljịj^{2}	boo^{2}	khjã^{2}	ljɨj^{1}	·jij^{1}	dạ^{2}	·jɨ^{2}	rjur^{1}

① [illegible],为帙号,可以译作“石”。

② 奉天显道,当为西夏仁宗皇帝尊号之省,汉文本无。第一卷中完整的仁宗皇帝尊号作“[illegible]”(奉天显道耀武宣文神谋睿智制义去邪惇睦懿恭皇帝嵬名)。据此可知俄藏 инв. № 406 为仁宗皇帝(1139—1193 在位)校译本。

③ 此处汉文本署“西晋三藏法师竺法护译”,西夏文本无。

老	大	目	犍	连	之	语	谓:	"世

尔时,密迹金刚力士谓贤者大目犍连:"耆年目连①,

14.1.5

[illegible]	[illegible]	[illegible]	[illegible]	[illegible]	[illegible]	[illegible]	[illegible]	[illegible]
pjụ^{1}	nja^{2}	·jij^{1}	kjɨ^{1}	la^{1}	mee^{2}	mjijr^{2}	phju^{2}	tsew^{2}
尊	汝	之	△	记	神	通	上	第
[illegible]	[illegible]②	[illegible]	[illegible]③	[illegible]	[illegible]	[illegible]	[illegible]	[illegible]
ŋwu^{2}	nja^{2}	·jɨ^{2}	djij^{2}	nji^{2}	sjij^{1}	thjɨ^{2}	kiẹ^{1}	dźja^{2}
是	△	谓	△,	汝	今	是	金	刚

世尊所叹神足④第一⑤,仁且从地举是金刚。"

14.1.6

[illegible]	[illegible]。"	[illegible],	[illegible]	[illegible]	[illegible]	[illegible]	[illegible]	[illegible]
lhjwi^{1}	lhjɨr^{1}	dzjɨj^{1}	ljịj^{2}	boo^{2}	khjā^{2}	ljɨj^{1}	mji^{1}	sji^{1}
取	举。"	时,	大	目	犍	连	无	极
[illegible]	[illegible],	[illegible]	[illegible]	[illegible]	[illegible]	[illegible]	[illegible]	[illegible]
ɣie^{1}	ŋwu^{2}	ljɨɨr^{1}	ljịj^{2}	ŋjow^{2}	zjɨɨr^{2}	kiej^{1}	phji^{1}	be^{2}
力	以,	四	大	海	水	沃	令	日

时,大目连前举金刚以无极力,以四大海水上沃日⑥,

14.2.1

[illegible]	[illegible]	[illegible],	[illegible]	[illegible]	[illegible]	[illegible]⑦	[illegible]	[illegible]
lhjị^{2}	ɣa^{2}	njɨ^{1}	nioow^{1}	zji^{2}	khwa^{1}	ljụ^{1}	rjur^{1}	kiẹj^{2}
月	上	冲,	又	最	远	马	世	界
[illegible],	[illegible]	[illegible]	[illegible]	[illegible]	[illegible]	[illegible]	[illegible],	[illegible]

① 耆年目连,西夏文本在翻译时省略。

② [illegible],人称呼应后缀,与第二人称单数"[illegible]"呼应。

③ [illegible][illegible],间接引语标记,强调所引述的内容。

④ 神足,即神足通也。五通之一,又名神境智证通,或心如意通,即身如其意,随念即至,可在一想念之间,十方无量国土都能同时一一到达,变化无穷。目犍连就是得了这种圆满的神通而号称为"神通第一"。西夏文本译作"神通"。

⑤ 第一,西夏文本译作"第上"。下同。

⑥ 沃日,水上波浪很大,犹如吞没蓝天、冲洗了日月。

⑦ [illegible],在其他文献中对译"黄羊",此处与"野马"对译。

·u^{2} tsjɨ^{1} njɨ^{2} śji^{2} tśja^{1} ɣie^{1} dźju^{1} sjwij^{1} thjij^{2}

中， 亦 至 往 道 力 显 变， 焉

其势又牵曾到野马世界，无所不至道力显变，

14.2.2

[illegible] [illegible] [illegible] [illegible] [illegible] [illegible] [illegible] [illegible] [illegible]

kjir^{2} mee^{2} mjijr^{2} wjɨ^{2} śja^{2} thja^{1} kię^{1} dźja^{2} njowr^{2}

能 神 通 △ 显 其 金 刚 移

[illegible]。 [illegible] [illegible] [illegible] [illegible] [illegible] [illegible] [illegible] [illegible]

kiej^{2} sọ^{1} tụ^{1} ljij^{2} tụ^{1} rjur^{1} kiej^{2} ljɨ̣^{1} to^{2}

欲。 三 千 大 千 世 界 及 悉

奋其神足而欲移之①。此三千大千世界

14.2.3

[illegible] [illegible] [illegible]， [illegible] [illegible] [illegible] [illegible] [illegible] [illegible]

zji^{2} saar^{1} mju^{2} thja^{1} kię^{1} dźja^{2} ·jij^{1} mej^{2} bięj^{1}

皆 动 震， 彼 金 刚 之 毛 发

[illegible] [illegible] [illegible] [illegible] [illegible]。 [illegible]， [illegible] [illegible] [illegible]

zjịj^{1} mju^{2} ljɨ̣j^{2} mjɨ^{1} wjị^{2} dzjɨ̣j^{1} ljij^{2} boo^{2} khjã^{2}

若 动 摇 不 能。 时， 大 目 犍

震动上下，而不能摇金刚大如毛发。时，大日连

14.2.4

[illegible] [illegible] [illegible] [illegible] [illegible]， [illegible] [illegible] [illegible] [illegible]，

ljɨ̣j^{1} tśhjɨ^{2} rjar^{2} ɣar^{2} bji^{2} tha^{1} rewr^{2} tśja^{1} tshwew^{1}

连 立 即 惊 怪， 佛 足 敬 礼，

[illegible] [illegible] [illegible] [illegible]： “[illegible] [illegible]， [illegible] [illegible] [illegible]

rjur^{1} pjụ^{1} ·jij^{1} ·jɨ^{2} ljij^{2} śjɨ̣j^{2} ŋa^{2} ·jij^{1} kjɨ^{1}

世 尊 之 曰： “大 圣， 我 之 于

怪未曾有，投佛足下，白世尊曰：“唯愿大圣，叹我于

---

① 奋其神足而欲移之，西夏文本译作“焉能显其神通而欲移金刚”，因汉文本前文已有“金刚”，此处“之”指上文中的“金刚”，而西夏文本在翻译时保留了前文所指“金刚”，并改变了句意。

14.2.5

[illegible]	[illegible]	[illegible]	[illegible]	[illegible]	[illegible]	[illegible]	[illegible]	[illegible]	[illegible]
la^{1}	ɣię^{2}	mji^{1}	kha^{1}	mee^{2}	mjijr^{2}	phju^{2}	tsew^{2}	ŋwu^{2}	nja^{2}
记	声	闻	中	神	通	上	第	是	△
[illegible]	[illegible]。	[illegible]	[illegible]	[illegible]	[illegible],	[illegible]	[illegible]	[illegible]	[illegible]
·jɨ^{2}	nja^{2}	ŋa^{2}	mee^{2}	mjijr^{2}	ŋwu^{2}	thjɨ^{2}	sọ^{1}	tụ^{1}	ljịj^{2}
谓	△。	我	神	通	以,	是	三	千	大

声闻中神足第一。自试神足,动是三千大

14.2.6

[illegible]	[illegible]	[illegible],	[illegible]	[illegible]	[illegible]	[illegible]	[illegible]	[illegible]
tụ^{1}	rjur^{1}	kięj^{2}	zow^{2}	gju^{2}	tsəj^{1}	wjɨ^{2}	sju^{2}	tsjij^{2}
千	世	界,	挑	钵	小	犹	如	他
[illegible]	[illegible]	[illegible]	[illegible]	[illegible]	[illegible]①。	[illegible]	[illegible]	[illegible]
rjijr^{2}	tha^{1}	lhjịj	·u^{2}	bə^{1}	dźjwo^{2}	nioow^{1}	sju^{2}	mji^{1}
方	佛	土	中	举	掷。	又	须	弥

千世界,如挑小钵举掷他方佛土。

14.3.1

[illegible]	[illegible]	[illegible]	[illegible]	[illegible]	[illegible]	[illegible]	[illegible]	[illegible],
ŋər^{1}	rjir^{2}	rjijr^{2}	ka^{1}	sji^{1}	mjaa^{1}	njiij^{1}	dzjo^{1}	mjijr^{2}
山	与	士	等	木	果	中	食	者,
[illegible]	[illegible]	[illegible]	[illegible]	[illegible]	[illegible]	[illegible]	[illegible]	[illegible]
na^{1}	thow^{1}	pha^{1}	na^{1}	thow^{1}	we^{1}	njij^{2}	tsjɨ^{1}	dzju^{1}
难	头	和	难	头	龙	王	亦	旨

我身开化降伏难头和难头龙王,能食大榧如须弥山,②

14.3.2

[illegible]	[illegible]	[illegible]	[illegible]	[illegible],	[illegible]	[illegible]	[illegible]	[illegible]

① [illegible][illegible],构成词组,意为"掷投"。

② 此句西夏文本翻译时颠倒了位置,作"能食大木果如须弥山,我身开化降伏难头和难头龙王"。

dzjiij^{2}	rjur^{1}	jar^{2}	njwi^{2}	ŋa^{2}	thjɨ^{2}	kię^{1}	dźja^{2}	zji^{1}
化	降	伏	能	我，	是	金	刚	小
[illegible]	[illegible]	[illegible]	[illegible]	[illegible]	[illegible]	[illegible]？	[illegible]	[illegible]
ɣa^{1}	zow^{2}	mjɨ^{1}	wjọ^{2}	tja^{1}	thjij^{2}	ɣiej^{1}	nioow^{1}	·a
砾	执	不	晓	者	何	真？	又	一

不能动是小金刚乎？发意之顷，

14.3.3

[illegible]	[illegible]	[illegible]，	[illegible]	[illegible]	[illegible]	[illegible]	[illegible]	[illegible]
lə	ljiij^{1}	zjịj^{1}	be^{2}	lhjị^{2}	·jij^{1}	zow^{2}	mji^{1}	tśja^{1}
念	停	时，	日	月	之	牵	不	道
[illegible]	[illegible]	[illegible]	[illegible]	[illegible]	[illegible]	[illegible]；	[illegible]	[illegible]
dźji	phji^{1}	nioow^{1}	lạ^{1}	ŋwu^{2}	djɨɨ^{1}	ljiir^{1}	ljị^{1}	wjọ^{2}
行	令，	又	手	以	查	摩；	并	晓

捉牵日月使止不行，以手摩之；

14.3.4

[illegible]	[illegible]	[illegible]	[illegible]	[illegible]	[illegible]	[illegible]	[illegible]	[illegible]
ŋa^{2}	thjɨ^{2}	kię^{1}	dźja^{2}	zji^{1}	ɣa^{1}	·jij^{1}	mej^{2}	bięj^{1}
我	是	金	刚	小	砾	之	毛	发
[illegible]	[illegible]	[illegible]	[illegible]	[illegible]	[illegible]	[illegible]	[illegible]	[illegible]？
zjịj^{1}	mju^{2}	ljɨj^{2}	mjɨ^{1}	wjọ^{2}	ŋa^{2}	tja^{1}	thjij^{2}	ɣiej^{1}
若	动	摇	不	晓	△	者	何	真？

不能动是小金刚杵大如毛发，有何意也？

14.3.5

[illegible]	[illegible]	[illegible]	[illegible]	[illegible]	[illegible]	[illegible]	[illegible]	[illegible]
ŋa^{2}	·jij^{1}	mee^{2}	mjijr^{2}	dja^{2}	mja^{1}	lhjo^{1}	ŋa^{2}	sji^{2}
我	之	神	通	△	恐	失	我	△
[illegible]？”	[illegible]	[illegible]：	“[illegible]	[illegible]，	[illegible]	[illegible]	[illegible]	[illegible]
·jɨ^{2}	tha^{1}	dạ^{2}	boo^{2}	ljɨj^{1}	mee^{2}	mjijr^{2}	mjɨ^{1}	tśhjɨ^{1}
谓？”	佛	言：	“目	连，	神	通	不	彼

将无我身失神足力也?”佛言:“目连,不失神足。

14.3.6

[illegible]。	[illegible],	[illegible]	[illegible]	[illegible]	[illegible]	[illegible]	[illegible]	[illegible]
lhjo¹	nja²	dźiã²	tsjij²	·jij¹	pjụ¹	ɣie¹	bju¹	lhjụ²
失。	汝,	菩	萨	之	威	力	因	获
[illegible]	[illegible]	[illegible]	[illegible],	[illegible]	[illegible]	[illegible]	[illegible]	[illegible]
rjir¹	mee²	mjijr²	tja¹	ɣię²	mji¹	tjij¹	dwewr²	ŋowr²
得	神	通	者,	声	闻	缘	觉	一

又目犍连①,菩萨神足威力所感,一切声闻及与缘觉

14.4.1

[illegible]	[illegible]	[illegible]	[illegible]	[illegible]。	[illegible]	[illegible]	[illegible]	[illegible]
ŋowr²	zji²	?	mjɨ¹	njwi²	tjɨ¹	tjij¹	khjã²	khja²
切	皆	逮	不	能。	假	使	恒	河
[illegible]	[illegible]	[illegible]	[illegible]	[illegible]	[illegible]	[illegible]	[illegible]	[illegible]
bẹ¹	njɨ²	rjur¹	tha¹	rjur¹	kięj²	·u²	rjur¹	sju²
沙	等	诸	佛	世	界	中	诸	须

所不能逮也。假使恒河沙等诸佛世界诸须

14.4.2

[illegible]	[illegible],	[illegible]	[illegible]	[illegible]	[illegible]	[illegible]	[illegible]	[illegible]
mji¹	ŋər¹	to²	zji²	thjwɨ²	ljị²	tjij¹	gjɨ²	djij²
弥	山,	悉	皆	合	成	独	一	令
[illegible],	[illegible]	[illegible]	[illegible]	[illegible]	[illegible],	[illegible]	[illegible]	[illegible]
we²	tsjɨ¹	mju²	ljɨj²	tjị²	·wjij²	thja¹	kię¹	dźja²
成,	亦	震	动	可	在,	是	金	刚

弥山,合成一须弥,尚可震动,

14.4.3

[illegible]	[illegible]	[illegible]	[illegible]	[illegible]	[illegible]!	[illegible]	[illegible]	[illegible]

① 目犍连,西夏文本译作“汝”。

mu^1	tja^1	mju^2	ljɨj^2	tjị^2	mjij^1	dźiã^2	tsjij^2	pjụ^1
杵	者	动	摇	可	不！	菩	萨	威
[illegible]	[illegible]	[illegible]	[illegible]	[illegible]	[illegible]，	[illegible]	[illegible]	[illegible]
mee^2	bju^1	·a	śjwo^1	dźjɨ	tja^1	seew^2	tshjiij^1	tjị^2
神	因	△	建	行	者，	思	议	可

不可动是金刚杵也！菩萨威神所建立行，不可思议

14.4.4

[illegible]	[illegible]	[illegible]	[illegible]	[illegible]	[illegible]。”
mjij^1	ljwụ^1	ljwụ^1	thjɨ^2	sju^2	ljɨ^1
不	巍	巍	如	是	也。”

巍巍如是。”

汉文本

《大宝积经》卷第十四

西晋三藏法师竺法护译

密迹金刚力士会第三之七

尔时，密迹金刚力士谓贤者大目犍连："耆年目连，世尊所叹神足第一，仁且从地举是金刚。"

时，大目连前举金刚，以无极力，以四大海水上沃日，其势又牵曾到野马世界，无所不至道力显变，奋其神足而欲移之。此三千大千世界震动上下，而不能摇金刚大如毛发。时，大目连怪未曾有，投佛足下，白世尊曰："唯愿大圣，叹我于声闻中神足第一。自试神足，动是三千大千世界，如挑小钵举掷他方佛土。我身开化降伏难头和难头龙王，能食大如须弥山，不能动是小金刚乎？发意之顷，捉牵日月使止不行，以手摩之；不能动是小金刚杵大如毛发，有何意也？将无我身失神足力也？"

佛言："目连，不失神足。又目犍连，菩萨神足威力所感，一切声闻及与缘觉所不能逮也。假使恒河沙等诸佛世界诸须弥山，合成一须弥，尚可震动，不可动是金刚杵也！菩萨威神所建立行，不可思议巍巍如是。"

14.4.5

[illegible]	[illegible]，	[illegible]	[illegible]	[illegible]	[illegible]	[illegible]	[illegible]，	[illegible]
tśhjɨ^1	zjọ^2	pjụ^1	tja^1	ljịj^2	boo^2	khjã^2	ljɨj^1	dju^1
尔	时，	贤	者	大	目	犍	连，	有
[illegible]	[illegible]	[illegible]，	[illegible]	[illegible]	[illegible]	[illegible]：	"[illegible]	[illegible]，
mjij^1	djij^2	rjir^2	thjɨ^2	sju^2	dạ^2	·jɨ^2	ljịj^2	śjɨj^2

未	曾·	得，	此	如	宣	言：	"大	圣，

尔时，贤者大目犍连，得未曾有，口自宣言："难及！大圣，

14.4.6

[illegible]	[illegible]	[illegible]	[illegible]	[illegible]	[illegible]	[illegible]	[illegible]	[illegible]，
dźiã^{2}	tsjij^{2}	ljịj^{2}	mjijr^{2}	pjụ^{1}	ɣie^{1}	tja^{1}	zji^{2}	kha^{1}
菩	萨	大	士	威	力	者	极	中，
[illegible]	[illegible]	[illegible]！	[illegible]	[illegible]	[illegible]	[illegible]	[illegible]	[illegible]
?	gie^{1}	ljɨ^{1}	thja^{1}	dwuu^{2}	rjar^{2}	kię^{1}	dźja^{2}	ɣie^{1}
及	难	也！	是	密	迹	金	刚	力

菩萨大士威力所致。是密迹金刚力

14.5.1

[illegible]，	[illegible]	[illegible]	[illegible]	[illegible]	[illegible]	[illegible]	[illegible]	[illegible]
mjijr^{2}	kię^{1}	dźja^{2}	mu^{1}	rjir^{2}	thjij^{2}	sjo^{2}	·u^{2}	·u^{2}
士，	金	刚	杵	与	何	云	承	承
[illegible]？	[illegible]	[illegible]	[illegible]	[illegible]	[illegible]	[illegible]	[illegible]	[illegible]，
ljɨ^{1}	nioow^{1}	thjɨ^{2}	dwuu^{2}	rjar^{2}	·jij^{1}	bji^{1}	ɣie^{1}	tja^{1}
也？	又	此	密	迹	之	威	力	者，

士，承于金刚杵乎？又此密迹今所有力，

14.5.2

[illegible]	[illegible]	[illegible]	[illegible]	[illegible]	[illegible]	[illegible]	[illegible]	[illegible]，
wja^{1}	mja^{1}	ɣa^{2}	wjɨ^{2}	gjwɨ^{1}	bji^{1}	ɣie^{1}	ŋwu^{2}	mo^{2}
父	母	于	△	折	威	力	是	乎，
[illegible]	[illegible]	[illegible]	[illegible]	[illegible]？"	[illegible]	[illegible]：	"[illegible]	[illegible]
mee^{2}	mjijr^{2}	ɣie^{1}	ŋwu^{2}	ljɨ^{1}	tha^{1}	dạ^{2}	wja^{1}	mja^{1}
神	通	力	是	也？"	佛	言：	"父	母

父母遗体之力①也，为神足力乎？"佛言："父母

① 遗体之力，西夏文本译作"折威力"。下同。

14.5.3

□	□	□	□	□	□	□。	□	□
ɣa^{2}	wjɨ^{2}	gjwɨ^{1}	bji^{1}	ɣie^{1}	ŋwu^{2}	ljɨ^{1}	tjɨ^{1}	tjij^{1}
于	△	折	威	力	是	也。	假	使
□	□	□	□	□	□	□	□	□
dźiā^{2}	tsjij^{2}	mee^{2}	mjijr^{2}	ɣie^{1}	śja^{2}	zjịj^{1}	mə^{1}	tśhjaa^{1}
菩	萨	神	通	力	现	时，	天	上

遗体之力也。假使菩萨行神足力普能示现，

14.5.4

□	□	□	□	□	□	□。”	□	□
rjur^{1}	kha^{1}	zji^{2}	wjị^{2}	śja^{2}	njwi^{2}	ljɨ^{1}	tha^{1}	dwuu^{2}
世	间	悉	显	现	能	也。”	佛	密
□	□	□	□	□	□	□	□：	“□
rjar^{2}	kię^{1}	dźja^{2}	ɣie^{1}	mjijr^{2}	·jij^{1}	dạ^{2}	·jɨ^{2}	nji^{2}
迹	金	刚	力	士	之	告	言：	“汝

悉达天上世间。”佛告密迹金刚力士言：“卿

14.5.5

□	□	□	□	□。”	□	□，	□	□
thja^{1}	kię^{1}	dźja^{2}	djɨ^{2}	lhjɨr^{1}	tśhjɨ^{1}	dzjɨj^{1}	dwuu^{2}	rjar^{2}
是	金	刚	自	举。”	于	时，	密	迹
□	□	□	□	□	□	□	□，	□
sọ^{1}	tụ^{1}	ljij^{2}	tụ^{1}	rjur^{1}	kięj^{2}	mju^{2}	phji^{1}	·jij^{1}
三	千	大	千	世	界	动	令，	己

自举是金刚。”于时，密迹动三千大千世界，

14.5.6

□	□	□	□	□	□	□	□	□
tśier^{1}	lạ^{1}	ŋwu^{2}	thja^{1}	kię^{1}	dźja^{2}	djɨ^{2}	lhjwi^{1}	ŋa^{1}
右	手	以	此	金	刚	自	举	虚

[illegible]	[illegible]	[illegible],	[illegible]	[illegible]	[illegible]	[illegible]	[illegible]	[illegible]
gu^{2}	bə^{1}	dźjwo^{2}	ŋa^{1}	gu^{2}	wjɨ^{2}	djɨj^{2}	śjạ^{1}	dźjow^{1}
中	投	掷,	虚	空	在	停	七	遍

以己右手举取金刚投于虚空,在于虚空七返

14.6.1

[illegible]	[illegible]	[illegible]	[illegible]	[illegible],	[illegible]	[illegible]	[illegible]	[illegible]
tshjɨɨ^{1}	dźiej^{2}	bjɨ^{1}	bji^{2}	nja^{1}	ljịj^{2}	dwuu^{2}	rjar^{2}	ɣie^{1}
行	轮	下	低	△,	还	密	迹	力
[illegible]	[illegible]	[illegible]	[illegible]	[illegible]	[illegible]。	[illegible]	[illegible],	[illegible]
mjijr^{2}	tśier^{1}	lạ^{1}	·u^{2}	wjɨ^{2}	lhjịj^{2}	tśhjɨ^{1}	dzjɨj^{1}	rjur^{1}
士	右	手	中	而	住。	彼	时,	诸

回旋,还立密迹力士右手而住。彼时,诸

14.6.2

[illegible]	[illegible]	[illegible]	[illegible]	[illegible]	[illegible]	[illegible]	[illegible]	[illegible],
ljịj^{2}	·ji^{1}	ljwu^{2}	ŋowr^{2}	ŋowr^{2}	dju^{1}	mjij^{1}	djij^{2}	rjir^{2}
来	众	会	一	切	有	未	曾	得,
[illegible]	[illegible]	[illegible]	[illegible]	[illegible]	[illegible]	[illegible]	[illegible],	[illegible]
to^{2}	zji^{2}	lạ^{1}	dzjwɨ̣^{1}	·jij^{1}	twụ^{1}	bju^{1}	tjị^{1}	ljaa^{2}
悉	咸	手	恭	自	各	依	归,	口

来一切众会得未曾有,咸悉叉手自归礼之,

14.6.3

[illegible]	[illegible]	[illegible]	[illegible]	[illegible]	[illegible]	[illegible]:	"[illegible]	[illegible]!
do^{2}	ɣiẹ^{2}	lew^{2}	zji^{2}	thjɨ^{2}	dạ^{2}	·jɨ^{2}	?	gie^{1}
异	音	同	皆	此	说	言:	"及	难!
[illegible]	[illegible]!	[illegible]	[illegible]	[illegible]	[illegible]	[illegible]	[illegible]	[illegible]
?	gie^{1}	dwuu^{2}	rjar^{2}	kiẹ^{1}	dźja^{2}	ɣie^{1}	mjijr^{2}	·jij^{1}
及	难!	密	迹	金	刚	力	士	之

异口同音各自说言①："难及！难及！密迹金刚力士，

14.6.4

[illegible]	[illegible]	[illegible]	[illegible]	[illegible]，	[illegible]	[illegible]！	[illegible]	[illegible]！
zji^{2}	thjoo^{1}	bji^{1}	ɣie^{1}	tja^{1}	thjɨ^{2}	sju^{2}	?	gie^{1}
甚	妙	威	力	者，	如	此！	及	难！
[illegible]	[illegible]	[illegible]！	[illegible]	[illegible]	[illegible]	[illegible]	[illegible]	[illegible]
?	gie^{1}	ljɨ^{1}	nioow^{1}	rjur^{1}	dźiã^{2}	tśhju^{1}	·jij^{1}	tsjɨ^{1}
及	难	也！	又	诸	众	生	之	亦

其力甚妙，乃如是乎！② 使诸众生

14.6.5

[illegible]	[illegible]	[illegible]	[illegible]	[illegible]	[illegible]	[illegible]	[illegible]！"	[illegible]
mji^{1}	sji^{1}	ljij^{2}	ɣwie^{1}	ɣie^{1}	rjir^{1}	phji^{1}	njwi^{2}	tśhjɨ^{1}
无	穷	大	神	力	得	令	能！"	于
[illegible]，	[illegible]	[illegible]	[illegible]	[illegible]	[illegible]	[illegible]	[illegible]	[illegible]：
zjọ^{2}	·ja	śja^{1}	śji^{2}	njij^{2}	tha^{1}	·jij^{1}	dạ^{2}	·jɨ^{2}
是，	阿	阇	世	王	佛	之	言	白：

得斯大力无穷之势也！"于是，王阿阇世前白佛言：

14.6.6

"[illegible]	[illegible]	[illegible]	[illegible]	[illegible]	[illegible]，	[illegible]	[illegible]	[illegible]
dźiã^{2}	tsjij^{2}	zjij^{1}	zjij^{1}	tsjiir^{1}	dźjij^{2}	ku^{1}	thjɨ^{2}	sju^{2}
"菩	萨	若	干	法	有，	则	如	此
[illegible]	[illegible]	[illegible]	[illegible]	[illegible]	[illegible]	[illegible]。"	[illegible]	[illegible]：
mji^{1}	sji^{1}	ljij^{2}	ɣwie^{1}	ɣie^{1}	rjir^{1}	ljɨ^{1}	tha^{1}	dạ^{2}
无	极	大	神	力	逮	也。"	佛	言：

"菩萨有几法行，逮如是力无极之势。"佛言：

14.7.1

"[illegible]	[illegible]	[illegible]	[illegible]	[illegible]	[illegible]，	[illegible]	[illegible]	[illegible]

① 各自说言，西夏文本译作"皆说此言"。

② 西夏文本此处多"难及！难及！"。

dźiã2	tsjij2	ɣạ2	ljij2	tsjiir1	dźjij2	ku1	thjɨ2	sju2
“菩	萨	十	大	法	有，	则	是	如
[illegible]	[illegible]	[illegible]	[illegible]	[illegible]	[illegible]。	[illegible]	[illegible]	[illegible]
mji1	sji1	ljij2	ɣie1	rjir1	ljɨ1	ɣạ2	tja1	thjij2
无	极	大	力	逮	也。	十	者	何

“菩萨有十大法，逮如是象无极大力。何谓为十？

14.7.2

[illegible]？	[illegible]	[illegible]	[illegible]	[illegible]	[illegible]	[illegible]，	[illegible]	[illegible]
sjo2	lew1	tja1	ljụ2	kạ1	mji1	wier1	tśhja2	tsjiir1
谓？	一	者	身	命	不	惜，	正	法
[illegible]	[illegible]；	[illegible]	[illegible]	[illegible]	[illegible]	[illegible]	[illegible]，	[illegible]
·jɨr2	lhjịj2	njɨɨ1	tja1	·jij1	thjij2	mji1	khwẹj1	dźiã2
勤	受；	二	者	自	何	未	傲，	众

一曰宁弃身命，勤受正法；二曰未曾自大，

14.7.3

[illegible]	[illegible]	[illegible]	[illegible]；	[illegible]	[illegible]	[illegible]	[illegible]	[illegible]
tśhju1	·jij1	dzjwɨ̣1	lhejr2	sọ1	tja1	ləu	dzjiij2	gie1
生	之	礼	敬；	三	者	强	化	难
[illegible]	[illegible]	[illegible]	[illegible]	[illegible]，	[illegible]	[illegible]	[illegible]	
dźiã2	tśhju1	·jij1	ljij2	zjịj1	pjo1	zeew2	njiij1	
众	生	之	见	时，	辱	忍	心	

谦恪下意，礼敬众生；三曰见于刚强难化众生，立之忍辱；

14.7.4

[illegible]；	[illegible]	[illegible]	[illegible]	[illegible]	[illegible]	[illegible]	[illegible]	[illegible]
śjwo1	ljɨɨr1	tja1	dźjwiw2	pạ2	dzjwo2	·jij1	tjị1	ljɨ̣j2
立；	四	者	饥	馑	人	之	膳	好
[illegible]	[illegible]	[illegible]	[illegible]	[illegible]；	[illegible]	[illegible]	[illegible]	
ŋạ2	tjị1	zji2	kjwị1	phji1	ŋwə1	tja1	rjur1	
美	饮	皆	饱	令；	五	者	诸	

四曰见饥馑人,以好美膳而充施之;五曰睹诸

14.7.5

[Tangut]	[Tangut]	[Tangut]	[Tangut]	[Tangut]	[Tangut]	[Tangut]	[Tangut]；	[Tangut]
kjạ^{1}	le^{2}	dzjwo^{2}	·jij^{1}	·o^{1}	njiij^{1}	ljwị^{1}	wji^{1}	tśhjiw^{1}
惧	恐	人	之	腹	心	安	为；	六
[Tangut]	[Tangut]	[Tangut]	[Tangut]	[Tangut]	[Tangut]	[Tangut]	[Tangut]	[Tangut]，
tja^{1}	tjij^{1}	ŋo^{2}	ljɨɨ^{1}	dźiā^{2}	tśhju^{1}	·jij^{1}	ljij^{2}	zjij^{1}
者	若	疾	重	众	生	之	见	时，

恐惧,劝慰安之;六曰若有众生得于重疾,

14.7.6

[Tangut]	[Tangut]	[Tangut]	[Tangut]；	[Tangut]	[Tangut]	[Tangut]	[Tangut]	[Tangut]
tser^{1}	tsə̣^{1}	ŋạ^{2}	tjị^{1}	śjạ^{1}	tja^{1}	tjij^{1}	mjɨ^{1}	khie^{1}
疗	药	良	食；	七	者	若	彼	慢
[Tangut]	[Tangut]	[Tangut]	[Tangut]	[Tangut]	[Tangut]	[Tangut]	[Tangut]，	[Tangut]
lew^{2}	we^{2}	dźju^{2}	noo^{1}	dzjwo^{2}	·jij^{1}	ljij^{2}	zjij^{1}	dzjwị^{1}
所	为	羸	劣	人	之	见	时，	尊

疗以良药;七曰若有羸劣人所轻慢,

14.8.1

[Tangut]	[Tangut]	[Tangut]，	[Tangut]	[Tangut]	[Tangut]	[Tangut]；	[Tangut]	[Tangut]
lhejr^{2}	dzu^{1}	wier^{1}	njiij^{1}	mji^{1}	dji^{1}	nar^{2}	·jar^{1}	tja^{1}
敬	恋	念，	心	无	迁	移；	八	者
[Tangut]	[Tangut]	[Tangut]	[Tangut]	[Tangut]	[Tangut]	[Tangut]	[Tangut]	[Tangut]
gji^{1}	sej^{1}	tśior^{1}	ŋwu^{2}	tha^{1}	pjụ^{1}	tśhjaa^{1}	niaa^{2}	zji^{2}
清	净	泥	以	佛	庙	上	涂	皆

敬念恋之,令无忽易者;八曰以净泥水,涂如来庙

14.8.2

[Tangut]	[Tangut]	[Tangut]；	[Tangut]	[Tangut]	[Tangut]	[Tangut]	[Tangut]	[Tangut]
dzjɨ^{1}	ŋowr^{2}	phji^{1}	gjɨɨ^{1}	tja^{1}	lụ^{2}	wjọ^{1}	ljɨ̣^{1}	rjijr^{2}

齐	全	令；	九	者	贫	孤	劳	困
[illegible]	[illegible]	[illegible]	[illegible]	[illegible]，	[illegible]	[illegible]	[illegible]	[illegible]
·ụ²	ljɨɨ¹	·ụ²	mjijr²	·jij¹	gie¹	·jijr¹	tśjị¹	ljɨɨ¹
负	重	负	人	之，	难	艰	苦	重

补其亏缺；九曰见孤苦人贫匮困厄，常负重檐，使去其难极重之殃；

14.8.3

[illegible]	[illegible]；	[illegible]	[illegible]	[illegible]	[illegible]	[illegible]、	[illegible]	[illegible]
mjij¹	phji¹	ɣạ²	tja¹	·wejr²	mjijr²	mjij¹	nioow¹	bju¹
不	使；	十	者	护	者	无、	又	依
[illegible]	[illegible]	[illegible]	[illegible]	[illegible]	[illegible]	[illegible]	[illegible]①	[illegible]，
tjị¹	tjị²	mjijr²	mjij¹	·jij¹	·ju²	gjịj¹	ɣie²	wji¹
归	可	者	无	之	常	利	益	为，

十曰若有无护、无所归依，常将济之，

14.8.4

[illegible]	[illegible]	[illegible]	[illegible]	[illegible]	[illegible]	[illegible]	[illegible]。	[illegible]
ŋwuu¹	dạ²	thju¹	thju¹	lhjii¹	lej²	mji¹	dju¹	wjɨ²
言	语	真	实	失	变	不	有。	所
[illegible]	[illegible]	[illegible]	[illegible]。”	[illegible]	[illegible]	[illegible]	[illegible]	[illegible]
tjɨ¹	ɣạ²	tsjiir¹	ŋwu²	njij²	nioow¹	tha¹	·jij¹	dạ²
若	十	法	是。”	王	复	佛	之	言

所语如言而不变失。是为十事法。”王复问佛言：

14.8.5

[illegible]：	“[illegible]	[illegible]	[illegible]	[illegible]	[illegible]	[illegible]？	[illegible]	[illegible]
·jɨ²	dźiã²	tsjij²	zjij¹	zjij¹	tsjiir¹	dźjij²	ku¹	rjur¹
谓：	“菩	萨	若	干	法	有？	则	周
[illegible]	[illegible]	[illegible]，	[illegible]	[illegible]	[illegible]②	[illegible]，	[illegible]	[illegible]
rjur¹	lja¹	wjij¹	·ju²	wəə¹	njiij¹	tśhju¹	njiij¹	bjạ¹

---

① [illegible]，字面意思为“利益”，此处对译“济”。

② 据汉文本“和雅”，西夏文本此处之“[illegible]”（心）字疑误，或为“[illegible]”字，常与“[illegible]”构词“[illegible]”（和雅、柔软）。

旋	来	往，	常	雅	心	有，	心	粗

“菩萨仁和为①有几法？往返周旋，常存和雅，不兴粗心？”

14.8.6

[illegible]	[illegible]	[illegible]?”	[illegible]	[illegible]：	“[illegible]	[illegible]	[illegible]	[illegible]
mji¹	śjwo¹	ljɨ¹	tha¹	dạ²	dźiã²	tsjij²	·jar¹	mə¹
不	兴	也?”	佛	言：	“菩	萨	八	种
[illegible]	[illegible]。	[illegible]	[illegible]	[illegible]	[illegible]?	[illegible]	[illegible]	[illegible]
tsjiir¹	dju¹	·jar¹	tja¹	thjij²	sjo²	lew¹	tja¹	tsjiir²
法	有。	八	者	何	谓?	一	者	性

佛言：“菩萨仁和②，有八事法。何谓为八？一曰

14.9.1

[illegible]	[illegible]	[illegible]	[illegible]	[illegible]	[illegible]	[illegible]；	[illegible]	[illegible]
rjar¹	tśhja²	twụ¹	lạ¹	ljoor¹	njiij¹	mjij¹	njɨɨ¹	tja¹
志	正	直	谀	谄	心	无；	二	者
[illegible]	[illegible]	[illegible]	[illegible]，	[illegible]	[illegible]	[illegible]	[illegible]；	[illegible]
tsjiir²	dźjɨ	wəə¹	lhjii¹	·ju²	djuu¹	źjɨɨ¹	mjij¹	sọ¹
性	行	雅	和，	常	伪	佞	无；	三

志性③质直而无谀谄；二曰性行和雅，常无佞伪；三曰

14.9.2

[illegible]	[illegible]	[illegible]	[illegible]	[illegible]④，	[illegible]	[illegible]	[illegible]	[illegible]
tja¹	·o¹	njiij¹	·jijr¹	zjij²	tśjo	dzew²	dź-	mjij¹
者	腹	心	淳	熟，	永	妄	虚	无
[illegible]	[illegible]	[illegible]	[illegible]	[illegible]	[illegible]，	[illegible]	[illegible]	[illegible]
ljɨɨr¹	tja¹	njiij¹	dźjɨ	gjwɨ¹	lwo²	dźju²	noo¹	mjij¹
四	者	心	行	坚	固，	羸	劣	无

心存淳熟，永无虚妄；四曰心行坚要，亦无羸劣；

---

① 西夏文本翻译时少了“仁和为”。
② 西夏文本未译“仁和”二字。
③ [illegible]，字面意思是“性气”，对译汉文本中的“志性”。
④ [illegible]，字面意为“坚强、正直”，此处译作“淳熟”。

14.9.3

[illegible]；	[illegible]	[illegible]	[illegible]	[illegible]	[illegible]	[illegible]，	[illegible]	[illegible]
ljɨ^{1}	ŋwə^{1}	tja^{1}	njiij^{1}	lhạ^{2}	ljɨ̣j^{1}	mjij^{1}	·ju^{2}	njiij^{1}
也；	五	者	心	迷	惑	无，	常	心
[illegible]	[illegible]；	[illegible]	[illegible]	[illegible]	[illegible]	[illegible]	[illegible]，	[illegible]
wəə^{1}	tśhju^{1}	tśhjiw^{1}	tja^{1}	rjur^{1}	kha^{1}	pjụ^{1}	we^{2}	do^{2}
和	有；	六	者	世	中	佑	为，	异

五曰无迷惑志，存于仁和；六曰为世众佑，受异

14.9.4

[illegible]	[illegible]	[illegible]；	[illegible]	[illegible]	[illegible]	[illegible]	[illegible]	[illegible]
tśhja^{2}	dźjɨ	lhjịj^{2}	śjạ^{1}	tja^{1}	njiij^{1}	dźjɨ	tsjij^{2}	dar^{1}
德	行	受；	七	者	心	行	了	达
[illegible]	[illegible]	[illegible]	[illegible]；	[illegible]	[illegible]	[illegible]	[illegible]	[illegible]
laa^{1}	zjịj^{1}	lew^{2}	mjij^{1}	·jar^{1}	tja^{1}	dzwej^{1}	ljo^{1}	sjwɨ^{1}
染	著	所	无；	八	者	罪	福	思

德行；七曰心行了达而无所著；八曰思惟罪福，

14.9.5

[illegible]，	[illegible]	[illegible]	[illegible]	[illegible]。	[illegible]	[illegible]	[illegible]	[illegible]。”
sjiij^{2}	njiij^{1}	lə	lew^{2}	mjij^{1}	wjɨ^{2}	tjɨ^{1}	·jar^{1}	ŋwu^{2}
惟，	心	念	所	无。	所	若	八	是。”
[illegible]	[illegible]：	“[illegible]	[illegible]	[illegible]	[illegible]	[illegible]，	[illegible]	[illegible]
tha^{1}	dạ^{2}	nioow^{1}	ljɨɨr^{1}	mə^{1}	dạ^{2}	dju^{1}	rjur^{1}	rjur^{1}
佛	言：	“复	四	种	事	有，	周	旋

心无所念。是为八事。”佛言：“复有四事法，

14.9.6

[illegible]	[illegible]	[illegible]	[illegible]	[illegible]	[illegible]。	[illegible]	[illegible]	[illegible]
lja^{1}	wjij^{1}	tsjiir^{2}	rjar^{1}	·jijr^{1}	zjij^{2}	ljɨɨr^{1}	tja^{1}	thjij^{2}
来	往	性	志	淳	熟。	四	者	何

[illegible]?	[illegible]	[illegible]	[illegible]	[illegible]	[illegible]	[illegible]	[illegible]	[illegible]
sjo^{2}	lew^{1}	tja^{1}	dzjwo^{2}	kha^{1}	dźiej^{2}	deej^{1}	śjɨj^{2}	njij^{2}
谓?	一	者	人	间	轮	转	圣	王

志性①淳熟往来周旋。何谓为四？一曰在于人间为转轮圣王，

14.10.1

[illegible],	[illegible]	[illegible]	[illegible]	[illegible]	[illegible]	[illegible]	[illegible]	[illegible]
wji^{1}	rjur^{1}	tha^{1}	to^{2}	rjir^{2}	ber^{2}	tśja^{1}	njiij^{1}	mji^{1}
为,	诸	佛	兴	与	逮	道	心	不
[illegible];	[illegible]	[illegible]	[illegible]	[illegible]	[illegible]	[illegible]	[illegible]	[illegible]
phjɨ^{1}	njɨɨ^{1}	tja^{1}	mə^{1}	tśhjaa^{1}	dźjiij^{1}	tsjɨ^{1}	śjɨ^{2}	ŋwər^{1}
舍;	二	者	天	上	在	亦	释	天

逮见诸佛兴不舍道心;二曰在于天上作天

14.10.2

[illegible]	[illegible]	[illegible]	[illegible]	[illegible]	[illegible],	[illegible]	[illegible]	[illegible]
dzjwɨ^{1}	wji^{1}	rjur^{1}	mə^{1}	kha^{1}	pjụ^{1}	·ju^{2}	rjur^{1}	tha^{1}
帝	为	诸	天	中	尊,	常	诸	佛
[illegible]	[illegible]	[illegible]	[illegible]	[illegible];	[illegible]	[illegible]	[illegible]	[illegible]
ljij^{2}	tśja^{1}	rjir^{2}	mji^{1}	ljwu^{1}	sọ^{1}	tja^{1}	tjij^{1}	xiwã^{1}
见	道	与	不	违;	三	者	若	梵

帝释诸天中天,常见诸佛不违经道;三曰若在梵

14.10.3

[illegible]	[illegible]	[illegible]	[illegible]	[illegible]	[illegible]	[illegible],	[illegible]	[illegible]
ŋwər^{1}	njij^{2}	wji^{1}	·jij^{1}	dzju^{2}	lhjụ^{2}	rjir^{1}	tśja^{1}	sjwɨj^{1}
天	王	为	自	在	获	得,	道	业
[illegible]	[illegible]	[illegible]	[illegible]	[illegible]	[illegible];	[illegible]	[illegible]	[illegible]
rjɨr^{2}	ljị^{1}	tśja^{1}	njiij^{1}	mji^{1}	ljiij^{2}	ljɨɨr^{1}	tja^{1}	·ju^{2}
乃	植	道	心	不	坏;	四	者	常

① [illegible],字面意思是“性气”,对译汉文本中的“志性”。

天王而得自在,植于道业,不坏道心;四曰而常

14.10.4

[illegible]	[illegible]	[illegible]	[illegible]	[illegible]	[illegible],	[illegible]	[illegible]	[illegible]
gji^{1}	sej^{1}	tha^{1}	lhjij	·u^{2}	wee^{1}	rjur^{1}	tha^{1}	·jij^{1}
清	净	佛	土	中	生,	诸	佛	之
[illegible]	[illegible]	[illegible]	[illegible]	[illegible]	[illegible]。	[illegible]	[illegible]	[illegible]
njijr^{2}	ljij^{2}	thjoo^{1}	tsjiir^{1}	tshjiij^{1}	mji^{1}	wjɨ^{2}	tjɨ^{1}	ljɨɨr^{1}
面	见	妙	法	说	闻。	所	若	四

生在清净佛土,面见诸佛世尊说法,是为四事。"

汉文本

尔时,贤者大目犍连,得未曾有,口自宣言:"难及!大圣,菩萨大士威力所致。是密迹金刚力士,承于金刚杵乎?又此密迹今所有力,父母遗体之力也,为神足力乎?"

佛言:"父母遗体之力也。假使菩萨行神足力普能示现,悉达天上世间。"

佛告密迹金刚力士言:"卿自举是金刚。"

于时,密迹动三千大千世界,以己右手举取金刚投于虚空,在于虚空七返回旋,还立密迹力士右手而住。

彼时,诸来一切众会得未曾有,咸悉叉手自归礼之,异口同音各自说言:"难及!难及!密迹金刚力士,其力甚妙,乃如是乎!使诸众生得斯大力无穷之势也!"

于是王阿阇世前白佛言:"菩萨有几法行,逮如是力无极之势。"

佛言:"菩萨有十大法,逮如是象无极大力。何谓为十?一曰宁弃身命,勤受正法;二曰未曾自大,谦恪下意,礼敬众生;三曰见于刚强难化众生,立之忍辱;四曰见饥馑人,以好美膳而充施之;五曰睹诸恐惧,劝慰安之;六曰若有众生得于重疾,疗以良药;七曰若有羸劣人所轻慢,敬念恋之,令无忽易者;八曰以净泥水,涂如来庙,补其亏缺;九曰见孤苦人贫匮困厄,常负重檐,使去其难极重之殃;十曰若有无护、无所归依,常将济之,所语如言而不变失。是为十事法。"

王复问佛言:"菩萨仁和为有几法,往返周旋,常存和雅,不兴粗心?"

佛言:"菩萨仁和,有八事法。何谓为八?一曰志性质直而无谀谄;二曰性行和雅,常无佞伪;三曰心存淳熟,永无虚妄;四曰心行坚要,亦无羸劣;五曰无迷惑志,存于仁和;六曰为世众佑,受异德行;七曰心行了达而无所著;八曰思惟罪福,心无所念。是为八事。"

佛言:"复有四事法,志性淳熟往来周旋。何谓为四?一曰在于人间为转轮圣王,逮见诸佛兴不舍道心;二曰在于天上作天帝释诸天中天,常见诸佛不违经道;三曰若在梵天王而得自在,植于道业,不坏道心;四曰而常生在清净佛土,面见诸佛世尊说法。是为四事。"

14.10.5

[illegible]。”	[illegible]	[illegible]	[illegible]	[illegible]	[illegible]	[illegible]	[illegible]	[illegible]
ŋwu^{2}	·ja	śja^{1}	śji^{2}	njij^{2}	nioow^{1}	tha^{1}	·jij^{1}	dạ^{2}
是。”	阿	阇	世	王	复	佛	之	言
[illegible]：	“[illegible]	[illegible]	[illegible]	[illegible]	[illegible]	[illegible]?”	[illegible]	[illegible]：
·jɨ^{2}	dźiej^{2}	dzuu^{2}	tja^{1}	ljɨ^{1}	kjɨ^{1}	ŋwu^{2}	tha^{1}	dạ^{2}
谓：	“信	坐	者	何	△	是?”	佛	言：

王阿阇世复问佛言:“何谓信坐?”佛言:

14.10.6

“[illegible]	[illegible]，	[illegible]	[illegible]	[illegible]	[illegible]	[illegible]	[illegible]。”	[illegible]
njij^{2}	ljij^{2}	neew^{2}	wjɨ^{1}	dzuu^{2}	tjị^{2}	tśhjaa^{1}	dzuu^{2}	nioow^{1}
“王	大，	善	友	坐	可	上	坐。”	又
[illegible]	[illegible]	[illegible]	[illegible]：	“[illegible]	[illegible]	[illegible]	[illegible]	[illegible]?”
tha^{1}	·jij^{1}	dạ^{2}	·jɨ^{2}	wa^{2}	sju^{2}	lu^{2}	tśhjaa^{1}	dzuu^{2}
佛	之	言	谓：	“何	如	位	上	坐?”

“大王,善友所坐。”又复问佛:“施何所坐?”

14.11.1

[illegible]	[illegible]：	“[illegible]	[illegible]，	[illegible]	[illegible]	[illegible]	[illegible]	[illegible]，
tha^{1}	dạ^{2}	njij^{2}	ljij^{2}	zji^{1}	mjii^{1}	lu^{2}	tśhjaa^{1}	dzuu^{2}
佛	言：	“王	大，	布	施	位	上	坐，
[illegible]	[illegible]	[illegible]	[illegible]	[illegible]	[illegible]。	[illegible]	[illegible]	[illegible]
ku^{1}	dju^{1}	ljij^{2}	ljɨ^{1}	war^{2}	rejr^{2}	dźjij^{2}	kie^{1}	·jiij^{1}
则	有	大	宝	财	多。	有	戒	持

佛言:“大王,布施处在,大富饶财多宝。其持戒者,

14.11.2

[illegible]	[illegible]	[illegible]，	[illegible]	[illegible]	[illegible]	[illegible]	[illegible]。	[illegible]
lu^{2}	tśhjaa^{1}	dzuu^{2}	ku^{1}	mə^{1}	tśhjaa^{1}	wee^{1}	rjir^{1}	pjo^{1}
位	上	坐，	则	天	上	生	得。	辱

[illegible]	[illegible]	[illegible]	[illegible],	[illegible]	[illegible]	[illegible]	[illegible]	[illegible]
zeew^{2}	lu^{2}	tśhjaa^{1}	dzuu^{2}	ku^{1}	njijr^{2}	tsə̣^{1}	tjɨ̣j^{2}	·ju^{2}
忍	位	上	坐,	则	面	色	镜,	常

得生天上。坐其忍辱者,面色净悦,常

14.11.3

[illegible]	[illegible]	[illegible]。	[illegible]	[illegible]	[illegible]	[illegible]	[illegible],	[illegible]
ljuu^{2}	ljuu^{2}	rjir^{1}	khu^{1}	dźjij^{1}	lu^{2}	tśhjaa^{1}	dzuu^{2}	ku^{1}
端	正	得。	精	进	位	上	坐,	则
[illegible]	[illegible]	[illegible]	[illegible],	[illegible]	[illegible]	[illegible]	[illegible]。	[illegible]
tsjij^{2}	dar^{1}	·jɨr^{2}	djọ^{2}	·ji^{1}	kha^{1}	lja^{1}	lho	śjā^{1}
通	达	勤	修,	众	中	异	超。	禅

得端正。其精进者,勤修通达,与众超异。其禅

14.11.4

[illegible]	[illegible]	[illegible]	[illegible],	[illegible]	[illegible]	[illegible]	[illegible]	[illegible],
djɨj^{2}	lu^{2}	tśhjaa^{1}	dzuu^{2}	ku^{1}	·ju^{2}	mjij^{1}	djɨj^{2}	rjir^{1}
思	位	上	坐,	则	常	寂	定	得,
[illegible]	[illegible]	[illegible]	[illegible]。	[illegible]	[illegible]	[illegible]	[illegible]	[illegible],
rjur^{1}	tśhji^{2}	mji^{1}	ŋewr^{1}	sjij^{2}	źjɨr^{1}	lu^{2}	tśhjaa^{1}	dzuu^{2}
诸	根	不	乱。	智	慧	位	上	坐,

思者,常得寂定,诸根不乱。其智慧者,

14.11.5

[illegible]	[illegible]	[illegible]	[illegible]	[illegible]	[illegible]	[illegible]	[illegible]。	[illegible]
ku^{1}	rjur^{1}	źjị^{1}	njɨɨ^{2}	·jị^{2}	ror^{2}	sjwɨ^{1}	phja^{1}	rejr^{2}
则	诸	烦	恼	复	垢	患	断。	博
[illegible]	[illegible]	[illegible]	[illegible],	[illegible]	[illegible]	[illegible]	[illegible]	[illegible];
mji^{1}	lu^{2}	tśhjaa^{1}	dzuu^{2}	ku^{1}	ljij^{2}	sjij^{2}	gu^{1}	śjwo^{1}
闻	位	上	坐,	则	大	智	生	起;

断诸尘劳[1]众垢之患。其博闻者,得生大智;

14.11.6

[illegible]	[illegible]	[illegible]	[illegible]	[illegible]	[illegible]	[illegible][2],	[illegible]	[illegible]
no²	no²	dạ²	·jɨr²	lu²	tśhjaa¹	dzuu²,	ku¹	rjur¹
各	各	言	问	位	上	坐,	则	众
[illegible]	[illegible]	[illegible],	[illegible]	[illegible]	[illegible]	[illegible]。	[illegible]	[illegible]
·jiw²	ljɨj¹	phja¹,	sji¹	mji¹	rjir²	phji¹。	·jɨr²	ɣiew¹
疑	狐	决,	尽	无	余	令。	勤	学

若每事问,决众狐疑,令无余结。其勤学者,

14.12.1

[illegible]	[illegible]	[illegible],	[illegible]	[illegible]	[illegible]	[illegible]	[illegible]	[illegible]
lu²	tśhjaa¹	dzuu²,	ku¹	śioo¹	dzjɨ̣²	zji²	phju²	tśhja²
位	上	坐,	则	集	中	最	上	正
[illegible]	[illegible]	[illegible]。	[illegible]	[illegible]、	[illegible]	[illegible]、	[illegible]	[illegible]
ɣiej¹	tśja¹	·o²。	mji¹	·ju²、	ŋa²	mjij¹、	mjij¹	sej¹
真	道	入。	无	常、	我	无、	寂	净

合集入道无上[3]正真。其察无常、无我、寂然[4],

14.12.2

[illegible]	[illegible]	[illegible],	[illegible]	[illegible]	[illegible]	[illegible]	[illegible],	[illegible]
lu²	tśhjaa¹	dzuu²,	ku¹	tśhjɨɨ²	tśhjuu²	dźjwi¹	dzjar²,	thjɨ²
位	上	坐,	则	颠	倒	消	除,	是
[illegible]	[illegible]	[illegible]	[illegible]。”	[illegible]	[illegible]:	“[illegible]	[illegible]	[illegible]
tja¹	dźiej²	dzuu²	ŋwu²。”	nioow¹	·jɨr²:	“dzjɨj¹	śjij¹	bju¹
者	信	坐	是。”	又	问:	“时	顺	依

所存坐处消除颠倒,是为信坐。”又问:“顺时

① 尘劳,烦恼之异名。贪瞋等之烦恼,坌秽真性,劳乱身心,谓为尘劳。
② 据汉文本可知,西夏文本此处不应有“[illegible]”(位上坐),疑因前后文句式类化而衍。
③ 无上,西夏文本译作“最上”。下同。
④ 寂然,西夏文本译作“寂静”([illegible])。

14.12.3

[illegible]	[illegible]，	[illegible]	[illegible]	[illegible]	[illegible]	[illegible]？”	[illegible]	[illegible]：
lə	tja^{1}	wa^{2}	sju^{2}	lu^{2}	tśhjaa^{1}	ljɨ^{1}	tha^{1}	dạ^{2}
念	者，	何	如	位	上	也？”	佛	言：
“[illegible]	[illegible]，	[illegible]	[illegible]	[illegible]	[illegible]	[illegible]，	[illegible]	[illegible]
njij^{2}	ljịj^{2}	mji^{1}	·ju^{2}	tśjị^{1}	mjij^{1}	bioo^{1}	tśhja^{2}	ljij^{2}
“王	大，	无	常	苦	寂	观，	正	见

之念，为何所坐？”佛言：“大王，观无常苦寂，坐在正见；

14.12.4

[illegible]	[illegible]	[illegible]；	[illegible]	[illegible]	[illegible]	[illegible]	[illegible]，	[illegible]
lu^{2}	tśhjaa^{1}	dzuu^{2}	dow^{1}	sjwɨj^{1}	bju^{1}	mji^{1}	śjwɨ̣^{2}	ljụ^{2}
位	上	坐；	邪	业	依	不	随，	身
[illegible]	[illegible]	[illegible]，	[illegible]	[illegible]①	[illegible]	[illegible]	[illegible]，	[illegible]
njiij^{1}	gji^{1}	sej^{1}	mjiijr^{2}	sjij^{2}	lu^{2}	tśhjaa^{1}	dzuu^{2}	mee^{2}
心	清	净，	禅	思	位	上	坐，	神

不随邪业，身心清净，坐在禅思，

14.12.5

[illegible]	[illegible]	[illegible]。”	[illegible]	[illegible]：	“[illegible]	[illegible]	[illegible]	[illegible]
mjijr^{2}	gu^{1}	śjwo^{1}	nioow^{1}	·jɨr^{2}	tśja^{1}	ljɨ̣^{1}	kjɨ^{1}	do^{2}
通	发	兴。”	又	问：	“道	何	△	处
[illegible]？”	[illegible]	[illegible]：	“[illegible]	[illegible]	[illegible]	[illegible]	[illegible]，	[illegible]
wjij^{2}	kụ^{2}	dạ^{2}	lhew^{2}	mjij^{1}	lu^{2}	tśhjaa^{1}	dzuu^{2}	tśja^{1}
在？”	答	曰：	“脱	无	位	上	坐，	道

兴发神通。”又问：“道在何所？”答曰：“存坐无脱，

14.12.6

[illegible]	[illegible]	[illegible]，	[illegible]	[illegible]	[illegible]	[illegible]。”	[illegible]	[illegible]：
mjaa^{1}	śjɨj^{1}	·jiw^{2}	sọ^{1}	kięj^{2}	ŋjir^{1}	mjij^{1}	nioow^{1}	·jɨr^{2}

① [illegible]，字面意思分别是“精气”和“情、识”，此处对译为“禅思”。

果	成	就，	三	界	难	无。”	又	问：
“[illegible]	[illegible]	[illegible]	[illegible]	[illegible]	[illegible]	[illegible]？”	[illegible]	[illegible]：
lhew^{2}	mjij^{1}	wa^{2}	sju^{2}	lu^{2}	tśhjaa^{1}	dzuu^{2}	kụ^{2}	dạ^{2}
“脱	无	何	如	位	上	坐？”	答	曰：

成于道果，无三界难。”又问：“无脱坐在何所？”答曰：

14.13.1

“[illegible]	[illegible]	[illegible]	[illegible]，	[illegible]	[illegible]	[illegible]	[illegible]	[illegible]
thja^{1}	lhew^{2}	mjij^{1}	tja^{1}	lhji^{2}	wee^{1}	·ji^{1}	ŋo^{2}	bie^{2}
“其	脱	无	者，	死	生	众	患	解
[illegible]	[illegible]	[illegible]	[illegible]。”	[illegible]	[illegible]：	“[illegible]	[illegible]	[illegible]
lhew^{2}	lu^{2}	tśhjaa^{1}	dzuu^{2}	nioow^{1}	·jɨr^{2}	tha^{1}	to^{2}	wa^{2}
脱	位	上	坐。”	又	问：	“佛	兴	何

“其无脱者，坐在解脱生死众患。”又问：“佛兴何

14.13.2

[illegible]	[illegible]	[illegible]	[illegible]？”	[illegible]	[illegible]：	“[illegible]	[illegible]	[illegible]
sju^{2}	lu^{2}	tśhjaa^{1}	dzuu^{2}	kụ^{2}	dạ^{2}	rjɨr^{2}	djọ^{2}	sọ^{1}
如	位	上	坐？”	答	曰：	“所	习	三
[illegible]	[illegible]	[illegible]	[illegible]	[illegible]	[illegible]	[illegible]	[illegible]，	[illegible]
ɣạ^{2}	śjạ^{1}	tsja^{1}	·wụ^{2}	tsjiir^{1}	lu^{2}	tśhjaa^{1}	dzuu^{2}	ŋwo^{2}
十	七	道	品	法	位	上	坐，	破

坐？”答曰：“坐在所习三十七道品之法，

14.13.3

[illegible]	[illegible]	[illegible]，	[illegible]	[illegible]	[illegible]	[illegible]，	[illegible]	[illegible]
ljiij^{2}	lew^{2}	mjij^{1}	thjoo^{1}	tsjiir^{1}	dźiej^{2}	deej^{1}	tśhjwo^{1}	sọ^{1}
坏	所	无，	妙	法	轮	转，	而	三
[illegible]	[illegible]	[illegible]	[illegible]	[illegible]	[illegible]。”	[illegible]	[illegible]：	“[illegible]
ljɨ^{1}	mji^{1}	bja^{2}	kụ^{1}	tsjiir^{1}	tshjiij^{1}	nioow^{1}	·jɨr^{2}	tha^{1}
宝	不	断	后	教	谓。”	又	问：	“佛

无所破坏，转于法轮，而不断绝三宝之教。”又问：

14.13.4

[illegible]	[illegible]	[illegible]	[illegible]	[illegible]	[illegible]?”	[illegible]	[illegible]：	“[illegible]
·jij^{1}	to^{2}	phji^{1}	mjijr^{2}	sjwɨ^{1}	ŋwu^{2}	kụ^{2}	dạ^{2}	njij^{2}
之	兴	令	者	谁	是?”	答	曰：	“王
[illegible]，	[illegible]	[illegible]	[illegible]	[illegible]	[illegible]	[illegible]	[illegible]	[illegible]
ljij^{2}	na^{1}	dźiej^{2}	khjow^{1}	njwi^{2}	mər^{2}	mjij^{1}	tsjij^{2}	mjij^{1}
大，	深	信	兴	能	本	无	了	无

“谁兴佛乎？”答曰：“大王，能兴笃信了本无者也。”

14.13.5

[illegible]。”	[illegible]	[illegible]：	“[illegible]	[illegible]	[illegible]	[illegible]	[illegible]	[illegible]
ŋwu^{2}	nioow^{1}	·jɨr^{2}	na^{1}	dźiej^{2}	khjow^{1}	mjijr^{2}	tja^{1}	sjwɨ^{1}
是。”	又	问：	“笃	信	兴	者	者	谁
[illegible]。”	[illegible]	[illegible]：	“[illegible]	[illegible]	[illegible]	[illegible]	[illegible]	[illegible]。”
ŋwu^{2}	kụ^{2}	dạ^{2}	dźiã^{2}	tsjij^{2}	njiij^{1}	śjwo^{1}	mjijr^{2}	ŋwu^{2}
是?”	答	曰：	“菩	萨	心	发	者	是。”

又问：“谁兴笃信乎？”答曰：“若有能发菩萨心者也。”

14.13.6

[illegible]	[illegible]：	“[illegible]	[illegible]	[illegible]	[illegible]	[illegible]	[illegible]	[illegible]
nioow^{1}	·jɨr^{2}	dźiã^{2}	tsjij^{2}	njiij^{1}	śjwo^{1}	phji^{1}	mjijr^{2}	tja^{1}
又	问：	“菩	萨	心	发	令	者	者
[illegible]	[illegible]。”	[illegible]	[illegible]：	“[illegible]	[illegible]	[illegible]	[illegible]	[illegible]
sjwɨ^{1}	ŋwu^{2}	kụ^{2}	dạ^{2}	tsjiir^{2}	rjar^{1}	nja^{1}	djɨj^{2}	ŋewr^{1}
谁	是?”	答	曰：	“性	志	△	定	杂

又问：“谁发菩萨心乎？”答曰：“其有志性定

14.14.1

[illegible]	[illegible]	[illegible]	[illegible]。”	[illegible]	[illegible]：	“[illegible]	[illegible]	[illegible]
khiee^{1}	mjijr^{2}	mjij^{1}	ŋwu^{2}	nioow^{1}	·jɨr^{2}	tsjiir^{2}	rjar^{1}	nja^{1}
乱	者	不	是。”	又	问：	“性	志	△

[illegible]	[illegible]	[illegible]	[illegible]	[illegible]	[illegible]	[illegible]。”	[illegible]	[illegible]：
dji̱j^{2}	ŋewr^{1}	khiee^{1}	mjij^{1}	tja^{1}	sjwɨ^{1}	ŋwu^{2}	kụ^{2}	dạ^{2}
定	杂	乱	不	者	谁	是?”	答	曰：

不乱者也。”又问：“谁有志性定不乱乎？”答曰：

14.14.2

“[illegible]	[illegible]	[illegible]	[illegible]	[illegible]	[illegible]	[illegible]	[illegible]。”	[illegible]
lji̱j^{2}	wjuu^{1}	twẹ^{2}	twẹ^{2}	mji^{1}	bja^{2}	mjijr^{2}	ŋwu^{2}	nioow^{1}
“大	哀	续	续	不	绝	者	是。”	又
[illegible]：	“[illegible]	[illegible]	[illegible]	[illegible]	[illegible]	[illegible]	[illegible]	[illegible]。”
·jɨr^{2}	lji̱j^{2}	wjuu^{1}	mji^{1}	bja^{2}	mjijr^{2}	tja^{1}	sjwɨ^{1}	ŋwu^{2}
问：	“大	哀	不	绝	者	者	谁	是?”

“其行大哀未曾绝者也。”又问：“谁不绝大哀乎？”

14.14.3

[illegible]	[illegible]：	“[illegible]	[illegible]	[illegible]	[illegible]	[illegible]	[illegible]	[illegible]
kụ^{2}	dạ^{2}	dźiã^{2}	tśhju^{1}	ŋowr^{2}	ŋowr^{2}	·jij^{1}	mji^{1}	phjɨ^{1}
答	曰：	“众	生	一	切	之	不	舍
[illegible]	[illegible]	[illegible]。”	[illegible]	[illegible]：	“[illegible]	[illegible]	[illegible]	[illegible]
dźjɨɨr^{1}	mjijr^{2}	ŋwu^{2}	nioow^{1}	·jɨr^{2}	dźiã^{2}	tśhju^{1}	·jij^{1}	mji^{1}
弃	者	是。”	又	问：	“众	生	之	不

答曰：“其不弃舍一切众生者也。”又问：“谁不

14.14.4

[illegible]	[illegible]	[illegible]	[illegible]	[illegible]	[illegible]。”	[illegible]	[illegible]：	“[illegible]
phjɨ^{1}	dźjɨɨr^{1}	mjijr^{2}	tja^{1}	sjwɨ^{1}	ŋwu^{2}	kụ^{2}	dạ^{2}	·jij^{1}
舍	弃	者	△	谁	是?”	答	曰：	“己
[illegible]	[illegible]	[illegible]	[illegible]	[illegible]	[illegible]	[illegible]	[illegible]	[illegible]
ljụ^{2}	no^{2}	nej^{2}	nioow^{1}	ŋowr^{2}	ŋowr^{2}	·jij^{1}	no^{2}	nej^{2}
身	安	稳	并	一	切	之	安	稳

舍众生乎？”答曰：“其安己身并安一切

14.14.5

[illegible]	[illegible]	[illegible]	[illegible]。”	[illegible]	[illegible]:	“[illegible]	[illegible]	[illegible]
phji¹	mjijr²	tja¹	ŋwu²	nioow¹	·jɨr²	·jij¹	ljụ²	no²
令	者	者	是。”	又	问:	“己	身	安
[illegible]	[illegible]	[illegible]	[illegible]	[illegible]	[illegible]	[illegible]	[illegible]	[illegible]
nej²	nioow¹	dźiā²	tśhju¹	ŋowr²	ŋowr²	·jij¹	no²	nej²
稳	并	众	生	一	切	之	安	稳

者也。”又问:“谁安己身并及一切众生

14.14.6

[illegible]	[illegible]	[illegible]	[illegible]	[illegible]。”	[illegible]	[illegible]:	“[illegible]	[illegible]
phji¹	mjijr²	tja¹	sjwɨ¹	ŋwu²	kụ²	dạ²	thja¹	tśja¹
令	者	者	谁	是?”	答	曰:	“其	道
[illegible]	[illegible]	[illegible]	[illegible]	[illegible]	[illegible]	[illegible]	[illegible]	[illegible]
wejr¹	ljij¹	sọ¹	ljɨ̣¹	mji¹	bja²	phji¹	mjijr²	tja¹
兴	隆	三	宝	不	断	令	者	者

乎?”答曰:“其兴隆道不断三宝者

14.15.1

[illegible]。”	[illegible]	[illegible]:	“[illegible]	[illegible]	[illegible]	[illegible]	[illegible]	[illegible]
ŋwu²	nioow¹	·jɨr²	sọ¹	ljɨ̣¹	mji¹	bja²	phji¹	mjijr²
是。”	又	问:	“三	宝	不	断	令	者
[illegible]	[illegible]	[illegible]。”	[illegible]	[illegible]:	“[illegible]	[illegible]	[illegible]	[illegible]
tja¹	sjwɨ¹	ŋwu²	kụ²	dạ²	źji¹	njɨɨ²	phja¹	ku¹
者	谁	是?”	答	曰:	“烦	恼	弃	则

也。”又问:“谁不断三宝乎?”答曰:“弃于尘劳乃

14.15.2

[illegible]	[illegible]	[illegible]	[illegible]	[illegible]	[illegible]	[illegible]。”	[illegible]	[illegible]
thja¹	nioow¹	sọ¹	ljɨ̣¹	mji¹	bja²	ljɨ¹	·ja	śja¹
其	故	三	宝	不	断	也。”	阿	阇

[illegible]	[illegible]	[illegible]	[illegible]	[illegible]	[illegible]：	“[illegible]	[illegible]	[illegible]
śji^{2}	njij^{2}	tha^{1}	·jij^{1}	dạ^{2}	·jɨ^{2}	rjur^{1}	pjụ^{1}	mjor^{1}
世	王	佛	之	言	白：	“世	尊	如

不断三宝也。”王阿阇世前白佛言：“至未曾有①如

14.15.3

[illegible]	[illegible]	[illegible]	[illegible]	[illegible]	[illegible]	[illegible]	[illegible]	[illegible]
ljij^{2}	rjɨr^{2}	tshjiij^{1}	tsjiir^{1}	dzjɨj^{1}	tja^{1}	dju^{1}	mjij^{1}	djij^{2}
来	△	宣	法	律	者	有	入	曾
[illegible]，	[illegible]	[illegible]	[illegible]	[illegible]	[illegible]	[illegible]，	[illegible]	[illegible]
ŋwu^{2}	mjor^{1}	ljij^{2}	rjɨr^{2}	tshjiij^{1}	tsjiir^{1}	tja^{1}	·ju^{2}	dju^{1}
是，	如	来	△	宣	法	者，	常	有

来班宣入于法律，如来布教所可宣法至于柔顺，

14.15.4

[illegible]	[illegible]	[illegible]，	[illegible]	[illegible]	[illegible]	[illegible]	[illegible]	[illegible]；
sjwɨj^{1}	phja^{1}	dzjar^{2}	·jiw^{1}	nioow^{1}	mjaa^{1}	tshja^{2}	mji^{1}	mjij^{1}
业	断	灭，	因	缘	果	报	不	无；
[illegible]	[illegible]	[illegible]	[illegible]	[illegible]	[illegible]	[illegible]	[illegible]	[illegible]，
rjɨr^{2}	wji^{1}	dạ^{2}	kha^{1}	·o^{2}	dźjɨ	mji^{1}	ŋewr^{1}	khiee^{1}
所	造	言	中	入	行	无	杂	乱，

弃乎断灭有常之业②，而不忘失报应之果；入于所造立行无所乱，

14.15.5

[illegible]	[illegible]	[illegible]	[illegible]	[illegible]	[illegible]	[illegible]，	[illegible]	[illegible]
neew^{2}	niow^{2}	sej^{1}	mji^{1}	sej^{1}	sjwɨj^{1}	mjij^{1}	mjaa^{1}	źjɨr^{1}
善	恶	净	不	净	业	无，	果	实
[illegible]	[illegible]	[illegible]	[illegible]	[illegible]	[illegible]。	[illegible]	[illegible]，	[illegible]
·jɨr^{2}	djọ^{2}	ljwu^{1}	nu^{1}	mji^{1}	dju^{1}	rjur^{1}	pjụ^{1}	thjɨ^{2}
勤	修	违	背	不	有。	世	尊，	是

① 至未曾有，西夏文本译作“曾有世尊”。

② 如来布教所可宣法至于柔顺，弃乎断灭有常之业，西夏文本译作“如来布教所可宣法，断灭有常之业”。

无善不恶，净不净业，勤修果实无所违失。唯然①！世尊，

14.15.6

[illegible]	[illegible]	[illegible]	[illegible]	[illegible]	[illegible]	[illegible]，	[illegible]	[illegible]
sju^2	tjị^1	·o^2	·ji^1	·jiw^2	ljɨ̣j^1	phja^1	mjor^1	ljịj^2
如	愿	入	众	疑	狐	决，	如	来
[illegible]	[illegible]	[illegible]	[illegible]	[illegible]	[illegible]	[illegible]	[illegible]	[illegible]
tśhja^2	ɣiej^1	·jij^1	tsjiir^1	rjir^2	bju^1	śjij^1	mjijr^2	tja^1
正	真	之	法	与	依	顺	者	者

谁入是愿决众狐疑，顺于如来正真法教？谁闻是法而发犹豫②？

14.16.1

[illegible]？	[illegible]	[illegible]	[illegible]	[illegible]	[illegible]	[illegible]	[illegible]，	[illegible]
sjwɨ^1	lew^1	njwo^2	zjọ^2	tśhja^2	mər^2	mji^1	ljị^1	niow^2
谁？	唯	宿	世	德	本	不	植，	恶
[illegible]	[illegible]	[illegible]，	[illegible]	[illegible]	[illegible]	[illegible]	[illegible]	[illegible]。
wjɨ̣^{1}	bju^1	śjwɨ̣^{2}	mji^1	dźiej^2	tsjij^2	pjo^1	mjijr^2	rjɨr^2
友	依	随，	不	信	诽	谤	者	除。

唯有宿世不植德本者也，随于恶友，不信诽谤。

14.16.2

[illegible]	[illegible]	[illegible]	[illegible]	[illegible]	[illegible]	[illegible]	[illegible]	[illegible]。
nioow^1	thjɨ^2	tsjiir^1	mji^1	ku^1	to^2	zji^2	dźiej^2	tsjij^2
又	是	法	闻	则	皆	尽	信	了。
[illegible]	[illegible]，	[illegible]	[illegible]，	[illegible]	[illegible]	[illegible]	[illegible]	[illegible]
rjur^1	pjụ^1	ŋa^2	njɨ^2	śji^1	zjọ^2	tśhja^2	mər^2	rjɨr^2
世	尊，	我	等，	宿	世	德	本	乃

我等，世尊，前世宿命曾植德本，

14.16.3

[illegible]，	[illegible]	[illegible]	[illegible]	[illegible]。	[illegible]	[illegible]	[illegible]	[illegible]

① 唯然，西夏文本无。下同。

② 此处西夏文本在翻译时改变了语序，"谁闻是法而发犹豫"一句见14.16.2。

lji̱^{1}	zji^{2}	ljo^{1}	tśhja^{2}	dźjij^{2}	thjɨ^{2}	nioow^{1}	thjɨ^{2}	·wjɨ^{2}
植，	皆	福	功	有。	此	因	此	刻
[illegible]	[illegible]	[illegible]	[illegible]，	[illegible]	[illegible]	[illegible]	[illegible]	[illegible]
tśhja^{2}	tsjiir^{1}	mji^{1}	rjir^{1}	lji̱^{2}	tshja^{2}	ljɨɨ^{1}	kięj^{2}	phji^{1}
正	法	闻	得，	恩	报	答	欲	意

非无功福。吾今蒙听所闻正法，欲报恩养至意

14.16.4

[illegible]	[illegible]	[illegible]	[illegible]	[illegible]。	[illegible]	[illegible]	[illegible]	[illegible]、
bju^{1}	tshja^{2}	śjij^{1}	mjɨ^{1}	dạ^{2}	rjur^{1}	tha^{1}	rjur^{1}	pjụ^{1}
因	报	△	无	误。	诸	佛	世	尊、
[illegible]	[illegible]	[illegible]	[illegible]	[illegible]	[illegible]	[illegible]，	[illegible]	[illegible]
mã^{1}	śjuu^{1}	śjɨ^{1}	lji^{1}	njij^{2}	wjuu^{1}	tśhja^{2}	ŋwu^{2}	ŋa^{2}
文	殊	师	利	慈	悲	德，	乃	我

不能。诸佛世尊、文殊师利慈德，乃为我

14.16.5

[illegible]	[illegible]	[illegible]	[illegible]，	[illegible]	[illegible]	[illegible]	[illegible]。	[illegible]
njɨ^{2}	·jij^{1}	·jiw^{2}	phja^{1}	ljij^{2}	bji^{1}	swew^{1}	śjwo^{1}	rjur^{1}
等	之	疑	决，	大	光	明	显。	世
[illegible]	[illegible]	[illegible]，	[illegible]	[illegible]	[illegible]	[illegible]，	[illegible]	[illegible]
pjụ^{1}	neew^{2}	dạ^{2}	xiwã^{1}	dźjɨ	zji^{2}	ŋowr^{2}	zji^{2}	neew^{2}
尊	善	言，	梵	行	悉	具，	至	善

等决众狐疑，显大光明。世尊善言，具悉梵行，至善

14.16.6

[illegible]	[illegible]，	[illegible]	[illegible]	[illegible]	[illegible]，	[illegible]	[illegible]	[illegible]①	[illegible]。”
njij^{1}	·wji̱^{1}	dzjwo^{2}	ljịj^{2}	njij^{2}	·wjuu^{1}	phju^{2}	swu^{2}	dźjwɨ^{1}	rjir^{1}
亲	友，	人	大	慈	悲，	上	友	党	得。”

亲友，得大人慈，上友党故。”

---

① [illegible]，西夏文本译作“友党”。“[illegible]”，像、似、样之意；“[illegible]”，互相之意，合在一起意为“友党”“朋党”。

汉文本

王阿阇世复问佛言:"何谓信坐?"

佛言:"大王,善友所坐。"

又复问佛:"施何所坐?"

佛言:"大王,布施处在,大富饶财多宝。其持戒者,得生天上。坐其忍辱者,面色净悦,常得端正。其精进者,勤修通达,与众超异。其禅思者,常得寂定,诸根不乱。其智慧者,断诸尘劳众垢之患。其博闻者,得生大智;若每事问,决众狐疑,令无余结。其勤学者,合集入道无上正真。其察无常、无我、寂然,所存坐处消除颠倒,是为信坐。"

又问:"顺时之念,为何所坐?"

佛言:"大王,观无常苦寂,坐在正见;不随邪业,身心清净,坐在禅思,兴发神通。"

又问:"道在何所?"

答曰:"存坐无脱,成于道果,无三界难。"

又问:"无脱坐在何所?"

答曰:"其无脱者,坐在解脱生死众患。"

又问:"佛兴何坐?"

答曰:"坐在所习三十七道品之法,无所破坏,转于法轮,而不断绝三宝之教。"

又问:"谁兴佛乎?"

答曰:"大王,能兴笃信了本无者也。"

又问:"谁兴笃信乎?"

答曰:"若有能发菩萨心者也。"

又问:"谁发菩萨心乎?"

答曰:"其有志性定不乱者也。"

又问:"谁有志性定不乱乎?"

答曰:"其行大哀未曾绝者也。"

又问:"谁不绝大哀乎?"

答曰:"其不弃舍一切众生者也。"

又问:"谁不舍众生乎?"

答曰:"其安己身并安一切者也。"

又问:"谁安己身并及一切众生乎?"

答曰:"其兴隆道不断三宝者也。"

又问:"谁不断三宝乎?"

答曰:"弃于尘劳乃不断三宝也。"

王阿阇世前白佛言:"至未曾有!世尊,如来班宣入于法律,如来布教所可宣法至于柔顺,弃乎断灭有常之业,而不忘失报应之果;入于所造立行无所乱,无善不恶,净不净业,勤修果实无所违失。唯然!世尊,谁入是愿决众狐疑,顺于如来正真法教?谁闻是法而发犹豫?唯有宿世不植德本者也,随于恶友,不信诽谤。我等,世尊,前世宿命曾植德本,非无功福。吾今蒙听所闻正法,欲报恩养至意不能。诸佛世尊、文殊师利慈德，乃为我等决众狐疑，显大光明。世尊善言，具悉梵行，至善亲友，得大人慈，上友党故。”

14.17.1

[illegible]	[illegible]，	[illegible]	[illegible]	[illegible]	[illegible]	[illegible]	[illegible]	[illegible]
tśhjɨ^{1}	zjọ^{2}	phji^{1}	mjij^{1}	dźiā^{2}	tsjij^{2}	dwuu^{2}	rjar^{2}	kię^{1}
于	是，	意	寂	菩	萨	密	迹	金
[illegible]	[illegible]	[illegible]	[illegible]	[illegible]	[illegible]：	“[illegible]	[illegible]	[illegible]
dźja^{2}	ɣie^{1}	mjijr^{2}	·jij^{1}	dạ^{2}	·jɨ^{2}	nji^{2}	kụ^{1}	lja^{1}
刚	力	士	之	言	谓：	“汝	后	来

于是，寂意菩萨前问密迹金刚力士曰：

14.17.2

[illegible]	[illegible]	[illegible]	[illegible]	[illegible]	[illegible]	[illegible]，	[illegible]	[illegible]
zjọ^{2}	ɣa^{2}	thjɨ^{2}	lwər^{2}	lhejr^{2}	gu^{1}	śjwo^{1}	rjur^{1}	rjur^{1}
仁	以	是	法	经	建	立，	一	切
[illegible]	[illegible]	[illegible]	[illegible]	[illegible]?”	[illegible]	[illegible]：	“[illegible]	[illegible]
deej^{1}	dźjij^{1}	nja^{2}	·jij^{1}	mo^{2}	kụ^{2}	dạ^{2}	mjor^{1}	ljij^{2}
流	布	△	将	乎?”	答	曰：	“如	来

“仁以为建立是经法，于将来世流布一切?”答曰：

14.17.3

[illegible]	[illegible]	[illegible]	[illegible]	[illegible]	[illegible]	[illegible]	[illegible]	[illegible]，
gju^{1}	dzjar^{2}	nioow^{1}	rjijr^{2}	zji^{2}	mjiij^{2}	rjur^{1}	niow^{2}	kha^{1}
度	灭	后	方	最	末	世	恶	中，
[illegible]	[illegible]	[illegible]	[illegible]	[illegible]	[illegible]	[illegible]	[illegible]	[illegible]
thjɨ^{2}	mə^{1}	khju^{1}	·jā^{1}	xu^{1}	thji^{1}	·u^{2}	thjɨ^{2}	lwər^{2}
此	天	下	阎	浮	提	中	是	经

“建立是经典要①，最于末世如来灭度之后，普布天下阎浮利②地，

① 西夏文本将“建立是经典要”译于“普布天下阎浮利地”中。

② 阎浮利，梵文作 Jambudvipa，旧称阎浮提、琰浮洲、阎浮提鞞波，新称赡部洲。当为须弥山之南方大洲名。阎浮是树名，阎浮利的中心有阎浮树的森林，因阎浮树的缘故被称为赡部洲。赡部洲即我们现在所住的娑婆世界。西夏文本音译为“[illegible]”（·jā^{1}xu^{1}thji^{1}）。

14.17.4

[illegible]

lhejr^{2} gu^{1} śjwo^{1} deej^{1} dźjịj^{1} rjur^{1} tsjiir^{1} dzjiij^{2} tśhja^{2}

典 建 立 流 布, 诸 法 师 正

[illegible]

mjijr^{2} njɨ^{2} ·jij^{1} zji^{2} gjịj^{1} ɣie^{2} rjir^{1} phjo^{2} ŋa^{2}

士 等 之 皆 利 益 得 令 △。”

令诸法师正士之等靡不蒙耀。”

14.17.5

[illegible]

dwuu^{2} rjar^{2} nioow^{1} dạ^{2} thjɨ^{2} ·wjɨ^{2} neew^{2} goor^{1} gji^{2}

密 迹 复 曰: “此 刻 善 男 子

[illegible]

sjij^{1} tha^{1} thjɨ^{2} lwər^{2} lhejr^{2} gu^{1} śjwo^{1} rjur^{1} tha^{1}

今, 佛 是 经 典 建 立, 诸 佛

密迹复曰:“今族姓子①,佛以建立是经典要,诸佛

14.17.6

[illegible]

zji^{2} ·wejr^{2} ljɨ^{1} thjɨ^{2} tja^{1} thjij^{2} sjo^{2} tśjụ^{1} ·wejr^{2}

皆 护 也。 此 者 何 谓? 守 护

[illegible]

njwi^{2} ku^{1} neew^{2} tsjiir^{1} ɣiew^{1} njwi^{2} ·jwɨr^{2} dji^{2} mji^{1}

能, 则 善 法 学 能, 文 字 不

皆护。所以者何?其能护者,则善学法,不生文字,

14.18.1

[illegible]

---

① 族姓子,是对信佛、闻法、行善业者之美称。梵文作 Kula putra,音译为矩罗补怛罗,又作族姓男,即所谓“善男子”。印度有四姓阶级,生于四姓中之婆罗门大族之子弟,乃于诸姓中为最胜,故称族姓子。此外,族姓子一般指在家信男,然亦有用于对比丘之称呼。对于妇女,则称族姓女,即指善女人,西夏文本译作“[illegible]”(善女人)。

śjwo1	ŋwuu1	dạ2	mji1	sji1	zjạ1	twẹ2	mji1	bja2
生，	言	辞	不	尽，	中	续	不	断。
[illegible]	[illegible]	[illegible]	[illegible]，	[illegible]	[illegible]	[illegible]	[illegible]	[illegible]
nioow1	neew2	goor1	gji2	mjor1	ljịj2	tśhja2	dwewr2	rjur1
又	善	男	子，	如	来	正	觉	诸

言辞不尽，无能中断。又族姓子，如来至真①

14.18.2

[illegible]	[illegible]	[illegible]。	[illegible]	[illegible]	[illegible]	[illegible]？	[illegible]	[illegible]
tsjiir1	mji1	phjɨ1	thjɨ2	tja1	thjij2	sjo2	thja1	wee1
法	不	废。	此	者	何	谓？	彼	生
[illegible]	[illegible]，	[illegible]	[illegible]	[illegible]	[illegible]	[illegible]	[illegible]	[illegible]
lew2	mjij1	wee1	lew2	mjij1	ku1	ŋwo2	ljiij2	lew2
所	无，	生	所	无	则	损	坏	所

不废诸法。所以者何？彼无所生，其无所生则无所坏，

14.18.3

[illegible]，	[illegible]	[illegible]	[illegible]	[illegible]。	[illegible]	[illegible]	[illegible]	[illegible]
mjij1	thjɨ2	·jiw1	nioow1	ku1	mjor1	ljịj2	thjɨ2	sju2
无，	是	因	故	则。	如	来	此	如
[illegible]	[illegible]：	‘[illegible]	[illegible]	[illegible]	[illegible]	[illegible]	[illegible]	[illegible]
rjɨr2	tshjiij1	mjor1	ljịj2	rjur1	to2	wee1	lew2	mjij1
△	言：	‘如	来	世	出	生	所	无

以是之故。如来言曰：‘如来兴出为无所生，

14.18.4

[illegible]，	[illegible]	[illegible]	[illegible]	[illegible]	[illegible]	[illegible]，	[illegible]	[illegible]
dju1	mjor1	ljịj2	dźjiij1	tjị2	tsjiir1	kiẹj2	tsjiir1	mjor1
有，	如	来	住	所	法	界，	法	如
[illegible]	[illegible]	[illegible]，	[illegible]	[illegible]	[illegible]	[illegible]	[illegible]，	

① 至真，西夏文本译作“正觉”。如来离一切之虚伪，曰至真。

tsjiir^{1}	ɣa^{2}	dźjiij^{1}	tha^{1}	dju^{1}	mjij^{1}	lew^{2}	mjij^{1}
法	于	住，	佛	有	无	所	无，

如来所住立于法界，法住如法，有佛无佛，

14.18.5

[illegible]	[illegible]	[illegible]	[illegible]	[illegible]	[illegible]。	[illegible]	[illegible]，	[illegible]
tha^{1}	tsjiir^{1}	·ju^{2}	mjor^{1}	ɣa^{2}	dźjiij^{1}	thjɨ^{2}	sju^{2}	ɣạ^{2}
佛	法	常	如	于	住。	是	如，	十
[illegible]	[illegible]	[illegible]	[illegible]	[illegible]	[illegible]	[illegible]	[illegible]	[illegible]，
njɨɨ^{1}	·jiw^{1}	śjwo^{1}	dźjiij^{1}	nioow^{1}	dzji^{1}	dạ^{2}	mji^{1}	dju^{1}
二	缘	起	住	因	苦	惑	不	有，

佛法常住如故。以如是住，十二缘起为不错勃，

14.18.6

[illegible]	[illegible]	[illegible]	[illegible]	[illegible]，	[illegible]	[illegible]	[illegible]	[illegible]
ku^{1}	·jiw^{1}	śjwo^{1}	mji^{1}	ŋewr^{1}	tśhja^{2}	tsjiir^{1}	mji^{1}	ŋewr^{1}
则	缘	起	不	乱，	正	法	不	乱
[illegible]。'	[illegible]	[illegible]	[illegible]	[illegible]	[illegible]	[illegible]	[illegible]	
ljɨ^{1}	nioow^{1}	thja^{1}	tsjiir^{1}	bioo^{1}	·ju^{2}	ŋwuu^{1}	dạ^{2}	
也。'	又	其	法	察	常	言	说	

不乱缘起，不乱正法。'又察其法常无言说，

14.19.1

[illegible]，	[illegible]	[illegible]	[illegible]	[illegible]	[illegible]	[illegible]	[illegible]	[illegible]
mjij^{1}	ku^{1}	tśhjwo^{1}	tśhja^{2}	tsjiir^{1}	·jɨ^{2}	ŋwuu^{1}	dạ^{2}	mjij^{1}
无，	则	故	正	法	谓	言	说	无
[illegible]。"	[illegible]	[illegible]	[illegible]	[illegible]	[illegible]	[illegible]	[illegible]	[illegible]
ljɨ^{1}	phji^{1}	mjij^{1}	dźiã^{2}	tsjij^{2}	dwuu^{2}	rjar^{2}	·jij^{1}	dạ^{2}
也。"	意	寂	菩	萨	密	迹	之	言

故曰正法以无言说。"寂意问曰："密迹，

14.19.2

[illegible]：	"[illegible]	[illegible]	[illegible]	[illegible]	[illegible]	[illegible]	[illegible]	[illegible]

·jɨ²	thja¹	tśhja²	tsjiir¹	·wejr²	mjijr²	ljịj²	tjị¹	zjir²
谓：	"其	正	法	护	者	弘	誓	铠
[illegible]，	[illegible]	[illegible]	[illegible]	[illegible]。"	[illegible]	[illegible]	[illegible]	[illegible]
gjwi²	thjɨ²	sju²	zjir²	gjwi²	phji¹	mjij¹	dźiã²	tsjij²
衣，	是	如	铠	衣。"	意	寂	菩	萨

其护正法被弘誓铠，以是被铠。"又问寂意：

14.19.3

[illegible]	[illegible]：	"[illegible]	[illegible]	[illegible]	[illegible]	[illegible]	[illegible]	[illegible]
nioow¹	·jɨr²	ljịj²	tjị¹	zjir²	gjwi²	tśhja²	tsjiir¹	tśjụ¹
又	问：	"弘	誓	铠	衣	正	法	护
[illegible]	[illegible]	[illegible]	[illegible]，	[illegible]	[illegible]	[illegible]	[illegible]，	[illegible]
·wejr²	thjɨ²	tsjiir¹	ŋwu²	rjur¹	tsjiir¹	mji¹	ŋewr¹	thjɨ²
佑	此	法	也，	诸	法	不	乱，	是

"被弘誓铠将护正法，不乱诸法，

14.19.4

[illegible]	[illegible]	[illegible]?	[illegible]	[illegible]	[illegible]	[illegible]，	[illegible]	[illegible]
tja¹	thjij²	sjo²	thja¹	tśhja²	tsjiir¹	tja¹	rjur¹	tsjiir¹
者	何	谓?	是	正	法	者，	诸	法
[illegible]	[illegible]	[illegible]	[illegible]	[illegible]	[illegible]，	[illegible]	[illegible]	[illegible]
ŋowr²	ŋowr²	zji²	ŋewr¹	lew²	mjij¹	ku¹	tśhjwo¹	tśhja²
一	切	悉	乱	所	无，	则	故	正

不以是法①，所以者何？是正法者，一切诸法悉无所乱，

14.19.5

[illegible]	[illegible]	[illegible]。"	[illegible]	[illegible]：	"[illegible]	[illegible]	[illegible]	[illegible]
tsjiir¹	tśjụ¹	ljɨ¹	nioow¹	·jɨr²	tśhja²	tsjiir¹	ŋewr¹	tja¹
法	护	也。"	又	问：	"正	法	乱	者
[illegible]	[illegible]	[illegible]?"	[illegible]	[illegible]：	"[illegible]	[illegible]	[illegible]	[illegible]

① 西夏文本无"不以是法"。

ljɨ̣¹	kjɨ¹	ŋwu²	kụ²	dạ²	kją¹	le²	bju¹	gji̱²
何	△	是?”	答	曰:	“畏	恐	依	倚

彼护正法。”又问:“何谓乱于正法?”答曰:“依倚恐畏

14.19.6

[illegible]	[illegible]	[illegible]	[illegible]	[illegible]。	[illegible]	[illegible]	[illegible]	[illegible],
nioow¹	lha²	ŋewr¹	we²	ljɨ¹	nioow¹	neew²	goor¹	gji²
又	迷	乱	成	也。	又	善	男	子,
[illegible]	[illegible]	[illegible]	[illegible]	[illegible]	[illegible]	[illegible]	[illegible],	[illegible]
zji²	dźjwa¹	ŋewr¹	mjij¹	ŋwu²	ŋewr¹	mjij¹	we²	ku¹
究	竟	乱	无	以	乱	无	是,	则

为成迷乱。又族姓子,究竟无乱谓义乱,

14.20.1

[illegible]	[illegible]	[illegible]	[illegible]	[illegible]。”	[illegible]	[illegible]	[illegible]	[illegible]
tśhjwo¹	tśhja²	tsjiir¹	·wejr²	ljɨ¹	nioow¹	dwuu²	rjar²	kię¹
故	正	法	护	也。”	又	密	迹	金
[illegible]	[illegible]	[illegible]	[illegible]	[illegible]	[illegible]:	“[illegible]	[illegible]	
dźja²	ɣie¹	mjijr²	·jij¹	dạ²	·jɨ²	rjur¹	ŋowr²	
刚	力	士	之	语	谓:	“世	一	

尔乃名曰将护正法。”又问密迹金刚力士:

14.20.2

[illegible]	[illegible]	[illegible]	[illegible]	[illegible]	[illegible]	[illegible]	[illegible]	[illegible]
ŋowr²	ŋewr¹	zjij¹	tśhja²	tsjiir¹	·wejr²	sji²	tśier¹	·ju²
切	乱	有	正	法	护	△	方	便
[illegible]	[illegible]?”	[illegible]	[illegible]:	“[illegible]	[illegible]	[illegible],	[illegible]	[illegible]
·a	dju¹	kụ²	dạ²	neew²	goor¹	gji²	ŋewr¹	nioow¹
宁	有?”	答	曰:	“善	男	子,	乱	因

“宁有方便,一切世乱因护正法乎?”曰:“族姓子,因乱

14.20.3

[illegible]	[illegible]，	[illegible]	[illegible]	[illegible]	[illegible]？	[illegible]①	[illegible]	[illegible]
·wejr^2	ljɨ^1	thjɨ^2	tja^1	thjij^2	sjo^2	rjur^1	bju^1	gji^2
护	也，	此	者	何	谓？	世	依	倚
[illegible]	[illegible]	[illegible]	[illegible]	[illegible]	[illegible]	[illegible]	[illegible]	[illegible]；
nioow^1	dow^1	·jiw^2	tśhjiw^1	ɣạ^2	njɨɨ^1	ljij^2	śjwo^1	ljɨ^1
因，	邪	疑	六	十	二	见	起	也；

将护，所以者何？其以因世，倚于邪疑六十二见故；

14.20.4

[illegible]	[illegible]	[illegible]	[illegible]	[illegible]	[illegible]	[illegible]	[illegible]，	[illegible]
dźiã^2	tsjij^2	dźjɨ	tja^1	ŋa^1	ŋwu^2	mər^2	we^2	thjɨ^2
菩	萨	行	者	空	以	本	为，	是
[illegible]	[illegible]	[illegible]	[illegible]	[illegible]	[illegible]	[illegible]	[illegible]。	[illegible]
nioow^1	rjur^1	rjir^2	ŋowr^2	ŋowr^2	ŋewr^1	we^2	ljɨ^1	nioow^1
故	世	与	一	切	乱	为	也。	又

菩萨所行以空为本，是故与世一切为乱。又

14.20.5

[illegible]	[illegible]	[illegible]，	[illegible]	[illegible]	[illegible]	[illegible]，	[illegible]	[illegible]
neew^2	goor^1	gji^2	thja^1	rjur^1	mur^1	tja^1	·ju^2	rejr^2
善	男	子，	其	世	俗	者，	常	安
[illegible]	[illegible]	[illegible]	[illegible]；	[illegible]	[illegible]	[illegible]	[illegible]、	[illegible]、
ŋa^2	sej^1	zow^2	zjij^1	dźiã^2	tsjij^2	mji^1	·ju^2	tśjɨ^1
我	净	持	倚；	菩	萨	无	常、	苦、

族姓子，其世俗者，以诸计有常②，立倚吾我以为净安；菩萨常了无常、苦、

14.20.6

[illegible]、	[illegible]	[illegible]	[illegible]	[illegible]，	[illegible]	[illegible]	[illegible]	[illegible]

① [illegible]，原文作为“[illegible]”(rjur^1 诸)字，与“[illegible]”(rjur^1 世)通假。据汉文本改。

② 以诸计有常，西夏文本无。

ŋa1	ŋa2	mjij1	tsjiir1	tsjij2	ku1	thjɨ2	nioow1	rjur1
空、	我	非	法	了，	则	是	故	世
[illegible]	[illegible]	[illegible]。	[illegible]	[illegible]	[illegible]	[illegible]，	[illegible]	[illegible]
rjir2	ɣwej1	dzeej1	rjur1	bju1	lju̧1	rar2	dźiã2	tsjij2
与	共	净。	世	随	流	没，	菩	萨

空、非身之法，是故名曰与世共净。随世没流，菩萨

14.21.1

[illegible]	[illegible]	[illegible]	[illegible]	[illegible]	[illegible]	[illegible]	[illegible]	[illegible]
tśier1	·ju2	ŋwu2	lhji2	wee1	rar2	ljɨ1	mər2	ɣjow1
方	便	以	死	生	流	回	本	源
[illegible]	[illegible]。	[illegible]	[illegible]	[illegible]	[illegible]，	[illegible]	[illegible]	[illegible]
mjo̱2	phji1	mjor1	dźjiij1	rjur1	bjuu1	dźiã2	tsjij2	dzjwɨ̣1
尽	令。	现	在	世	重，	菩	萨	敬

方便逆流尽源，反生死流。现在重世，菩萨敬

14.21.2

[illegible]	[illegible]	[illegible]	[illegible]	[illegible]	[illegible]，	[illegible]	[illegible]	[illegible]
lhejr2	ŋwu2	tśhja2	·ioow1	duu1	dzjɨ̣2	thjɨ2	sju2	nioow1
重	以	德	功	积	集，	是	如	故
[illegible]	[illegible]	[illegible]	[illegible]	[illegible]。	[illegible]	[illegible]	[illegible]	[illegible]、
ku1	rjur1	rjir2	ɣwej1	dzeej1	rjur1	dzjwo2	rjur1	ŋur1
则	世	与	净	乱。	世	人	诸	阴、

重积功累德，以是之故与世净乱。世人依倚阴、

14.21.3

[illegible]	[illegible]	[illegible]	[illegible]	[illegible]	[illegible]	[illegible]，	[illegible]	[illegible]
rjur1	do2	ɣạ2	·jar1	kię̣2	bju1	gjị2	dźiã2	tsjij2
诸	入	十	八	界	依	倚，	菩	萨
[illegible]	[illegible]	[illegible]	[illegible]	[illegible]	[illegible]，	[illegible]	[illegible]	[illegible]
sjwɨj1	dźjij1	njiij1	zjij1	lew2	mjij1	ku1	thjɨ2	nioow1
业	行	心	著	所	无，	则	是	故

衰①、诸入十八诸种，行菩萨业心无所著，是故

14.21.4

[illegible]	[illegible]	[illegible]	[illegible]。	[illegible]	[illegible]	[illegible]	[illegible]？	[illegible]
rjur^{1}	rjir^{2}	ɣwej^{1}	dzeej^{1}	thjɨ^{2}	tja^{1}	thjij^{2}	sjo^{2}	·jij^{1}
世	与	净	乱。	此	者	何	谓？	自
[illegible]	[illegible]	[illegible]	[illegible]	[illegible]	[illegible]。	[illegible]	[illegible]	[illegible]
twụ^{1}	dźjij^{1}	śjij^{1}	mji^{1}	lew^{2}	ljɨ^{1}	phji^{1}	mjij^{1}	dźiã^{2}
各	行	依	不	同	也。	意	寂	菩

与世而净乱矣。所以者何？不同尘故。以故，寂意菩

14.21.5

[illegible]	[illegible]	[illegible]	[illegible]	[illegible]	[illegible]	[illegible]	[illegible]	[illegible]
tsjij^{2}	thjɨ^{2}	nioow^{1}	dźiã^{2}	tsjij^{2}	tśhja^{2}	tsjiir^{1}	ŋowr^{2}	ŋowr^{2}
萨	以	故	菩	萨	正	法	一	切
[illegible]，	[illegible]	[illegible]	[illegible]	[illegible]	[illegible]	[illegible]。”	[illegible]	[illegible]
·wejr^{2}	ku^{1}	rjur^{1}	rjir^{2}	ɣwej^{1}	dzeej^{1}	ljɨ^{1}	nioow^{1}	dwuu^{2}
护，	则	世	与	净	乱	也。”	又	密

萨将护一切正法，便与世净。”又问密

14.21.6

[illegible]	[illegible]	[illegible]：	“[illegible]	[illegible]	[illegible]	[illegible]	[illegible]	[illegible]
rjar^{2}	·jij^{1}	·jɨ^{2}	thja^{1}	dźjɨ	dźjij^{1}	mjijr^{2}	thjij^{2}	sjo^{2}
迹	之	谓：	“其	行	起	者	何	云
[illegible]	[illegible]	[illegible]	[illegible]？”	[illegible]	[illegible]：	“[illegible]	[illegible]	[illegible]，
tśhja^{2}	tsjiir^{1}	·wejr^{2}	ljɨ^{1}	kụ^{2}	dạ^{2}	neew^{2}	goor^{1}	gji^{2}
正	法	护	也？”	答	曰：	“善	男	子，

迹：“行者云何护于正法乎？”答曰：“族姓子，

14.22.1

[illegible]	[illegible]	[illegible]	[illegible]	[illegible]	[illegible]	[illegible]	[illegible]，	[illegible]

① 衰，西夏文本无。

tśhja^{2} tsjiir^{1} lhjịj^{2} ŋwu^{2} ·jij^{1} ljụ^{2} ·wejr^{2} tjij^{1} dźiã^{2}

正 法 受 以 己 身 护 若， 众

[illegible]

tśhju^{1} nioow^{1} dzjwo^{2} ·jij^{1} zjọ^{2} kạ^{1} tsjɨ^{1} tjij^{1} ·wejr^{2}

生 因 人 之 寿 命 亦 守 护，

以受正法而护己身，亦护众生人寿命形，

14.22.2

[illegible]

lew^{2} mjij^{1} ku^{1} tsjiir^{1} ŋowr^{2} ŋowr^{2} ·wejr^{2} ·jɨ^{2} nioow^{1}

所 无 则 法 一 切 护 谓。" 又

[illegible]

·jɨr^{2} thjij^{2} sjo^{2} tśhja^{2} tsjiir^{1} lhjịj^{2} ljɨ^{1} kụ^{2} dạ^{2}

问： "何 云 正 法 受 也?" 答 曰：

护一切法为无所护。"又问："云何受之?"答曰：

14.22.3

[illegible]

ŋa^{2} nja^{2} mjij^{1} sej^{1} ku^{1} dźiã^{2} tśhju^{1} mjij^{1} sej^{1}

"我 汝 寂 净， 则 众 生 寂 净；

[illegible]

dźiã^{2} tśhju^{1} mjij^{1} sej^{1} ku^{1} sọ^{1} zjọ^{2} mjij^{1} sej^{1}

众 生 寂 净， 则 三 世 寂 净；

"寂然①吾我，众生惔怕；众生已寂，三世便默；

14.22.4

[illegible]

ku^{1} tha^{1} tsjiir^{1} mjij^{1} sej^{1} tha^{1} tsjiir^{1} mjij^{1} sej^{1}

则 佛 法 寂 净； 佛 法 寂 净，

[illegible]

① 寂然，西夏文本译作"寂静"([illegible])。

ku¹	tha¹	lhjij	mjij¹	sej¹	tha¹	lhjij	mjij¹	sej¹
则	佛	土	寂	净；	佛	土	寂	净，

三世已默①，佛法便默；佛法已默，佛土便寂；佛土已寂，

14.22.5–14.22.6

[illegible]	[illegible]	[illegible]	[illegible]	[illegible]。	[illegible]	[illegible]	[illegible]	[illegible]	[illegible]
ku¹	rjur¹	tsjiir¹	mjij¹	sej¹	thja¹	rjur¹	tsjiir¹	ɣa²	bju¹
则	诸	法	寂	净。	其	诸	法	于	依
[illegible]	[illegible]	[illegible]，	[illegible]	[illegible]	[illegible]	[illegible]	[illegible]	[illegible]。”	
tshwew¹	tji²	mjij¹	ku¹	tśhjwo¹	tśhja²	tsjiir¹	·wejr²	·jɨ²	
趣	可	无，	则	故	正	法	护	谓。”	

诸法便寂。其于诸法无所归趣，是则名曰将护正法。”

汉文本

于是，寂意菩萨前问密迹金刚力士曰：“仁以为建立是经法，于将来世流布一切？”

答曰：“建立是经典要，最于末世如来灭度之后，普布天下阎浮利地，令诸法师正士之等靡不蒙耀。”

密迹复曰：“今族姓子，佛以建立是经典要，诸佛皆护。所以者何？其能护者，则善学法，不生文字，言辞不尽，无能中断。又族姓子，如来至真不废诸法。所以者何？彼无所生，其无所生则无所坏，以是之故。如来言曰：‘如来兴出为无所生，如来所住立于法界，法住如法，有佛无佛，佛法常住如故。以如是住，十二缘起为不错勃，不乱缘起，不乱正法。’又察其法常无言说，故曰正法以无言说。”

寂意问曰：“密迹，其护正法被弘誓铠，以是被铠。”

又问寂意：“被弘誓铠将护正法，不乱诸法，不以是法，所以者何？是正法者，一切诸法悉无所乱，彼护正法。”

又问：“何谓乱于正法？”

答曰：“依倚恐畏为成迷乱。又族姓子，究竟无乱谓义乱，尔乃名曰将护正法。”

又问密迹金刚力士：“宁有方便，一切世乱因护正法乎？”

曰：“族姓子，因乱将护，所以者何？其以因世，倚于邪疑六十二见故；菩萨所行以空为本，是故与世一切为乱。又族姓子，其世俗者，以诸计有常，立倚吾我以为净安；菩萨常了无常、苦、空、非身之法，是故名曰与世共诤。随世没流，菩萨方便逆流尽源，反生死流。现在重世，菩萨敬重积功累德，以是之故与世诤乱。世人依倚阴、衰、诸入十八诸种，行菩萨业心无所著，是故与世而诤乱矣。所以者何？不同尘故。以故，寂意菩萨将护一切正法，便与世诤。”

又问：“密迹，行者云何护于正法乎？”

① 三世已默，西夏文本无。

答曰:“族姓子,以受正法而护己身,亦护众生人寿命形,护一切法为无所护。”

又问:“云何受之?”

答曰:“寂然吾我,众生惔怕;众生已寂,三世便默;三世已默,佛法便默;佛法已默,佛土便寂;佛土已寂,诸法便寂。其于诸法无所归趣,是则名曰将护正法。”

14.23.1

[illegible]	[illegible],	[illegible]	[illegible]	[illegible]	[illegible]	[illegible]	[illegible]	[illegible]
tśhjɨ^{1}	zjọ^{2}	rjur^{1}	pjụ^{1}	dwuu^{2}	rjar^{2}	kię^{1}	dźja^{2}	ɣie^{1}
尔	时,	世	尊	密	迹	金	刚	力
[illegible]	[illegible]	[illegible]	[illegible]:	“[illegible]	[illegible]!	[illegible]	[illegible]!	[illegible]
mjijr^{2}	·jij^{1}	·jow^{2}	dạ^{2}	tjij^{2}	rjijr^{2}	tjij^{2}	rjijr^{2}	thjɨ^{2}
士	之	叹	曰:	“善	哉!	善	哉!	是

尔时,世尊叹密迹金刚力士曰:“善哉!善哉!是

14.23.2

[illegible]	[illegible]	[illegible]	[illegible]	[illegible],	[illegible]	[illegible]	[illegible]	[illegible],
tja^{1}	tśhja^{2}	tsjiir^{1}	·wejr^{2}	ŋwu^{2}	thja^{1}	rjur^{1}	tsjiir^{1}	·wejr^{2}
者	正	法	护	是,	其	诸	法	护,
[illegible]	[illegible]	[illegible],	[illegible]	[illegible]	[illegible]	[illegible]	[illegible]。	[illegible]
·wejr^{2}	lew^{2}	mjij^{1}	ku^{1}	phjɨ^{1}	mjɨ^{2}	lew^{2}	mjij^{1}	nioow^{1}
护	所	无,	则	失	忘	所	无。	又

则名曰将护正法,其护诸法,为无所护,无所忘失。又

14.23.3

[illegible]	[illegible]	[illegible]	[illegible],	[illegible]	[illegible]	[illegible]	[illegible],	[illegible]
tśhja^{2}	tsjiir^{1}	·wejr^{2}	tja^{1}	thjɨ^{2}	ŋowr^{2}	ŋowr^{2}	lhjịj^{2}	sjiij^{2}
正	法	护	者,	斯	一	切	受,	想
[illegible]	[illegible]	[illegible]	[illegible]	[illegible]	[illegible]	[illegible]。	[illegible]	[illegible]
ŋowr^{2}	ŋowr^{2}	ɣa^{2}	lạ^{1}	sjiij^{2}	mji^{1}	dju^{1}	sjiij^{2}	mji^{1}
一	切	于	妄	想	不	有。	想	无

护正法者,斯受一切,于一切想而无妄想。已无有想,

14.23.4

[illegible],	[illegible]	[illegible]	[illegible]	[illegible]	[illegible]	[illegible]	[illegible]	[illegible]

dju¹	ku¹	rjur¹	lạ¹	sjiij²	ɣa²	lhew²	wją²	mji¹
有，	则	诸	安	想	于	放	逸	无
[illegible]，	[illegible]	[illegible]	[illegible]	[illegible]	[illegible]	[illegible]	[illegible]	[illegible]
śjwo¹	thjɨ²	nioow¹	tsjiir¹	ŋowr²	ŋowr²	ɣa²	lhew²	wją²
行，	是	因	法	一	切	于	放	逸

于诸妄想无行放逸，是则名曰于诸一切法而无放逸，

14.23.5

[illegible]，	[illegible]	[illegible]	[illegible]	[illegible]	[illegible]。”
mjij¹	ku¹	tśhjwo¹	tśja¹	tsjiir¹	·jɨ²
无，	则	故	道	法	谓。”

乃名道法。”

14.23.6

[illegible]	[illegible]，	[illegible]	[illegible]	[illegible]	[illegible]	[illegible]	[illegible]	[illegible]
tśhjɨ¹	zjọ²	ljwu²	kha¹	mə¹	zjɨ¹	gjɨ²	dju¹	mjiij²
尔	时，	会	中	天	子	一	有	名
[illegible]	[illegible]	[illegible]。	[illegible]	[illegible]	[illegible]	[illegible]：	“[illegible]	[illegible]，
tja¹	mee²	njij²	tha¹	·jij¹	dạ²	·jɨ²	rjur¹	pjụ¹
者	贤	王。	佛	之	言	白：	“世	尊，

尔时，会中有一天子，名曰贤王。前白佛言：“唯然！世尊，

14.24.1

[illegible]	[illegible]	[illegible]	[illegible]	[illegible]	[illegible]	[illegible]	[illegible]，	[illegible]
rjur¹	tha¹	ŋwuu¹	dạ²	zji²	mjij¹	sej¹	we²	thja¹
诸	佛	言	辞	甚	寂	净	为，	其
[illegible]	[illegible]	[illegible]	[illegible]	[illegible]	[illegible]	[illegible]？”	[illegible]	[illegible]：
ljij²	mjijr²	tja¹	ljɨ¹	kjɨ¹	ŋwu²	ljɨ¹	tha¹	dạ²
见	者	者	何	所	是	也？”	佛	言：

诸佛言辞甚为寂然①，其见者何所是也？”佛言：

① 寂然，西夏文本译作“寂静”（[illegible]）。

14.24.2

“□	□	□	□	□	□	□	□,	□
tśhja^{2}	tsjiir^{1}	ŋwuu^{1}	dạ^{2}	mjij^{1}	sej^{1}	wo^{2}	tja^{1}	dzu^{1}
“正	教	辞	言	寂	静	义	者,	乐
□	□	□	□	□	□	□!	□	□
lew^{2}	ŋowr^{2}	ŋowr^{2}	zji^{2}	mjij^{1}	sej^{1}	dźjij^{1}	thja^{1}	zeew^{2}
所	一	切	皆	寂	静	行!	彼	忍

“言辞正教寂然之义,一切所乐行寂然耳!彼以加忍,

14.24.3

□	□,	□	□	□	□	□	□	□
lhu^{1}	ljij^{1}	zeew^{2}	lhu^{1}	njwi^{2}	ku^{1}	wejr^{1}	ljij^{1}	tsjɨ^{1}
增	加,	忍	加	能	故	炽	加	亦
□,	□	□	□	□	□	□	□	□,
njwi^{2}	wejr^{1}	ljij^{1}	njwi^{2}	ku^{1}	tśhjwo^{1}	swew^{1}	rjɨj^{2}	·jɨ^{2}
能,	炽	加	能	则	故	晃	曜	谓,

已能加忍故能燃炽,已能燃炽故曰晃曜,

14.24.4

□	□	□①	□	□	□	□	□	□
swew^{1}	rjɨj^{2}	nioow^{1}	ku^{1}	tśhjwo^{1}	mjij^{1}	sej^{1}	·jɨ^{2}	mjɨ^{2}
晃	曜	故	则	故	寂	净,	谓	恢
□	□	□,	□	□	□	□	□	□
mji^{2}	we^{2}	ljɨ^{1}	mjor^{1}	ljij^{2}	·jij^{1}	tśhja^{2}	tsjiir^{1}	·wejr^{2}
然	成	也,	如	来	之	正	法	护

已能晃曜故曰寂然,成为恢怕,则是如来将护正法,

14.24.5

□,	□	□	□	□	□	□	□	□

① 据汉文本以及西夏文本中前两句的句式,此处“□”(nioow^{1}故)当为“□”(njwi^{2}能)字,或因二字读音相近而通假。

ŋwu^{2}	tśhjɨ^{1}	mja^{1}	nioow^{1}	rjur^{1}	mjor^{1}	ljij^{2}	·ji^{1}	zji^{2}
是，	是	乃	后	诸	如	来	众	总
[illegible]。	[illegible]	[illegible]	[illegible]	[illegible]	[illegible]	[illegible]，	[illegible]	[illegible]
·jiij^{1}	tha^{1}	tśja^{1}	rjɨr^{2}	·jiij^{1}	thjɨ^{2}	sju^{2}	tjij^{1}	tsjiir^{1}
持。	佛	道	所	持	是	如，	若	法

是乃名曰诸如来众总持。佛道所持如是，若

14.24.6

[illegible]	[illegible]，	[illegible]	[illegible]	[illegible]	[illegible]。”	[illegible]	[illegible]	[illegible]
mji^{1}	·jiij^{1}	tsjiir^{1}	mji^{1}	dźjiir^{1}	ku^{1}	thjɨ^{2}	sju^{2}	dźjɨ
不	持，	法	不	舍	故。”	是	如	行
[illegible]，	[illegible]	[illegible]	[illegible]	[illegible]，	[illegible]	[illegible]	[illegible]	[illegible]
tshjiij^{1}	thjɨ^{2}	sju^{2}	ljạ^{1}	·jɨ^{2}	thja^{1}	mee^{2}	njij^{2}	mə^{1}
宣，	是	如	证	说，	其	贤	王	天

不持法，又不舍法。”宣如是行，说如是证，答贤王天

14.25.1

[illegible]	[illegible]	[illegible]	[illegible]	[illegible]	[illegible]，	[illegible]	[illegible]	[illegible]
zjɨ^{1}	·jij^{1}	dạ^{2}	wjɨ^{2}	kụ^{2}	zjọ^{2}	ŋowr^{2}	lhə	tụ^{1}
子	之	语	△	答	时，	具	足	千
[illegible]	[illegible]	[illegible]	[illegible]	[illegible]	[illegible]	[illegible]	[illegible]，	[illegible]
phji^{1}	khjiw^{2}	·ji^{1}	rar^{2}	sji^{1}	tśjɨ^{1}	tsjij^{2}	rjir^{1}	tụ^{1}
比	丘	众	漏	尽	意	解	得，	千

子时，具足千比丘漏尽意解，千

14.25.2

[illegible]	[illegible]	[illegible]	[illegible]	[illegible]	[illegible]	[illegible]，	[illegible]	[illegible]
mə^{1}	zjɨ^{1}	njɨ^{2}	lhjɨ^{2}	khwa^{1}	ror^{2}	ka^{2}	rjur^{1}	tsjiir^{1}
天	子	等	尘	远	垢	离，	诸	法
[illegible]	[illegible]。	[illegible]	[illegible]，	[illegible]	[illegible]	[illegible]	[illegible]	[illegible]
mej^{1}	rjir^{2}	tśhjɨ^{1}	zjọ^{2}	phji^{1}	mjij^{1}	dźiã^{2}	tsjij^{2}	mee^{2}
眼	生。	尔	时，	意	寂	菩	萨	贤

天子远尘离垢，诸法眼生。于时①，寂意菩萨谓贤

14.25.3

[illegible]	[illegible]	[illegible]	[illegible]	[illegible]	[illegible]：	“[illegible]	[illegible]	[illegible]
njij^{2}	mə^{1}	zjɨ^{1}	·jij^{1}	dạ^{2}	·jɨ^{2}	ljọ^{2}	do^{2}	thjɨ^{2}
王	天	子	之	言	谓：	“何	处	此
[illegible]	[illegible]	[illegible]	[illegible]？”	[illegible]	[illegible]	[illegible]	[illegible]：	“[illegible]
nwə	ŋwo^{2}	rjor^{2}	nja^{2}	mə^{1}	zjɨ^{1}	kụ^{2}	dạ^{2}	tjij^{1}
辩	才	得	△？”	天	子	答	曰：	“若

王天子言：“从何所得此辩才也？”天子答曰：“若

14.25.4

[illegible]	[illegible]	[illegible]	[illegible]	[illegible]	[illegible]，	[illegible]	[illegible]	[illegible]
ɣiẹ^{2}	lụ^{2}	ŋowr^{2}	ŋowr^{2}	phja^{1}	njwi^{2}	zji^{2}	rjir^{1}	lew^{2}
阻	碍	一	切	断	能，	悉	得	所
[illegible]，	[illegible]	[illegible]	[illegible]	[illegible]，	[illegible]	[illegible]	[illegible]，	[illegible]
mjij^{1}	phju^{2}	tsew^{2}	wo^{2}	rjir^{1}	bju^{1}	gjị^{2}	mjij^{1}	ku^{1}
无，	上	第	义	得，	因	倚	无，	则

能断除一切罣碍，悉无所得，得第一义者，因无所倚，

14.25.5

[illegible]	[illegible]	[illegible]	[illegible]；	[illegible]	[illegible]	[illegible]	[illegible]，	[illegible]
tśhjwo^{1}	nwə	ŋwo^{2}	·jɨ^{2}	mjijr^{2}	sjij^{2}	mji^{1}	lej^{2}	mjɨ^{1}
故	辩	才	曰；	神	识	不	转，	他
[illegible]	[illegible]	[illegible]，	[illegible]	[illegible]	[illegible]	[illegible]，	[illegible]	[illegible]
sjij^{2}	mji^{1}	we^{2}	śjwo^{1}	lew^{2}	tsjɨ^{1}	mjij^{1}	·jij^{1}	tśjɨ^{1}
识	不	成，	立	所	亦	无，	自	解

是曰辩才；自了解之，神识不转，不经他识，亦无所立，

14.25.6

[illegible]，	[illegible]	[illegible]	[illegible]	[illegible]	[illegible]。	[illegible]	[illegible]	[illegible]

① 于时，西夏文本译作“尔时”。

tsjij^{2}	ku^{1}	tśhjwo^{1}	nwə	ŋwo^{2}	·jɨ^{2}	njiij^{1}	mji^{1}	lhew^{2}
了，	则	故	辩	才	曰。	意	不	逸
wją^{2}	zjịj^{1}	lew^{2}	mjij^{1}	dźjiij^{1}	zjịj^{1}	lew^{2}	tsjiir^{1}	dźjịj^{1}
放	著	所，	无	住	著	所	法	行

乃曰辩才。其意不逸游在所著，若能奉行无所著法，

14.26.1

njwi^{2}	ku^{1}	tśhjwo^{1}	thjɨ^{2}	nwə	rjir^{2}	tjij^{1}	rjur^{1}	tsjiir^{1}
能，	则	故	此	辩	逮。	若	诸	法
ŋowr^{2}	ŋowr^{2}	sjwɨ^{1}	sjiij^{2}	lja^{1}	wjij^{1}	wjị^{2}	śja^{2}	to^{2}
一	切	思	惟，	来	往	示	现	皆

乃逮此辩。若以思惟一切诸法，往反示现皆

14.26.2

zji^{2}	nwə^{1}	tsjij^{2}	mjijr^{2}	sjij^{2}	djɨj^{2}	dźiej^{2}	ku^{1}	tśhjwo^{1}
尽	知	了，	神	识	休	信，	则	故
nwə	ŋwo^{2}	rjir^{2}	neew^{2}	goor^{1}	gji^{2}	thjɨ^{2}	sju^{2}	dźjɨ
辩	才	逮。	善	男	子，	是	如	行

当知之，神识信休，乃逮辩才。是族姓子，如是行者

14.26.3

dźjij^{1}	ku^{1}	tśhjwo^{1}	nwə	ŋwo^{2}	rjir^{1}	thja^{1}	dźjiij^{1}	lew^{2}
起	则	故	辩	才	逮。	其	住	所
mjij^{1}	dźjịj^{1}	lew^{2}	mji^{1}	dju^{1}	ljɨɨr^{1}	lhjwɨ^{2}	rar^{2}	ŋjir^{1}
无，	行	应	无	有，	四	渎	流	难

逮致辩才。其无所住,无有应行,度于流波四渎之难。

14.26.4

[illegible]。	[illegible]	[illegible]	[illegible]	[illegible],	[illegible]	[illegible]	[illegible]	[illegible],
dzjịj^{1}	thja^{1}	wee^{1}	lew^{2}	mjij^{1}	dźjịj^{1}	śjwo^{1}	lew^{2}	mjij^{1}
度。	其	生	所	无,	生	起	所	无,
[illegible]	[illegible]	[illegible]	[illegible]	[illegible],	[illegible]	[illegible]	[illegible]	[illegible],
ku^{1}	dzjar^{2}	lew^{2}	mji^{1}	dju^{1}	dzjar^{2}	mjijr^{2}	tsjɨ^{1}	mjij^{1}
则	灭	所	无	有,	灭	者	亦	无,

其无所生、无所起者,亦无所灭、无能灭者,

14.26.5

[illegible]	[illegible]	[illegible]	[illegible]	[illegible]	[illegible]	[illegible]	[illegible]	[illegible]	[illegible]!”
ku^{1}	tśhjɨ^{1}	mja^{1}	nioow^{1}	gju^{1}	we^{2}	nwə	ŋwo^{2}	rjir^{1}	ljɨ^{1}
则	彼	乃	后	度	成	辩	才	逮	也!”

乃曰为度逮辩才耳!”

汉文本

尔时,世尊叹密迹金刚力士曰:“善哉!善哉!是则名曰将护正法。其护诸法,为无所护,无所忘失。又护正法者,斯受一切,于一切想而无妄想。已无有想,于诸妄想无行放逸,是则名曰于诸一切法而无放逸,乃名道法。”

尔时,会中有一天子,名曰贤王,前白佛言:“唯然!世尊,诸佛言辞甚为寂然,其见者何所是也?”

佛言:“言辞正教寂然之义,一切所乐行寂然耳!彼以加忍,已能加忍故能然炽,已能然炽故曰晃曜,已能晃曜故曰寂然,成为惔怕,则是如来将护正法,是乃名曰诸如来众总持。佛道所持如是,若不持法,又不舍法。”

宣如是行,说如是证,答贤王天子时,具足千比丘漏尽意解,千天子远尘离垢,诸法眼生。

于时,寂意菩萨谓贤王天子言:“从何所得此辩才也?”

天子答曰:“若能断除一切罣碍,悉无所得,得第一义者,因无所倚,是曰辩才;自了解之,神识不转,不经他识,亦无所立,乃曰辩才。其意不逸游在所著,若能奉行无所著法,乃逮此辩。若以思惟一切诸法,往返示现皆当知之,神识信休,乃逮辩才。是族姓子,如是行者逮致辩才。其无所住,无有应行,度于流波四渎之难。其无所生、无所起者,亦无所灭、无能灭者,乃曰为度逮辩才耳!”

14.26.6

[illegible] [illegible], [illegible] [illegible] [illegible] [illegible] [illegible] [illegible] [illegible]

tśhjɨ^{1}	zjọ^{2}	phji^{1}	mjij^{1}	dźiã^{2}	tsjij^{2}	tha^{1}	·jij^{1}	dạ^{2}
尔	时，	意	寂	菩	萨	佛	之	言
[illegible]：	“[illegible]	[illegible]	[illegible]	[illegible]	[illegible]，	[illegible]	[illegible]	[illegible]
·jɨ^{2}	thja^{1}	mee^{2}	njij^{2}	dźiã^{2}	tsjij^{2}	ljọ^{2}	ɣa^{2}	gu^{1}
白：	“是	贤	王	菩	萨，	何	所	生

尔时，寂意菩萨前白佛言：“是贤王菩萨，从何所来

14.27.1

[illegible]	[illegible]	[illegible]	[illegible]	[illegible]	[illegible]？	[illegible]	[illegible]	[illegible]
śjwo^{1}	thjɨ^{2}	lhjịj	·u^{2}	rjɨr^{2}	ljịj^{2}	thjɨ^{2}	sju^{2}	nwə
起	此	土	中	△	来？	此	如	辩
[illegible]	[illegible]！”	[illegible]	[illegible]	[illegible]	[illegible]：	“[illegible]	[illegible]	[illegible]
ŋwo^{2}	dźjij^{2}	thjij^{2}	ɣiej^{1}	tha^{1}	dạ^{2}	thja^{1}	dźiã^{2}	tsjij^{2}
才	有！”	故	真	佛	言：	“彼	菩	萨

至于此土乎？乃有斯辩！”佛言：

14.27.2

[illegible]	[illegible]	[illegible]	[illegible]	[illegible]	[illegible]	[illegible]	[illegible]	[illegible]
tja^{1}	mjor^{1}	ljịj^{2}	·jij^{1}	ljij^{2}	kiẹj^{2}	nioow^{1}	dwuu^{2}	rjar^{2}
者	如	来	之	见	欲	又	密	迹
[illegible]	[illegible]	[illegible]	[illegible]	[illegible]，	[illegible]	[illegible]	[illegible]	[illegible]
lwər^{2}	lhejr^{2}	mji^{1}	kiẹj^{2}	nioow^{1}	·ja	tśhio^{1}	tha^{1}	lhjịj
经	典	闻	欲	故，	阿	闳	佛	土

“从阿闳佛土而来，没彼生此妙乐世界，

14.27.3

[illegible]	[illegible]	[illegible]	[illegible]	[illegible]	[illegible]	[illegible]	[illegible]	[illegible]
·u^{2}	gu^{1}	śjwo^{1}	thjɨ^{2}	thjoo^{1}	rejr^{2}	rjur^{1}	kiẹj^{2}	·u^{2}
中	生	起	此	妙	乐	世	界	中
[illegible]	[illegible]	[illegible]	[illegible]	[illegible]	[illegible]	[illegible]	[illegible]	[illegible]
rjɨr^{2}	ljịj^{2}	phji^{1}	mjij^{1}	dźiã^{2}	tsjij^{2}	nji^{2}	sjij^{1}	nwə^{1}
△	来。	意	寂	菩	萨	汝	今	知

举欲得见闻如来秘要所演经典。① 寂意当知,

14.27.4

[illegible]。	[illegible]	[illegible]	[illegible]	[illegible]	[illegible],	[illegible]	[illegible]	[illegible]
lew^2	thja^1	mee^2	njij^2	mə^1	zjɨ̣^{1}	tsjiir^1	·jɨj^2	·u^2
应。	是	贤	王	天	子,	法	室	中
[illegible]	[illegible]	[illegible]	[illegible]	[illegible],	[illegible]	[illegible]	[illegible]	[illegible]
·o^2	njiij^1	zji^2	·jiij^1	rjir^2	thja^2	·jij^1	tśhja^2	·ioow^1
入	心	总	持	逮,	其	之	德	功

是贤王天子,逮入法室总持其心,

14.27.5

[illegible]	[illegible]	[illegible]	[illegible]	[illegible]	[illegible]	[illegible]	[illegible]	[illegible]
nwə	ŋwo^2	tshjiij^1	ku^1	tjij^1	·a	kja^2	ŋowr^2	tjij^2
辩	才	宣	则	若	一	劫	具	若
[illegible]	[illegible]	[illegible]	[illegible]	[illegible]	[illegible]	[illegible]	[illegible]。”	[illegible]
·a	kja^2	dzjij^1	tshjiij^1	sji^1	tjị^{2}	mjij^1	ljɨ^1	nioow^1
一	劫	度	宣	尽	可	不	也。”	又

若一劫若复过一劫宣其功德,而不可尽辩才之际。”又

14.27.6

[illegible]	[illegible]	[illegible]	[illegible]:	“[illegible]	[illegible]	[illegible]	[illegible]	[illegible]
tha^1	·jij^1	dạ^2	·jɨ^2	tsjiir^1	·jɨj^2	zji^2	·jiij^1	tja^1
佛	之	言	谓:	“法	室	总	持	者
[illegible]	[illegible]	[illegible]?	[illegible]	[illegible]	[illegible]	[illegible]	[illegible]	[illegible]
ljɨ̣^{1}	kjɨ^1	ŋwu^2	thja^1	mə^1	zjɨ̣^{1}	thjij^2	sjo^2	bjuu^1
何	△	是?	是	天	子	何	谓	遵

问佛言:“何谓法室总持乎?② 是天子令所逮致遵

---

① 此句西夏文本的语序为“举欲得见闻如来秘要所演经典,从阿闳佛土而来,没彼生此妙乐世界”,较汉文本多“寂意菩萨今应知”。

② 此句西夏文本翻译时多了“何谓”,使该句变成疑问句。

14.28.1

[illegible]	[illegible]	[illegible]。”	[illegible]	[illegible]：	“[illegible]	[illegible]	[illegible]，	[illegible]
tsjiir^{1}	rjir^{1}	ljɨ^{1}	tha^{1}	dạ^{2}	neew^{2}	goor^{1}	gji^{2}	tsjiir^{1}
法	逮	也。”	佛	言：	“善	男	子，	法
[illegible]	[illegible]	[illegible]	[illegible]	[illegible]	[illegible]	[illegible]，	[illegible]	[illegible]
·jɨj^{2}	zji^{2}	·jiij^{1}	lhjụ^{2}	rjir^{1}	·jɨ^{2}	tja^{1}	bju^{2}	źjɨr^{1}
室	总	持	逮	及	云	者，	聪	慧

法也。”佛言：“族姓子，所云得至逮法室总持者，

14.28.2

[illegible]	[illegible]	[illegible]	[illegible]	[illegible]	[illegible]，	[illegible]	[illegible]	[illegible]
kha^{1}	·o^{2}	·jwɨr^{2}	dji^{2}	mji^{1}	sji^{1}	rjur^{1}	tsjiir^{1}	ŋowr^{2}
中	入	文	字	无	尽，	诸	法	一
[illegible]	[illegible]	[illegible]	[illegible]	[illegible]	[illegible]，	[illegible]	[illegible]	[illegible]
ŋowr^{2}	zji^{2}	thjɨ^{2}	·jɨj^{2}	·u^{2}	·o^{2}	tsjiir^{1}	ŋowr^{2}	ŋowr^{2}
切	皆	此	室	中	入，	法	一	切

入于聪慧文字无尽，一切诸法皆入此室，于一切法

14.28.3

[illegible]	[illegible]	[illegible]	[illegible]	[illegible]	[illegible]	[illegible]	[illegible]	[illegible]，
ɣa^{2}	zji^{2}	wji^{1}	lew^{2}	mjij^{1}	tsjiir^{1}	·jɨj^{2}	tśjɨ^{1}	tsjij^{2}
于	悉	作	所	无，	法	室	解	了，
[illegible]	[illegible]	[illegible]	[illegible]，	[illegible]	[illegible]	[illegible]	[illegible]、	[illegible]
tsjiir^{1}	·jɨj^{2}	śjij^{1}	dźjij^{1}	rjur^{1}	·jwɨr^{2}	dji^{2}	ɣa^{2}	mə^{1}
法	室	奉	行，	诸	文	字	于、	声

悉无所作，解了法室，奉行法室，于诸文字、

14.28.4

[illegible]	[illegible]	[illegible]、	[illegible]	[illegible]	[illegible]	[illegible]，	[illegible]	[illegible]
ɣiẹ^{2}	ŋwu^{2}	tshjiij^{1}	rjɨr^{2}	tshjiij^{1}	tshjiij^{1}	tja^{1}	·jɨj^{2}	we^{2}
音	以	宣、	所	说	说	者，	屋	舍

[illegible]、	[illegible]	[illegible]	[illegible]	[illegible]	[illegible]	[illegible]	[illegible]	[illegible],
dạ^2	mji^1	·jɨj^2	we^2	dạ^2	to^2	zji^2	mjɨ^1	njwi^2
事、	不	屋	舍	事	皆	尽	不	能,

宣以音响、口之所说,作屋舍事、不舍事亦不知之,

14.28.5

[illegible]	[illegible]	[illegible]	[illegible]	[illegible]	[illegible]	[illegible],	[illegible]	[illegible]
mə^1	ɣię^2	dạ^2	ŋowr^2	ŋowr^2	nę^1	tshjiij^1	ku^1	thjɨ^2
音	响	说	一	切	宣	布,	则	是
[illegible]	[illegible]	[illegible]	[illegible]	[illegible]	[illegible]	[illegible]	[illegible]。	[illegible]
tja^1	tsjiir^1	·jɨj^2	zji^2	·jiij^1	sjwɨj^1	sji^2	ŋwu^2	nioow^1
者	法	室	总	持	业	△	是。	又

宣布一切音响之事,是则名曰入于法室总持之业。又

14.28.6

[illegible]	[illegible]	[illegible]	[illegible],	[illegible]	[illegible]	[illegible],	[illegible]	[illegible]
phji^1	mjij^1	dźiã^2	tsjij^2	·o^2	lew^2	tja^1	nioow^1	tsjɨ^1
意	寂	菩	萨,	入	所	者,	又	复
[illegible]	[illegible]	[illegible]	[illegible]	[illegible]	[illegible],	[illegible]	[illegible]	[illegible]
rjur^1	tsjiir^1	zji^2	rjir^1	tjị^2	mjij^1	ku^1	tśhjwo^1	·o^2
诸	法	皆	得	可	不,	则	故	入

寂意,法所可入者,又复诸法而不可得,所可曰入。

14.29.1

[illegible]	[illegible]。	[illegible]	[illegible]	[illegible]	[illegible]	[illegible]	[illegible]	[illegible]
mjiij^2	we^2	wjɨ^2	to^2	sjij^2	źjɨr^1	thja^1	·jwɨr^2	dji^2
名	成。	所	出	智	慧	其	文	字
[illegible],	[illegible]	[illegible]	[illegible]	[illegible],	[illegible]	[illegible]	[illegible]	[illegible]
tja^1	dzjij^2	rjijr^2	rjɨr^2	ljịj^2	·jɨj^2	·u^2	·o^2	ljɨ^1
者,	他	方	从	来,	室	内	入	及

所出智能其文字者,无所从来,入于内室。

14.29.2

[Tangut]。	[Tangut]	[Tangut]	[Tangut]	[Tangut]	[Tangut]	[Tangut]	[Tangut]	[Tangut]，
njaa^{2}	nioow^{1}	thja^{1}	·jwɨr^{2}	dji^{2}	·jɨj^{2}	·u^{2}	mji^{1}	śja^{2}
无。	又	其	文	字	室	内	不	现，
[Tangut]	[Tangut]	[Tangut]	[Tangut]，	[Tangut]	[Tangut]	[Tangut]	[Tangut]，	[Tangut]
djɨr^{2}	tsjɨ^{1}	mji^{1}	lho	nioow^{1}	tshwew^{1}	tji^{2}	mjij^{1}	rjijr^{2}
外	亦	不	出，	又	向	所	无，	方

又其文字不现内室，亦不现出，又无所向，

14.29.3

[Tangut]	[Tangut]	[Tangut]。	[Tangut]	[Tangut]	[Tangut]	[Tangut]	[Tangut]	[Tangut]①
do^{2}	tsjɨ^{1}	mjij^{1}	nioow^{1}	thja^{1}	·jwɨr^{2}	dji^{2}	mjiij^{2}	mjiij^{2}
面	亦	无。	又	其	文	字	辗	转
[Tangut]	[Tangut]，	[Tangut]	[Tangut]	[Tangut]	[Tangut]，	[Tangut]	[Tangut]	[Tangut]
tshwew^{1}	tji^{2}	sjiij^{2}	lə	mji^{1}	śjwo^{1}	dji^{2}	tsjiir^{1}	rjir^{2}
趣	处，	想	念	不	生，	字	法	与

亦无方面。又其文字辗转所凑，亦不想念，字不顺法

14.29.4

[Tangut]	[Tangut]	[Tangut]	[Tangut]	[Tangut]	[Tangut]	[Tangut]	[Tangut]	[Tangut]
mji^{1}	śjwii^{2}	tsjiir^{1}	njaa^{2}	tsjɨ^{1}	mjij^{1}	thjɨ^{2}	sjiij^{2}	lə
不	和	法	非	亦	无	斯	想	念
[Tangut]	[Tangut]。	[Tangut]	[Tangut]	[Tangut]	[Tangut]	[Tangut]	[Tangut]	[Tangut]
tsjɨ^{1}	mjij^{1}	thja^{1}	·jwɨr^{2}	dji^{2}	tja^{1}	zji^{2}	tshjiij^{1}	lew^{2}
亦	无。	其	文	字	者	悉	说	所

亦无非法无斯想念。其文字者悉无有说，

14.29.5

[Tangut]，	[Tangut]	[Tangut]	[Tangut]	[Tangut]，	[Tangut]	[Tangut]	[Tangut]	[Tangut]。
mjij^{1}	tshjiij^{1}	njaa^{2}	tsjɨ^{1}	mjij^{1}	lhu^{1}	ŋwo^{2}	mji^{1}	dju^{1}

① [Tangut]，本义为下、末、尾等，重叠表示“渐渐”，此处与“辗转”对译。

无， 说 非 亦 无， 增 损 无 有。

[illegible] [illegible] [illegible] [illegible]， [illegible] [illegible] [illegible] [illegible]， [illegible]

nioow^{1} ·jwɨr^{2} dji^{2} tja^{1} śjwo^{1} dju^{1} mji^{1} ljij^{2} dzjar^{2}

又 文 字 者， 需 有 不 见， 灭

亦无非说，亦无增损。又文字者，不见有起，

14.29.6

[illegible] [illegible] [illegible]， [illegible] [illegible] [illegible] [illegible]， [illegible] [illegible]

lew^{2} mjij^{1} tja^{1} wji^{1} mjij^{1} ·jwɨr^{2} dji^{2} phjɨ^{1} lew^{2}

所 无 者， 作 无 文 字， 失 所

[illegible] [illegible]。 [illegible] [illegible] [illegible] [illegible] [illegible] [illegible]， [illegible]

tsjɨ^{1} mjij^{1} nioow^{1} tśjɨɨ^{1} phji^{1} mjij^{1} dźiã^{2} tsjij^{2} tjij^{1}

亦 无。 又 复 意 寂 菩 萨， 若

无所灭者，无作文字，亦无所失。又复寂意，若

14.30.1

[illegible] [illegible] [illegible]、 [illegible] [illegible] [illegible] [illegible]， [illegible] [illegible]

·jwɨr^{2} dji^{2} bju^{1} ·jwɨr^{2} dji^{2} ŋewr^{2} dju^{1} ku^{1} njiij^{1}

文 字 依、 文 字 数 有， 则 心

[illegible] [illegible] [illegible] [illegible]。 [illegible] [illegible] [illegible] [illegible] [illegible]

ŋewr^{2} tsjɨ^{1} thja^{1} sju^{2} thjɨ^{2} sju^{2} rjur^{1} tsjiir^{1} ŋewr^{2}

数 亦 彼 如。 是 如 诸 法 数

如文字、文字之数，心数亦然。一切如是诸法之数，

14.30.2

[illegible] [illegible] [illegible]， [illegible] [illegible] [illegible] [illegible] [illegible] [illegible]

ŋowr^{2} ŋowr^{2} tja^{1} bju^{1} tshwew^{1} tjị^{2} dju^{1} tjij^{1} rjur^{1}

一 切 者， 归 趣 可 有 若 诸

[illegible] [illegible]， [illegible] [illegible] [illegible] [illegible] [illegible] [illegible]。 [illegible]

tsjiir^{1} ŋewr^{2} sju^{2} thja^{1} tsjɨ^{1} ŋewr^{2} mjij^{1} ljɨ^{1} thjɨ^{2}

法 数， 如 彼 亦 数 无 也。 此

有所归趣若诸法数，彼则无数。

汉文本

尔时，寂意菩萨前白佛言："是贤王菩萨，从何所来至于此土乎？乃有斯辩！"

佛言："从阿闳佛土而来，没彼生此妙乐世界，举欲得见闻如来秘要所演经典。寂意当知，是贤王天子，逮入法室总持其心，若一劫若复过一劫宣其功德，而不可尽辩才之际。"

又问佛言："何谓法室总持乎？是天子令所逮致遵法也。"

佛言："族姓子，所云得至逮法室总持者，入于聪慧文字无尽，一切诸法皆入此室，于一切法悉无所作，解了法室，奉行法室，于诸文字、宣以音响、口之所说，作屋舍事、不舍事亦不知之，宣布一切音响之事，是则名曰入于法室总持之业。又寂意，法所可入者，又复诸法而不可得，所可曰入。所出智慧其文字者，无所从来，入于内室。又其文字不现内室，亦不现出，又无所向，亦无方面。又其文字辗转所凑，亦不想念，字不顺法亦无非法无斯想念。其文字者悉无有说，亦无非说，亦无增损。又文字者，不见有起，无所灭者，无作文字，亦无所失。又复寂意，若如文字、文字之数，心数亦然。一切如是诸法之数，有所归趣若诸法数，彼则无数。

14.30.3

[illegible]	[illegible]	[illegible]?	[illegible]	[illegible]	[illegible]	[illegible]	[illegible]，	[illegible]
tja^{1}	thjij^{2}	sjo^{2}	tsjiir^{1}	ŋewr^{2}	tsjɨ^{1}	mji^{1}	ljị^{1}	ŋewr^{2}
者	何	谓？	法	数	亦	不	归，	数
[illegible]	[illegible]，	[illegible]	[illegible]	[illegible]	[illegible]	[illegible]。	[illegible]	[illegible]
mji^{1}	dju^{1}	ku^{1}	tśhjwo^{1}	tsjiir^{1}	ŋewr^{2}	·jɨ^{2}	tsjiir^{1}	ŋewr^{2}
无	有，	则	故	法	数	谓。	法	数

所以者何？不归法数，无有数者，乃曰法数。以随法数，

14.30.4

[illegible]，	[illegible]	[illegible]	[illegible]	[illegible]	[illegible]	[illegible]	[illegible]	[illegible]
bju^{1}	thjɨ^{2}	sju^{2}	ku^{1}	tśhjwo^{1}	tsjiir^{1}	·jɨj^{2}	·u^{2}	·o^{2}
随，	是	如	则	故	法	室	中	入
[illegible]。	[illegible]	[illegible]	[illegible]	[illegible]，	[illegible]	[illegible]、	[illegible]	[illegible]
·jɨ^{2}	·wjɨ^{2}	rar^{2}	mji^{1}	·o^{2}	mji^{1}	wee^{1}	śjwo^{1}	lew^{2}
曰。	△	去	不	入，	不	生、	起	所

如是乃曰入于法室。不入过去，入于不生、

14.30.5

[illegible]	[illegible]	[illegible]，	[illegible]	[illegible]	[illegible]	[illegible]	[illegible]	[illegible]

mjij^1	tsjiir^1	·o^2	thja^1	wee^1	lew^2	mjij^1	śjwo^1	lew^2
无	法	入，	其	生	所	无	起	所
[illegible]，	[illegible]	[illegible]	[illegible]	[illegible]	[illegible]？	[illegible]	[illegible]	[illegible]
mjij^1	ku^1	ljɨ^1	kjɨ^1	do^2	·o^2	·o^2	tji̹^{2}	mjij^1
无，	则	何	△	处	入？	入	所	无

无所起法，其无所生以无所起，何所入乎？以无所入，

14.30.6

[illegible]，	[illegible]	[illegible]	[illegible]	[illegible]	[illegible]	[illegible]	[illegible]	[illegible]，
ljɨ^1	tjɨ^1	tjij^1	thja^1	rjur^1	ŋewr^2	kha^1	·o^2	ku^1
也，	假	若	是	诸	数	中	入	故，
[illegible]	[illegible]，	[illegible]	[illegible]，	[illegible]	[illegible]	[illegible]	[illegible]；	[illegible]
thjɨ^2	sju^2	thjɨ^2	sju^2	tsjiir^1	ɣa^1	rjir^1	njwi^2	·jij^1
如	是，	如	是，	法	门	逮	能；	自

若有入是诸所数者，如是，如是，乃能逮于法门；自

14.31.1

[illegible]	[illegible]	[illegible]	[illegible]，	[illegible]	[illegible]	[illegible]	[illegible]，	[illegible]
mər^2	mjij^1	ljij^2	ku^1	tśhjɨ^2	rjar^2	no^2	dźjiij^1	tsjiir^1
本	无	睹	故，	便	即	安	住，	法
[illegible]	[illegible]	[illegible]	[illegible]	[illegible]。	[illegible]	[illegible]	[illegible]	[illegible]，
·jɨj^2	zji^2	·jiij^1	sjwɨj^1	·o^2	dźiã^2	tśhju^1	njiij^1	·o^2
室	总	持	业	入。	众	生	心	入，

睹本无，便得安住，入于法室总持之业。入众生心，

14.31.2

[illegible]	[illegible]	[illegible]	[illegible]	[illegible]	[illegible]	[illegible]	[illegible]	[illegible]
tjij^1	dźiã^2	tśhju^1	njiij^1	·o^2	ku^1	dźiã^2	tśhju^1	·jij^1
若	众	生	心	入	则	众	生	之
[illegible]	[illegible]，	[illegible]	[illegible]	[illegible]	[illegible]	[illegible]	[illegible]	[illegible]
njiij^1	bju^1	gju^1	dzji̹j^1	wo^2	tja^1	xja^1	tsjiir^1	tshjiij^1
心	随，	度	过	义	者	即	法	说

以人众生心随众生心,应当度者而为说法,

14.31.3

[illegible],	[illegible]	[illegible]	[illegible]	[illegible]	[illegible]	[illegible]	[illegible]	[illegible]	[illegible]!
wji^{1}	tjij^{1}	zji^{2}	·jiij^{1}	lhjịj^{2}	ku^{1}	tśhjwo^{1}	phji^{1}	mjij^{1}	·jɨ^{2}
为,	若	总	持	受	则	故	意	寂	曰!
[illegible]	[illegible]	[illegible]	[illegible]	[illegible],	[illegible]	[illegible]	[illegible]	[illegible]	[illegible],
nioow^{1}	phji^{1}	mjij^{1}	dźiā^{2}	tsjij^{2}	dźiā^{2}	tsjij^{2}	njiij^{1}	ror^{2}	ka^{2}
又	意	寂	菩	萨,	菩	萨	心	垢	离,

若受总持乃曰,寂意! 寂意,菩萨心以离垢,

14.31.4

[illegible]	[illegible]	[illegible]	[illegible]	[illegible]	[illegible]	[illegible]	[illegible]	[illegible],
ku^{1}	njiij^{1}	phji^{1}	gji^{1}	sej^{1}	ljuu^{2}	tshjịj^{2}	swew^{1}	rjɨj^{2}
则	心	意	清	净	庄	严	明	亮,
[illegible]	[illegible]	[illegible]	[illegible]	[illegible]	[illegible]	[illegible]	[illegible],	[illegible]
tsjiir^{2}	rjar^{1}	lja^{1}	lho	dźjiij^{1}	tjị^{2}	no^{2}	rejr^{2}	sjịj^{2}
性	气	越	超	住	所	安	详,	智

其心清净严和甚明,其性超越所住安详,智

14.31.5

[illegible]	[illegible]	[illegible]	[illegible]	[illegible]	[illegible]	[illegible],	[illegible]	[illegible]
źjɨr^{1}	dạ^{2}	mjij^{1}	ljịj^{2}	tjị^{1}	gjwɨ^{1}	lwo^{2}	gju^{1}	lew^{2}
慧	失	无	大	愿	坚	固,	度	所
[illegible]	[illegible]	[illegible]	[illegible]	[illegible]	[illegible],	[illegible]	[illegible]	[illegible]
wo^{2}	tja^{1}	ljiij^{2}	ŋwo^{2}	mjɨ^{1}	wjị^{2}	rjur^{1}	nioow^{1}	sjwɨj^{1}
义	者	魔	坏	不	能,	诸	后	业

慧无失所愿坚固,所当度者魔不能坏,诸外异业

14.31.6

[illegible]	[illegible]	[illegible]	[illegible],	[illegible]	[illegible]	[illegible]	[illegible]	[illegible]
to^{2}	zji^{2}	rjur^{1}	jar^{2}	źjị^{1}	njɨɨ^{2}	dźjwi^{1}	dzjar^{2}	rjur^{1}

皆	尽	摧	伏，	烦	恼	消	降	诸
[illegible]	[illegible]	[illegible]，	[illegible]	[illegible]	[illegible]	[illegible]	[illegible]	[illegible]
ljwịj^{1}	kjwir^{1}	phja^{1}	ljụ^{2}	ɣie^{1}	wejr^{1}	ljịj^{1}	njiij^{1}	mji^{1}
怨	贼	除，	身	力	盛	增	心	无

无不摧伏，降消尘劳除诸怨贼，其身力盛心无

14.32.1

[illegible]	[illegible]，	[illegible]	[illegible]	[illegible]	[illegible]	[illegible]	[illegible]	[illegible]
dźju^{2}	noo^{1}	nwə	ŋwo^{2}	mji^{1}	sji^{1}	rjɨr^{2}	tshjiij^{1}	mjɨ^{1}
怯	弱，	辩	才	无	尽	所	说	无
[illegible]，	[illegible]	[illegible]	[illegible]	[illegible]	[illegible]	[illegible]	[illegible]	[illegible]
pjụ^{1}	bju^{1}	tjị^{2}	tsew^{2}	mjij^{1}	źjɨr^{1}	ɣię^{2}	lụ^{2}	mə̣^{1}
量，	依	处	限	无	慧	阻	碍	无，

怯弱，辩才无尽所说无量，所归无限慧无罣碍，

14.32.2

[illegible]	[illegible]	[illegible]	[illegible]	[illegible]	[illegible]	[illegible]	[illegible]，	[illegible]
dwewr^{2}	phji^{1}	tsjij^{2}	·o^{2}	swew^{1}	khwa^{1}	khwa^{1}	swew^{1}	na^{1}
觉	意	了	入	明	远	远	照，	深
[illegible]	[illegible]	[illegible]	[illegible]	[illegible]。	[illegible]	[illegible]	[illegible]	[illegible]，
thjoo^{1}	tśhja^{2}	ɣiej^{1}	dạ^{2}	tshjiij^{1}	thja^{1}	rejr^{2}	mji^{1}	tja^{1}
妙	正	真	宣	辞。	其	博	闻	者，

入乎觉意其明甚远①，班宣深妙真正之辞。其所博闻，

14.32.3

[illegible]	[illegible]	[illegible]	[illegible]；	[illegible]	[illegible]	[illegible]	[illegible]，	[illegible]
śjwa^{1}	ŋjow^{2}	wjɨ^{2}	sju^{2}	sã^{1}	mej^{2}	śjã^{1}	djɨj^{2}	sju^{2}
江	海	犹	如；	三	昧	禅	定，	须
[illegible]	[illegible]	[illegible]	[illegible]	[illegible]	[illegible]	[illegible]；	[illegible]	[illegible]
mji^{1}	ŋər^{1}	ljịj^{2}	ŋjow^{2}	·u^{2}	wjij^{2}	sju^{2}	ljịj^{2}	·ji^{1}

① 甚远，西夏文以“[illegible]”（远）的重叠形式表示。

弥　山　大　海　中　在　如；　大　众

犹如江海；斯三昧定，如须弥山处在大海；在于大众

14.32.4

[illegible] [illegible]， [illegible] [illegible] [illegible] [illegible]； [illegible] [illegible] [illegible]

kha^1 dźjiij^1 ka^2 tśjij^2 wjɨ^2 sju^2 mur^1 tsjiir^1 mji^1

中　在，　狮　子　犹　如；　俗　法　不

[illegible]， [illegible] [illegible] [illegible] [illegible] [illegible] [illegible] [illegible]； [illegible]

laa^1 wją^1 sej^1 lhjɨ̣^{2} zjɨɨr^2 mji^1 njii^2 sju^2 khie^1

倚，　莲　花　尘　水　不　着　犹；　憎

若如狮子；不倚俗法，犹若莲花不着尘水；无所憎

14.32.5

[illegible] [illegible] [illegible] [illegible]， [illegible] [illegible] [illegible]， [illegible] [illegible]

dzu^1 lew^2 mjij^1 njiij^1 ljɨ̣^{2} wjɨ^2 sju^2 ·jir^2 śji^2

爱　所　无　心，　地　若　如，　百　谷

[illegible] [illegible] [illegible] [illegible] [illegible] [illegible]， [illegible] [illegible] [illegible]

sji^1 śjị^2 zji^2 thja^1 ɣa^2 to^2 sjij^2 ·ju^2 tsjɨ^1

木　草　皆　其　于　生，　庶　民　亦

爱心，若如地，百谷草木因其得生，万民

14.32.6

[illegible] [illegible]； [illegible] [illegible] [illegible] [illegible]， [illegible] [illegible] [illegible]

nej^2 rjir^1 ·ji^1 ror^2 zwər^1 ɣor^2 zjɨɨr^2 gji^1 wjɨ^2

安　得；　众　尘　洗　浴，　水　清　若

[illegible]； [illegible] [illegible] [illegible] [illegible]， [illegible] [illegible] [illegible] [illegible]，

sju^2 dźiā^2 tśhju^1 ·jij^1 dzjiij^2 ·ji^1 do^1 ljiij^2 pju^2

如；　众　生　之　化，　众　毒　难　烧，

得安；洗净众尘，若如清水；开化众生，烧众毒难，

14.33.1

[illegible] [illegible] [illegible] [illegible] [illegible] [illegible] [illegible] [illegible]； [illegible]

ljoor^{1}	wejr^{1}	məə^{1}	rjur^{1}	sji^{1}	śjị^{2}	lu^{2}	sju^{2}	dźiã^{2}
焰	炽	火	诸	木	草	燃	如；	众
[illegible]	[illegible]	[illegible]，	[illegible]	[illegible]	[illegible]	[illegible]	[illegible]	[illegible]
tśhju^{1}	·jij^{1}	neej^{2}	ljɨ^{1}	ljij^{2}	ŋowr^{2}	ŋowr^{2}	·jij^{1}	lhjɨ^{1}
生	之	诲，	风	大	一	切	之	吹

譬如火炽燃诸草木；普诲众生，犹如大风靡所不吹；

14.33.2

[illegible]；	[illegible]	[illegible]	[illegible]	[illegible]	[illegible]	[illegible]	[illegible]	[illegible]
sju^{2}	tśhja^{2}	ka^{1}	njiij^{1}	dźjij^{1}	lhjij^{2}	sə^{1}	gjɨ^{2}	gjij^{1}
如；	平	等	心	行，	月	满	星	宿
[illegible]	[illegible]；	[illegible]	[illegible]	[illegible]	[illegible]，	[illegible]	[illegible]	[illegible]
swew^{1}	sju^{2}	lej^{2}	tshjạ^{1}	lə	dźjwu^{1}	be^{2}	bji^{1}	na^{1}
照	如；	贪	怒	痴	消，	日	光	冥

行平等心，若月盛满照于星宿；消淫怒痴，譬如日光

14.33.3

[illegible]	[illegible]	[illegible]；	[illegible]	[illegible]	[illegible]	[illegible]，	[illegible]	[illegible]
gu^{2}	swew^{1}	sju^{2}	njiij^{1}	sjij^{2}	phji^{1}	jar^{2}	kjir^{1}	lji^{2}
中	照	如；	心	识	意	伏，	勇	猛
[illegible]	[illegible]	[illegible]	[illegible]	[illegible]	[illegible]	[illegible]	[illegible]	[illegible]；
gja^{1}	dzju^{2}	ljwij^{1}	niow^{2}	wjij^{2}	zjɨ^{1}	·jij^{1}	ljiij^{2}	sju^{2}
将	主	怨	恶	敌	军	之	摧	如；

照于众冥；伏心意识，譬如勇将摧折严敌；

14.33.4

[illegible]	[illegible]	[illegible]	[illegible]，	[illegible]	[illegible]	[illegible]	[illegible]；	[illegible]
njiij^{1}	phji^{1}	wəə^{1}	lhjii^{1}	we^{1}	njij^{2}	wjɨ^{2}	sju^{2}	dzjɨj^{1}
心	意	和	调，	龙	王	犹	如；	时
[illegible]	[illegible]	[illegible]，	[illegible]	[illegible]	[illegible]	[illegible]	[illegible]	[illegible]
bju^{1}	·jijr^{1}	zjij^{2}	low^{2}	lạ^{1}	djɨj^{2}	śjwo^{1}	mə^{1}	kjwɨj^{2}
随	淳	熟，	广	厚	云	起	天	复

调和其心，犹如龙王；淳熟随时，譬如淳阴雷震

14.33.5

[Tangut]	[Tangut]	[Tangut]。	[Tangut]	[Tangut]	[Tangut]	[Tangut]	[Tangut]	[Tangut]
dzjụ²	lja¹	sju²	dźiã²	tsjij²	thjɨ²	sju²	njiij¹	phji¹
雨	来	如。	菩	萨	是	如	心	意
[Tangut]	[Tangut]，	[Tangut]	[Tangut]	[Tangut]	[Tangut]	[Tangut]	[Tangut]	[Tangut]
wəə¹	lhjii¹	tsjiir¹	dzjụ²	nẹ¹	tshjiij¹	sọ¹	kiẹj²	·u²
和	调，	法	雨	演	说	三	界	中

乃雨。菩萨如是调和其心，敷演法雨润泽三界，

14.33.6

[Tangut]	[Tangut]①，	[Tangut]	[Tangut]	[Tangut]	[Tangut]	[Tangut]	[Tangut]	[Tangut]
gjịj¹	ɣie²	zər²	ljɨ̣j²	zjɨɨr²	dzjụ²	njiij¹	ror²	zwər¹
利	益，	露	甘	水	雨	心	秽	洗
[Tangut]，	[Tangut]	[Tangut]	[Tangut]	[Tangut]	[Tangut]	[Tangut]	[Tangut]	[Tangut]
ɣor²	mə¹	nja¹	dzjụ²	zjij¹	rjur¹	ljɨ¹	lhjɨ²	zwər¹
除，	天	与	雨	时	诸	风	尘	洗

宣甘露水净除心秽，若如天雨洗诸风尘，

14.34.1

[Tangut]，	[Tangut]	[Tangut]	[Tangut]	[Tangut]	[Tangut]	[Tangut]	[Tangut]。	[Tangut]
sju²	·ji¹	ŋo²	lẹj²	tshjạ¹	lə	ŋo²	tser¹	djị²
如，	众	疾	贪	怒	痴	病	治。	医
[Tangut]	[Tangut]	[Tangut]	[Tangut]	[Tangut]	[Tangut]	[Tangut]，	[Tangut]	[Tangut]
rjijr²	·ji¹	dzjwo²	·jij¹	ŋo²	djị²	sju²	njiij¹	dźiəj²
良	众	人	之	病	治	如，	心	为

疗治众疾淫怒痴病。若如良医治众人病，志存无为

14.34.2

[Tangut] [Tangut] [Tangut] [Tangut] [Tangut] [Tangut] [Tangut]， [Tangut] [Tangut]

---

① [Tangut][Tangut]，字面意思是“利益”，此处对译“润泽”。

mə̣1	tśhjaa1	tjị2	tśhja2	tsjiir1	śjij1	dźjịj1	ku1	tśhjwo1
无	在	可	正	法	奉	行，	则	故
[illegible]	[illegible]	[illegible]	[illegible]	[illegible]	[illegible]	[illegible]，	[illegible]	[illegible]
tsjiir1	njij2	we2	śja1	rjijr2	dzju2	ljịj1	lhjịj	njij2
法	王	是	十	方	主	训，	国	王

奉行正法，则是法王君训十方，亦如国王

14.34.3

[illegible]	[illegible]	[illegible]	[illegible]	[illegible]	[illegible]，	[illegible]	[illegible]	[illegible]
sjij2	·ju2	·jij1	dzju1	dzjiij2	sju2	wee1	nar2	ŋo2
庶	民	之	训	化	如，	生	老	病
[illegible]	[illegible]	[illegible]	[illegible]	[illegible]，	[illegible]	[illegible]	[illegible]	[illegible]
sjɨ1	ŋowr2	ŋowr2	·wejr2	dzjiij2	ljɨɨr1	ŋwər1	njij2	ljɨɨr1
死	一	切	护	化，	四	天	王	四

治于万民，护化一切生老病死，犹如四天王

14.34.4

[illegible]	[illegible]	[illegible]	[illegible]，	[illegible]	[illegible]	[illegible]	[illegible]	[illegible]
mə1	khju1	dzju2	sju2	dzjọ1	sju2	śjɨ2	dzjwɨ1	tew1
天	下	君	如，	犹	如	释	帝	忉
[illegible]	[illegible]	[illegible]	[illegible]	[illegible]	[illegible]	[illegible]	[illegible]	[illegible]
lji2	mə1	tśhjaa1	dzju2	we2	mə1	dzjwo2	·jij1	dzju1
利	天	宫	主	成	天	人	之	训

君四天下，犹天帝释处忉利①宫主诱教天人。

汉文本

“所以者何？不归法数，无有数者，乃曰法数。以随法数，如是乃曰入于法室。不入过去，入于不生、无所起法，其无所生以无所起，何所入乎？以无所入，若有入是诸所数者，如是，如是，乃能逮于法门；自睹本无，便得安住，入于法室总持之业。入众生心，以入众生心随众生心，应当度者而为说法，若

① “忉利”，西夏文本作“[illegible]”(忉利天)。忉利天，梵文 Trāyastrṁśa，音译为多罗夜登陵舍、怛唎耶怛唎奢，意译为三十三天。于佛教之宇宙观中，此天位于欲界六天之第二天，系帝释天所居之天界，位于须弥山顶；山顶四方各八天城，加上中央帝释天所止住之善见城(喜见城)，共有三十三处，故称三十三天。

受总持乃曰，寂意！

“寂意，菩萨心以离垢，其心清净严和甚明，其性超越所住安详，智慧无失所愿坚固，所当度者魔不能坏，诸外异业无不摧伏，降消尘劳除诸怨贼，其身力盛心无怯弱，辩才无尽所说无量，所归无限慧无罣碍，入乎觉意其明甚远，班宣深妙真正之辞。其所博闻，犹如江海；斯三昧定，如须弥山处在大海；在于大众，若如狮子；不倚俗法，犹若莲花不着尘水；无所憎爱心，若如地，百谷草木因其得生，万民得安；洗净众尘，若如清水；开化众生，烧众毒难，譬如火炽燃诸草木；普诲众生，犹如大风靡所不吹；行平等心，若月盛满照于星宿；消淫怒痴，譬如日光照于众冥；伏心意识，譬如勇将摧折严敌；调和其心，犹如龙王；淳熟随时，譬如淳阴雷震乃雨。菩萨如是调和其心，敷演法雨润泽三界，宣甘露水净除心秽，若如天雨洗诸风尘，疗治众疾淫怒痴病，若如良医治众人病，志存无为奉行正法，则是法王君训十方，亦如国王治于万民，护化一切生老病死，犹如四天王君四天下，犹天帝释处忉利宫主诱教天人。

14.34.5

[illegible]。	[illegible]	[illegible]	[illegible]	[illegible]	[illegible]	[illegible]，	[illegible]	[illegible]
dzjiij^{2}	dźiā^{2}	tsjij^{2}	tsjɨ^{1}	thja^{1}	wjɨ^{2}	sju^{2}	kięj^{2}	kięj^{2}
教。	菩	萨	亦	是	△	如，	欲	界
[illegible]	[illegible]	[illegible]	[illegible]	[illegible]	[illegible]	[illegible]，	[illegible]、	[illegible]、
·u^{2}	dźjiij^{1}	dźiā^{2}	tśhju^{1}	djij^{1}	dzju^{1}	dzjiij^{2}	tsə̣^{1}	ɣię^{2}
中	住	众	生	类	训	化，	色、	声、

菩萨如是，在于欲界化众生类，色、声、

14.34.6

[illegible]、	[illegible]、	[illegible]	[illegible]	[illegible]，	[illegible]	[illegible]	[illegible]	[illegible]；
lji^{2}	wjị^{1}	tsjụ^{1}	tsjiir^{1}	ɣa^{2}	sej^{1}	swew^{1}	nji	sju^{2}
香、	味、	滑	法	于，	净	明	珠	如；
[illegible]	[illegible]	[illegible]	[illegible]	[illegible]	[illegible]	[illegible]	[illegible]，	[illegible]
njiij^{1}	phji^{1}	rjur^{1}	jar^{2}	·jij^{1}	·o^{1}	·jij^{1}	dzju^{2}	dzjọ^{1}
心	意	降	伏	自	腹	自	在，	若

香、味、细滑之法，净如明珠；能伏心意而得自在，若

14.35.1

[illegible]	[illegible]	[illegible]	[illegible]	[illegible]	[illegible]；	[illegible]	[illegible]	[illegible]
xiwã^{1}	ŋwər^{1}	njij^{2}	mə^{1}	tśhjaa^{1}	dzju^{2}	njiij^{1}	phji^{1}	gji^{1}
梵	天	王	天	于	主；	心	意	清
[illegible]	[illegible]	[illegible]	[illegible]	[illegible]，	[illegible]	[illegible]	[illegible]	[illegible]

sej^1 zjij^1 lew^2 mjij^1 sju^2 dzjọ^1 sju^2 dźjwow^1 we^1

净 着 所 无 如， 譬 如 飞 鸟

如梵王主于天民；其心清净无所倚著，譬如飞鸟

14.35.2

[illegible]

tshọ^2 ŋa^1 gu^2 dźjwow^1 tsjụ^1 ɣię^2 lew^2 mjij^1 tśhja^2

虚 空 中 飞 行， 碍 所 无； 正

[illegible]

dźjɨ no^2 dźjiij^1 lha^1 njij^2 ·ji^1 djịj^1 ·jij^1 mjii^2

行 安 住， 鹿 王 众 群 之 属

飞行虚空，无所触碍；御安其行，犹如鹿王从众群属；

14.35.3

[illegible]

sju^2 tsjiir^1 ·jij^1 dzjwị^1 lhejr^2 dźjɨ ɣiej^1 dzu^1 wier^1

如； 法 之 尊 敬， 行 真 爱， 恋

[illegible]

mja^1 gji^2 tjij^1 sju^2 no^2 rejr^2 rjur^1 dźjɨ wji^1

母 子 若 如 安 乐； 诸 行 为

敬承法教，爱于真行，如母恋子令得安隐；晓诸

14.35.4

[illegible]

tsjij^2 phji^1 dzjọ^1 sju^2 wja^1 gji^2 nịj^2 ·jij^1 dzju^1

晓 令， 犹 如 父 子 孙 之 化

[illegible]

neej^2 sju^2 rjur^1 tsjiir^1 tshwew^1 mji^1 phji^1 djɨj^2 njij^2

导 如； 诸 法 趣 闻， 意 息 王

技术，犹如严父化导子孙；闻趣诸法，如息意王

14.35.5

[illegible]

sju² tśhja² ŋwu² ljuu² tshjịj² sọ¹ ɣạ² njɨɨ¹ ljo¹
如 德 以 庄 严； 三 十 二 福
[illegible] [illegible] [illegible] [illegible] [illegible] [illegible] [illegible] [illegible] [illegible]
·jij¹ ·jar¹ ɣạ² mə¹ ŋạ² tśhjɨ¹ zjịj¹ śjwo² ŋwu²
相 八 十 种 好 品 几 美 以

德自庄严；以三十二福相交饰，用八十好若干品媚，

14.35.6

[illegible] [illegible]， [illegible] [illegible] [illegible] [illegible] [illegible] [illegible] [illegible]
tjạ¹ wer¹ rjur¹ kha¹ ŋowr² ŋowr² to² zji² bjuu¹
装 饰， 世 间 一 切 皆 尽 敬
[illegible]； [illegible] [illegible] [illegible] [illegible] [illegible] [illegible] [illegible] [illegible]，
bjịj¹ dow¹ ljij² ·jij¹ phej¹ tśjɨɨr² lew² mji¹ we²
仰； 邪 见 之 系 缚 所 不 为，

一切世间所共戴仰；不为邪见而被系缚，

14.36.1

[illegible] [illegible] [illegible] [illegible] [illegible] [illegible] [illegible] [illegible]， [illegible]
śjạ¹ war² ŋowr² lhə sjwi¹ lụ² sjwɨj¹ mjij¹ śja¹
七 财 具 足 贫 匮 业 无， 十
[illegible] [illegible] [illegible] [illegible] [illegible] [illegible] [illegible]。 [illegible] [illegible]
rjijr² tha¹ ·jij¹ tśjụ¹ ·wejr² lew² we² rjur¹ sjij²
方 佛 之 拥 护 所 为。 诸 情

具足七财无贫匮业，为十方佛所见拥护。诸

14.36.2

[illegible] [illegible] [illegible] [illegible] [illegible] [illegible] [illegible] [illegible]， [illegible]
mjijr² ·jij¹ ŋwej² ljaa¹ lew² we² bju² dźjwo¹ ·ji¹
者 之 咨 嗟 当 为 聪 明， 众
[illegible] [illegible] [illegible] [illegible] [illegible] [illegible]， [illegible] [illegible] [illegible]
djịj¹ ·jij¹ ·jow² śja² lew² we² nioow¹ rjur¹ mə¹
党 之 叹 誉 所 达， 及 诸 天

明智者所见咨嗟,总达众党所共叹誉,及上诸天

14.36.3

[illegible]	[illegible]	[illegible]	[illegible]	[illegible]	[illegible]	[illegible],	[illegible]	[illegible]
·jij1	khjuu2	·wejr2	kjụ1	tshwew1	lew2	we2	rjur1	neew2
之	见	护	供	养	所	成,	诸	善
[illegible]	[illegible]	[illegible]	[illegible]	[illegible]	[illegible],	[illegible]	[illegible]	[illegible]
wjɨ1	ɣjiw1	·jij1	lə	lew2	we2	·ji1	kha1	tsjiir1
友	摄	之	念	所	成,	众	中	法

所见守养,诸善亲友所念摄救,于众讲法

14.36.4

[illegible]	[illegible]	[illegible]	[illegible]	[illegible],	[illegible]	[illegible]	[illegible]	[illegible]
tshjiij1	zji2	phju2	tsew2	we2	tśhjiw1	mee2	mjijr2	ŋowr2
讲	最	上	第	为,	六	神	通	具
[illegible]	[illegible]	[illegible]	[illegible]。	[illegible]	[illegible]	[illegible]	[illegible]	[illegible]
·jij1	dzju2	lhjụ2	rjir1	nioow1	dźiã2	tśhju1	·jij1	tsjiir2
自	在	逮	得。	又	众	生	之	性

最为上选,具六神通而得自在。又普遍入众生性行,

14.36.5

[illegible]	[illegible]	[illegible]	[illegible],	[illegible]	[illegible]	[illegible]	[illegible]	[illegible]
dźjɨ	kha1	zji2	·o2	rjur1	tśhji2	ŋowr2	ŋowr2	kha1
行	中	皆	入,	诸	根	一	切	中
[illegible]	[illegible],	[illegible]	[illegible]	[illegible]	[illegible]	[illegible]	[illegible]	[illegible]
zji2	njɨ2	lwər2	lhejr2	nẹ1	tshjiij1	dwər1	tjɨ2	mji1
皆	至,	经	典	宣	说	厌	懈	不

而遍周入一切诸根,班宣经典未曾懈厌,

14.36.6

[illegible],	[illegible]	[illegible]	[illegible]	[illegible]	[illegible]	[illegible]	[illegible]	[illegible],
dju1	rjur1	gjịj1	·jur1	ɣa2	tśjo	dzu1	njiij1	mjij1

有，	诸	利	养	于	永	慕	心	不，
[illegible]	[illegible]	[illegible]	[illegible]	[illegible]	[illegible]	[illegible]	[illegible]。	[illegible]
tsjiir^1	nẹ^1	tshjiij^1	dzu^1	wier^1	wier^1	njiij^1	mjij^1	kjur^2
法	宣	说	乐	吝	惜	心	不。	志

永不志慕于诸利养，乐布法训不以吝惜。其志

14.37.1

[illegible]	[illegible]	[illegible]	[illegible]	[illegible]	[illegible]	[illegible]，	[illegible]	[illegible]
tjị^1	gji^1	sej^1	tsjụ^1	ljiij^2	lew^2	mjij^1	pjo^1	zeew^2
愿	清	净	犯	负	所	无，	辱	忍
[illegible]	[illegible]	[illegible]	[illegible]	[illegible]	[illegible]，	[illegible]	[illegible]	[illegible]
dźju^1	tsjij^2	ljwu^1	dzjịj^1	lew^2	mjij^1	rjɨr^2	wji^1	dạ^2
明	解	越	度	所	无，	所	作	事

清净无所犯负，忍辱解明无所越失，所作事

14.37.2

[illegible]	[illegible]	[illegible]	[illegible]	[illegible]，	[illegible]	[illegible]	[illegible]	[illegible]
sjwɨj^1	zji^2	ɣwə^2	dźjwa^1	njwi^2	gji^1	sej^1	khu^1	dźjij^1
业	皆	究	竟	能，	清	净	精	进
[illegible]	[illegible]	[illegible]	[illegible]，	[illegible]	[illegible]	[illegible]	[illegible]	[illegible]
njiij^1	tsjɨr^2	wəə^1	neew^2	·a	njiij^1	gji^1	sej^1	rjur^1
心	性	和	安，	一	心	清	净	诸

业能令究竟，清净精进心性安和，一心清净

14.37.3

[illegible]	[illegible]	[illegible]。	[illegible]	[illegible]	[illegible]	[illegible]，	[illegible]	[illegible]
ror^2	tśior^2	ka^2	dwewr^2	phji^1	·jij^1	dzju^2	sjịj^2	źjɨr^1
垢	污	除。	觉	意	自	主，	智	慧
[illegible]	[illegible]，	[illegible]	[illegible]	[illegible]	[illegible]	[illegible]	[illegible]	[illegible]
gji^1	sej^1	ljɨɨr^1	xiwã^1	dźjɨ	djọ^2	lhew^2	wją^2	mji^1
清	净，	四	梵	行	修	放	逸	无

蠲除诸垢。觉意坦然，智慧清净，修四梵行而无放逸，

14.37.4

[illegible]，	[illegible]	[illegible]	[illegible]	[illegible]	[illegible]	[illegible]	[illegible]	[illegible]
wji1	rjur1	gju1	śjã1	djɨj2	sã1	mej2	śjɨj1	·jiw2
为，	世	度	禅	定	三	昧	成	就
[illegible]	[illegible]	[illegible]	[illegible]，	[illegible]	[illegible]	[illegible]	[illegible]	[illegible]、
tśhja2	ɣiwej1	ɣa2	njɨ2	zji2	phju2	dźiã2	phju2	tśja1
正	受	于	至，	无	上	菩	萨	道、

以成度世禅定三昧至于正受,逮于无上菩萨道、

14.37.5

[illegible]	[illegible]	[illegible]	[illegible]。	[illegible]	[illegible]	[illegible]	[illegible]	[illegible]
tha1	tśja1	lhjụ2	rjir1	rjɨr2	dźjij1	rjur1	dźjɨ	zji2
佛	道	逮	得。	所	行	诸	行	皆
[illegible]	[illegible]	[illegible]	[illegible]	[illegible]	[illegible]	[illegible]，	[illegible]	[illegible]
śjɨj1	·jiw2	njwi2	tśja1	khwə1	mji1	lhjwo1	·ja	phji1
成	就	能	道	半	不	止，	阿	鞞

佛道。普能成就,所当行业不中懈止,至阿

14.37.6

[illegible]	[illegible]	[illegible]	[illegible]。	[illegible]	[illegible]	[illegible]	[illegible]，	[illegible]
pha1	tśji2	ljɨ2	rjir1	phji1	mjij1	dźiã2	phju2	thjɨ2
跋	致	地	得。	意	寂	菩	萨，	此
[illegible]	[illegible]	[illegible]	[illegible]	[illegible]	[illegible]	[illegible]	[illegible]	[illegible]
nioow1	dźiã2	phju2	ljij2	mjijr2	tsjiir1	ŋa1	·jɨj2	·o2
因	菩	萨	大	士	法	空	室	入

惟颜①。是为,寂意,菩萨大士入于法空

14.38.1

[illegible]	[illegible]	[illegible]	[illegible]，	[illegible]	[illegible]	[illegible]	[illegible]	[illegible]
zji2	·jiij1	lhjụ2	rjir1	tśhja2	·ioow1	mjɨ1	pjụ1	ljwụ1

① 阿惟颜,意为"一生补处"。梵文 Avaivartika,也音译为阿惟越致、阿鞞跋致。西夏文本为"阿鞞跋致"之音译。

总	持	逮	得，	功	勋	无	量	巍
[illegible]	[illegible]	[illegible]	[illegible]。	“[illegible]	[illegible]	[illegible]	[illegible]	[illegible]
ljwụ^1	thji^2	sju^2	ljɨ^1	phji^1	mjij^1	dźiã^2	phju^2	nji^2
巍	如	是	也。	“意	寂	菩	萨	汝

逮得总持，功勋无量巍巍如是。“寂意

14.38.2

[illegible]	[illegible]	[illegible]，	[illegible]	[illegible]	[illegible]	[illegible]	[illegible]	[illegible]
sjij^1	nwə^1	lew^2	tjɨ^1	tjij^1	dźiã^2	phju^2	rjur^1	kięj^2
今	知	当，	假	使	菩	萨	世	界
[illegible]	[illegible]，	[illegible]	[illegible]	[illegible]	[illegible]，	[illegible]	[illegible]	[illegible]
kha^1	dźjiij^1	dzjij^2	dạ^2	mji^1	djọ^2	·jir^2	tụ^1	kjiw^1
间	住，	余	事	不	修，	百	千	岁

当知，假使菩萨住在世间，不修余事，于百千岁，

14.38.3

[illegible]，	[illegible]	[illegible]	[illegible]	[illegible]	[illegible]	[illegible]	[illegible]	[illegible]
tśjij^1	thja^1	zji^2	·jiij^1	dźjɨ	dźjij^1	rjur^1	dźiã^2	phju^2
正，	其	总	持	行	起	诸	菩	萨
[illegible]	[illegible]，	[illegible]	[illegible]	[illegible]	[illegible]	[illegible]	[illegible]	[illegible]
·ji^1	·jɨ^1	zji^2	·jiij^1	dźjɨ	rjur^1	dźiã^2	phju^2	phju^2
众	之，	总	持	行	诸	菩	萨	德

咨嗟难宣其总持行诸菩萨众，

14.38.4

[illegible]	[illegible]	[illegible]	[illegible]	[illegible]	[illegible]	[illegible]	[illegible]。”
rjijr^2	tshjiij^1	tsjɨ^1	sji^1	phji^1	mjɨ^1	njwi^2	ljɨ^1
愿	宣	亦	尽	令	不	能	也。”

不能穷尽总持行诸菩萨德。”

汉文本

“菩萨如是，在于欲界化众生类，色、声、香、味、细滑之法，净如明珠；能伏心意而得自在，若如梵王

主于天民；其心清净无所倚著，譬如飞鸟飞行虚空，无所触碍；御安其行，犹如鹿王从众群属；敬承法教，爱于真行，如母恋子令得安隐；晓诸技术，犹如严父化导子孙；闻趣诸法，如息意王德自庄严；以三十二福相交饰，用八十好若干品媚，一切世间所共戴仰；不为邪见而被系缚，具足七财无贫匮业，为十方佛所见拥护。诸明智者所见咨嗟，总达众党所共叹誉，及上诸天所见守养，诸善亲友所念摄救，于众讲法最为上选，具六神通而得自在。又普遍入众生性行，而遍周入一切诸根，班宣经典未曾懈厌，永不志慕于诸利养，乐布法训不以吝惜。其志清净无所犯负，忍辱解明无所越失，所作事业能令究竟，清净精进心性安和，一心清净蠲除诸垢。觉意坦然，智慧清净，修四梵行而无放逸，以成度世禅定三昧至于正受，逮于无上菩萨道、佛道。普能成就，所当行业不中懈止，至阿惟颜。是为，寂意，菩萨大士入于法空逮得总持，功勋无量巍巍如是。

"寂意当知，假使菩萨住在世间，不修余事，于百千岁，咨嗟难宣其总持行诸菩萨众，不能穷尽总持行诸菩萨德。"

14.38.5

[illegible]	[illegible],	[illegible]	[illegible]	[illegible]	[illegible]	[illegible]	[illegible]	[illegible]
tśhjɨ^{1}	zjọ^{2}	phji^{1}	mjij^{1}	dźiā^{2}	phju^{2}	mee^{2}	njij^{2}	mə^{1}
尔	时，	意	寂	菩	萨	贤	王	天
[illegible]	[illegible]	[illegible]	[illegible]：	"[illegible]	[illegible]	[illegible]	[illegible]	[illegible]
zjɨ^{1}	·jij^{1}	dạ^{2}	·jɨ^{2}	nji^{2}	mji^{1}	sji^{1}	ljịj^{2}	gjịj^{1}
子	之	谓	曰：	"汝	无	极	大	利

尔时，寂意菩萨谓贤王天子曰："仁者，大利无极

14.38.6

[illegible]	[illegible]	[illegible]	[illegible]！	[illegible]	[illegible]	[illegible]	[illegible]	[illegible]
neew^{2}	de^{2}	rjor^{2}	nja^{2}	thjɨ^{2}	wjɨ^{2}	mjor^{1}	ljịj^{2}	nja^{2}
善	庆	得	△！	此	今	如	来	汝
[illegible]	[illegible]	[illegible]	[illegible]	[illegible]	[illegible]	[illegible]①	[illegible]	[illegible]。"
·jij^{1}	phju^{2}	·ioow^{1}	thjɨ^{2}	sju^{2}	tjạ^{1}	wer^{1}	·jow^{2}	śja^{2}
相	德	功	是	如	光	光	叹	誉。"

善庆！今者如来相叹誉德，光光如是。"

14.39.1

[illegible]	[illegible]	[illegible]	[illegible]：	"[illegible]	[illegible]	[illegible]	[illegible]，	[illegible]

① [illegible][illegible]，字面意思是"装饰"，此处对译"光光"。

mə^{1}	zjɨ^{1}	kụ^{2}	dạ^{2}	nioow^{1}	neew^{2}	goor^{1}	gji^{2}	thjɨ^{2}
天	子	答	曰：	“又	善	男	子，	此
[illegible]	[illegible]	[illegible]	[illegible]	[illegible]	[illegible]	[illegible]	[illegible]	[illegible]
rjur^{1}	tsjiir^{1}	ɣa^{2}	zji^{2}	dźjwa^{1}	źjɨr^{1}	ɣiej^{1}	phju^{2}	·ioow^{1}
诸	法	于	究	竟	实	真	德	功

天子答曰：“又族姓子，于此诸法无真究竟可得处所也，

14.39.2

[illegible]	[illegible]	[illegible]	[illegible]。	[illegible]	[illegible]	[illegible]	[illegible]，	[illegible]
·jow^{2}	śja^{2}	tji^{2}	mjij^{1}	nioow^{1}	neew^{2}	goor^{1}	gji^{2}	thja^{1}
咨	嗟	可	无。	又	善	男	子，	其
[illegible]	[illegible]、	[illegible]	[illegible]、	[illegible]	[illegible]，	[illegible]	[illegible]	[illegible]
tsə^{1}	mjij^{1}	swu^{2}	mjij^{1}	·jij^{1}	mjij^{1}	thjɨ^{2}	sju^{2}	dźjij^{1}
色	无、	像	无、	形	无，	是	如	行

咨嗟功勋。又族姓子，其无色、无有像、无形貌，如是行

14.39.3

[illegible]	[illegible]	[illegible]	[illegible]	[illegible]，	[illegible]	[illegible]	[illegible]	[illegible]。”
ku^{1}	tśhja^{2}	·ioow^{1}	·jow^{2}	śja^{2}	tshjiij^{1}	sji^{1}	tji^{2}	mjij^{1}
则	德	功	咨	嗟，	畅	尽	能	无。”
[illegible]	[illegible]，	[illegible]	[illegible]	[illegible]	[illegible]	[illegible]	[illegible]	[illegible]
tśhjɨ^{1}	zjọ^{2}	mee^{2}	njij^{2}	mə^{1}	zjɨ^{1}	tha^{1}	·jij^{1}	dạ^{2}
于	是，	贤	王	天	子	佛	之	言

者咨嗟功勋，无能畅尽。”于是，贤王天子前白佛言：

14.39.4

[illegible]：	“[illegible]	[illegible]	[illegible]	[illegible]	[illegible]	[illegible]	[illegible]	[illegible]，
·jɨ^{2}	rjur^{1}	tsjiir^{1}	ŋowr^{2}	ŋowr^{2}	lhjij^{2}	lhjwi^{1}	tji^{2}	mjij^{1}
白：	“诸	法	一	切	受	取	可	不，
[illegible]	[illegible]	[illegible]	[illegible]	[illegible]	[illegible]	[illegible]	[illegible]，	[illegible]
nja^{2}	ŋa^{2}	mji^{1}	dju^{1}	bej^{1}	wəə^{1}	tji^{2}	mjij^{1}	thjɨ^{2}
汝	我	不	有	系	属	所	无，	是

“一切诸法不可受取,亦无吾我而无所属,以是

14.39.5

[illegible]	[illegible]	[illegible]	[illegible]	[illegible]	[illegible]	[illegible]	[illegible],	[illegible]①
·jiw1	nioow1	ku1	mji1	·jij1	khjow1	tji2	mjij1	śioo1
缘	故	则	他	之	授	可	不,	集
[illegible]	[illegible]	[illegible]。	[illegible]	[illegible],	[illegible]	[illegible]	[illegible]	[illegible]
tji2	tsji1	mjij1	ljij2	śjij2	tji1	tjij1	dzjwo2	dju1
可	亦	不。	大	圣,	若	使	人	有

之故不可授人,亦不可夺。唯然!大圣,若使有人

14.39.6

[illegible]	[illegible]	[illegible],	[illegible]	[illegible]	[illegible]	[illegible]	[illegible];	[illegible]
thja1	djọ2	dzu1	ku1	tśhja2	ka1	dźjij1	lew2	tjij1
其	修	乐,	则	平	等	行	当;	若
[illegible]	[illegible]	[illegible]	[illegible]	[illegible]	[illegible],	[illegible]	[illegible]	[illegible]
·jir2	ŋwu2	tśhja2	ka1	tsjiir1	djọ2	ku1	tsjiir1	ɣa1
勤	以	平	等	法	修,	则	法	门

修行乐是,当行平等;若勤奉行修平等训,

14.40.1

[illegible]	[illegible]。”	“[illegible]	[illegible]	[illegible]	[illegible],	[illegible]	[illegible]	[illegible]
lhjụ2	rjir1	rjur1	pjụ1	dzjọ1	sju2	ljij2	ljị2	zjiir2
逮	得。”	“世	尊	犹	如,	大	地	水
[illegible]	[illegible]	[illegible],	[illegible]	[illegible]	[illegible]	[illegible]	[illegible]	[illegible]。
dźiej2	tśhjaa1	tha1	zjiir2	dźiej2	lji1	dźiej2	tśhjaa1	tha1
轮	上	依,	水	轮	风	轮	上	依。

斯逮法门。”“犹如,世尊,现此大地土在水上,水在风上。

14.40.2

[illegible]	[illegible]	[illegible]	[illegible]	[illegible]	[illegible]	[illegible]	[illegible]	[illegible]

① [illegible],本义为集、辑、综等,此处对译“夺”。

thja1	ljij2	ljɨ̣2	sjwɨ1	mə1	khju1	rjur1	rjur1	zji2
其	大	地	种	天	下	诸	诸	皆
[illegible]	[illegible]	[illegible]，	[illegible]	[illegible]	[illegible]	[illegible]	[illegible]	[illegible]
ɣa2	kjɨ1	njɨ2	tjɨ1	tjij1	dzjwo2	dju1	thjij2	kjir2
于	△	至，	设	使	人	有	何	能

假使地种斯土处所周布天下，设使有人

14.40.3

[illegible]	[illegible]	[illegible]	[illegible]	[illegible]	[illegible]，	[illegible]	[illegible]	[illegible]，
ɣie1	thjɨ2	thja1	ljij2	ljɨ̣2	luu1	dzjiw1	zji2	bə1
力	弃	其	大	地	凿，	土	皆	弃，
[illegible]	[illegible]	[illegible]	[illegible]	[illegible]！	[illegible]	[illegible]	[illegible]	[illegible]
dźjwo2	zjɨɨr2	ɣa2	kjij1	njɨ2	tsjɨ1	gie1	ɣu1	mji1
投	水	于	乃	至！	亦	远	变	不

穿凿其地，出去尘土，极其功力乃致水耳！不置远去，

14.40.4

[illegible]，	[illegible]	[illegible]	[illegible]	[illegible]	[illegible]	[illegible]	[illegible]。	[illegible]
sej1	thja1	zjɨɨr2	ŋwu2	pạ2	dzjwo2	·jij1	tjị1	mjor1
置，	其	水	以	渴	人	之	饮。	如
[illegible]	[illegible]	[illegible]	[illegible]	[illegible]	[illegible]	[illegible]	[illegible]	[illegible]
ljij2	śjɨj2	źjɨr1	dźiã2	tśhju1	ŋowr2	ŋowr2	·jij1	tsjiir2
来	圣	慧	众	生	一	切	之	性

以水给渴。如来圣慧普入一切众生性

14.40.5

[illegible]	[illegible]	[illegible]	[illegible]，	[illegible]	[illegible]	[illegible]	[illegible]	[illegible]
dźjɨ	kha1	zji2	·o2	mjor1	ljij2	·jij1	bie2	lwər2
行	中	皆	入，	如	来	之	解	脱
[illegible]，	[illegible]	[illegible]	[illegible]	[illegible]	[illegible]	[illegible]	[illegible]	[illegible]，
tja1	tsjiir1	ɣa1	rjijr2	tshwew1	khu1	dźjij1	djọ2	dźjij1
者，	法	门	向	趣	精	进	修	起，

行,如来脱者,随向法门而修精进,

14.40.6

[illegible]	[illegible]	[illegible]	[illegible]	[illegible]	[illegible]	[illegible]	[illegible]。	[illegible]
thjɨ^{2}	tśier^{1}	·ju^{2}	ŋwu^{2}	ljịj^{2}	źjɨr^{1}	bji^{1}	lhjụ^{2}	thja^{1}
是	方	便	以	大	慧	光	得。	其
[illegible]	[illegible]	[illegible]	[illegible]	[illegible]	[illegible]	[illegible],	[illegible]	[illegible]
khu^{1}	dźjij^{1}	tja^{1}	ŋwo^{2}	ljiij^{2}	lew^{2}	mjij^{1}	dzjọ^{1}	sju^{2}
精	进	者	侵	欺	所	无,	犹	如

从是方便致大慧光。其精进者不见侵欺,犹如

14.41.1

[illegible]	[illegible]	[illegible]	[illegible]	[illegible]	[illegible]	[illegible]	[illegible]	[illegible]
ljịj^{2}	ljɨ^{2}	na^{1}	na^{1}	luu^{1}	ku^{1}	tśhjɨ^{1}	mja^{1}	nioow^{1}
大	地	深	深	穿	则	其	而	又
[illegible]	[illegible]。	[illegible]	[illegible]	[illegible]	[illegible]	[illegible]	[illegible]	[illegible]
zjɨɨr^{2}	to^{2}	tjij^{1}	nioow^{1}	dzjwo^{2}	dju^{1}	mjor^{1}	ljịj^{2}	rjur^{1}
水	生。	若	复	人	有	如	来	世

去土穿地大深因得其水。若复有人于如来世

14.41.2

[illegible]	[illegible]	[illegible]	[illegible]	[illegible],	[illegible]	[illegible]	[illegible]	[illegible]
ɣa^{2}	khu^{1}	dźjij^{1}	śjij^{1}	dźjịj^{1}	ku^{1}	ljịj^{2}	źjɨr^{1}	bji^{1}
上	精	进	奉	行,	则	大	慧	光
[illegible]	[illegible]	[illegible]。	[illegible]	[illegible],	[illegible]	[illegible]	[illegible]	[illegible]
swew^{1}	śjwo^{1}	ŋwu^{2}	rjur^{1}	pjụ^{1}	tjij^{1}	neew^{2}	goor^{1}	gji^{2}
明	兴	是。	世	尊,	若	善	男	子

奉行精进,是兴大慧光明。是故,世尊,若族姓子

14.41.3

[illegible]	[illegible]	[illegible]	[illegible],	[illegible]	[illegible]	[illegible]	[illegible]	[illegible]
nioow^{1}	neew^{2}	sji^{2}	dzjwo^{2}	tha^{1}	tśja^{1}	kjụ^{1}	kięj^{2}	ku^{1}

及	善	女	人，	佛	道	求	欲	则
[illegible]	[illegible]	[illegible]	[illegible]。	[illegible]	[illegible]	[illegible]	[illegible]	[illegible]
·ju^{2}	khu^{1}	dźjij^{1}	dźjij^{1}	lew^{2}	wa^{2}	sju^{2}	khu^{1}	dźjij^{1}
常	精	进	行。	以	何	如	精	进

及族姓女，欲求佛道常行精进。以何精进？

14.41.4

[illegible]	[illegible]？	[illegible]	[illegible]	[illegible]	[illegible]	[illegible]	[illegible]	[illegible]
dźjij^{1}	ljɨ^{1}	thja^{1}	rjur^{1}	tsjiir^{1}	ɣa^{2}	bju^{1}	·jɨr^{2}	khu^{1}
行	也？	是	诸	法	于	依	勤	精
[illegible]	[illegible]	[illegible]	[illegible]	[illegible]	[illegible]。”	“[illegible]	[illegible]，	[illegible]
dźjij^{1}	ŋwu^{2}	tsjiir^{1}	ɣa^{1}	djọ^{2}	ljɨ^{1}	rjur^{1}	pjụ^{1}	dzjọ^{1}
进	以	法	门	诣	也。”	“世	尊，	犹

当以用是①，于诸法而诣法门。”“犹如，世尊，

14.41.5

[illegible]，	[illegible]	[illegible]	[illegible]，	[illegible]	[illegible]	[illegible]	[illegible]	[illegible]
sju^{2}	dju^{2}	njij^{2}	məə^{1}	dzjwo^{2}	tsə̣^{1}	ljij^{2}	mjɨ^{1}	tśhjɨ^{1}
如，	生	从	盲，	人	色	见	不	其
[illegible]。	[illegible]	[illegible]	[illegible]	[illegible]	[illegible]	[illegible]	[illegible]	[illegible]，
djij^{2}	tji^{1}	tjij^{1}	dzjwo^{2}	dju^{1}	khu^{1}	dźjij^{1}	mji^{1}	dźjij^{1}
初。	假	使	人	有	精	进	不	行，

从生而盲，又其男子初不见色。假使有人不行精进，

14.41.6

[illegible]	[illegible]	[illegible]	[illegible]	[illegible]	[illegible]	[illegible]	[illegible]，	[illegible]
ku^{1}	na^{1}	njaa^{1}	wẹ^{1}	lə	məə^{1}	dzjwo^{2}	ŋwu^{2}	rjur^{1}
则	冥	暗	愚	痴	盲	人	是，	诸
[illegible]	[illegible]	[illegible]	[illegible]	[illegible]	[illegible]	[illegible]。	[illegible]	[illegible]，
tsjiir^{1}	mji^{1}	wee^{1}	dạ^{2}	iọ^{1}	mjɨ^{1}	nwə^{1}	rjur^{1}	pjụ^{1}

① 以何精进？当以用是，西夏文本译作“以是勤精进”。

法	不	生	谓	域	不	知。	世	尊，

则名愚暗盲冥之侣，不见诸法所生本末①。犹如，世尊，

14.42.1

[illegible]	[illegible]，	[illegible]	[illegible]	[illegible]	[illegible]	[illegible]	[illegible]	[illegible]
dzjọ¹	sju²	mej¹	tśhju¹	dzjwo²	bji¹	bju¹	war²	ljij²
犹	如，	目	有	人	光	依	物	见
[illegible]，	[illegible]	[illegible]	[illegible]	[illegible]	[illegible]	[illegible]	[illegible]；	[illegible]
rjir¹	bji¹	mjij¹	na¹	gu²	war²	mji¹	ljij²	djɨr²
得，	光	不	冥	夜	物	无	睹；	外

有目之士蒙光有见，不有光出冥夜无睹；外

14.42.2

[illegible]	[illegible]	[illegible]	[illegible]	[illegible]	[illegible]	[illegible]，	[illegible]	[illegible]
dzjiij²	mə¹	mej¹	tsjɨ¹	thja¹	wjɨ²	sju²	neew²	wjɨ̣¹
师	天	眼	亦	是	△	如，	善	友
[illegible]	[illegible]	[illegible]	[illegible]	[illegible]	[illegible]	[illegible]，	[illegible]	[illegible]
rjir²	ka²	ku¹	dzju¹	dzjiij²	lew²	mjij¹	rjur¹	bioo¹
与	离	则	开	化	所	无，	诸	观

仙天眼亦复如是，离于善友无所开化，

14.42.3

[illegible]	[illegible]	[illegible]	[illegible]	[illegible]	[illegible]。	[illegible]	[illegible]	[illegible]
mji¹	tsjij²	lhjịj²	lew²	tsjiir¹	ljij²	mə¹	mej¹	wjɨ²
不	晓	受	所	法	见。	天	眼	犹
[illegible]，	[illegible]	[illegible]	[illegible]	[illegible]	[illegible]	[illegible]	[illegible]	[illegible]，
sju²	tjɨ¹	tjij¹	neew²	gji²	thja¹	śjij¹	źjɨr¹	dźjij²
如，	假	若	善	男	自	然	慧	有，

不晓诸观见所受法。犹如天眼，若有男子有自然慧，

① 本末，西夏文本以“[illegible][illegible]”(无域)对译。

14.42.4

[illegible]	[illegible]	[illegible]	[illegible]	[illegible]	[illegible]	[illegible]	[illegible]，	[illegible]	[illegible]
bji^{1}	swew^{1}	ɣa^{2}	mji^{1}	tha^{1}	mej^{1}	śjɨj^{1}	·jiw^{2}	ku^{1}	ljij^{2}
光	明	于	不	依	眼	成	就，	则	大
[illegible]	[illegible]	[illegible]	[illegible]	[illegible]	[illegible]	[illegible]	[illegible]。”	“[illegible]	
sjij^{2}	tśhja^{2}	dźjij^{2}	nioow^{1}	dźjɨ	thjɨ^{2}	sju^{2}	ljɨ^{1}	rjur^{1}	
智	德	有	因	行	是	如	也。”	“世	

不用光明以成就眼，以有大智德其行如是。”

汉文本

尔时，寂意菩萨谓贤王天子曰：“仁者，大利无极善庆！今者如来相叹誉德，光光如是。”

天子答曰：“又族姓子，于此诸法无真究竟可得处所也，咨嗟功勋。又族姓子，其无色、无有像、无形貌，如是行者咨嗟功勋，无能畅尽。”

于是贤王天子前白佛言：“一切诸法不可受取，亦无吾我而无所属，以是之故不可授人，亦不可夺。唯然！大圣，若使有人修行乐是，当行平等；若勤奉行修平等训，斯逮法门。”

“犹如，世尊，现此大地土在水上，水在风上。假使地种斯土处所周布天下，设使有人穿凿其地，出去尘土，极其功力乃致水耳！不置远去，以水给渴。如来圣慧普入一切众生性行，如来脱者，随向法门而修精进，从是方便致大慧光。其精进者不见侵欺，犹如去土穿地大深因得其水。若复有人于如来世奉行精进，是兴大慧光明。是故，世尊，若族姓子及族姓女，欲求佛道常行精进。以何精进？当以用是，于诸法门而诣法门。”

“犹如，世尊，从生而盲，又其男子初不见色。假使有人不行精进，则名愚暗盲冥之侣，不见诸法所生本末。犹如，世尊，有目之士蒙光有见，不有光出冥夜无睹；外仙天眼亦复如是，离于善友无所开化，不晓诸观见所受法。犹如天眼，若有男子有自然慧，不用光明以成就眼，以有大智德其行如是。”

14.42.5

[illegible]，	[illegible]	[illegible]，	[illegible]	[illegible]	[illegible]	[illegible]	[illegible]	[illegible]
pjų^{1}	dzjọ^{1}	sju^{2}	gjij^{2}	njijr^{1}	kha^{1}	dźjwow^{1}	we^{1}	rewr^{1}
尊，	犹	如，	旷	野	中	飞	鸟	泽
[illegible]	[illegible]	[illegible]，	[illegible]	[illegible]	[illegible]	[illegible]	[illegible]	[illegible]
zjir^{2}	dźjwow^{1}	·u^{2}	gjij^{2}	njijr^{1}	mji^{1}	ljij^{2}	lhu^{1}	ŋwo^{2}
广	飞	游，	空	野	不	见	增	损

“犹如,世尊,旷野飞鸟游广泽地,不见空野有所增损①;

14.42.6

[illegible]	[illegible]	[illegible]	[illegible];	[illegible]	[illegible]	[illegible]	[illegible]	[illegible]
lew^{2}	mjij^{1}	ljị^{2}	ŋa^{1}	dźiã^{2}	tsjij^{2}	ŋowr^{2}	ŋowr^{2}	khu^{1}
所	无	地	空;	菩	萨	一	切	精
[illegible]	[illegible]	[illegible]	[illegible]	[illegible],	[illegible]	[illegible]	[illegible]	[illegible]
dźjij^{1}	rjɨr^{2}	dźjij^{1}	thjɨ^{2}	sju^{2}	tha^{1}	tśja^{1}	lhu^{1}	ŋwo^{2}
进	所	行	是	如,	佛	道	增	损

一切菩萨精进所行如是,不见佛道有所增损,

14.43.1

[illegible]	[illegible],	[illegible]	[illegible]	[illegible]	[illegible]	[illegible]	[illegible]	[illegible]
lew^{2}	mjij^{1}	dźiã^{2}	tsjij^{2}	ŋowr^{2}	ŋowr^{2}	tśja^{1}	·o^{2}	tjij^{2}
所	无,	菩	萨	一	切	道	入	品
[illegible]	[illegible]	[illegible]。”	“[illegible]	[illegible],	[illegible]	[illegible],	[illegible]	[illegible]
tsjiir^{1}	mji^{1}	ljij^{2}	rjur^{1}	pjụ^{1}	dzjọ^{1}	sju^{2}	wjị^{1}	ŋər^{1}
法	不	见。”	“世	尊,	犹	如,	雪	山

一切菩萨入道品法。”“犹如,世尊,其彼雪山

14.43.2

[illegible]	[illegible]	[illegible]	[illegible]	[illegible]	[illegible]	[illegible],	[illegible]	[illegible]
kha^{1}	wjị^{1}	lja^{1}	sji^{1}	śjị^{2}	to^{2}	dzja^{1}	rjur^{1}	ljɨ^{1}
中	雪	来	树	木	生	长,	诸	风
[illegible]	[illegible]	[illegible]	[illegible]	[illegible]	[illegible]	[illegible];	[illegible]	[illegible]
thja^{1}	sji^{1}	·jij^{1}	ŋwo^{2}	ljiij^{2}	mjɨ^{1}	wjị^{2}	dźiã^{2}	tsjij^{2}
彼	木	之	灾	害	不	能;	菩	萨

雨雪生长树木,不为诸风所见灾害;菩萨

14.43.3

[illegible]	[illegible]	[illegible]	[illegible]	[illegible]	[illegible],	[illegible]	[illegible]	[illegible]

① 有所增损,西夏文本译作“无所增损”。下句“不见佛道有所增损”同。

thjɨ²	sju²	dzjɨj¹	bju¹	dźjɨ	bju²	źjɨr¹	bji¹	swew¹
是	如	时	随	行	应，	慧	光	明
[illegible]	[illegible]	[illegible]	[illegible]	[illegible]，	[illegible]	[illegible]	[illegible]	[illegible]
śjwo¹	ŋowr²	ŋowr²	ɣa²	swew¹	nioow¹	dźiã²	tsjij¹	ɣa²
行	一	切	于	照，	又	众	生	于

如是随时应行，生慧光明照于一切，不于众生

14.43.4

[illegible]	[illegible]	[illegible]	[illegible]，	[illegible]	[illegible]	[illegible]	[illegible]	[illegible]
pjụ¹	dza²	mjij¹	lew²	ljọ²	dźjiij¹	dźjij¹	twụ¹	·ju²
计	数	不	可，	所	居	游	处	常
[illegible]	[illegible]	[illegible]。”	“[illegible]	[illegible]，	[illegible]	[illegible]，	[illegible]	[illegible]
mji¹	phjɨ¹	mjɨ²	rjur¹	pjụ¹	dzjọ¹	sju²	dźiej²	deej¹
不	失	忘。”	“世	尊，	犹	如，	轮	转

有所计数，所游居处无所忘失也。”“犹如，世尊，转轮

14.43.5

[illegible]	[illegible]	[illegible]	[illegible]	[illegible]	[illegible]，	[illegible]	[illegible]	[illegible]
śjɨj²	njij²	mə¹	ljij²	nji¹	wee¹	śją¹	ljɨ¹	ku¹
圣	王	姓	大	家	生，	七	宝	则
[illegible]，	[illegible]	[illegible]	[illegible]	[illegible]	[illegible]	[illegible]	[illegible]	[illegible]
śja²	śją¹	tja¹	thjij²	sjo²	lew¹	tja¹	tshjɨj²	kię¹
现，	七	者	何	谓？	一	者	紫	金

圣王生种姓家，七宝则现，何谓为七？一曰紫金

14.43.6

[illegible]	[illegible]	[illegible]	[illegible]	[illegible]；	[illegible]	[illegible]	[illegible]	[illegible]
dźiej²	tụ¹	no	ŋowr²	lhə	njɨɨ¹	tja¹	bju²	phiow¹
轮	千	辐	具	足；	二	者	象	白
[illegible]	[illegible]	[illegible]；	[illegible]	[illegible]	[illegible]	[illegible]	[illegible]	[illegible]
tśhjiw¹	dźjij¹	·o¹	sọ¹	tja¹	mee²	rjijr²	ljụ²	tsə̣¹
六	牙	有；	三	者	神	马	身	色

轮有千辐；二曰白象有六牙；三曰绀色神马，

14.44.1

[illegible]，	[illegible]	[illegible]	[illegible]	[illegible]；	[illegible]	[illegible]	[illegible]	[illegible]
tshjɨ̣j^{2}	ɣu^{1}	njaa^{1}	meej^{2}	njij^{1}	ljɨɨr^{1}	tja^{1}	lhjịj^{2}	swew^{1}
绀，	头	乌	髦	朱；	四	者	月	明
[illegible]	[illegible]	[illegible]	[illegible]	[illegible]；	[illegible]	[illegible]	[illegible]	
djii^{2}	nji	·jar^{1}	dzjɨ̣j^{2}	·o^{1}	ŋwə^{1}	tja^{1}	ɣjiw^{2}	
化	珠	八	角	有；	五	者	玉	

乌头朱髦；四曰明月化珠八角；五曰玉

14.44.2

[illegible]	[illegible]	[illegible]	[illegible]	[illegible]	[illegible]	[illegible]	[illegible]，	[illegible]
mjịj^{1}	ŋwər^{1}	dzow^{1}	ljaa^{2}	·u^{2}	pa	lji^{2}	to^{2}	ljụ^{2}
女	天	后	口	优	钵	香	生，	身
[illegible]	[illegible]	[illegible]	[illegible]；	[illegible]	[illegible]	[illegible]	[illegible]	
tśja^{1}	thā^{1}	lji^{2}	mee^{1}	tśhjiw^{1}	tja^{1}	·ụ^{2}	dzju^{2}	
栴	檀	香	馥；	六	者	藏	主	

女后口优钵香身栴檀香；六曰主藏

14.44.3

[illegible]	[illegible]；	[illegible]	[illegible]	[illegible]	[illegible]	[illegible]	[illegible]	[illegible]
śjɨ̣j^{2}	bji^{2}	śjạ^{1}	tja^{1}	ljịj^{2}	gja^{1}	dzju^{2}	ljɨ̣^{1}	ljɨɨr^{1}
圣	臣；	七	者	大	兵	主	宝	四
[illegible]	[illegible]	[illegible]	[illegible]	[illegible]。	[illegible]	[illegible]，	[illegible]	[illegible]
mə^{1}	khju^{1}	gja^{1}	zji^{2}	bjuu^{2}	ljịj^{2}	śjɨ̣j^{2}	dźiā^{2}	tsjij^{2}
天	下	军	皆	御。	大	圣，	菩	萨

圣臣；七曰主兵大将军御四域兵。如是，大圣，菩萨

14.44.4

[illegible]	[illegible]	[illegible]	[illegible]	[illegible]	[illegible]	[illegible]	[illegible]，	[illegible]
ljịj^{2}	mjijr^{2}	śjạ^{1}	ljɨ̣^{1}	rjur^{1}	kha^{1}	ku^{1}	śja^{2}	thja^{1}

大	士	七	宝	世	中	则	现，	自
[illegible]	[illegible]	[illegible]	[illegible]	[illegible]	[illegible]	[illegible]	[illegible]。	[illegible]
śjij1	tśja1	ljɨ1	zow2	rjur1	kha1	to2	śja2	śjạ1
然	道	宝	持	世	间	示	现。	七

大士以七宝现于世时，自然道宝现于世间。

14.44.5

[illegible]	[illegible]	[illegible]?	[illegible]	[illegible]	[illegible]	[illegible]	[illegible]	[illegible]，
tja1	thjij2	sjo2	zji2	mjii1	po1	lo1	bjii2	ljɨ1
者	何	谓？	布	施	波	罗	度	宝，
[illegible]	[illegible]①、	[illegible]	[illegible]、	[illegible]	[illegible]、	[illegible]	[illegible]、	[illegible]
kie1	sej1	no2	zeew2	khu1	dźjij1	śjã1	djɨj2	sjij2
戒	净、	稳	忍、	精	进、	禅	定、	智

何谓为七？一曰施度无极②宝，戒、忍、精进、一心③、智

14.44.6

[illegible]、	[illegible]	[illegible]	[illegible]	[illegible]	[illegible]	[illegible]	[illegible]	[illegible]
źjɨr1	tśier1	·ju2	ŋwu2	neew2	ɣjɨr1	po1	lo1	bjii2
慧、	方	便	以	善	权	波	罗	度
[illegible]	[illegible]，	[illegible]	[illegible]	[illegible]	[illegible]	[illegible]	[illegible]	[illegible]
tow	ljɨ1	rjur1	kha1	to2	śja2	ŋowr2	ŋowr2	·jij1
多	宝，	世	中	示	现	一	切	之

慧、善权方便度无极宝，出现于世度济一切。

14.45.1

[illegible]	[illegible]。	[illegible]	[illegible]	[illegible]	[illegible]	[illegible]	[illegible]	[illegible]
gjuu2	la2	dzjọ1	sju2	dźiej2	deej1	śjɨj2	njij2	ljɨɨr1
救	济。	犹	如	轮	转	圣	王	四
[illegible]	[illegible]	[illegible]	[illegible]	[illegible]，	[illegible]	[illegible]	[illegible]	[illegible]

① 这里的“[illegible][illegible]”字面意思为“戒净”，“[illegible]”西夏文中常对译“清”“净”。所谓“戒”，防禁身心之过者。

② 度无极，为梵语波罗蜜多 Pāramitā 之旧译，新译作“到彼岸”。西夏文本中的“[illegible][illegible]”(po1lo1)，显然为 Pāra 之音译。

③ 一心，西夏文本译作“禅定”。

gja^{1}	io̩^{1}	·u^{2}	dźjij^{1}	daa^{2}	sjij^{2}	·ju^{2}	zjịj^{1}	zjịj^{1}
方	域	中	游	行，	人	民	若	干

犹如转轮圣王游四方域，不可计人民

14.45.2

[illegible]	[illegible]	[illegible]	[illegible]	[illegible]	[illegible]；	[illegible]	[illegible]	[illegible]
lə	dju^{1}	zji^{2}	mji^{1}	pjụ^{1}	dza^{2}	dźiã^{2}	tsjij^{2}	thjɨ^{2}
念	有	皆	不	计	量；	菩	萨	如
[illegible]	[illegible]	[illegible]	[illegible]	[illegible]	[illegible]	[illegible]	[illegible]	[illegible]
sju^{2}	ljɨɨr^{1}	sjwɨ^{1}	tsjiir^{1}	ŋwu^{2}	dźiã^{2}	tsjij^{1}	·jij^{1}	gjuu^{2}
是，	四	恩	法	以	众	生	之	救

有若干念；菩萨如是，以四恩法救摄众生，

14.45.3

[illegible]，	[illegible]	[illegible]	[illegible]	[illegible]	[illegible]	[illegible]	[illegible]	[illegible]，
la^{2}	dźiã^{2}	tsjij^{1}	zjịj^{1}	zjịj^{1}	tjij^{2}	dju^{1}	mji^{1}	lə
摄，	众	生	若	干	品	有	不	想，
[illegible]	[illegible]	[illegible]	[illegible]。	[illegible]	[illegible]	[illegible]	[illegible]	[illegible]
mər^{2}	mjij^{1}	tśjɨ^{1}	tsjij^{2}	dzjo̩^{1}	sju^{2}	dźiej^{2}	deej^{1}	śjɨj^{2}
本	无	解	晓。	犹	如	轮	转	圣

不想众生有若干品，解之本无。犹如转轮圣

14.45.4

[illegible]	[illegible]	[illegible]	[illegible]	[illegible]，	[illegible]	[illegible]	[illegible]	[illegible]
njij^{2}	dạ^{2}	sjwɨj^{1}	rjɨr^{2}	dźjij^{1}	tśhja^{2}	lu^{2}	tśhjaa^{1}	dzuu^{2}
王	事	业	所	举，	正	座	于	坐
[illegible]	[illegible]	[illegible]	[illegible]	[illegible]	[illegible]	[illegible]	[illegible]，	[illegible]
tśhja^{2}	bju^{1}	dzjwɨ^{2}	dzjɨj^{2}	ɣwej^{1}	dzeej^{1}	mjijr^{2}	mjij^{1}	sjij^{2}
直	依	决	断	斗	诤	者	无，	庶

王所举事业，坐于正座无斗诤者，无理曲直，

14.45.5

[illegible]	[illegible]	[illegible]	[illegible]	[illegible]	[illegible]	[illegible]；	[illegible]	[illegible]

·ju²	thja¹	bju¹	njij²	dạ²	śjij¹	dźjij¹	dźiã²	tsjij²
民	其	依	王	语	顺	行；	菩	萨
[illegible]	[illegible]	[illegible]	[illegible]	[illegible]	[illegible]	[illegible]	[illegible]，	[illegible]
tsjɨ¹	thjɨ²	sju²	tha¹	tsjiir¹	lu²	tśhjaa¹	dzuu²	ɣwej¹
亦	是	如	佛	法	座	上	坐，	斗

众民自然而顺其命；菩萨如是处佛法座，

14.45.6

[illegible]	[illegible]	[illegible]	[illegible]	[illegible]	[illegible]	[illegible]，	[illegible]	[illegible]
dzeej¹	mjijr²	mjij¹	rjur¹	rjɨr²	ljịj²	ljịj²	ljiij²	njij²
诤	者	无	诸	所	来	来，	魔	王
[illegible]	[illegible]	[illegible]	[illegible]	[illegible]	[illegible]	[illegible]	[illegible]	[illegible]
wjɨ¹	dźjwɨ¹	niow²	njiij¹	kjɨ¹	tśhju¹	thja¹	śjij¹	pha¹
官	属	恶	意	已	有	自	然	异

无斗诤者何所从来，魔诸官属虽抱恶意自然为降。”

14.46.1

[illegible]。”	“[illegible]	[illegible]	[illegible]	[illegible]	[illegible]	[illegible]	[illegible]	[illegible]
wəə¹	dzjọ¹	sju²	thjɨ²	sọ¹	tụ¹	ljịj²	tụ¹	rjur¹
降。”	“犹	如	此	三	千	大	千	世
[illegible]	[illegible]	[illegible]	[illegible]	[illegible]	[illegible]	[illegible]	[illegible]	[illegible]，
kięj²	zji²	djɨr²	nioow¹	ljịj²	śjow¹	tśjị¹	ŋər¹	wjij²
界	最	外，	又	大	铁	围	山	有，

“犹如于此三千大千世界前，第一立铁围、大铁围山、

14.46.2

[illegible]	[illegible]	[illegible]	[illegible]	[illegible]	[illegible]	[illegible]	[illegible]	[illegible]
thjɨ²	sju²	tśjɨɨ¹	bju¹	gjɨ²	ka¹	sju²	mji¹	ŋər¹
是	如	序	依	中	心	须	弥	山
[illegible]	[illegible]；	[illegible]	[illegible]，	[illegible]	[illegible]	[illegible]	[illegible]	[illegible]
njij²	wjij²	ljij²	śjɨj²	ɣiew¹	mjijr²	dźiã²	tsjij²	thjɨ²
王	有；	大	圣，	学	者	菩	萨	如

须弥山王;如是①,大圣,学者菩萨如

14.46.3

[illegible],	[illegible]	[illegible]	[illegible]	[illegible]	[illegible]	[illegible],	[illegible]	[illegible]	[illegible]
sju^{2}	śji^{1}	ɣu^{1}	ljịj^{2}	·ụ^{2}	gu^{1}	śjwo^{1}	tśjɨɨ^{1}	ljịj^{2}	njij^{2}
是,	先	始	大	乘	建	立,	次	大	哀
[illegible],	[illegible]	[illegible]	[illegible]	[illegible]	[illegible]	[illegible]	[illegible]	[illegible]	[illegible]
śjwo^{1}	tsjiir^{2}	rjar^{1}	wəə^{1}	lhjii^{1}	zji^{2}	po^{1}	lo^{1}	buu^{2}	tśja^{1}
立,	性	志	仁	和	最	波	罗	胜	道

是,先建大乘,次立大哀,志性仁和最住无极。

14.46.4

[illegible]。	[illegible]	[illegible]	[illegible]	[illegible]	[illegible]	[illegible],	[illegible]	[illegible]
dźjiij^{1}	dzjọ^{1}	sju^{2}	be^{2}	ɣu^{1}	to^{2}	zjịj^{1}	thja^{1}	ljịj^{2}
住。	譬	如	日	初	出	时,	其	大
[illegible]	[illegible]	[illegible]	[illegible]	[illegible]	[illegible]、	[illegible]	[illegible]	[illegible]
bji^{1}	swew^{1}	ŋwu^{2}	śji^{1}	śjow^{1}	tśjị^{1}	ljịj^{2}	śjow^{1}	tśjị^{1}
光	明	以	先	铁	围、	大	铁	围

譬如日初出时,其大光明先照铁围、大铁围

14.46.5

[illegible]、	[illegible]	[illegible]	[illegible]	[illegible]	[illegible]	[illegible],	[illegible]	[illegible]
ŋər^{1}	sju^{2}	mji^{1}	ŋər^{1}	njij^{2}	tśhjaa^{1}	swew^{1}	tśhjɨ^{1}	mja^{1}
山、	须	弥	山	王	上	照,	是	乃
[illegible]	[illegible]	[illegible]	[illegible];	[illegible]	[illegible]	[illegible]	[illegible]	[illegible],
nioow^{1}	dzjij^{2}	tśhjaa^{1}	swew^{1}	dźiã^{2}	tsjij^{2}	tsjɨ^{1}	thjɨ^{2}	sju^{2}
又	余	上	照;	菩	萨	亦	是	如,

山、须弥山王,乃照其余;菩萨如是,

14.46.6

[illegible]	[illegible]	[illegible]	[illegible]	[illegible]	[illegible]	[illegible]	[illegible],	[illegible]

① 如是,西夏文本无。

źjɨr1	bji1	swew1	to2	sọ1	kiẹj2	zji2	swew1	njiij1
慧	明	曜	演	三	界	普	照，	心
[illegible]	[illegible]	[illegible]	[illegible]	[illegible]	[illegible]	[illegible]	[illegible]	[illegible]
phji1	wəə1	lhjii1	ljịj2	·ụ2	bji1	swew1	śji1	dźiã2
意	仁	和	大	乘	光	明	先	菩

演慧日明普曜三界，以仁和心先照众生①，大乘光明

14.47.1

[illegible]	[illegible]	[illegible]	[illegible]	[illegible]	[illegible]	[illegible]	[illegible]	[illegible]
tsjij2	tśhjaa1	swew1	sọ1	niow2	do1	na1	go	zji2
萨	上	照	三	恶	毒	冥	去	皆
[illegible]	[illegible]	[illegible]	[illegible]。”	“[illegible]	[illegible]	[illegible]	[illegible]，	[illegible]
mee2	mjijr2	rjir1	phji1	rjur1	pjụ1	dzjọ1	sju2	lhjịj
神	通	得	令。”	“世	尊	犹	如，	国

去三毒之冥皆得神通。”“犹如，世尊，

14.47.2

[illegible]	[illegible]	[illegible]	[illegible]	[illegible]	[illegible]	[illegible]	[illegible]	[illegible]
iọ1	nji1	wjụ2	rjur1	phu2	ŋowr2	ŋowr2	zji2	ljɨ̣2
郡	县	邑	诸	树	一	切	皆	地
[illegible]，	[illegible]	[illegible]	[illegible]	[illegible]	[illegible]	[illegible]	[illegible]	[illegible]
bju1	to2	sji1	śjị2	mə1	njijr2	zji2	ljɨ̣2	ɣa2
依，	生	木	草	诸	种	皆	地	于

一切诸树郡国县邑乐依于地，一切所生百谷草木皆悉仰地，

14.47.3

[illegible]	[illegible]，	[illegible]	[illegible]	[illegible]	[illegible]	[illegible]	[illegible]	[illegible]
bju1	gjị2	ku1	wjɨ2	to2	khjɨ2	war2	zji2	·jij1
依	仰，	则	所	生	万	物	皆	自
[illegible]	[illegible]；	[illegible]	[illegible]	[illegible]	[illegible]	[illegible]，	[illegible]	[illegible]

① 众生，西夏文本以“[illegible][illegible]”（菩萨）对译。

dzju² rjir¹ dźiã² tsjij² tsjɨ¹ thjɨ² sju² tśhja² mər²
在 得; 菩 萨 亦 是 如, 德 本
所生万物而得自在;菩萨如是,一切德本

14.47.4

[illegible] [illegible] [illegible] [illegible] [illegible] [illegible], [illegible] [illegible] [illegible]
ŋowr² ŋowr² zji² tśja¹ njiij¹ bju¹ śjɨj² źjɨr¹ dzja¹
一 切 悉 道 心 因, 圣 慧 长
[illegible] [illegible] [illegible] [illegible] [illegible]。”
ljij¹ tśhja² dwewr² śjɨj¹ ljɨ¹
育 正 觉 成 也。”
悉因道心,长育圣慧而成正觉也。”

汉文本

“犹如,世尊,旷野飞鸟游广泽地,不见空野有所增损;一切菩萨精进所行如是,不见佛道有所增损,一切菩萨入道品法。”

“犹如,世尊,其彼雪山雨雪生长树木,不为诸风所见灾害;菩萨如是随时应行,生慧光明照于一切,不于众生有所计数,所游居处无所忘失也。”

“犹如,世尊,转轮圣王生种姓家,七宝则现。何谓为七?一曰紫金轮有千辐;二曰白象有六牙;三曰绀色神马,乌头朱髦;四曰明月化珠八角;五曰玉女后口优钵香,身栴檀香;六曰主藏圣臣;七曰主兵大将军御四域兵。如是,大圣,菩萨大士以七宝现于世时,自然道宝现于世间。何谓为七?一曰施度无极宝,戒、忍、精进、一心、智慧、善权方便度无极宝,出现于世度济一切。犹如转轮圣王游四方域,不可计人民有若干念;菩萨如是,以四恩法救摄众生,不想众生有若干品,解之本无。犹如转轮圣王所举事业,坐于正座无斗诤者,无理曲直,众民自然而顺其命;菩萨如是处佛法座,无斗诤者何所从来,魔诸官属虽抱恶意自然为降。”

“犹如于此三千大千世界前,第一立铁围、大铁围山、须弥山王;如是,大圣,学者菩萨如是,先建大乘,次立大哀,志性仁和最住无极。譬如日初出时,其大光明先照铁围、大铁围山、须弥山王,乃照其余;菩萨如是,演慧日明普曜三界,以仁和心先照众生,大乘光明去三毒之冥皆得神通。”

“犹如,世尊,一切诸树郡国县邑乐依于地,一切所生百谷草木皆悉仰地,所生万物而得自在;菩萨如是,一切德本悉因道心,长育圣慧而成正觉也。”

14.47.5

[illegible] [illegible], [illegible] [illegible] [illegible] [illegible] [illegible] [illegible] [illegible]

tśhjɨ1	zjọ2	rjur1	pjụ1	mee2	njij2	dźiã2	tsjij2	·jij1
尔	时，	世	尊	贤	王	菩	萨	之
[illegible]	[illegible]：	“[illegible]	[illegible]！	[illegible]	[illegible]！	[illegible]	[illegible]	[illegible]，
·jow2	dạ2	tjij2	rjijr2	tjij2	rjijr2	neew2	goor1	gji2
赞	曰：	“善	哉！	善	哉！	善	男	子，

尔时，世尊赞贤王菩萨曰：“善哉！善哉！仁族姓子，

14.47.6

[illegible]	[illegible]	[illegible]	[illegible]	[illegible]	[illegible]	[illegible]	[illegible]	[illegible]！
dzjọ1	ŋwu2	tśhja2	·ioow1	sjwɨj1	nẹ1	tshjiij1	njwi2	nja2
譬	以	德	功	业	解	说	能	△！
[illegible]	[illegible]	[illegible]	[illegible]	[illegible]	[illegible]	[illegible]	[illegible]	[illegible]
nioow1	neew2	goor1	gji2	dźiã2	tśhju1	kiej2	nioow1	tsjiir1
又	善	男	子，	众	生	界	及	法

解引其譬，说功勋业，快乃如是①！又族姓子，如众生界及与法

14.48.1

[illegible]	[illegible]，	[illegible]	[illegible]	[illegible]	[illegible]	[illegible]	[illegible]	[illegible]
kiej2	sju2	zji2	·jiij1	rjir1	mjijr2	dźiã2	tsjij2	śjɨj2
界	如，	总	持	得	者	菩	萨	圣
[illegible]，	[illegible]	[illegible]	[illegible]	[illegible]，	[illegible]	[illegible]	[illegible]	[illegible]
źjɨr1	tsjɨ1	thjɨ2	wjɨ2	sju2	khjɨ2	war2	ŋowr2	ŋowr2
慧，	亦	是	△	如，	万	物	一	切

界，逮得总持菩萨圣慧，亦复如是，一切万物

14.48.2

[illegible]	[illegible]	[illegible]	[illegible]，	[illegible]	[illegible]	[illegible]	[illegible]	[illegible]
zji2	mji1	·ju2	ŋwu2	dzjọ1	ŋwu2	·jij1	tshjiij1	wji1
皆	无	常	是，	喻	以	相	说	为
[illegible]	[illegible]	[illegible]；	[illegible]	[illegible]	[illegible]	[illegible]，	[illegible]	[illegible]

① 西夏文本无。

wji^{1}	zji^{2}	tjɨ^{2}	dạ^{2}	tshji^{1}	rjijr^{2}	lhjwi^{1}	dwər^{1}	khie^{1}
作	皆	能；	言	要	向	取，	厌	恶

皆归无常，引喻说相皆能堪任；取要言之，未曾患厌，

14.48.3

[illegible]，	[illegible]	[illegible]	[illegible]，	[illegible]	[illegible]	[illegible]	[illegible]	[illegible]
mjij^{1}	tsjɨ^{1}	thjɨ^{2}	sju^{2}	thja^{1}	rjɨr^{2}	tshjiij^{1}	tshjiij^{1}	to^{2}
无，	亦	是	如，	其	所	说	说	皆
[illegible]	[illegible]	[illegible]。	[illegible]	[illegible]	[illegible]	[illegible]？	[illegible]	[illegible]
zji^{2}	nẹ^{1}	njwi^{2}	thjɨ^{2}	tja^{1}	thjij^{2}	sjo^{2}	zji^{2}	ŋwuu^{1}
尽	演	能。	此	者	何	谓？	皆	言

亦复如是，悉能敷演其所说者。所以者何？皆

14.48.4

[illegible]	[illegible]，	[illegible]	[illegible]	[illegible]	[illegible]。	[illegible]	[illegible]	[illegible]
dạ^{2}	mjij^{1}	tshjiij^{1}	lew^{2}	tsjɨ^{1}	mjij^{1}	tjɨ^{1}	tjij^{1}	dźiã^{2}
辞	无，	说	所	亦	无。	假	若	菩
[illegible]	[illegible]	[illegible]	[illegible]	[illegible]，	[illegible]	[illegible]	[illegible]	[illegible]
tsjij^{2}	zji^{2}	·jiij^{1}	mjij^{1}	rjir^{1}	ku^{1}	ŋwuu^{1}	dạ^{2}	rjɨr^{2}
萨	总	持	未	得，	则	言	说	所

无口辞，亦无所说。若有菩萨未得总持，无有言教

14.48.5

[illegible]	[illegible]	[illegible]	[illegible]	[illegible]。	[illegible]	[illegible]	[illegible]	[illegible]
wji^{1}	·jiw^{1}	nioow^{1}	zji^{2}	mjij^{1}	nioow^{1}	thja^{1}	dźiã^{2}	tsjij^{2}
造	因	缘	皆	无。	又	其	菩	萨
[illegible]	[illegible]	[illegible]	[illegible]，	[illegible]	[illegible]	[illegible]	[illegible]。	[illegible]
ɣiẹ^{2}	lụ^{2}	mji^{1}	dju^{1}	nwə	ŋwo^{2}	mji^{1}	śjwo^{1}	dzjij^{2}
罣	碍	不	有，	辩	才	不	兴。	余

所造因缘。又其菩萨无有罣碍，不兴辩才。其余

14.48.6

[illegible]	[illegible]	[illegible]	[illegible]	[illegible]	[illegible]	[illegible]，	[illegible]	[illegible]

rjur¹	ɣię²	mji¹	thjɨ²	nwə	ŋwo²	mjij¹	bioo¹	mər²
诸	声	闻	此	辩	才	无，	观	本
[illegible]	[illegible]	[illegible]	[illegible]	[illegible]	[illegible]	[illegible]。	[illegible]	[illegible]
mji¹	sjwɨ¹	ku¹	tśhjwo¹	tsjiir¹	tshjiij¹	wji¹	thjɨ²	tja¹
不	思	则	故	法	说	为。	此	者

声闻无此辩才，不思观本乃为说法。所以者

14.49.1

[illegible]	[illegible]?	[illegible]	[illegible]	[illegible]	[illegible]	[illegible]	[illegible]	[illegible]
thjij²	sjo²	thjɨ²	dźiã²	tsjij²	·ji¹	ɣię²	mjij¹	nwə
何	谓？	此	菩	萨	众	碍	无	辩
[illegible]，	[illegible]	[illegible]	[illegible]	[illegible]，	[illegible]	[illegible]	[illegible]	[illegible]，
rjir²	tshjiij¹	sji¹	mjɨ¹	mjij¹	ŋur¹	lə¹	mji¹	dju¹
得，	言	尽	可	不，	阴	蔽	无	有，

何？此菩萨众得无碍辩，言不可尽，无有阴蔽，

14.49.2

[illegible]	[illegible]	[illegible]	[illegible]，	[illegible]	[illegible]	[illegible]	[illegible]，	[illegible]
mji¹	djɨj²	mji¹	tạ¹	nwə	ŋwo²	phjo²	kar²	rjur¹
无	闲	无	休，	辩	才	分	离，	诸
[illegible]	[illegible]	[illegible]	[illegible]	[illegible]	[illegible]	[illegible]，	[illegible]	[illegible]
tha¹	·ju²	rjir²	lwər²	lhejr²	nę¹	tshjiij¹	mji¹	kjạ¹
佛	前	面	经	法	宣	说，	不	怯

无闲无休，分别辩才，诸佛尊前说经法，不怯

14.49.3

[illegible]	[illegible]。	[illegible]	[illegible]	[illegible]	[illegible]	[illegible]，	[illegible]	[illegible]
mji¹	dźju²	dźiã²	tsjij²	tsjɨ¹	thjɨ²	sju²	thja¹	·a
不	弱。	菩	萨	亦	是	如，	其	△
[illegible]	[illegible]	[illegible]	[illegible]	[illegible]	[illegible]	[illegible]	[illegible]	
gu¹	śjwo¹	zji²	·jiij¹	ɣa¹	rjir²	ku¹	tśhjwo¹	
建	立	总	持	门	逮	则	故	

无弱。菩萨如是,佛所建立逮总持门故有

14.49.4

[illegible]	[illegible]	[illegible]，	[illegible]	[illegible]	[illegible]	[illegible]。	[illegible]	[illegible]
rjɨr^{2}	tshjiij^{1}	tshjiij^{1}	kjạ^{1}	dźju^{2}	mjij^{1}	ljɨ^{1}	dźiã^{2}	tsjij^{2}
乃	所	说，	怯	弱	无	也。	菩	萨
[illegible]	[illegible]，	[illegible]	[illegible]	[illegible]	[illegible]。	[illegible]	[illegible]	[illegible]
thjɨ^{2}	sju^{2}	sọ^{1}	ɣię^{2}	mjij^{1}	rjir^{2}	sọ^{1}	tja^{1}	thjij^{2}
如	是，	三	碍	无	得。	三	者	何

所说,不怀怯劣。菩萨如是,得三无碍。何谓为三?

14.49.5

[illegible]?	[illegible]	[illegible]	[illegible]	[illegible]	[illegible]	[illegible]	[illegible]	[illegible]；
sjo^{2}	lew^{1}	tja^{1}	zji^{2}	·jiij^{1}	ɣię^{2}	lụ^{2}	lew^{2}	mjij^{1}
谓?	一	者	总	持	罣	碍	所	无；
[illegible]	[illegible]	[illegible]	[illegible]	[illegible]	[illegible]	[illegible]	[illegible]；	[illegible]
njɨɨ^{1}	tja^{1}	nwə	ŋwo^{2}	ɣię^{2}	lụ^{2}	lew^{2}	mjij^{1}	sọ^{1}
二	者	辩	才	罣	碍	所	无；	三

一曰总持无所罣碍;二曰辩才无所罣碍,三

14.49.6

[illegible]	[illegible]	[illegible]	[illegible]	[illegible]	[illegible]	[illegible]。	[illegible]	[illegible]
tja^{1}	tśja^{1}	tsjiir^{1}	ɣię^{2}	lụ^{2}	lew^{2}	mjij^{1}	wjɨ^{2}	tjɨ^{1}
者	道	法	罣	碍	所	无。	△	若
[illegible]	[illegible]。	[illegible]	[illegible]	[illegible]	[illegible]	[illegible]，	[illegible]	[illegible]
sọ^{1}	ŋwu^{2}	nioow^{1}	sọ^{1}	mə^{1}	dạ^{2}	dju^{1}	gji^{1}	sej^{1}
三	是。	复	三	种	事	有，	清	净

曰道法无所罣碍。是为三。复有三事,得人清净

14.50.1

[illegible]	[illegible]。”	“[illegible]	[illegible]	[illegible]	[illegible]?	[illegible]	[illegible]	[illegible]
sjwɨj^{1}	·o^{2}	sọ^{1}	tja^{1}	thjij^{2}	sjo^{2}	lew^{1}	tja^{1}	thja^{1}

业	入。”	“三	者	何	谓?	一	者	自
[illegible]	[illegible]	[illegible]，	[illegible]	[illegible]	[illegible]	[illegible]	[illegible]	[illegible]，
śjij^1	gji^1	sej^1	njɨɨ^1	tja^1	mər^2	mjij^1	gji^1	sej^1
然	清	净，	二	者	本	无	清	净，

业。”“何谓为三? 一曰自然清净，二曰本无清净，

14.50.2

[illegible]	[illegible]	[illegible]	[illegible]	[illegible]	[illegible]。	[illegible]	[illegible]	[illegible]
sọ^1	tja^1	mər^2	tśhji^2	gji^1	sej^1	wjɨ^2	tjɨ^1	sọ^1
三	者	本	根	清	净。	△	若	三
[illegible]。	[illegible]	[illegible]	[illegible]	[illegible]	[illegible]，	[illegible]	[illegible]	[illegible]
ŋwu^2	nioow^1	sọ^1	mə^1	dạ^2	dju^1	mji^1	sji^1	·o^2
是。	复	三	种	事	有，	无	尽	入

三曰本际清净。是为三。复有三事，得入无尽矣。

14.50.3

[illegible]。	[illegible]	[illegible]	[illegible]	[illegible]?	[illegible]	[illegible]	[illegible]	[illegible]
njwi^2	sọ^1	tja^1	thjij^2	sjo^2	lew^1	tja^1	lwər^2	lhejr^2
能。	三	者	何	谓?	一	者	经	契
[illegible]	[illegible]	[illegible]	[illegible]，	[illegible]	[illegible]	[illegible]	[illegible]	[illegible]
tsjiir^1	sji^1	tjị^2	mjij^1	njɨɨ^1	tja^1	·jwɨr^2	dji^2	wo^2
法	尽	可	不，	二	者	文	字	义

何谓为三? 一曰经法不可穷尽，二曰文字之义

14.50.4

[illegible]	[illegible]	[illegible]，	[illegible]	[illegible]	[illegible]	[illegible]	[illegible]	[illegible]
sji^1	tjị^2	mjij^1	sọ^1	tja^1	dzju^1	dzjiij^2	dạ^2	sji^1
尽	可	不，	三	者	宣	训	语	尽
[illegible]	[illegible]。	[illegible]	[illegible]	[illegible]	[illegible]。	[illegible]	[illegible]	[illegible]
mjɨ^2	mjij^1	wjɨ^2	tjɨ^1	sọ^1	ŋwu^2	nioow^1	sọ^1	mə^1
可	不。	△	若	三	是。	又	三	种

而不可尽，三曰所宣训诲而不可尽。是为三。又复得入三

14.50.5

[illegible]	[illegible]	[illegible]	[illegible]	[illegible]。	[illegible]	[illegible]	[illegible]	[illegible]?
dźjiij^{1}	tjị^{2}	mjij^{1}	·o^{2}	njwi^{2}	sọ^{1}	tja^{1}	thjij^{2}	sjo^{2}
住	可	无	入	能。	三	者	何	谓?
[illegible]	[illegible]	[illegible]	[illegible]	[illegible]	[illegible]	[illegible],	[illegible]	[illegible]
lew^{1}	tja^{1}	śjɨj^{2}	źjɨr^{1}	dźjiij^{1}	tjị^{2}	mjij^{1}	njɨɨ^{1}	tja^{1}
一	者	圣	慧	住	处	无,	二	者

无住处。何谓为三?一曰圣慧而无住处,二曰

14.50.6

[illegible]	[illegible]	[illegible]	[illegible]	[illegible]	[illegible]	[illegible]	[illegible],	[illegible]
ŋwuu^{1}	dạ^{2}	·jwɨr^{2}	rjijr^{2}	tsjɨ^{1}	dźjiij^{1}	tjị^{2}	mjij^{1}	sọ^{1}
言	辞	文	饰	亦	住	处	无,	三
[illegible]	[illegible]	[illegible]	[illegible]	[illegible]	[illegible]	[illegible]	[illegible]	[illegible]。
tja^{1}	rjɨr^{2}	djọ^{2}	gu^{1}	śjwo^{1}	tsjɨ^{1}	dźjiij^{1}	tjị^{2}	mjij^{1}
者	所	修	建	立	亦	住	处	无。

言辞文饰亦无住处,三曰所修建立亦无住处。

14.51.1

[illegible]	[illegible]	[illegible]	[illegible]。	[illegible]	[illegible]	[illegible]	[illegible]	[illegible]
wjɨ^{2}	tjɨ^{1}	sọ^{1}	ŋwu^{2}	nioow^{1}	sọ^{1}	mə^{1}	·jɨr^{2}	bju^{1}
△	若	三	是。	又	三	种	问	依
[illegible]	[illegible]	[illegible]	[illegible]。	[illegible]	[illegible]	[illegible]	[illegible]?	[illegible]
xja^{1}	kụ^{2}	lhjụ^{2}	rjir^{1}	sọ^{1}	tja^{1}	thjij^{2}	sjo^{2}	lew^{1}
速	答	逮	得。	三	者	何	谓?	一

是为三。又复逮得三卒决对。何谓为三?一

14.51.2

[illegible]	[illegible]	[illegible]	[illegible]	[illegible],	[illegible]	[illegible]	[illegible]	[illegible]
tja^{1}	·jɨr^{2}	bju^{1}	źjɨr^{1}	tshjiij^{1}	njɨɨ^{1}	tja^{1}	xja^{1}	nwə
者	问	应	慧	宣,	二	者	速	辩

[illegible]	[illegible]，	[illegible]	[illegible]	[illegible]	[illegible]	[illegible]	[illegible]。	[illegible]
ŋwo²	śjwo¹	sọ¹	tja¹	dzjɨj¹	bju¹	sjịj²	źjɨr¹	wjɨ²
才	发，	三	者	时	应	智	慧。	△

曰应讯①宣慧，二曰寻发辩才，三曰应时智慧。

14.51.3

[illegible]	[illegible]	[illegible]。	[illegible]	[illegible]	[illegible]	[illegible]	[illegible]	[illegible]
tjɨ¹	sọ¹	ŋwu²	nioow¹	sọ¹	mə¹	dzjɨr¹	·o²	źjɨr¹
若	三	是。	复	三	种	疾	入	慧
[illegible]。	[illegible]	[illegible]	[illegible]	[illegible]？	[illegible]	[illegible]	[illegible]	[illegible]
dju¹	sọ¹	tja¹	thjij²	sjo²	lew¹	tja¹	·jiw²	phja¹
有。	三	者	何	谓？	一	者	疑	决

是为三。复有三疾得归慧。何谓为三？一曰决疑

14.51.4

[illegible]	[illegible]	[illegible]	[illegible]，	[illegible]	[illegible]	[illegible]	[illegible]	[illegible]
sji¹	mji¹	rjir²	phji¹	njɨɨ¹	tja¹	·jiw²	ljɨj¹	phja¹
尽	无	余	令，	二	者	犹	豫	断
[illegible]	[illegible]	[illegible]	[illegible]，	[illegible]	[illegible]	[illegible]	[illegible]	[illegible]
xja¹	dźju¹	sjwij¹	phji¹	sọ¹	tja¹	dźiā²	tśhju¹	ŋowr²
疾	明	显	令，	三	者	众	生	一

令无余结，二曰断犹豫使无沉吟②，三曰可悦一切

14.51.5

[illegible]	[illegible]	[illegible]	[illegible]	[illegible]。	[illegible]	[illegible]	[illegible]	[illegible]。”
ŋowr²	·jij¹	njiij¹	ljɨj²	phji¹	wjɨ²	tjɨ¹	sọ¹	ŋwu²
切	之	心	悦	令。	△	若	三	是。”
[illegible]	[illegible]	[illegible]	[illegible]，	[illegible]	[illegible]	[illegible]	[illegible]	[illegible]
thjɨ²	dạ²	tshjiij¹	zjọ²	·jar¹	tụ¹	dźiā²	tsjij²	zji²
是	语	说	时，	八	千	菩	萨	总

① 讯，西夏文本译作“问”。
② 无沉吟，西夏文本译作“疾显明”。

众生心意。是为三。”说是语时,八千菩萨

14.51.6

[illegible]	[illegible]	[illegible]。
·jiij^{1}	lhjụ^{2}	rjir^{1}
持	逮	得。

逮得总持。

汉文本

尔时,世尊赞贤王菩萨曰:“善哉!善哉!仁族姓子,解引其譬,说功勋业,快乃如是!又族姓子,如众生界及与法界,逮得总持菩萨圣慧,亦复如是,一切万物皆归无常,引喻说相皆能堪任;取要言之,未曾患厌,亦复如是,悉能敷演其所说者。所以者何?皆无口辞,亦无所说。若有菩萨未得总持,无有言教所造因缘。又其菩萨无有罣碍,不兴辩才。其余声闻无此辩才,不思观本乃为说法。所以者何?此菩萨众得无碍辩,言不可尽,无有阴蔽,无闲无休,分别辩才,诸佛尊前说经法,不怯无弱。菩萨如是,佛所建立逮总持门故有所说,不怀怯劣。菩萨如是,得三无碍。何谓为三?一曰、总持无所罣碍,二曰辩才无所罣碍,三曰道法无所罣碍。是为三。复有三事,得入清净业。”

“何谓为三?一曰自然清净,二曰本无清净,三曰本际清净。是为三。复有三事,得入无尽矣。何谓为三?一曰经法不可穷尽,二曰文字之义而不可尽,三曰所宣训诲而不可尽。是为三。又复得入三无住处。何谓为三?一曰圣慧而无住处,二曰言辞文饰亦无住处,三曰所修建立亦无住处。是为三。又复逮得三卒决对。何谓为三?一曰应讯宣慧,二曰寻发辩才,三曰应时智慧。是为三。复有三疾得归慧。何谓为三?一曰决疑令无余结,二曰断犹豫使无沉吟,三曰可悦一切众生心意。是为三。”

说是语时,八千菩萨逮得总持。

14.52.1

[illegible]	[illegible],	[illegible]	[illegible]	[illegible]	[illegible]	[illegible]	[illegible]	[illegible]
tśhjɨ^{1}	zjọ^{2}	dwuu^{2}	rjar^{2}	kię^{1}	dźja^{2}	ɣie^{1}	mjijr^{2}	tha^{1}
于	是,	密	迹	金	刚	力	士	佛
[illegible]	[illegible]	[illegible]:	“[illegible]	[illegible]	[illegible]	[illegible]	[illegible]	[illegible]
·jij^{1}	dạ^{2}	·jɨ^{2}	lew^{1}	tjị^{1}	rjur^{1}	pjụ^{1}	thjoo^{1}	tsjiir^{1}
之	言	白:	“惟	愿	世	尊	妙	法

于是,密迹金刚力士前白佛言:“愿佛世尊建立法典,

14.52.2

[illegible]	[illegible],	[illegible]	[illegible]	[illegible]	[illegible],	[illegible]	[illegible]	[illegible]

gu1	śjwo1	mjor1	ljịj2	gju1	dzjar2	nioow1	rjijr2	zji2
建	立，	如	来	度	灭，	后	向	最
[illegible]	[illegible]	[illegible]	[illegible]	[illegible]	[illegible]	[illegible]	[illegible]	[illegible]
mjiij2	rjur1	niow2	kha1	mə1	khju1	·jã1	xu1	thji1
末	世	恶	间	天	下	阎	浮	提

然后如来灭度之时，最后末世遍布天下阎浮利

14.52.3

[illegible]，	[illegible]	[illegible]	[illegible]	[illegible]	[illegible]	[illegible]	[illegible]	[illegible]。”
·u2	rjur1	rjur1	rjijr2	deej1	rejr2	dzjɨj1	tji1	dzjar2
中，	处	处	愿	存	久	时	不	灭。”
[illegible]	[illegible]，	[illegible]	[illegible]	[illegible]	[illegible]	[illegible]	[illegible]，	[illegible]
tśhjɨ1	zjọ2	rjur1	pjụ1	ljɨɨr1	rjijr2	bioo1	thjuu1	bioo1
尔	时，	世	尊	四	方	观	察，	观

地，使得久存令不灭尽。”尔时，世尊周观四方，观

14.52.4

[illegible]	[illegible]，	[illegible]	[illegible]	[illegible]	[illegible]	[illegible]：
thjuu1	dźjwa1	nioow1	ljaa1	dạ2	rjɨr2	tshjiij1
察	竟，	又	颂	曰	乃	说：

察已竟，时说颂曰：

14.52.5

“[illegible]	[illegible]	[illegible]	[illegible]	[illegible]	[illegible]	[illegible]①	[illegible]
tśhji2	jar2	thja1	śjij1	buu2	tśhji2	mjij1	tśjuu1
“根	降	自	然	胜，	根	寂	害
[illegible]	[illegible]	[illegible]	[illegible]	[illegible]	[illegible]	[illegible]	
lew2	mjij1	mər2	mjij1	phja1	lew2	mjij1	
所	无，	本	无	断	所	无，	

“降根自然胜，寂根无所害，无本断其无，

① [illegible]，原文作“[illegible]”（mjij1 无），与“[illegible]”通假。据汉文本改。

14.52.6

[illegible]	[illegible]	[illegible]	[illegible]	[illegible]	[illegible]	[illegible]	[illegible]
ljiij^2	gja^1	·ji^1	rjur^1	jar^2	bie^2	lhew^2	gji^1
魔	兵	众	降	伏。	解	脱	清
[illegible]	[illegible]	[illegible]	[illegible]	[illegible]	[illegible]	[illegible]	
sej^1	tsjij^2	kja̱^{1}	mjij^1	le^2	lew^2	tsjij^2	
净	解,	恐	无	畏	所	解,	

伏魔兵众党。解脱解清净,无恐解所畏,

14.53.1

[illegible]	[illegible]	[illegible]	[illegible]	[illegible]	[illegible]	[illegible]	[illegible]
·u̱^{2}	ljɨɨ^1	zji^2	phjɨ^1	dźjɨɨr^1	nja̱^{1}	ŋwəə^1	phju^2
负	重	皆	舍	弃,	神	咒	上
[illegible]	[illegible]	[illegible]	[illegible]	[illegible]	[illegible]	[illegible]	
dzjiij^2	djị^2	tśja^1	nioow^1	do^2	ɣie^1	jar^2	
师	医。	道	外	异	学	降,	

舍弃于重檐,医神咒上师。降制外异学,

14.53.2

[illegible]	[illegible]	[illegible]	[illegible]	[illegible]	[illegible]	[illegible]	[illegible]
tsjiir^1	ŋwu^2	zji^2	gjuu^2	la^2	tsjiir^1	dźjịj^1	mjijr^2
法	以	皆	救	摄,	法	行	者
[illegible]	[illegible]	[illegible]	[illegible]	[illegible]	[illegible]	[illegible]	
·jij^1	·wejr^2	nja̱^{1}	ŋwəə^1	tha^1	rjɨr^2	tshjiij^1	
之	护,	神	咒	佛	所	说。	

以法而救摄,护于行法者,神咒佛所说。

14.53.3

[illegible]	[illegible]	[illegible]	[illegible]	[illegible]	[illegible]	[illegible]	[illegible]
ŋa^2	mjij^1	ŋwu^2	ŋa^2	phja^1	thja^1	wo^2	dzjɨj^2
我	无	以	我	除,	其	义	宜

bju^{1}	gju^{1}	thja^{1}	ljɨɨr^{1}	ŋwər^{1}	njij^{2}	·jij^{1}
依	度,	斯	四	天	王	之

无我以除我,其义宜以度,斯于四天王,

14.53.4

lji̠^{2}	mjij^{1}	gjwi^{2}	ne̠^{1}	tshjiij^{1}	gjwi^{2}	dzwə^{1}	·jɨr^{2}
泽	无	句	演	说。	句	章	勇
·jiij^{1}	·ioow^{1}	sej^{1}	nioow^{1}	sej^{1}	tśhja^{2}	ka^{1}	
持	勋,	净	复	净	正	等,	

说无泽之句。勇持章句勋,净复净正等,

14.53.5

xiwã^{1}	mə^{1}	śjɨ^{2}	ŋwər^{1}	dzjwɨ^{1}	thjɨ^{2}	sju^{2}	thjɨ^{2}
梵	天	释	天	帝,	是	如	此
·u̠^{2}	wji^{1}	njij^{2}	mə^{1}	thja^{1}	zji^{2}	zeew^{2}	
乘	作。	慈	氏	彼	通	忍,	

梵天释天帝,作是如此乘。慈氏彼通忍,

14.53.6

wjuu^{1}	bioo^{1}	ŋwu^{2}	thjuu^{1}	kie^{1}	dzu^{1}	dzjwi̠^{1}	xiwã^{1}
哀	观	以	察	观,	爱	敬	梵
mə^{1}	ljij^{2}	thjɨ^{2}	tja^{1}	tsju̠^{1}	lew^{2}	mjij^{1}	
天	睹,	此	者	犯	所	无。	

以观哀所察,爱敬睹梵天,此者无所犯。

14.54.1

gjij²	njijr¹	gjij²	ŋa¹	ka²	tśhji²	tsjiir¹	mjij¹
旷	野	旷	空	离,	根	法	无
sej¹	·jɨ²	ljiij²	nioow¹	wjɨ̣¹	dźjwɨ¹	jar²	
净	曰,	魔	又	官	属	降,	

旷野离空旷,无根法曰净,降伏魔官属,

14.54.2

tśhjwo¹	thjɨ²	nja̱¹	ŋwəə¹	tshjiij¹	thjɨ²	lwər²	lhejr²
故	此	神	咒	说。	是	经	契
wo²	da̱²	dzjwo²	kha¹	pju̱¹	gu¹	śjwo¹	
义	辞,	人	中	尊	建	立,	

故说此神咒。人中尊建立,是经善义辞,①

14.54.3

tśhjɨ¹	bjij²	rjur¹	rjur¹	deej¹	gju²	bju¹	lhjij²
尔	时	处	处	传,	器	随	受
njwi²	ku¹	thjɨ²	nioow¹	thjɨ²	ŋwəə¹	tshjiij¹	
能	故。	此	因	此	咒	说,	

尔时普流布,随器能受者。以说此咒术,

14.54.4

thja¹	ljɨ̣²	ljɨ̣j²	saar¹	mju²	rjur¹	ljiij²	to²

① 人中尊建立,是经善义辞,西夏文本译作"是经善义辞,人中尊建立",翻译时颠倒顺序。

其	地	大	动	摇，	诸	魔	皆
□	□	□	□	□	□	□	
zji²	ljịj²	·jij¹	twụ¹	thjɨ²	dạ²	·jɨ²	
悉	来，	自	各	是	宣	言。	

其地则大动，诸魔皆悉来，各口宣是言。

14.54.5

□	□	□	□	□	□	□	□
·jij¹	ɣu¹	sju²	·wejr²	ku¹	tśhjwo¹	tsjiir¹	dzjiij²
自	首	如	护	故，	故	法	师
□	□	□	□	□	□	□	
mjiij²	rjir¹	tjij¹	thjɨ²	lwər²	lhejr²	lhjwi¹	
名	得，	若	此	经	典	得，	

用言护头首，是曰为法师，若手得斯经，

14.54.6

□	□	□	□	□。”
tha¹	rjɨr²	tshjiij¹	zji²	lhjụ²
佛	所	说	皆	逮。”

归逮佛所说。”

汉文本

于是密迹金刚力士前白佛言：“愿佛世尊建立法典，然后如来灭度之时，最后末世遍布天下阎浮利地，使得久存令不灭尽。”

尔时，世尊周观四方，观察已竟，时说颂曰：

“降根自然胜，寂根无所害，
无本断其无，伏魔兵众党。
解脱解清净，无恐解所畏，
舍弃于重檐，医神咒上师。
降制外异学，以法而救摄，
护于行法者，神咒佛所说。
无我以除我，其义宜以度，
斯于四天王，说无泽之句。

勇持章句勋,净复净正等,
梵天释天帝,作是如此乘。
慈氏彼通忍,以观哀所察,
爱敬睹梵天,此者无所犯。
旷野离空旷,无根法曰净,
降伏魔官属,故说此神咒。
人中尊建立,是经善义辞,
尔时普流布,随器能受者。
以说此咒术,其地则大动,
诸魔皆悉来,各口宣是言。
用言护头首,是曰为法师,
若手得斯经,归逮佛所说。”

14.55.1

[illegible]	[illegible],	[illegible]	[illegible]	[illegible]	[illegible]	[illegible]	[illegible]	[illegible]
tśhjɨ^1	zjọ^2	tha^1	dwuu^2	rjar^2	kię^1	dźja^2	ɣie^1	mjijr^2
尔	时,	佛	密	迹	金	刚	力	士
[illegible]	[illegible]:	“[illegible]	[illegible]	[illegible]	[illegible]	[illegible]	[illegible]	[illegible],
·jij^1	·jɨ^2	thjɨ^2	lwər^2	lhejr^2	gu^1	śjwo^1	dja^2	dźjwa^1
之	说:	“是	经	典	建	立	已	竟,

尔时,佛告密迹金刚力士:“以建立竟是经典要,

14.55.2

[illegible]	[illegible]	[illegible]	[illegible]	[illegible]	[illegible]	[illegible]	[illegible]	[illegible]
thjɨ^2	wjɨ^2	thja^1	ŋewr^1	mjɨ^1	njwi^2	mjijr^2	·jij^1	gu^1
此	刻	是	乱	无	能	者	之	建
[illegible]	[illegible],	[illegible]	[illegible]	[illegible]	[illegible]?	[illegible]	[illegible]	[illegible]
śjwo^1	lew^2	thjɨ^2	tja^1	thjij^2	sjo^2	ŋa^2	lə	pjɨ^1
立	所,	此	者	何	谓?	我	念	过

今建立是无能乱者,所以者何?佛忆识念过

14.55.3

[illegible]	[illegible],	[illegible]	[illegible]	[illegible]	[illegible]	[illegible],	[illegible]	[illegible]
njwo^2	tha^1	gjɨ^2	rjur^1	kha^1	to^2	śja^2	mjiij^2	tja^1

去	佛，	有	世	中	兴	现，	名	者
[illegible]	[illegible]，	[illegible]	[illegible]、	[illegible]	[illegible]	[illegible]	[illegible]	[illegible]、
ljɨ̣^{1}	lhjịj^{2}	mjor^{1}	ljịj^{2}	bju^{1}	wo^{2}	tśhja^{2}	njɨ^{2}	nwə^{1}
宝	月，	如	来、	应	供、	正	遍	知、

去世时，有佛名宝月，兴出于世，如来、至真、等正觉①、

14.55.4

[illegible]	[illegible]	[illegible]	[illegible]、	[illegible]	[illegible]、	[illegible]	[illegible]	[illegible]、
swew^{1}	dźjɨ	io̱^{1}	sə^{1}	neew^{2}	bjiij^{2}	rjur^{1}	kha^{1}	tsjij^{2}
明	行	圆	满、	善	逝、	世	间	解、
[illegible]	[illegible]	[illegible]	[illegible]	[illegible]、	[illegible]	[illegible]	[illegible]、	[illegible]
goor^{1}	kiej^{2}	·jij^{1}	rjur^{1}	jar^{2}	zji^{2}	phju^{2}	mjijr^{2}	ŋwə^{1}
丈	夫	之	调	伏、	最	上	士、	天

明行成、为善逝、世间解、无上士、道法御②、天

14.55.5

[illegible]	[illegible]，	[illegible]	[illegible]	[illegible]，	[illegible]	[illegible]	[illegible]	[illegible]
dzjwo^{2}	dzjiij^{2}	tha^{1}	rjur^{1}	pjụ^{1}	rjur^{1}	kha^{1}	mjiij^{2}	tja^{1}
人	师，	佛	世	尊，	世	中	名	者
[illegible]	[illegible]。	[illegible]	[illegible]	[illegible]	[illegible]，	[illegible]	[illegible]	[illegible]
de^{2}	mjij^{1}	thja^{1}	tha^{1}	dźjiij^{1}	zjo̱^{2}	njɨɨ^{1}	phji^{1}	khjiw^{2}
悦	无。	其	佛	住	时，	二	比	丘

人师，号佛世尊，世界曰无悦。其佛世时，有二比丘

14.55.6

[illegible]	[illegible]	[illegible]	[illegible]	[illegible]	[illegible]：	[illegible]	[illegible]	[illegible]
dźjij^{2}	zjɨ^{1}	njɨɨ^{1}	tsjiir^{1}	dzjiij^{2}	ŋwu^{2}	lew^{1}	mjiij^{2}	sjij^{2}
有	俱	二	法	师	是：	一	名	智
[illegible]，	[illegible]	[illegible]	[illegible]	[illegible]	[illegible]。	[illegible]	[illegible]	[illegible]
mjij^{1}	njɨɨ^{1}	mjiij^{2}	njiij^{1}	tjị^{1}	·jiij^{1}	pjụ^{1}	mee^{2}	wjɨ̣^{1}

① 至真、等正觉，西夏文本译作“[illegible]”和“[illegible]”，即“应供、正遍知”。

② 道法御，西夏文本译作“调御丈夫”。

寂，	二	名	心	归	持。	威	神	变

而为法师：一名智寂，二名持至诚①。威神变

14.56.1

[illegible]	[illegible]	[illegible]	[illegible]	[illegible]，	[illegible]	[illegible]	[illegible]	[illegible]，
djii^{2}	tśhja^{2}	so^{2}	zji^{2}	buu^{2}	pjụ^{1}	bjij^{2}	ljwụ^{1}	ljwụ^{1}
化	德	高	无	极，	尊	大	巍	巍，
[illegible]	[illegible]	[illegible]	[illegible]	[illegible]	[illegible]	[illegible]	[illegible]	[illegible]
thja^{1}	mjor^{1}	ljịj^{2}	do^{2}	gjwi^{2}	dzwə^{1}	ŋwəə^{1}	lhjịj^{2}	njiij^{1}
彼	如	来	于	句	章	咒	受	心

化高德无极，大尊巍巍，受彼如来是章句咒

14.56.2

[illegible]	[illegible]	[illegible]。	[illegible]	[illegible]	[illegible]	[illegible]	[illegible]	[illegible]
tjị^{1}	ɣiwej^{1}	·jiij^{1}	mjor^{1}	ljịj^{2}	gju^{1}	dzjar^{2}	nioow^{1}	rjijr^{2}
归	奉	持。	如	来	度	灭	后	方
[illegible]	[illegible]	[illegible]	[illegible]	[illegible]，	[illegible]	[illegible]	[illegible]	[illegible]
khwə^{1}	kja^{2}	tśjɨj^{1}	tsjiir^{1}	·jiij^{1}	thja^{1}	sọ^{1}	tụ^{1}	ljịj^{2}
半	劫	正	法	持，	其	三	千	大

而奉持之。如来灭度之后半劫持法，其彼三千大

14.56.3

[illegible]	[illegible]	[illegible]	[illegible]	[illegible]	[illegible]	[illegible]	[illegible]	[illegible]
tụ^{1}	rjur^{1}	kięj^{2}	·u^{2}	·jir^{2}	tụ^{1}	rjir^{2}	ljiij^{2}	·jij^{1}
千	世	界	中	百	千	亿	魔	之
[illegible]	[illegible]	[illegible]	[illegible]，	[illegible]	[illegible]	[illegible]	[illegible]	[illegible]
to^{2}	zji^{2}	dzju^{1}	dzjiij^{2}	zji^{2}	phju^{2}	tśhja^{2}	ɣiej^{1}	tśja^{1}
皆	尽	开	化，	最	上	正	真	道

千世界百千亿魔，皆见开化，承无上正真之道。

---

① 持至诚，西夏文本译作“持归心”。下同。

14.56.4

[illegible]	[illegible]	[illegible]。	[illegible]	[illegible]，	[illegible]	[illegible]	[illegible]	[illegible]
njiij^{1}	śjwo^{1}	phji^{1}	dwuu^{2}	rjar^{2}	nwə^{1}	lew^{2}	thja^{1}	zjọ^{2}
心	承	令。	密	迹，	知	所	尔	时
[illegible]	[illegible]	[illegible]	[illegible]	[illegible]	[illegible]，	[illegible]	[illegible]	[illegible]？
njɨɨ^{1}	phji^{1}	khjiw^{2}	tsjiir^{1}	dzjiij^{2}	tja^{1}	dzjij^{2}	dzjwo^{2}	tśhjaa^{1}
二	比	丘	法	师	者，	异	人	乎？

密迹，欲知尔时二比丘为法师者，岂异人乎？

14.56.5

[illegible]	[illegible]	[illegible]！	[illegible]	[illegible]	[illegible]	[illegible]？	[illegible]	[illegible]
tji^{1}	dze^{2}	nja^{2}	thjɨ^{2}	tja^{1}	thjij^{2}	sjo^{2}	thja^{1}	tsjiir^{1}
莫	造	乎！	此	者	何	谓？	其	法
[illegible]	[illegible]	[illegible]	[illegible]，	[illegible]	[illegible]	[illegible]	[illegible]；	[illegible]
mjij^{1}	tsjiir^{1}	dzjiij^{2}	tja^{1}	ku^{1}	ŋa^{2}	ljụ^{2}	ŋwu^{2}	njiij^{1}
寂	法	师	者，	则	我	身	是；	心

莫造斯观！所以者何？其法寂者，则我身是也；

14.56.6

[illegible]	[illegible]	[illegible]	[illegible]	[illegible]，	[illegible]	[illegible]	[illegible]	[illegible]
tjị^{1}	·jiij^{1}	tsjiir^{1}	dzjiij^{2}	tja^{1}	thja^{1}	dwuu^{2}	rjar^{2}	kiẹ^{1}
归	持	法	师	者，	彼	密	迹	金
[illegible]	[illegible]	[illegible]。	[illegible]	[illegible]	[illegible]	[illegible]	[illegible]	[illegible]
dźja^{2}	ɣie^{1}	mjijr^{2}	thjɨ^{2}	rjur^{1}	gjwi^{2}	dzwə^{1}	thjɨ^{2}	lwər^{2}
刚	力	士。	此	诸	句	章	是	经

持至诚法师比丘①者，则密迹金刚力士是也。此诸章句令是经

14.57.1

[illegible]	[illegible]	[illegible]	[illegible]	[illegible]	[illegible]	[illegible]	[illegible]	[illegible]
lhejr^{2}	tsjiir^{1}	·jij^{1}	rejr^{2}	mjii^{2}	ɣie^{2}	wji^{1}	tśhja^{2}	tsjiir^{1}

① 比丘，西夏文本无。

典	法	之	多	饶	益	为	正	法
[illegible]	[illegible]	[illegible]。”	[illegible]	[illegible]，	[illegible]	[illegible]	[illegible]	[illegible]
·wejr2	śjɨj1	ljɨ1	tśhjɨ1	zjọ2	rjur1	pjụ1	ljɨɨr1	njijr2
护	成	也。”	彼	时，	世	尊	四	面

法，多所饶益成护正法。”彼时，世尊观于四面

14.57.2

[illegible]	[illegible]	[illegible]	[illegible]	[illegible]	[illegible]	[illegible]，	[illegible]	[illegible]
·ji1	ljwu2	ŋowr2	ŋowr2	·jij1	bioo1	thjuu1	thjɨ2	sju2
众	会	一	切	之	观	察，	是	如
[illegible]	[illegible]：	“[illegible]	[illegible]	[illegible]	[illegible]，	[illegible]	[illegible]，	[illegible]
dạ2	·jɨ2	nji2	nji2	tśhja2	mjijr2	mjor1	ljịj2	ŋewr2
宣	言：	“汝	等	正	士，	如	来，	数

一切众会，而口宣言：“汝等正士，为能堪任①，于斯如来，

14.57.3

[illegible]	[illegible]	[illegible]	[illegible]	[illegible]	[illegible]	[illegible]，	[illegible]	[illegible]
mjij1	rjir2	·jir2	tụ1	mjijr2	kja2	kha1	tśhja2	·ioow1
无	亿	百	千	垓	劫	中，	德	功
[illegible]	[illegible]	[illegible]	[illegible]	[illegible]	[illegible]	[illegible]	[illegible]	[illegible]，
duu1	dzjị2	zji2	·jiij1	zji2	phju2	tśhja2	ɣiej1	tśja1
积	累	总	持	最	上	正	真	道，

从无数劫亿百千垓，积功累德总持无上正真之道，

14.57.4

[illegible]	[illegible]	[illegible]	[illegible]	[illegible]	[illegible]	[illegible]	[illegible]！	[illegible]
khjuu2	·wejr2	·jiij1	nioow1	ɣiẹ2	lụ2	lew2	mjij1	thja1
拥	护	持	故	阻	碍	所	无！	是
[illegible]	[illegible]	[illegible]	[illegible]	[illegible]	[illegible]	[illegible]	[illegible]	[illegible]，
ɣa2	śjwo1	thjɨ2	wjɨ2	ɣiej1	gjịj1	ɣie2	mji1	sji1

① 为能堪任，西夏文本无。

从	行	此	刻	真	利	益	不	尽,

以持拥护无所罣碍！从是以来至今蒙济，

14.57.5

[illegible]	[illegible]	[illegible]	[illegible]	[illegible]	[illegible]	[illegible]	[illegible]	[illegible]
·wjɨ^{2}	rar^{2}	mjij^{1}	ljij^{2}	mjor^{1}	dźjiij^{1}	rjur^{1}	tha^{1}	zji^{2}
△	去	未	来	实	住	诸	佛	皆
[illegible]	[illegible]	[illegible]	[illegible]	[illegible]	[illegible]	[illegible]	[illegible]	[illegible]
thja^{1}	ɣa^{2}	to^{2}	nji^{2}	njɨ^{2}	zji^{2}	ɣiwej^{1}	·jiij^{1}	nji^{2}
其	于	生	汝	等	总	受	持	△

去来今佛之所由生。”

汉文本

尔时，佛告密迹金刚力士："以建立竟是经典要，今建立是无能乱者，所以者何？佛忆识念过去世时，有佛名宝月，兴出于世，如来、至真、等正觉、明行成、为善逝、世间解、无上士、道法御、天人师，号佛世尊，世界曰无悦。其佛世时，有二比丘而为法师：一名智寂，二名持至诚。威神变化高德无极，大尊巍巍，受彼如来是章句咒而奉持之。如来灭度之后半劫持法，其彼三千大千世界百千亿魔，皆见开化，承无上正真之道。密迹，欲知尔时二比丘为法师者，岂异人乎？莫造斯观！所以者何？其法寂者，则我身是也；持至诚法师比丘者，则密迹金刚力士是也。此诸章句令是经法，多所饶益成护正法。"

彼时，世尊观于四面一切众会，而口宣言："汝等正士，为能堪任，于斯如来，从无数劫亿百千垓，积功累德总持无上正真之道，以持拥护无所罣碍！从是以来至今蒙济，去来今佛之所由生。"

14.57.6

[illegible]。”	[illegible]	[illegible]	[illegible]	[illegible]	[illegible]	[illegible]	[illegible]，	[illegible]
·ji^{2}	tśhjɨ^{1}	zjọ^{2}	dźiā^{2}	tsjij^{2}	·ji^{1}	ljwu^{2}	kha^{1}	sọ^{1}
谓。”	于	是	菩	萨	众	会	中，	三
[illegible]	[illegible]	[illegible]	[illegible]	[illegible]	[illegible]	[illegible]	[illegible]	[illegible]
khjɨ^{2}	njɨɨ^{1}	tụ^{1}	dźiā^{2}	tsjij^{2}	dzuu^{2}	tjị^{2}	·a	wor^{1}
万	二	千	菩	萨	坐	可	△	起

于是菩萨众会之中，三万二千菩萨即从坐起

14.58.1

[illegible] [illegible] [illegible] [illegible]，[illegible] [illegible] [illegible] [illegible] [illegible] [illegible] [illegible] [illegible]：

pja̹¹ phjoo² wjɨ² ·jar¹ tha¹ ·jij¹ tśja¹ tshwew¹ ljaa¹ da̹² rjɨr² tshjiij¹

掌 合 △ 座, 佛 之 礼 敬 偈 言 乃 说:

叉手而住,稽首礼佛,说是偈言:

14.58.2

“[illegible] [illegible] [illegible] [illegible] [illegible], [illegible] [illegible] [illegible]

lju̹² kwər¹ ka̹¹ phjɨ¹ dźjɨɨr¹ mjij¹ sej¹ sjwɨ¹

“身 体 命 舍 弃, 寂 净 思

[illegible] [illegible], [illegible] [illegible] [illegible] [illegible] [illegible],

lə dzu¹ thjɨ² lwər² lhejr² ɣiwej¹ ·jiij¹

惟 好, 是 经 法 受 持,

“弃其身寿命,思惟好寂然①,受持是经法,

14.58.3

[illegible] [illegible] [illegible] [illegible] [illegible]。 [illegible] [illegible] [illegible]

rjur¹ ·wejr² zji² njiij¹ ljɨ̹j² thjɨ² lwər² lhejr²

世 护 皆 心 悦。 是 经 法

[illegible] [illegible], [illegible] [illegible] [illegible] [illegible] [illegible],

tsə̹¹ sju² ŋo² ŋowr² ŋowr² tsə̹¹ dji̹²

药 如, 病 一 切 医 治,

世护之所叹②。其是经如药,疗治一切病,

14.58.4

[illegible] [illegible] [illegible] [illegible] [illegible], [illegible] [illegible] [illegible] [illegible] [illegible]。”

rjɨr² tshjiij¹ tsjiir¹ ɣiwej¹ ·jiij¹ rjur¹ pju̹¹ phji¹ gu¹ śjwo¹

所 言 教 受 持, 世 尊 意 发 生。”

受持所言教,发生世尊意。”

14.58.5

[illegible] [illegible], [illegible] [illegible] [illegible] [illegible] [illegible] [illegible]

---

① 寂然,西夏文本译作“寂静”([illegible][illegible])。

② 所叹,西夏文本译作“悦心”。

tśhjɨ^{1}　zjọ^{2}　mee^{2}　njij^{2}　mjor^{1}　ljịj^{2}　njɨ^{2}　·jij^{1}
尔　时，　贤　王　如　来　等　之
[illegible]　[illegible]　[illegible]　[illegible]，　[illegible]　[illegible]　[illegible]　[illegible]：
ŋwə^{1}　·jir^{2}　mə^{1}　zjị^{1}　ljaa^{1}　dạ^{2}　rjɨr^{2}　tshjiij^{1}
五　百　天　子，　偈　言　乃　说：

尔时，贤王天子①之等五百天子，说是偈言：

14.58.6

“[illegible]　[illegible]　[illegible]　[illegible]　[illegible]，　[illegible]　[illegible]　[illegible]
dźiã^{2}　tśhju^{1}　ŋowr^{2}　ŋowr^{2}　bju^{1}　thjɨ^{2}　nioow^{1}　tśhja^{2}
“众　生　一　切　依，　此　故　德
[illegible]　[illegible]，　[illegible]　[illegible]　[illegible]　[illegible]　[illegible]，
·ioow^{1}　duu^{1}　thjɨ^{2}　lwər^{2}　lhejr^{2}　ɣiwej^{1}　·jiij^{1}
功　积，　是　经　典　持　受，

“用一切众生，以故想积德，受持是经典，

14.59.1

[illegible]　[illegible]　[illegible]　[illegible]　[illegible]。”
zji^{2}　rjar^{1}　gjij^{1}　na^{1}　thjoo^{1}
最　胜　特　深　妙。”

最胜特深妙。”

14.59.2

[illegible]　[illegible]　[illegible]　[illegible]　[illegible]　[illegible]　[illegible]　[illegible]，　[illegible]　[illegible]　[illegible]　[illegible]：
tśhjɨ^{1}　zjọ^{2}　dwuu^{2}　rjar^{2}　kię^{1}　dźja^{2}　ɣie^{1}　mjijr^{2}　ljaa^{1}　dạ^{2}　rjɨr^{2}　tshjiij^{1}
于　是　密　迹　金　刚　力　士，　颂　曰　乃　说：

于是密迹金刚力士，时说颂曰：

14.59.3

“[illegible]　[illegible]　[illegible]　[illegible]　[illegible]，　[illegible]　[illegible]　[illegible]

① 天子，西夏文本原作“[illegible]”（天子），后涂黑在右侧另写“[illegible]”（如来）二字。

thjɨ²	wo²	·jwɨr²	dji²	mjij¹	thja¹	bju¹	·jwɨr²
“是	议	文	字	无，	其	依	文
[illegible]	[illegible]，	[illegible]	[illegible]	[illegible]	[illegible]	[illegible]，	
dji²	tshjiij¹	dzjwo²	kha¹	pjụ¹	rjɨr²	wji¹	
字	宣，	人	中	尊	所	作，	

“是议无文字，而反宣文字，人中尊所作，

14.59.4

[illegible]	[illegible]	[illegible]	[illegible]	[illegible]。”
tshjiij¹	bju¹	ɣiwej¹	·jiij¹	ŋa²
宣	依	受	持	我。”

班宣我当持。”

14.59.5

[illegible]	[illegible]，	[illegible]	[illegible]	[illegible]	[illegible]	[illegible]	[illegible]	[illegible]
tśhjɨ¹	zjọ²	rjur¹	pjụ¹	nwə¹	sjij²	xiwã¹	mə¹	·jij¹
尔	时，	世	尊	告	识	梵	天	之
[illegible]：	“[illegible]	[illegible]	[illegible]	[illegible]	[illegible]	[illegible]	[illegible]	
dạ²	mjor¹	ljij²	sọ¹	mə¹	pjụ¹	dza²	tjị²	
言：	“如	来	三	种	限	量	可	

尔时，世尊告释氏梵天：“如来有三不可限量

14.59.6

[illegible]	[illegible]	[illegible]	[illegible]	[illegible]，	[illegible]	[illegible]	[illegible]	[illegible]
mjij¹	zji²	phju²	kjụ¹	tshwew¹	mji¹	sji¹	tśhja²	·ioow¹
不	最	上	供	养，	无	极	德	功
[illegible]。	[illegible]	[illegible]	[illegible]	[illegible]？	[illegible]	[illegible]	[illegible]	[illegible]
dźjij²	sọ¹	tja¹	thjij²	sjo²	lew¹	tja¹	kjur²	njiij¹
有。	三	者	何	谓？	一	者	至	心

无上供养，德无有极。何谓为三？一曰至心

14.60.1

[illegible]	[illegible]	[illegible]	[illegible]	[illegible]	[illegible]，	[illegible]	[illegible]	[illegible]

wəə^{1}	lhjii^{1}	tśja^{1}	njiij^{1}	gu^{1}	śjwo^{1}	njɨɨ^{1}	tja^{1}	tśja^{1}
仁	和	道	心	发	起，	二	者	道
[illegible]	[illegible]	[illegible]	[illegible]	[illegible]	[illegible]	[illegible]，	[illegible]	[illegible]
njiij^{1}	śjwo^{1}	ŋwu^{2}	tśhja^{2}	tsjiir^{1}	khjuu^{2}	·wejr^{2}	so̱^{1}	tja^{1}
心	发	以	正	法	拥	护，	三	者

仁和发其道心，二曰以发道心护于正法，三曰

14.60.2

[illegible]	[illegible]	[illegible]	[illegible]	[illegible]	[illegible]	[illegible]	[illegible]。	[illegible]
mji^{1}	mji^{1}	tsjiir^{1}	bju^{1}	mji^{1}	·jij^{1}	phie^{2}	tshjiij^{1}	lju̱^{2}
闻	闻	法	以	他	之	解	说。	身
[illegible]	[illegible]	[illegible]	[illegible]，	[illegible]	[illegible]	[illegible]	[illegible]	[illegible]。
dźjɨ	la^{1}	thjɨ^{2}	tja^{1}	pju̱^{1}	tji̱^{2}	mjij^{1}	tśhja^{2}	ŋwu^{2}
行	如	是	者，	计	可	不	德	是。

如所闻①法为人解说。身行如是，是为至不可计德。

14.60.3

[illegible]	[illegible]	[illegible]	[illegible]，	[illegible]	[illegible]	[illegible]	[illegible]	[illegible]
xiwã^{1}	mə^{1}	nwə^{1}	lew^{2}	mjor^{1}	ljij^{2}	thjɨ^{2}	so̱^{1}	dạ^{2}
梵	天	知	当，	如	来	是	三	事
[illegible]，	[illegible]	[illegible]	[illegible]	[illegible]，	[illegible]	[illegible]	[illegible]	[illegible]
ŋwu^{2}	tśhja^{2}	·ioow^{1}	duu^{1}	dzjị^{2}	tjɨ^{1}	tjij^{1}	zjọ^{2}	tsew^{2}
以，	功	勋	积	累，	假	使	寿	第

梵天当知，如来以是三事，积累功勋，假使其寿

14.60.4

[illegible]	[illegible]，	[illegible]	[illegible]	[illegible]	[illegible]	[illegible]	[illegible]	[illegible]
·a	kja^{2}	wạ^{2}	phjo^{2}	kar^{2}	rjijr^{2}	tshjiij^{1}	tsjɨ^{1}	sji^{1}
一	劫，	广	分	别	愿	说	亦	尽
[illegible]	[illegible]	[illegible]。	[illegible]	[illegible]，	[illegible]	[illegible]，	[illegible]	[illegible]

① 所闻，西夏文以动词“[illegible]”（闻）的重叠形式表示。

phji1　mjɨ1　njwi2　xiwã1　mə1　thjɨ2　nioow1　mjor1　ljij2
令　不　能。　梵　天，　是　故，　如　来

住世一劫，广分别说不能究畅。是故，梵天，

14.60.5

[Tangut]　[Tangut]　[Tangut]　[Tangut]　[Tangut]　[Tangut]　[Tangut]　[Tangut]　[Tangut]，
tśhja2　dwewr2　·jij1　śjij1　wji1　dzjwị1　lhejr2　tshji2　lew2
正　觉　之　顺　随　敬　恭　奉　当，
[Tangut]　[Tangut]　[Tangut]　[Tangut]　[Tangut]　[Tangut]。　[Tangut]　[Tangut]，　[Tangut]
thjɨ2　tja1　sọ1　mə1　dạ2　ŋwu2　xiwã1　mə1　mjor1
是　者　三　种　事　以。　梵　天，　如

当以随顺恭敬奉事如来至真，是为三事。梵天，

14.60.6

[Tangut]　[Tangut]　[Tangut]　[Tangut]，　[Tangut]　[Tangut]　[Tangut]　[Tangut]，　[Tangut]
ljij2　·jij1　kjụ1　tshwew1　ljɨɨr1　gjwi2　ljaa1　lhjịj2　śji1
来　之　供　养，　四　句　颂　受，　前
[Tangut]　[Tangut]　[Tangut]　[Tangut]　[Tangut]　[Tangut]　[Tangut]　[Tangut]　[Tangut]，
kụ1　mjor1　tha1　rjur1　pjụ1　rjɨr2　tshjiij1　tsjiir1　ŋwu2
后　今　佛　世　尊　所　说　法　是，

供养如来，受四句颂，是去来今佛世尊之所说法，

14.61.1

[Tangut]　[Tangut]　[Tangut]　[Tangut]　[Tangut]。　[Tangut]　[Tangut]　[Tangut]　[Tangut]？
ɣiwej1　·jiij1　khjuu2　·wejr2　ljɨ1　thjɨ2　tja1　thjij2　sjo2
受　持　拥　护　也。　此　者　何　谓？
[Tangut]　[Tangut]　[Tangut]　[Tangut]　[Tangut]　[Tangut]　[Tangut]　[Tangut]　[Tangut]，
rjur1　tha1　rjur1　pjụ1　zji2　thjɨ2　tsjiir1　bju1　to2
诸　佛　世　尊　皆　是　法　从　生，

受而拥护。所以者何？诸佛世尊皆从是法生，

14.61.2

[Tangut]　[Tangut]　[Tangut]　[Tangut]　[Tangut]。　[Tangut]　[Tangut]　[Tangut]　[Tangut]

tśhjwo^{1}	tsjiir^{1}	ŋwu^{2}	kjų^{1}	tshwew^{1}	tsjiir^{1}	ŋwu^{2}	kjų^{1}	tshwew^{1}
故	法	当	供	养。	法	以	供	养
[illegible]	[illegible]	[illegible]	[illegible]	[illegible]，	[illegible]	[illegible]	[illegible]	[illegible]，
ku^{1}	dzji^{1}	gjwi^{2}	mji^{1}	śjwo^{1}	tsjiir^{1}	kjų^{1}	tshwew^{1}	tja^{1}
则	食	衣	不	用，	法	供	养	者，

故当供法。供法不用衣食，以法供养，

14.61.3

[illegible]	[illegible]	[illegible]	[illegible]	[illegible]，	[illegible]	[illegible]、	[illegible]	[illegible]、
rjur^{1}	kjų^{1}	tshwew^{1}	kha^{1}	pjų^{1}	we^{2}	phju^{2}	we^{2}	bjij^{2}
诸	供	养	中	尊，	为	长、	为	上、
[illegible]	[illegible]	[illegible]、	[illegible]	[illegible]。	[illegible]	[illegible]，	[illegible]	[illegible]，
we^{2}	ŋwer^{1}	mjij^{1}	ka^{1}	mjij^{1}	xiwã^{1}	mə^{1}	thjɨ^{2}	nioow^{1}
为	俦	无、	等	无。	梵	天，	是	故，

诸养中尊，为上、为长、为无俦匹、为无等伦。是故，梵天，

14.61.4

[illegible]	[illegible]	[illegible]	[illegible]	[illegible]	[illegible]	[illegible]，	[illegible]	[illegible]
tśhja^{2}	tsjiir^{1}	ŋwu^{2}	dźjwɨ^{1}	kjų^{1}	tshwew^{1}	lew^{2}	thja^{1}	kjų^{1}
正	法	是	相	供	养	当，	是	供
[illegible]	[illegible]	[illegible]	[illegible]	[illegible]	[illegible]	[illegible]	[illegible]	[illegible]
tshwew^{1}	tja^{1}	źjɨr^{1}	ɣiej^{1}	dźjar^{2}	ŋwu^{2}	dzji^{1}	gjwi^{2}	mji^{1}
养	者	实	真	谛	是	食	衣	无

当以正法而相供养，是养真谛无以衣食。”

汉文本

于是菩萨众会之中，三万二千菩萨即从坐起叉手而住，稽首礼佛，说是偈言：“弃其身寿命，思惟好寂然，受持是经法，世护之所叹。其是经如药，疗治一切病，受持所言教，发生世尊意。”

尔时，贤王天子之等五百天子，说是偈言：“用一切众生，以故想积德，受持是经典，最胜特深妙。”

于是密迹金刚力士，时说颂曰：

“是议无文字，而反宣文字，

人中尊所作，班宣我当持。”

尔时,世尊告释氏梵天:“如来有三不可限量无上供养,德无有极。何谓为三?一曰至心仁和发其道心,二曰以发道心护于正法,三曰如所闻法为人解说。身行如是,是为至不可计德。梵天当知,如来以是三事,积累功勋,假使其寿住世一劫,广分别说不能究畅。是故,梵天,当以随顺恭敬奉事如来至真,是为三事。梵天,供养如来,受四句颂,是去来今佛世尊之所说法,受而拥护。所以者何?诸佛世尊皆从是法生,故当供法。供法不用衣食,以法供养,诸养中尊,为上、为长、为无俦匹、为无等伦。是故,梵天,当以正法而相供养,是养真谛无以衣食。”

14.61.5

śjwo^{1}	tha^{1}	xiwã^{1}	ŋwər^{1}	njij^{2}	·jij^{1}	lə	·wjɨ^{2}	rar^{2}
需。”	佛	梵	天	王	之	念:	“△	去
zjọ^{2}	ɣa^{2}	ljịj^{2}	no^{2}	wji^{1}	kjɨ^{1}	djij^{2}	mjiij^{2}	tja^{1}
生	于	太	子	为	△	曾,	名	者

佛自忆念:“梵天王,过去曾生为王太子,名曰

14.61.6

phji^{1}	dźjɨ	njij^{2}	nji^{1}	kha^{1}	wee^{1}	thja^{1}	tsjiir^{1}	ljij^{2}
意	行,	王	家	中	生,	是	教	见
nioow^{1}	tśja^{1}	tsjiir^{1}	dzu^{1}	·jị^{2}	tjɨ^{1}	gjɨ^{2}	na^{1}	khju^{1}
故,	道	法	乐	谛。	若	深	夜	下

意行,生于王家,以是见教,谛乐道法。时卧

14.62.1

mjiij^{1}	gu^{2}	thja^{1}	ljɨɨr^{1}	gjwi^{2}	ljaa^{1}	mji^{1}	mər^{2}	dźjɨ
梦	中,	是	四	句	颂	闻,	本	行
lhew^{2}	wją^{2}	bie^{2}	lhew^{2}	tśja^{1}	mjij^{1}	dźiã^{2}	tśhju^{1}	nioow^{1}
放	逸	解	脱	道	无,	众	生	故

梦中,闻是四句颂,本行放逸无脱路,以众生故

14.62.2

[illegible]	[illegible]	[illegible]	[illegible]	[illegible]，	[illegible]	[illegible]	[illegible]	[illegible]
ku^{1}	tśja^{1}	ɣa^{2}	njiij^{1}	tji̠^{1}	ŋər^{1}	kha^{1}	mjij^{1}	sej^{1}
则	道	于	心	归，	山	中	寂	净
[illegible]	[illegible]	[illegible]	[illegible]，	[illegible]	[illegible]	[illegible]	[illegible]	[illegible]
twụ^{1}	dźjiij^{1}	śjij^{1}	bju^{1}	lẹj^{2}	lew^{2}	mjij^{1}	lə	mər^{2}
处	住	顺	随，	贪	所	无	念	本

志于道心，在山空闲随顺念，无所贪受本

14.62.3

[illegible]	[illegible]	[illegible]。”	[illegible]	[illegible]	[illegible]	[illegible]	[illegible]：	“[illegible]
lhjịj^{2}	zji^{2}	rjir^{1}	tha^{1}	xiwã^{1}	mə^{1}	·jij^{1}	·jɨ^{2}	nji^{2}
受	悉	得。”	佛	梵	天	之	语：	“汝
[illegible]	[illegible]	[illegible]	[illegible]	[illegible]	[illegible]，	[illegible]	[illegible]	[illegible]
thja^{1}	zjọ^{2}	thjɨ^{2}	ljaa^{1}	tsjiir^{1}	mji^{1}	·a	me^{2}	tji̠^{2}
彼	时	是	颂	教	闻，	△	睡	觉

悉安。”佛语梵天：“彼时闻是颂教，从梦中觉，

14.62.4

[illegible]，	[illegible]	[illegible]	[illegible]	[illegible]，	[illegible]	[illegible]	[illegible]	[illegible]，
zjij^{1}	sjwɨ^{1}	sjiij^{2}	tśjɨ^{1}	tsjij^{2}	njiij^{1}	ljɨ̣j^{2}	njiij^{1}	śjwo^{1}
时，	思	惟	了	了，	心	悦	心	起，
[illegible]	[illegible]	[illegible]	[illegible]，	[illegible]	[illegible]	[illegible]	[illegible]	[illegible]
njiij^{1}	phji^{1}	de^{2}	rejr^{2}	tśhjɨ^{2}	rjar^{2}	ljaa^{1}	dạ^{2}	ŋwu^{2}
心	意	大	悦，	立	即	颂	曰	以

思惟了了，惟是欣然大悦，心中解畅，实时以偈而

14.62.5

[illegible]	[illegible]：
·jow^{2}	śja^{2}
赞	叹：

叹颂曰：

14.62.6

tjij^{2}	rjijr^{2}	phju^{2}	no^{2}	rejr^{2}	mji^{1}	sji^{1}	tsjiir^{1}
‘善	哉	上	安	乐，	无	尽	法
·ụ^{2}	rjir^{2}	rjur^{1}	lụ^{2}	mə^{1}	dzjwo^{2}	·jij^{1}	
藏	得，	诸	贫	天	人	之，	

‘快哉安上乐，得法藏无尽，当充满众生，

14.63.1

to^{2}	zji^{2}	sə^{1}	lhə	phji^{1}
一	切	满	足	令。’”

诸贫天人民①。’”

14.63.2

tha^{1}	neew^{2}	no^{2}	ljij^{2}	xiwã^{1}	mə^{1}	·jij^{1}	·jɨ^{2}	dzjɨj^{1}
佛	善	安	大	梵	天	之	谓：	“时
thja^{1}	ljij^{2}	no	no^{2}	dźjar^{2}	·ụ^{2}	rjir^{2}	·jwɨr^{2}	dji^{2}
彼	大	子	安	谛	藏	得，	文	字

佛告善安大梵天：“时王太子得安谛藏，晓文字

14.63.3

mjij^{1}	tsjij^{2}	ku^{1}	njiij^{1}	khju^{1}	lə	wji^{1}	thjɨ^{2}	ljaa^{1}
无	晓，	则	心	下	念	为：	‘是	偈

① 当充满众生，诸贫天人民，西夏文本译作“诸贫天人民，当充满众生”，翻译时颠倒顺序。

[illegible]	[illegible]，	[illegible]	[illegible]	[illegible]	[illegible]	[illegible]	[illegible]	[illegible]
wo^{2}	bju^{1}	sjwi^{1}	lụ^{2}	dźiã^{2}	tśhju^{1}	·jij^{1}	sə^{1}	lhə
义	以，	贫	匮	众	生	之	满	足

无，心自念言：‘以是偈义，充满众生贫匮之人。’

14.63.4

[illegible]	[illegible]	[illegible]。’	[illegible]	[illegible]	[illegible]	[illegible]	[illegible]	[illegible]
phjo^{2}	ŋa^{2}	·jɨ^{2}	tśhjɨ^{2}	rjar^{2}	wja^{1}	mja^{1}	·jij^{1}	dạ^{2}
令	我	谓。’	立	即	父	母	之	语
[illegible]：	‘[illegible]	[illegible]	[illegible]、	[illegible]、	[illegible]	[illegible]、	[illegible]	[illegible]、
tshjiij^{1}	nji^{1}	do^{2}	kię^{1}	ŋwo^{2}	niaa^{2}	ɣjiw^{2}	zjɨɨr^{2}	nji
谓：	‘家	处	金、	银、	琉	璃、	水	珠、

往语父母：‘宁有金、银、琉璃、水精、

14.63.5

[illegible]	[illegible]、	[illegible]	[illegible]、	[illegible]	[illegible]	[illegible]？	[illegible]	[illegible]
lew^{2}	njiij^{1}	nji	kjɨɨ^{1}	swew^{1}	nji	·ụ^{2}	ŋa^{2}	·jij^{1}
砗	磲、	玛	瑙、	明	珠	藏？	我	之
[illegible]	[illegible]	[illegible]	[illegible]	[illegible]	[illegible]	[illegible]	[illegible]	[illegible]
djɨ^{2}	khjɨj^{1}	njiij^{1}	ljɨj^{2}	ŋwu^{2}	lụ^{2}	dzjwo^{2}	·jij^{1}	mjii^{1}
与	授	欢	喜	以	穷	人	之	济

砗磲、玛瑙、明珠藏乎？欲济穷乏，以是欢喜。’

14.63.6

[illegible]	[illegible]。’	[illegible]	[illegible]	[illegible]	[illegible]：	‘[illegible]	[illegible]	[illegible]
khjow^{1}	kięj^{2}	wja^{1}	mja^{1}	kụ^{2}	dạ^{2}	ljɨ^{1}	war^{2}	ŋowr^{2}
给	欲。’	父	母	答	曰：	‘宝	财	一
[illegible]	[illegible]	[illegible]	[illegible]	[illegible]，	[illegible]	[illegible]	[illegible]	[illegible]、
ŋowr^{2}	ljɨ^{1}	war^{2}	ɣiej^{1}	njaa^{2}	məə^{1}	zjɨɨr^{2}	kjwir^{1}	mjijr^{2}
切	宝	财	真	非，	火	水	盗	者、

父母报言：‘一切财业非是真宝，五家——水火盗贼、

14.64.1

[illegible]	[illegible]、	[illegible]	[illegible]、	[illegible]	[illegible]、	[illegible]	[illegible]	[illegible]
ljwịj^{1}	·o	wee	·o	mə^{1}	zjɨ^{1}	gji^{2}	niow^{2}	njɨ^{2}
怨	家、	债	主、	县	官、	子	恶	等
[illegible]	[illegible]	[illegible]	[illegible]！	[illegible]	[illegible]	[illegible]	[illegible]，	[illegible]
ŋwə^{1}	ɣa^{1}	gu^{2}	wəə^{1}	rejr^{2}	mji^{1}	sjịj^{2}	źjɨr^{1}	dzji^{1}
五	门	共	伏！	博	闻	智	慧，	食

怨家、债主、县官、恶子分耳！博闻之慧，

14.64.2

[illegible]	[illegible]，	[illegible]	[illegible]	[illegible]	[illegible]	[illegible]！’	[illegible]	[illegible]
gjwi^{2}	mjij^{1}	ku^{1}	zji^{2}	kha^{1}	rjir^{1}	gie^{1}	nji^{2}	phji^{1}
衣	无，	则	甚	中	得	难！’	汝	意
[illegible]	[illegible]	[illegible]	[illegible]	[illegible]	[illegible]，	[illegible]	[illegible]	[illegible]
bju^{1}	dja^{2}	wji^{1}	djoo^{1}	nja^{2}	·jɨ^{2}	thja^{1}	bju^{1}	djɨ^{2}
依	已	遣	拣	△	谓，	彼	依	△

无衣食求，甚为难得！’父母言善，如子所志①，

14.64.3

[illegible]	[illegible]	[illegible]	[illegible]	[illegible]	[illegible]	[illegible]。	[illegible]	[illegible]
lhjwi^{1}	rjur^{1}	lụ^{2}	dzjwo^{2}	·jij^{1}	wạ^{2}	mjii^{1}	sọ^{1}	kięj^{2}
取	诸	乏	人	之	广	施。	三	界
[illegible]	[illegible]	[illegible]，	[illegible]	[illegible]	[illegible]	[illegible]	[illegible]。”	[illegible]
ŋa^{1}	tsjij^{2}	rjir^{1}	gie^{1}	sji^{1}	źjɨr^{1}	rjir^{1}	phji^{1}	xiwã^{1}
空	了	得，	难	尽	慧	得	令。”	梵

便取广施与诸乏者。了三界空，令得难致无尽之慧。”

汉文本

佛自忆念：“梵天王，过去曾生为王太子，名曰意行，生于王家，以是见教，谛乐道法。时卧梦中，闻是四句颂，本行放逸无脱路，以众生故志于道心，在山空闲随顺念，无所贪受本悉安。”

① 父母言善，如子所志，西夏文本为“汝谓依意?”，翻译时承其意而变其句。

佛语梵天："彼时闻是颂教，从梦中觉，思惟了了，惟是欣然大悦，心中解畅，即时以偈而叹颂曰：

'快哉安上乐，得法藏无尽，

当充满众生，诸贫天人民。'"

佛告善安大梵天："时王大子得安谛藏，晓文字无，心自念言：'以是偈义，充满众生贫匮之人。'往语父母：'宁有金、银、琉璃、水精、砗磲、玛瑙、明珠藏乎？欲济穷乏，以是欢喜。'父母报言：'一切财业非是真宝，五家——水火盗贼、怨家、债主、县官、恶子分耳！博闻之慧，无衣食求，甚为难得！'父母言善，如子所志，便取广施与诸乏者。了三界空，令得难致无尽之慧。"

14.64.4

[illegible]，	[illegible]	[illegible]，	[illegible]	[illegible]	[illegible]	[illegible]	[illegible]，	[illegible]
mə^{1}	thjɨ^{2}	nioow^{1}	lew^{1}	ljɨɨr^{1}	gjwi^{2}	ljaa^{1}	mji^{1}	·jar^{1}
天，	此	故，	一	四	句	偈	闻，	八
[illegible]	[illegible]	[illegible]	[illegible]	[illegible]	[illegible]	[illegible]	[illegible]	[illegible]，
tụ^{1}	dzjwo^{2}	·jij^{1}	pjwɨɨr^{1}	dzjiij^{2}	tśja^{1}	njiij^{1}	śjwo^{1}	phji^{1}
千	人	之	劝	化	道	心	起	令，

以故，梵天，闻是一四句偈，化八千人劝入道意，

14.64.5

[illegible]	[illegible]	[illegible]	[illegible]	[illegible]	[illegible]	[illegible]	[illegible]。	[illegible]
ŋewr^{2}	mjij^{1}	dźiã^{2}	tśhju^{1}	mə^{1}	tśhjaa^{1}	wjɨ^{2}	wee^{1}	xiwã^{1}
数	无	众	生	天	上	当	生。	梵
[illegible]，	[illegible]	[illegible]，	[illegible]	[illegible]	[illegible]	[illegible]	[illegible]	[illegible]
mə^{1}	thjɨ^{2}	nioow^{1}	tjɨ^{1}	tjij^{1}	thja^{1}	na^{1}	thjoo^{1}	tsjiir^{1}
天，	此	故，	假	若	其	深	妙	法

无数众生当生天上。以故，梵天，其有受是深妙之法，

14.64.6

[illegible]	[illegible]，	[illegible]	[illegible]	[illegible]	[illegible]	[illegible]	[illegible]	[illegible]
wjɨ^{2}	lhjịj^{2}	ɣiwej^{1}	·jiij^{1}	do	tshjɨɨ^{1}	mjɨ^{1}	·jij^{1}	wạ^{2}
△	受，	受	持	诵	读	他	之	广
[illegible]，	[illegible]	[illegible]	[illegible]	[illegible]	[illegible]	[illegible]	[illegible]，	[illegible]
tshjiij^{1}	mji^{1}	nioow^{1}	njiij^{1}	ljịj^{2}	śjij^{1}	dźjij^{1}	njwi^{2}	ku^{1}
说，	闻	后	欢	喜	奉	行	能，	则

持讽诵读为人广说,闻之欢喜若奉行,

14.65.1

[illegible]	[illegible]	[illegible],	[illegible]	[illegible]	[illegible]。	[illegible]	[illegible]	[illegible]
tśhja^{2}	pjụ^{1}	tjị^{2}	mjij^{1}	·ụ^{2}	rjir^{1}	xiwã^{1}	mə^{1}	ljịj^{2}
德	量	可,	无	藏	逮。	梵	天	大
[illegible]	[illegible]	[illegible]	[illegible]	[illegible]	[illegible]	[illegible],	[illegible]	[illegible]
·ụ^{2}	sjwɨj^{1}	dźjij^{1}	sọ^{1}	mə^{1}	tsjiir^{1}	dju^{1}	ku^{1}	dźiã^{2}
乘	业	行	三	种	法	有,	则	菩

是德不①可量,逮无极藏。假使,梵天,行大乘业有三事法,多益菩

14.65.2

[illegible]	[illegible]	[illegible]	[illegible]	[illegible]。	[illegible]	[illegible]	[illegible]	[illegible]?
tsjij^{2}	·jij^{1}	gjij^{1}	ɣie^{2}	ljɨ^{1}	sọ^{1}	tja^{1}	thjij^{2}	sjo^{2}
萨	之	利	益	也。	三	者	何	谓?
[illegible]	[illegible]	[illegible]	[illegible]	[illegible]	[illegible],	[illegible]	[illegible]	[illegible]
lew^{1}	tja^{1}	dźjɨ	gu^{1}	śjwo^{1}	mji^{1}	dźiej^{2}	ɣiwej^{1}	mji^{1}
一	者	行	立	起	闻,	信	受	无

萨。何谓为三?一曰闻行得立,受之无

14.65.3

[illegible];	[illegible]	[illegible]	[illegible]	[illegible]	[illegible]	[illegible],	[illegible]	[illegible]
dwər^{1}	njɨɨ^{1}	tja^{1}	mji^{1}	gu^{1}	śjwo^{1}	nioow^{1}	dźjɨ	ŋwu^{2}
厌;	二	者	闻	建	立	故,	行	以
[illegible]	[illegible],	[illegible]	[illegible]	[illegible]	[illegible],	[illegible]	[illegible]	[illegible]
tshji^{1}	we^{2}	ljaa^{2}	·wejr^{2}	phju^{2}	tsew^{2}	źjɨɨ^{1}	njiij^{1}	ŋwu^{2}
要	为,	口	守	一	第,	害	心	以

厌;二曰以闻建立,以行为要,守口第一,不以害心

14.65.4

[illegible]	[illegible]	[illegible]	[illegible]	[illegible];	[illegible]	[illegible]	[illegible]	[illegible]

① 西夏文本未译"不",疑脱。

dźiã²	tśhju¹	·jij¹	mji¹	tśjuu¹	sọ¹	tja¹	ljịj²	wjuu¹
众	生	之	不	害；	三	者	大	哀
[illegible]	[illegible]。	[illegible]	[illegible]	[illegible]	[illegible]。	[illegible]	[illegible]，	[illegible]
mji¹	dźjɨɨr¹	wjɨ²	tjɨ¹	sọ¹	ŋwu²	xiwã¹	mə¹	thjɨ²
不	舍。	△	若	三	是。	梵	天，	此

加于众生；三曰不舍大哀。是为三。以故，梵天，

14.65.5

[illegible]，	[illegible]	[illegible]	[illegible]	[illegible]	[illegible]，	[illegible]	[illegible]	[illegible]
nioow¹	dźiã²	tśhju¹	·jij¹	gjịj¹	ɣie²	ku¹	thjɨ²	lwər²
故，	众	生	之	利	益，	则	是	经
[illegible]	[illegible]	[illegible]	[illegible]	[illegible]	[illegible]	[illegible]。	[illegible]	[illegible]
lhejr²	·jij¹	·jɨr²	ŋwu²	pjwɨɨr¹	·wejr²	lew²	nioow¹	njɨɨ¹
典	之	勤	以	劝	护	当。	复	二

益于众生，当加劝助是经典要。复有二

14.65.6

[illegible]	[illegible]	[illegible]，	[illegible]	[illegible]	[illegible]	[illegible]	[illegible]	[illegible]
mə¹	dạ²	dju¹	rjɨr²	wji¹	dźjɨ	tjị¹	phjɨ¹	mjɨ̣²
种	事	有，	所	造	行	愿	失	忘
[illegible]	[illegible]。	[illegible]	[illegible]	[illegible]	[illegible]？	[illegible]	[illegible]	[illegible]
mjij¹	ljɨ¹	njɨɨ¹	tja¹	thjij²	sjo²	lew¹	tja¹	tha¹
无	也。	二	者	何	谓？	一	者	佛

事，所造行愿无所忘失。何谓为二？一曰佛

14.66.1

[illegible]	[illegible]	[illegible]	[illegible]，	[illegible]	[illegible]	[illegible]	[illegible]	[illegible]
ɣu¹	tśja¹	śjɨj¹	zjịj¹	mjor¹	ljịj²	·jij¹	pjwɨɨr¹	ɣju¹
初	道	成	时，	如	来	之	劝	助
[illegible]	[illegible]	[illegible]	[illegible]	[illegible]；	[illegible]	[illegible]	[illegible]	[illegible]，
tsjiir¹	dźiej²	deej¹	phji¹	lew²	njɨɨ¹	tja¹	xiwã¹	mə¹
法	轮	转	使	所；	二	者	梵	天，

初成道,劝助如来使转法轮;二曰梵天,

14.66.2

[illegible]	[illegible]	[illegible]	[illegible]	[illegible]	[illegible]	[illegible]	[illegible]	[illegible]
thjɨ^{2}	mee^{2}	kja^{2}	kha^{1}	kṳ^{1}	lja^{1}	tụ^{1}	mjor^{1}	ljịj^{2}
是	贤	劫	中	后	来	千	如	来
[illegible]	[illegible]	[illegible]	[illegible]	[illegible]	[illegible]	[illegible],	[illegible]	[illegible]
tśhja^{2}	ɣiej^{1}	tśhja^{2}	dwewr^{2}	·jij^{1}	pjwɨɨr^{1}	ɣju^{1}	tsjiir^{1}	dźiej^{2}
至	真	正	觉	之	劝	助,	法	轮

当劝助是贤劫中,当来具千如来至真等正觉,使转法

14.66.3

[illegible]	[illegible],	[illegible]	[illegible]	[illegible]	[illegible]	[illegible]	[illegible]	[illegible]
deej^{1}	phji^{1}	nji^{1}	phjɨ^{1}	dzjwo^{2}	·jij^{1}	dzju^{1}	dzjiij^{2}	dźiã^{2}
转	使,	家	出	人	之	训	化	菩
[illegible]	[illegible]	[illegible]	[illegible]。	[illegible]	[illegible]	[illegible]	[illegible]	[illegible]
tsjij^{2}	dźjɨ	dźjij^{1}	phji^{1}	tha^{1}	rjur^{1}	pjụ^{1}	sju^{2}	·jij^{1}
萨	行	作	令。	佛	世	尊	如	自

轮,令化出家众人作菩萨行。如佛世尊为自

14.66.4

[illegible]	[illegible]	[illegible]	[illegible],	[illegible]	[illegible]	[illegible]	[illegible]	[illegible]
dzju^{2}	tsjiir^{1}	njij^{2}	we^{2}	mjɨ^{1}	·jij^{1}	dzju^{1}	dzjiij^{2}	njwi^{2}
在	法	王	为,	他	之	训	诲	善
[illegible]	[illegible]	[illegible]	[illegible],	[illegible]	[illegible]	[illegible]	[illegible]	[illegible]。
?	njwi^{2}	mjijr^{2}	mjij^{1}	xiwã^{1}	mə^{1}	thja^{1}	bju^{1}	pjụ^{1}
及	能	者	无,	梵	天	是	估	量。

在法王,善教训诲少有能及,难逮如是①。

14.66.5

[illegible]	[illegible]	[illegible]	[illegible],	[illegible]	[illegible]	[illegible]	[illegible]	[illegible]

① 难逮如是,西夏文本译作"梵天估量"。

kaar¹	nji²	ku¹	mjor¹	·ji¹	dzjwo²	ŋowr²	ŋowr²	·jij¹
比	各	则	如，	众	人	一	切	之
[illegible]	[illegible]，	[illegible]	[illegible]	[illegible]	[illegible]	[illegible]	[illegible]	[illegible]
gu¹	śjwo¹	nar²	ŋo²	sjɨ¹	dzjar²	dźiəj²	mə̣¹	sjwɨj¹
建	立，	老	病	死	除	为	无	业

如是比像①，多所亲立一切众人，除老病死至无为业。

14.66.6

[illegible]	[illegible]。	[illegible]	[illegible]	[illegible]	[illegible]，	[illegible]	[illegible]	[illegible]，
njɨ̣¹	phji¹	tsə̣¹	ɣa²	zjij¹	mjij¹	thja¹	tśjɨ¹	tsjij²
告	令。	色	于	着	无，	是	了	解，
[illegible]	[illegible]	[illegible]	[illegible]	[illegible]，	[illegible]	[illegible]	[illegible]	[illegible]。
ku¹	·ji¹	tśjị¹	zeew²	njwi²	zeew²	kjụ¹	lew²	mjij¹
则	众	苦	忍	能，	忍	求	所	无。

于色无着，以解了是，能忍众苦，忍无所求。

14.67.1

[illegible]	[illegible]	[illegible]	[illegible]	[illegible]	[illegible]	[illegible]	[illegible]，	[illegible]
rjur¹	mə¹	dzjwo²	wə¹	sọ¹	zeew²	gu¹	śjwo¹	tśhja²
诸	天	人	主	三	忍	造	立，	正
[illegible]	[illegible]	[illegible]，	[illegible]	[illegible]	[illegible]	[illegible]	[illegible]	[illegible]
tsjiir¹	ɣiwej¹	·jiij¹	do¹	tshjiɨ¹	ku¹	tśhjɨ¹	mja¹	nioow¹
法	受	持，	诵	读	则	是	乃	又

主诸天人造立三忍，执持正法，受讽诵读，是乃

14.67.2

[illegible]	[illegible]。	[illegible]	[illegible]	[illegible]	[illegible]	[illegible]，	[illegible]	[illegible]
gie¹	we²	thjɨ²	lwər²	lhejr²	lhjij²	tja¹	thjɨ²	sju²
难	成。	是	经	典	受	者，	是	如
[illegible]	[illegible]！	[illegible]	[illegible]	[illegible]	[illegible]	[illegible]	[illegible]	[illegible]

① 西夏文本此句前少了“以故，梵天”。

bioo^{1}	lə	ŋa^{2}	lj̣u^{2}	rjir^{2}	·jir^{2}	tụ^{1}	mjijr^{2}	kja^{2}
观	念！	我	身	亿	百	千	垓	劫

甚难。受是经者，当作是观！受我身亿百千垓劫，

14.67.3

[illegible]，	[illegible]	[illegible]	[illegible]	[illegible]	[illegible]	[illegible]	[illegible]	[illegible]，
kha^{1}	gji^{1}	sej^{1}	dźjɨ	djọ^{2}	tha^{1}	lhjịj	ljuu^{2}	sej^{1}
中，	清	净	行	修	佛	土	严	净，
[illegible]	[illegible]	[illegible]	[illegible]，	[illegible]	[illegible]	[illegible]	[illegible]	[illegible]
tśhja^{2}	tsjiir^{1}	tśjụ^{1}	·wejr^{2}	nioow^{1}	xja^{1}	tśhja^{2}	dwewr^{2}	dja^{2}
正	法	拥	护，	故	疾	正	觉	已

修清净行严净佛土，拥护正法，疾成正觉。

汉文本

以故，梵天，闻是一四句偈，化八千人劝入道意，无数众生当生天上。以故，梵天，其有受是深妙之法，持讽诵读为人广说，闻之欢喜若奉行，是德不可量，逮无极藏。假使，梵天，行大乘业有三事法，多益菩萨。何谓为三？一曰闻行得立，受之无厌；二曰以闻建立，以行为要，守口第一，不以害心加于众生；三曰不舍大哀。是为三。

以故，梵天，益于众生，当加劝助是经典要。复有二事，所造行愿无所忘失。何谓为二？一曰佛初成道，劝助如来使转法轮；二曰梵天，当劝助是贤劫中，当来具千如来至真等正觉，使转法轮，令化出家众人作菩萨行。如佛世尊为自在法王，善教训诲少有能及，难逮如是。以故，梵天，如是比像，多所亲立一切众人，除老病死至无为业。于色无着，以解了是，能忍众苦，忍无所求。主诸天人造立三忍，执持正法，受讽诵读，是乃甚难。受是经者，当作是观！受我身亿百千垓劫，修清净行严净佛土，拥护正法，疾成正觉。

14.67.4

[illegible]	[illegible]。	[illegible]	[illegible]	[illegible]	[illegible]	[illegible]	[illegible]
śjɨj^{1}	lew^{2}	tha^{1}	pjụ^{1}	tja^{1}	·ja	na^{1}	·jij^{1}
成	所。	佛	贤	者	阿	难	之
[illegible]：	“[illegible]	[illegible]	[illegible]	[illegible]	[illegible]	[illegible]	[illegible]
·jɨ^{2}	nji^{2}	sjij^{1}	thjɨ^{2}	lwər^{2}	lhejr^{2}	ɣiwej^{1}	·jiij^{1}
谓：	“汝	今	是	经	典	受	持

佛告贤者阿难：“受是经典持讽诵读，

14.67.5

do^{1}	tshjɨɨ^{1}	mjɨ^{1}	·jij^{1}	phie^{2}	tshjiij^{1}	lew^{2}	·ja	na^{1}
诵	读，	他	之	解	说	当。”	阿	难
kụ^{2}	dạ^{2}	dzjwɨ̣^{1}	lhejr^{2}	ɣiwej^{1}	·jiij^{1}	gjwɨ^{1}	lwo^{2}	phjo^{2}
答	曰：	“恭	敬	受	持，	坚	固	令

为他人说。”阿难曰：“诺①！当受持之，令其坚固。”

14.67.6

ŋa^{2}	tha^{1}	dạ^{2}	·ja	na^{1}	thjɨ^{2}	thjoo^{1}	tsjiir^{1}	tja^{1}
我。”	佛	言：	“阿	难，	是	妙	法	者
gju^{2}	njaa^{2}	mjijr^{2}	·jij^{1}	tji^{1}	khjɨj^{1}	nja^{2}	rjur^{1}	niow^{2}
器	非	者	之	勿	持	△，	诸	恶

佛言：“阿难，勿持是法授非法器，

14.68.1

wjɨ̣^{1}	dźjwɨ^{1}	·jij^{1}	tsjɨ^{1}	tji^{1}	khjow^{1}	neew^{2}	wjɨ̣^{1}	ɣiew^{1}
知	友	之	亦	莫	授；	善	友	学
dzu^{1}	mjijr^{2}	·jij^{1}	khjow^{1}	thjɨ^{2}	lwər^{2}	lhejr^{2}	tsjiir^{1}	·ju^{2}
乐	者	之	授，	是	经	典	法，	常

莫得授与诸恶知友；当施善友慕乐学者，授是经法，常

14.68.2

tśjụ^{1}	·wejr^{2}	lew^{2}	·ja	na^{1}	thjɨ^{2}	lwər^{2}	lhejr^{2}	tja^{1}

① 诺，西夏文本无。

奉	护	当。	阿	难,	是	经	典	者
[illegible]	[illegible]	[illegible]	[illegible]	[illegible]	[illegible],	[illegible]	[illegible]	[illegible],
tsjiir^{1}	gju^{2}	njaa^{2}	mjijr^{2}	mji^{1}	wəə^{1}	tsjiir^{1}	gju^{2}	ŋwu^{2}
法	器	非	者	不	归,	法	器	是,

当奉护。阿难,是经不归非法,当归应器,

14.68.3

[illegible]	[illegible]	[illegible]	[illegible],	[illegible]	[illegible]	[illegible]	[illegible]	[illegible]
thja^{1}	tsjiir^{1}	dźjij^{1}	njwi^{2}	·ju^{2}	njij^{2}	njiij^{1}	tśhju^{1}	mjijr^{2}
其	法	行	能,	常	慈	心	众	者
[illegible]	[illegible]。	[illegible]	[illegible]	[illegible]	[illegible],	[illegible]	[illegible]	[illegible]
·jij^{1}	wəə^{1}	nioow^{1}	thjɨ^{2}	lwər^{2}	lhejr^{2}	lạ^{1}	sjiij^{2}	mji^{1}
之	归。	又	是	经	典,	妄	想	无

能奉行法,常慈心众。又是经者,无有妄想,

14.68.4

[illegible],	[illegible]	[illegible]	[illegible]	[illegible],	[illegible]	[illegible]	[illegible]	[illegible]。
dju^{1}	dźjɨ	tśjɨɨr^{2}	mjor^{1}	sjwij^{1}	khu^{1}	dźjij^{1}	nioow^{1}	rjir^{1}
有,	行	技	实	明,	精	进	故	得。
[illegible]	[illegible]	[illegible]	[illegible],	[illegible]	[illegible]	[illegible]	[illegible]	[illegible]。"
thjɨ^{2}	lwər^{2}	lhejr^{2}	dźjij^{1}	ku^{1}	ljo^{1}	tshja^{2}	thjɨ^{2}	sju^{2}
是	经	典	行,	则	福	报	是	如。"

瑞应现前①,精进所致。行是经典,有是福报。"

14.68.5

[illegible]	[illegible]	[illegible]	[illegible]	[illegible]:	"[illegible]	[illegible]	[illegible]	[illegible],
·ja	na^{1}	tha^{1}	dạ^{2}	·jɨ^{2}	thjɨ^{2}	lwər^{2}	lhejr^{2}	lhjij^{2}
阿	难	佛	言	白:	"是	经	典	受,
[illegible]	[illegible]	[illegible]	[illegible],	[illegible]	[illegible]	[illegible]	[illegible]	[illegible]
tha^{1}	pjụ^{1}	mee^{2}	bju^{1}	·ju^{2}	rjur^{1}	rjur^{1}	dźjij^{1}	phjo^{2}

① 瑞应现前,西夏文本译作"行技分明"。

佛 威 神 承， 常 处 处 传 令

阿难白曰：“当受是经，承佛威神，常令普流。

14.68.6

[illegible] [illegible] [illegible] [illegible] [illegible]， [illegible] [illegible] [illegible] [illegible]，

ŋa^{2} tjij^{1} thjɨ^{2} tsjiir^{1} lhjij^{2} tha^{1} pjụ^{1} mee^{2} bju^{1}

我。 若 是 法 受， 佛 威 神 承，

[illegible] [illegible] [illegible] [illegible]， [illegible] [illegible] [illegible] [illegible] [illegible]

bji^{1} swew^{1} khwa^{1} swew^{1} thja^{1} njɨ^{2} gju^{2} njaa^{2} sjwɨj^{1}

光 明 远 照， 是 等 器 无 业

若受是法，承佛威神，其光远照，是等不随无器之业。

14.69.1

[illegible] [illegible] [illegible]。 [illegible] [illegible] [illegible] [illegible]， [illegible] [illegible]？

bju^{1} mji^{1} śjwɨ̣^{2} nioow^{1} thjɨ^{2} lwər^{2} lhejr^{2} wa^{2} mjiij^{2}

因 不 随。 又 是 经 典， 何 号？

[illegible] [illegible] [illegible] [illegible] [illegible]？” [illegible] [illegible]： “[illegible] [illegible]

thjij^{2} sjo^{2} ɣiwej^{1} ·jiij^{1} lew^{2} tha^{1} dạ^{2} thjɨ^{2} lwər^{2}

何 云 奉 持 所？” 佛 言： “是 经

又是经者，所号为何？云何奉行？”佛言：“是经

14.69.2

[illegible] [illegible] [illegible] [illegible] [illegible] [illegible] [illegible] [illegible]。 [illegible]

lhejr^{2} mjiij^{2} tja^{1} tha^{1} rjɨr^{2} dzju^{1} dzjiij^{2} ŋwu^{2} ·ja

典 名 者 佛 所 训 诲 是。 阿

[illegible]， [illegible] [illegible] [illegible] [illegible] [illegible] [illegible] [illegible] [illegible]

na^{1} nioow^{1} mjiij^{2} dwuu^{2} rjar^{2} kię^{1} dźja^{2} ɣie^{1} mjijr^{2}

难， 又 名 密 迹 金 刚 力 士

名曰《佛所训诲》。阿难，又有号曰《密迹金刚力士

14.69.3

[illegible] [illegible] [illegible] [illegible] [illegible]， [illegible] [illegible] [illegible] [illegible]

rjɨr^2	deej^1	tshjiij^1	wo^2	ŋwu^2	thja^1	bju^1	ɣiwej^1	·jiij^1
所	宣	布	义	是，	彼	依	奉	持
[illegible]。	[illegible]	[illegible]	[illegible]	[illegible]	[illegible]	[illegible]	[illegible]	[illegible]
lew^2	nioow^1	mjiij^2	mjor^1	ljij^2	tśhja^2	·ioow^1	mjaa^1	tshja^2
当。	又	名	如	来	功	勋	果	报

所宣布义》，当持奉行。又名《如来功勋报应》，

14.69.4

[illegible]，	[illegible]	[illegible]	[illegible]	[illegible]	[illegible]。	[illegible]	[illegible]	[illegible]
ŋwu^2	thja^1	bju^1	ɣiwej^1	·jiij^1	lew^2	nioow^1	mjiij^2	mjor^1
是，	彼	依	奉	持	当。	又	名	如
[illegible]	[illegible]	[illegible]	[illegible]	[illegible]	[illegible]	[illegible]	[illegible]，	[illegible]
ljij^2	dwuu^2	rjar^2	lwər^2	lhejr^2	tsjiir^1	tjij^2	ŋwu^2	mjɨ^1
来	密	迹	经	典	法	品	是，	他

当奉持之。又复名曰《如来秘要经法之品》，为他

14.69.5

[illegible]	[illegible]	[illegible]	[illegible]	[illegible]	[illegible]	[illegible]，	[illegible]	[illegible]
·jij^1	phjo^2	kar^2	gjij^1	·jur^1	mji^1	gjii^2	mjɨ^1	pjụ^1
之	分	别	利	养	无	冀，	无	量
[illegible]	[illegible]	[illegible]	[illegible]	[illegible]	[illegible]	[illegible]	[illegible]，	[illegible]
tśhja^2	·ioow^1	lhjụ^2	rjir^1	tsjiir^1	dzjɨj^1	rjir^2	śjwii^2	thja^1
功	德	逮	得	法	律	与	顺，	彼

分别无冀养心，归于无量功德而顺法律，

14.69.6

[illegible]	[illegible]	[illegible]	[illegible]。	[illegible]	[illegible]	[illegible]	[illegible]？	[illegible]	[illegible]
bju^1	ɣiwej^1	·jiij^1	lew^2	thjɨ^2	tja^1	thjij^2	sjo^2	tjij^1	thjɨ^2
依	奉	持	当。	此	者	何	谓？	若	是
[illegible]	[illegible]	[illegible]	[illegible]	[illegible]，	[illegible]	[illegible]	[illegible]	[illegible]	
lwər^2	lhejr^2	tsjiir^1	ɣiwej^1	·jiij^1	ku^1	tha^1	mej^1	ŋwu^2	
经	典	法	奉	持，	则	佛	眼	以	

当奉持之。所以者何？若有奉持是经法者，令以佛眼

14.70.1

tha^{1}	lhjịj	nioow^{1}	śja^{1}	rjijr^{2}	lhjịj	zji^{2}	ljij^{2}	ljɨ^{2}
佛	土	及	十	方	国	普	见，	地
ɣa^{2}	śjwo^{1}	sọ^{1}	ɣạ^{2}	sọ^{1}	mə^{1}	ɣa^{2}	kjɨ^{1}	njɨ^{2}
上	行	三	十	三	天	上	已	至，

普见佛土及十方国，从地以上高至三十三天思想天，

14.70.2

śjạ^{1}	ljɨ^{1}	·jir^{2}	mə^{1}	tjị^{1}	dzji^{1}	dju^{1}	nja^{1}	swu^{2}
七	宝	百	种	食	膳	有	而	满，
mjor^{1}	ljij^{2}	·jij^{1}	kjụ^{1}	tshwew^{1}	njwi^{2}	tjɨ^{1}	tjij^{1}	thjɨ^{2}
如	来	之	供	养	能。	假	若	是

满中七宝百种众膳，贡施如来。若有

14.70.3

lwər^{2}	lhejr^{2}	lhjịj^{2}	ɣiew^{1}	·jiij^{1}	śjij^{1}	dźjịj^{1}	gjịj^{1}	·jur^{1}
经	典	受	学	持	奉	行，	利	养
mji^{1}	gjii^{2}	ŋwu^{2}	mjɨ^{1}	·jij^{1}	tshjiij^{1}	ku^{1}	tśhja^{2}	·ioow^{1}
无	冀	是	他	之	说，	则	德	功

受是经学持奉行，以无冀养为他人说，是德

14.70.4

zji^{2}	rejr^{2}	nioow^{1}	dzji^{2}	gjwi^{2}	ŋwu^{2}	thjɨ^{2}	lwər^{2}	lhejr^{2}

皆	知。	又	食	衣	以	此	经	典
·jij^{1}	kjụ^{1}	tshwew^{1}	mjor^{1}	ljịj^{2}	·jij^{1}	tśhja^{2}	·ioow^{1}	tshjiij^{1}
之	供	养，	如	来	之	德	功	宣，

最多①。又以衣食供养是经典要，宣如来德，

14.70.5

ku^{1}	mjɨ^{1}	pjụ^{1}	ljo^{1}	rjir^{1}	dzjọ^{1}	tji^{2}	mjij^{1}	ljɨ^{1}
则	无	量	福	得	喻	可	不	也。”
thjɨ^{2}	lwər^{2}	lhejr^{2}	rjɨr^{2}	tshjiij^{1}	zjọ^{2}	mjɨ^{1}	pjụ^{1}	dźiã^{2}
是	经	典	△	说	时，	无	量	众

得福无量不可为喻。”说是经时，无量众

14.70.6

tśhju^{1}	ljịj^{2}	tśja^{1}	njiij^{1}	·a	śjwo^{1}	pjụ^{1}	tji^{2}	mjij^{1}
生	大	道	心	△	发，	计	可	不
dźiã^{2}	tsjij^{2}	tsjiir^{1}	zeew^{2}	lhjụ^{2}	rjir^{1}	nioow^{1}	mjɨ^{1}	pjụ^{1}
菩	萨	法	忍	逮	得，	复	无	量

生发大道心，不可计菩萨逮得法忍，复无央

14.71.1

ŋewr^{2}	dźiã^{2}	tsjij^{2}	lew^{1}	wee^{1}	tśiẹj^{2}	twẹ^{1}	lu^{2}	lhjụ^{2}
数	菩	萨	一	生	补	缀	处	逮。
tha^{1}	thjɨ^{2}	sju^{2}	rjɨr^{2}	tshjiij^{1}	zjọ^{2}	pjụ^{1}	tja^{1}	·ja

① 是德最多，西夏文本译作“是德皆知”。

佛	是	如	△	说	时,	贤	者	阿

数菩萨逮一生补处。佛说如是,贤者阿

14.71.2

[illegible]、	[illegible]	[illegible]	[illegible]	[illegible]	[illegible]	[illegible]、	[illegible]	[illegible]
na^{1}	dwuu^{2}	rjar^{2}	kię^{1}	dźja^{2}	ɣie^{1}	mjijr^{2}	phji^{1}	mjij^{1}
难、	密	迹	金	刚	力	士、	意	寂
[illegible]	[illegible],	[illegible]	[illegible]	[illegible]	[illegible]	[illegible]	[illegible]	[illegible]
dźiã^{2}	tsjij^{2}	nioow^{1}	ljịj^{2}	ɣię^{2}	mji^{1}	·ji^{1}	ljwu^{2}	ŋowr^{2}
菩	萨,	及	大	声	闻	众	会	一

难、密迹金刚力士、寂意菩萨,及大声闻一切众会,

14.71.3

[illegible],	[illegible]	[illegible]	[illegible]	[illegible],	[illegible]	[illegible]	[illegible]	[illegible]、
ŋowr^{2}	nioow^{1}	rjur^{1}	mə^{1}	dzjwo^{2}	rjur^{1}	·ja	sew^{2}	lo^{1}
切,	及	诸	天	人,	诸	阿	须	轮、
[illegible]	[illegible]	[illegible],	[illegible]	[illegible]	[illegible]	[illegible],	[illegible]	[illegible]
khjã^{2}	tha^{1}	pho^{1}	nioow^{1}	rjur^{1}	kha^{1}	dzjwo^{2}	tha^{1}	rjɨr^{2}
揵	沓	婆,	及	世	间	人,	佛	所

及诸天人,诸阿须轮①、揵沓和②,及世间人,闻佛所

14.71.4

[illegible]	[illegible],	[illegible]	[illegible]	[illegible]	[illegible],	[illegible]
tshjiij^{1}	mji^{1}	to^{2}	zji^{2}	njiij^{1}	ljɨj^{2}	tha^{1}
说	闻,	皆	尽	欢	喜,	佛
[illegible]	[illegible]	[illegible]	[illegible]	[illegible]	[illegible]	[illegible]。
·jij^{1}	tśja^{1}	tshwew^{1}	bji^{2}	bjiij^{2}	dja^{2}	rjɨr^{2}

① 阿须轮,梵文 Asura,又作阿修罗、阿须罗、阿苏罗、阿素罗等。译曰"无端",容貌丑陋之义。又曰"无酒",其果报无酒之义。新称"阿素洛",译曰"非天",其果报胜似天而非天之义。为常与帝释战斗之神。六道之一,八部众之一。

② 揵沓和,梵文 Gandharva,又作乾闼婆、健达缚、犍闼婆、彦达婆、乾沓婆、乾沓和等。意译为食香、寻香行、香阴、香神、寻香主,指与紧那罗同奉侍帝释天而司奏雅乐之身。又作寻香神、乐神、执乐天,八部众之一。传说不食酒肉,唯以香气为食。西夏文本音译为"[illegible][illegible][illegible]"(khjã^{2}tha^{1}pho^{1})。

之	稽	首	步	行	△	去。

说,莫不欢喜,稽首而去。

14.71.5

[illegible]	[illegible]	[illegible]	[illegible]	[illegible]	[illegible]	[illegible]	[illegible]	[illegible]	[illegible]
ljij^{2}	ljị^{1}	tśiow^{1}	lwər^{2}	lhejr^{2}	?	ɣạ^{2}	ljɨɨr^{1}	tsew^{2}	lej^{1}
大	宝	积	经	典	卷	十	四	第	石

《大宝积经》卷第十四　石①

汉文本

佛告贤者阿难:“受是经典持讽诵读,为他人说。”

阿难曰:“诺!当受持之,令其坚固。”

佛言:“阿难,勿持是法授非法器,莫得授与诸恶知友;当施善友慕乐学者,授是经法,常当奉护。阿难,是经不归非法,当归应器,能奉行法,常慈心众。又是经者,无有妄想,瑞应现前,精进所致。行是经典,有是福报。”阿难白曰:“当受是经,承佛威神,常令普流。若受是法,承佛威神,其光远照,是等不随无器之业。又是经者,所号为何?云何奉行?”

佛言:“是经名曰《佛所训诲》。阿难,又有号曰《密迹金刚力士所宣布义》,当持奉行。又名《如来功勋报应》,当奉持之。又复名曰《如来秘要经法之品》,为他分别无冀养心,归于无量功德而顺法律,当奉持之。所以者何?若有奉持是经法者,令以佛眼普见佛土及十方国,从地以上高至三十三天思想天,满中七宝百种众膳,贡施如来。若有受是经学持奉行,以无冀养为他人说,是德最多。又以衣食供养是经典要,宣如来德,得福无量不可为喻。”

说是经时,无量众生发大道心,不可计菩萨逮得法忍,复无央数菩萨逮一生补处。佛说如是,贤者阿难、密迹金刚力士、寂意菩萨,及大声闻一切众会,及诸天人,诸阿须轮、揵沓和,及世间人,闻佛所说,莫不欢喜,稽首而去。

《大宝积经》第十四卷

① 此为本卷帙号。